中华当代学术著作辑要

近代汉语探源

江蓝生 著

图书在版编目(CIP)数据

近代汉语探源/江蓝生著.—北京:商务印书馆,2022
(中华当代学术著作辑要)
ISBN 978-7-100-21439-1

Ⅰ.①近… Ⅱ.①江… Ⅲ.①汉语—近代—文集
Ⅳ.①H109.3-53

中国版本图书馆 CIP 数据核字(2022)第 129259 号

权利保留,侵权必究。

中华当代学术著作辑要
近代汉语探源
江蓝生 著

商 务 印 书 馆 出 版
(北京王府井大街36号 邮政编码100710)
商 务 印 书 馆 发 行
北 京 通 州 皇 家 印 刷 厂 印 刷
ISBN 978-7-100-21439-1

2022 年 9 月第 1 版　　开本 710×1000　1/16
2022 年 9 月北京第 1 次印刷　印张 29¼
定价:160.00 元

中华当代学术著作辑要

出 版 说 明

学术升降,代有沉浮。中华学术,继近现代大量吸纳西学、涤荡本土体系以来,至上世纪八十年代,因重开国门,迎来了学术发展的又一个高峰期。在中西文化的相互激荡之下,中华大地集中迸发出学术创新、思想创新、文化创新的强大力量,产生了一大批卓有影响的学术成果。这些出自新一代学人的著作,充分体现了当代学术精神,不仅与中国近现代学术成就先后辉映,也成为激荡未来社会发展的文化力量。

为展现改革开放以来中国学术所取得的标志性成就,我馆组织出版"中华当代学术著作辑要",旨在系统整理当代学人的学术成果,展现当代中国学术的演进与突破,更立足于向世界展示中华学人立足本土、独立思考的思想结晶与学术智慧,使其不仅并立于世界学术之林,更成为滋养中国乃至人类文明的宝贵资源。

"中华当代学术著作辑要"主要收录改革开放以来中国大陆学者、兼及港澳台地区和海外华人学者的原创名著,涵盖文学、历史、哲学、政治、经济、法律、社会学和文艺理论等众多学科。丛书选目遵循优中选精的原则,所收须为立意高远、见解独到,在相关学科领域具有重要影响的专著或论文集;须经历时间的积淀,具有定评,且侧重于首次出版十年以上的著作;须在当时具有广泛的学术影响,并至今仍富于生命力。

自1897年始创起,本馆以"昌明教育、开启民智"为己任,近年又确立了"服务教育,引领学术,担当文化,激动潮流"的出版宗旨,继上世纪八十年代以来系统出版"汉译世界学术名著丛书"后，近期又有"中华现代学术名著丛书"等大型学术经典丛书陆续推出，"中华当代学术著作辑要"为又一重要接续，冀彼此间相互辉映，促成域外经典、中华现代与当代经典的聚首，全景式展示世界学术发展的整体脉络。尤其寄望于这套丛书的出版，不仅仅服务于当下学术，更成为引领未来学术的基础，并让经典激发思想，激荡社会，推动文明滚滚向前。

商务印书馆编辑部

2016 年 1 月

再 版 说 明

借这次再版的机会，笔者把这本书从头到尾重读了一遍，做了一番校对核实工作。主要如下：

（1）改正错字，包括简繁字转换发生的错误；依照2013年国家发布的《通用规范汉字表》将繁体字、异体字等非规范字改为规范字。

（2）核对了部分引例出处和例文，对少数难懂的词语在括注中略加解说。

（3）对少数文字衍脱处、排版和标点不当处做了修改和纠正。

（4）全书内容未做改动，个别旧时看法有可改进处的，在文后附上说明。

（5）在原书《说"麽"与"们"同源》一文后补进了后来发表的同一论题的文章《再论"们"的语源是"物"》一文，便于读者对复数词尾"们"的来源有较全面的了解。

江蓝生

2022年1月2日

前　　言

收在这本集子里的文章，是从我近十几年里发表或将发表的论文中选出来的，内容分语法、词汇和专书语言三部分。

语法方面，主要是探寻虚词来源与语法化问题的，此外有几篇跟语言接触问题有关。词汇方面，有对具体语词的考释，也有探讨词义考释的方法和词义演变规律的。专书语言部分，是对专书语言的介绍或考辨，多从语法和词汇着手，有的也牵涉到语音问题，只有最后一篇是从传意方式的角度来讨论近代汉语的重要资料——禅宗语录的语言特点的。

这些文章的标题，不少已直接缀上了"来源""探源""溯源"之类，有的虽无此类字眼，但由于文中试图对所讨论的语言事实加以解释，内容也多半涉及考察源流，所以把这本集子定名为"探源"。"疑问副词'颇、可、还'"一文节自《近代汉语虚词研究》，此前主要内容是以"疑问副词'可'探源"为题发表于《古汉语研究》（1990年第3期）上的。除了概数词"来"一篇有一点改动外，其他各篇大都保持了原来的面貌，有的只在个别字句上稍有改动，这当然不是说这些文章就没有问题，而是为了客观地反映自己曾经走过的路程。期望本书出版后能听到更多的意见，使自己少一些"当局者"的迷糊，多得到一些教益。对于一个学人来说，能把自己的研究心得公之于众，与同道切磋析疑，是很愉快的事，感谢商务印书馆为我提供了这个可贵的机会。

我从1978年起师从吕叔湘先生和刘坚老师学习近代汉语，所写文章有一些曾向他们请教过,其中讲疑问语气词"呢"的那篇,题目还是吕先生出的,可是当这本集子出版之时,吕先生已经看不到了。

江蓝生

1998年夏于听雨斋

目　录

概数词"来"的历史考察 1
疑问语气词"呢"的来源 20
被动关系词"吃"的来源初探 39
禁止词"别"考源 56
疑问副词"颇、可、还" 67
"动词+X+地点词"句型中介词"的"探源 99
吴语助词"来""得来"溯源 115
说"麽"与"们"同源 140
再论"们"的语源是"物" 162
语法化程度的语音表现 191
助词"似的"的语法意义及其来源 202
从语言渗透看汉语比拟式的发展 219
后置词"行"考辨 236
汉语使役与被动兼用探源 257
处所词的领格用法与结构助词"底"的由来 274

"影响"释义 296
"举似"补说 304
语词探源笔记选录 314
说"兀自" 323

说"措大" 329
演绎法与近代汉语词语考释 339
相关语词的类同引申 349

八卷本《搜神记》语言的时代 361
《皇明诏令》里的白话敕令 380
《燕京妇语》所反映的清末北京话特色 389
《游仙窟》漫笔 410
重读《刘知远诸宫调》 422
禅问答的传意 447

概数词"来"的历史考察

现代汉语表示概数的助词"来"使用十分普遍。吕叔湘先生曾对它的应用范围和位置做过系统的分析和归纳，并且推测"'来'的最初形式可能是'以来'"（见《试说表概数的"来"》，《中国语文》1957年第4期；《再说"来"，以及"多"和"半"》，同上1957年第9期）。日本学者太田辰夫先生在《中国语历史文法》（江南书院1958）一书中也认为概数词"来"或许是"以来"的省略。他还以我国业已失传的五代禅宗语录《祖堂集》为资料，指出跟现在同样用法的"来"从五代时就已看到。胡竹安先生《概数词"来"的出现及其由来》一文（《中国语文》1959年第6期）认为吕先生的假设是"颇为可信"的，他认为"来"替代"以来"跟汉语要求音节匀称的特点有关。以上研究成果对我们很有启发。本文是对概数词"来"做的一个初步的历史考察，期望能为前辈的假设和论述提供更加充足可信的佐证；有些不同意见，也不揣浅陋提出讨论。

一　来源

1.1　"以来"的基本意义是表示从过去某时到说话时（或某个特定的时间）的一段时间范围（以下称这个意义的"以来"为"以来₁"），此义从古一直沿用至今。古"以""已"通用，故"以来"又常作"已来"。先秦两汉时期"以来₁"未见省用，前边多有"自""从"等介词。魏晋

2 近代汉语探源

南北朝时期始见"以来₁"省用为"来"(下称"来₁"),且前面往往不用"自"等介词。如:

(1)又复问言:"失经几时?"言:"失来二月。"(百喻经,上)
(2)玄石亡来,服以阕矣。(搜神记,卷19)
(3)我酒发来未定,不敢饮君。(同上)
(4)小人母年华百岁,抱疾来久,若蒙官一脉,便有活理。(世说·术解)

到了隋唐五代,这种单用的"来₁"便屡见不鲜,逐渐取得了和"以来₁"并行的地位,例子随手可拾,此不赘举。这里指出"以来₁"省略为"来₁"的事实,是为了在下文说明,表示概数的"以来"省略为"来",有理由认为是这个现象的类推。

1.2 如上所说,"以来₁"的意义是指从过去某时到说话时的一段时间范围。但自唐五代时期开始,人们从不同的角度对它的词义加以引申,使它产生了一些新义,使用范围大为扩展。除了表示某段时间的范围之外,它也能表示时间以外的一些事物(甚至是人)的范围,比如:

(一)地域的范围、处所(地名+以来)

(5)从京洛已来,至于海隅,相传皆许远法师解义聪明,讲大乘经论更无过者。(胡适,新校定的敦煌写本神会和尚遗著两种,见史语所集刊二十九本下840页)

"京洛已来"指长安洛阳一带。

(6)乃差有旨拨者西南取红挠山入,东南取骆驼烽已来先令

应接。(李陵变文,敦煌变文集,下称"变",85页)

此言东南从骆驼烽一带而入。

（7）数日内三贡启,乞于关陇已来寻医,果使人传旨相勉。(太平广记,卷86引录异记)

（8）诸官记之,此去无灾无福,但行及野狐泉已来税驾处曰:"孙雄非圣人邪?"此际新旧使头皆不见矣。(又,卷80引北梦琐言。税驾:解驾休息)

（9）昨来赵良嗣等到上京计议燕京一带以来州城,自是包括西京在内。(三朝北盟会编,卷4)

"燕京一带以来"即指"燕京一带","以来"与"一带"意思相近,均指地域的范围。

（10）差马扩充奉使大金国使副使,前去济南府已来等候国信。(又,卷10)

"济南府已来"即指"济南府其处"。

（二）事或物的范围（名+以来）

（11）目连将母于婆罗双树下,绕仏(佛)三匝,却住一面,白言:"世尊,与弟子阿娘看业道已来,从头观占,更有何罪?"(大目乾连冥间救母变文,变,744页)

"业道",佛家语,指众生所作所为。目连请世尊看看他母亲生前的行为中还有什么罪过。"业道已来"指所有的行为。

(12)并(菩萨)大道本来圆,妙法多能助世间……六道身中无欠少,诸仏身上不偏多。草木以来沾般若,丛林尽有六婆罗。(金刚般若波罗密经讲经文,变,432页)

此言佛法平等,一律施教。神会语录:"过去诸仏说法,皆对八部众说,不私说,不偷说,譬如日午时,无处不照;如龙王降雨,平等无二,一切草木,随类受润。"(史语所集刊二十九本下,836页)这段话恰可为上例作注,"草木以来"即指"一切草木","以来"表示事物的范围。

(13)备果花,悬盖伞,玉像金容光焕烂。神祇之类沐珍羞,鸦鸟已来皆饱满。(普劝四众依教修行,敦煌曲校录,147页)

此例"之类"与"已来"对言,益见"已来"指范围。

(三)人或人体的范围

(14)皇帝日〔日〕亲自驾幸叶净能院内,论其道法。及朝廷卿相,无不欲往;百姓已来,皆崇道教。(叶净能诗,变,220页)

"百姓已来",指在百姓这一范围内,亦即"所有的百姓",与上两例的"草木以来""鸦鸟已来"用法同。

(15)那积世的老婆婆,其时暗猜破,高点着银釭堂上坐,问侍婢以来,兢兢战战,一地里笃麽。(董西厢,卷3,大石调〔红罗袄〕曲)

"侍婢以来",即"所有的侍婢"。

（16）臣闻衣服厚薄，欲得随时合度。是以暑月不可全薄，寒时不可极温，盛热能着单亵衣卧热帐，或腰、腹、膝、胫已来覆被极宜人。（保生要录，说郛，卷84）

此例"已来"指身体某些部位的范围，意思甚明。

以上这种用法盛行于唐五代，宋以后少见，元时几近绝迹。此义字书未载，也不见前人论及，但是它对于探讨"以来₁"何以会用来表示概数却是个不容忽视的关键。

1.3　除了表示人或事物的范围，"以来"还被广泛地应用于表示概数的场合，如：

（一）时间概数

（17）本住西蜀，居山二十余年。偶群猿过，遗下此小猿，怜悯收养，才半载以来。（太平广记，卷368引大唐奇事）

（18）（冯七）言事无不中者。无何，语郡佐云："城中有白气，郡守当死。"太守裴敦复闻而召问，冯七云："其气未全，急应至半年已来。"裴公即经营求改。（又，卷147引定命录）

（19）（李琚被摄入地府）使者领去，又入一院，令坐。向琚说："缘汉州刺史韦某亡，欲令某作刺史。"琚都不谕，六七日已来放归。（又，卷108引报应记）

（20）我儿雪山修道，不经一年已来，新妇因何生其孩子？（太子成道经，变，295页）

"不经"即"经"，"不"字无义。①此言"我儿走了一年左右"。

（21）莫道三日，请假一月已来惣（总）得。（韩擒虎话本，变，

206页）

（22）中秋夜，习读次，可二更已来，忽有人扣学窗牖间。（太平广记，卷53引博异志）

（23）直至二月七日夜，至三更已来，忽见四个神人空中言道："取太子来，修行时至。"（太子成道变文，变，325页）

（24）至申未以来，忽有人来报虏已讲和，不复下城。（三朝北盟会编，卷99）

（25）俊于八月二十二日夜二更以来，张太尉使奴厮儿庆童来请俊去说话。（王俊首岳侯状，挥麈录余话，卷2）

（26）去昨宵半夜已来，四更前后，不觉莺莺随人私走，教人怎不念。（董西厢，卷4，中吕调〔古轮台〕曲）

（27）伏为于今月某日某时已来，本家人口睡卧，不觉有贼人入来本家东屋内，偷盗去布一百匹。（朴通事谚解，363页）

此例首句为文书词牒套语，不一定反映元明时候的口语，但至少说明在此时之前不久，这种用法是十分通行的。

（二）岁数概数

（28）其夕，梦一少年，可二十已来，衣白练衣，仗一剑。（太平广记，卷352引潇湘录）

（29）嘉陵江侧有妇人，年五十已来，自称十八姨。（又，卷433引录异记）

（三）长度、距离概数

（30）马前见一短女人，服孝衣，约长三尺已来。（太平广记，

卷 343 引干膜子）

（31）有小蛇一条突出在地，约长五寸，五色烂然，渐渐长及一丈已来。（又，卷 82 引大唐奇事）

（32）不那圣力加被，须臾向周，余残数步已来，大段欲遍。（降魔变文，变，370 页）

（33）行经一千里已来，直到退浑国内，方始趁趂。（张义潮变文，变，114 页；"趁趂"即"追上"）

（34）远公也不归旧寺，相去十里已来，于一峻岭上权时结一草庵。（庐山远公话，变，193 页）

（35）行经数日，大罗王化作一河水，其河阔五里已来。（又，217 页）

元时偶尔还能见到这种用法：

（36）又令牙将陈产引马步军二万，离中营十里以来正北曲路埋伏。（前汉书平话，上）

（四）容积概数

（37）即唤香儿取酒。俄尔中间，擎一大钵，可受三升已来。（游仙窟）

（38）即提一水瓶，可受二斗以来，空中无物，置于庭中。（太平广记，卷 74 引仙传拾遗）

（39）难陀七瓮饭，只得世尊半钵盂已来饭。（难陀出家缘起，变，397）

（40）从巳时饮至申时，道士饮一石已来，酒瓮子恰荡。（叶净

能诗,变,221)

(41)其绢壹匹,断价贰拾贰硕已来。(敦煌掇琐,中辑)

（五）其他概数

(42)鹜推勘急,夜放驴出而藏其鞍,可直五千已来。(朝野佥载,卷5)

(43)入得屏墙内,东西见有廿所已来。(唐太宗入冥记,变,211页)

(44)且如秦运海隅之粟以馈边,率三十钟而致一石,是二百倍以来。(二程语录,卷3)

以上诸例说明"以来"已普遍地应用于各种表概数的场合,它已经从"以来$_1$"分离出来,称得上名副其实的表示概数的助词(以下简称"以来$_2$")。值得注意的是,"以来$_2$"一律用在数词或数量词(包括"数+名")之后,没有用在数词与量词之间的(参看下第三节)。

1.4 根据1.2和1.3两节所叙述的事实,我们大致可以追溯出"以来$_1$"何以会表示概数的踪迹。这就是:"以来$_1$"在唐以前只限于表示一段时间的范围(如"三代以来"即指从三代至彼时的一段时间),在唐代扩大到可以表示时间以外的一些事物甚至人的范围(如"京洛已来""草木已来""百姓已来"等);概数指示的是事物数量可以移动的范围,因而用表示事物范围的"以来"表示是顺理成章的。

1.5 概数词"以来$_2$"通行之后,由于"以来$_1$"可省为"来$_1$"的影响(见1.1),没有多久就出现了单用一个"来"字表示概数的用法(下称"来$_2$")。太田先生指出最早的用例见于五代《祖堂集》,[②]此书序写于南唐保大十年即公元925年。我们在《太平广记》里的唐代资料中找到几处"来$_2$"的例子,但《广记》成书于北宋,我们不敢断定宋人在辑录时没有改动原文。但是刘利(1993)③在日本高僧圆仁《入唐求法巡礼行记》(以下简称《入唐记》)一书中找到"来₂"二十三例。圆仁是在唐文宗开成三年(838年)到唐宣宗大中元年(847年)来中国求法的,书中"来₂"的用法应看作彼时口语的反映。下面是"来₂"较早时候的例子,尽管用法大都跟现代一样,但不同的地方也还有。先列"来₂"在数词与名/量词中间的,次列"来₂"在数词或量/名词之后的。

(45)过八个州到五台山,计二千九百九十来里。(入唐记,68页)

(46)吾本来此土传教救迷情,以经得二千来年真风不替。(祖堂集,卷11,齐云和尚)

(47)回顾,犹见岸上人挥手相送,可百来人。(太平广记,卷25引原仙记,明钞本作"出原化记")

(48)师云:"有多少徒众?"云:"七十来人。"(景德传灯录,卷12,7页)

(49)溪畔有稻百来株,收其谷梛三二合来,挑野菜和煮。(葆光录,顾氏文房小说本,卷1,10页)

(50)好好地恶了十来日。(秦观,点绛唇·品令)

(51)录得一册来书,是写他读诗有得处。(朱子语类辑略,155页)

(52)虽是蓬头垢面,今已九旬来地,尚且是童颜。(玉蟾诗余续,彊村丛书本,2页)

(53)前后左右相随步军计二百来。(入唐记,18页)

(54)骑军将五六十来把棒遏道,步军一百来卫驾。(同上,146页)

(55)此去山中十里来有一懒融,见人不起,亦不合掌,莫是道

人？（景德传灯录，卷4，4页）

（56）自河阳府至云中一千八百里来，往回共九日。（三朝北盟会编，卷110）

（57）问难往复，半时辰来。（又，卷162）

话本的断代尚未解决，不能用作可靠资料。我们下面试从一般认为是宋元旧篇的作品里举几例，其中多数是与现代用法有异的：

（58）官人去腰里取下版金线筐儿，抖下五十来钱，安在僧儿盘子里。（清平山堂话本·简帖和尚）

（59）则见一个人吃得八分来醉，提着一条朴刀，从外来。（警世通言·万秀娘仇报山亭儿）

（60）你一日只做偷我五十钱，十日五万，一个月一贯五百，一年十八贯，十五来年，你偷我二百七十贯钱。（同上）

（61）此间取县有百三十里来，路中多少事，却怎的空手去不得。（清平山堂话本·杨温拦路虎）

元明时候与现代用法稍异的例子如：

（62）我那里井都是石头垒的，最深杀的没一丈，都是七八尺来深。（老乞大，64页）

（63）你这店西约二十里来地，有一坐桥塌了来，如今修起了不曾？（又，46页）

（64）倏尔又是一个月来。（清平山堂话本·刎颈鸳鸯会）

（65）拙夫从去岁十一月得伤寒病死了，今已八个月来。（金瓶梅，卷17）

二　意义

2.1　这一节讨论"以来₂"和"来₂"在早期的意义，也就是说，它们表示的概数，究竟比那个数大还是比那个数小。

从上面许多的例子来看，"以来₂/来₂"只表示一个估计出来的约数，它表明准确的数目距离估计的那个整数相差不会太远，至于是多一些还是少一点，从例子本身几乎看不出来；要解决这个问题，似应从"以来₂"的由来入手。如上所说，"以来"之所以能用来表示概数，是因为"以来₁"表示一段时间的范围，对这一意义加以抽象的结果，是"以来"可以扩大到表示许多（如果不是所有）事物的范围，其中也包括数量的范围。因此，我们推想"以来₂"最初的意义只是表明一个数量的范围，即不超过某数（等于某数或比某数略少）。"三尺以来"，最初应是不超过三尺的意思，也许是三尺，也许略小于三尺，但没有比三尺略多的意思。"以来₂"可以表示略多应是比较晚近的事情。换句话说，"以来₂"所表示的概数最初只有朝一头（少一点）移动的意义，到了后来才逐渐获得朝两头（少一点或多一点）移动的意义。

2.2　有一种意见认为早期的"以来₂"表示略多，如太田先生（《中国语历史文法》147 页）和孙德宣先生（《语词琐记》，《中国语文》1979 年第 2 期 130 页）。我们觉得这种意见尚缺乏必要的例证，从上面所举的例子中看不出表示略多的意思。再比如：

（66）旬日之间，中使蜀川一百余里已来，忽见净能缓步徐行。（叶净能诗，变，227 页）

此于"一百余里"之后又加"已来"，足见"已来"仅表约数不表多。

（67）凡千叶牡丹，须于八月社前打剥一番，每株上只留花头四枝已来，余者皆可截。（洛阳花木记，说郛，卷26）

名量词"枝"不会有半枝，四分之一枝，所以"四枝已来"是用"已来"限定一个数额，即不得超过四枝。下文"余者皆可截"的"余者"即指超过四枝的，可见"已来"显然不表多。

还有一个现象也能说明"以来$_2$/来$_2$"并不表示略多。敦煌写卷里有在疑问代词"多少"（"少"有时作"小"）之后加"来"的用法，如：

（68）此个厮儿，要多小来钱卖？（庐山远公话，变，176页）

（69）相公记得多少来经文？（又，178页）

（70）多少来田地？几许多僧徒？（维摩诘经讲经文，变，611页。几许多：几多；多少）

"多少"代问数目，"来"即"来$_2$"。"多小来钱？"问钱的大概数目；"多少来经文？"问经文的大致卷数；"多少来田地？"问田地的大概亩数，"来"都没有略多的意思。

2.3 宋元时期，在名词后面加"来"，再加形容词（名+来+形）的用法很盛，仅举数例：

（71）次日见之，却有声如丝发来大。（二程语录，卷11，146页）

（72）马颔系朱缨，栲栳来大一团火；肩上钢刀，门扇来阔。（董西厢，卷2，越调〔尾〕曲）

（73）早是辘轴来粗细腰，穿领布袋来宽衣衫。（又，卷4，中吕调〔牧羊关〕曲）

（74）从水上流下一片大石，如席来大小。（武王伐纣平话，中）

（75）可怜我这等冤枉天来高,地来厚,海来深,道来长。(元曲选·生金阁四折白)

这种"来"字从意义上相当于"如……样","似……般"。但是我们注意到,只见说"门扇来阔",不见说"门扇来平";只见说"海来深",不见说"海来蓝"。也就是说,"来"后所跟的形容词并不是任意的,必须是包含着数量意义的,如"大,宽,阔,高,厚,深,长"等一类(只说"大,宽,高"等,不说"小,窄,低"等,但可连说"大小""粗细")。这个事实可以说明这种用法的"来"是从概数词"来$_2$"演化而来的,反过来它也有助于证明上面说的"来$_2$"的意义不表示略多。

总之,我们认为"以来$_2$"(来$_2$)在近代汉语里,最初只表示不超过某数,到后来才可兼表比某数略多或略少。

概数词"来"在现代汉语里的用法,《现代汉语八百词》是这样概括的:"表示大概的数目。一般指不到那个数目,有时也指比那个数稍大或稍小。"这一概括十分精当,它不仅符合现代汉语的实际情况,也跟我们考察的近代汉语里的情况是一脉相承的。

三　位置

3.1　"以来$_2$"省去"以"字意义不变,但位置却有较大的不同。"以来$_2$"的位置有两式(括弧内数字指本文例句序码):

A　数+量/名+以来

　　十里以来(36)|三升已来(37)|半钵盂已来(39)

B　数+以来

　　二十已来(28)|五千已来(42)

这两式有两个共同的特点:(1)"以来"均处于短语末尾,不置于数词和量词中间;(2)"以来"前边以双音节词或短语居多,也可以多于双音节,但不得为单音节。

"来₂"的位置有四式:

A′　数+量/名+来

十里来(55)|一千八百里来(56)|三二合来(49)|半时辰来(57)

A″　数+量+来+名/形

一册来书(51)|八分来醉(59)|二十里来地(63)|七八尺来深(66)

B′　数+来

二百来(53)|五六十来(54)|一百来(54)

B″　数+来+名/量

二千九百九十来里(45)|十来日(50)|百来株(49)|五十来钱(58)

这四式中A′与"以来₂"的A式相同,但A′式用单音节的"来"煞尾,不像双音节的"以来"在语感上那么稳定,特别在数量词跟"来"组成一个音节为奇数的短语时,就显得更不稳定,于是A″式应运而生,即在"来"后加上相应的形容词或名词。④同样,B′跟"以来₂"的B式相同,B″又是B′式的扩大。因此可以说,A′、A″源于A式,B′、B″源于B式⑤,A、B两种格式是同时并行发展的。现代汉语不用"以来"表示概数,只采用A″和B″两种格式,而这两种格式早在9世纪就已经用开了。

3.2　如果从唐代上溯,可以看到"以来₂"和"来₂"的位置跟南北朝乃至更早时候的概数词"所"和"许"的位置有关。"许"(包括

"所")的位置有三式：

1. 数+名/量+许（下称许₁）

（76）受读解验之，可一年所。（史记·扁鹊仓公传）⑥

（77）东西相当，相去各二丈许。（水经注，卷3，河水）

2. 数+许+名（下称许₂）

（78）才留三千所兵守武昌耳。（世说·规箴）

（79）推财相让者二百许人。（后汉书·何敞传）

3. 数+许（下称许₃）

（80）郗公始正谓损数百万许，……（世说·俭啬）

（81）年三十许，病笃。（颜氏家训·归心，6）

很显然，"以来₂"的A式与许₁同；B式与许₃同。"来₂"的A′式与许₁同；B′式与许₃同；B″式（前面说过可以看作B式的扩大）与许₂同。只有"来₂"的A″式找不到直接的对应格式，这也可以说明A″式的出现的确比较晚。从句型角度看，"以来₂"和"来₂"的A系式和B系式是旧瓶装新酒，是词汇的兴替，早在汉魏六朝那些句式就已经普遍使用了。

下表是对本节内容的概括：

概数词及其位置	唐以前	唐五代		南宋	现代
	许₁	以来A	来A′	来A″	来b（八百词）
	许₂		来B″		来a（八百词）
	许₃	以来B	来B′		

附带说明，胡竹安先生认为"以来₂"的"以"字的脱落，跟与"以来₂"搭配的数词和量词是奇数还是偶数有关，这无疑是很有道理的。但是这一点可能不是唯一的原因，还应考虑到（1）"以来₁"省为"来₁"在唐代已大为通行；（2）同样为单音节的概数词"许"的格式的影响。

也就是说,除了音节匀称的要求外,相关的语言现象之间的类化作用也不可忽略。

四 "以来"的其他意义

王锳同志曾论证"来"字有"……时""……后"等义,见《诗词曲语辞例释》"来(一)"条(中华书局,1980,70—71页),王说甚是。其实"来"此二义也来自"以来","以来"作"……时"的例子如:

(82)山羌答言:"我衣乃是祖父之物。"王遣著衣,实非山羌本所有,……而语之言:"若是汝之祖父已来所有衣者,应当解著,云何颠倒?……"(百喻经,上)

"祖父已来"即"祖父之时"。

(83)世间凡夫亦复如是,不达正理,不知善恶,作诸邪行,不以为耻,而云:"我祖已来作如是法。"(又,下)

(84)皇唐已来,有僧名解脱,在岩窟亡来三十余年。(太平广记,卷93引法苑珠林)

"皇唐已来"非言从唐时至现今,乃言"皇唐之时"。

(85)相公曾为此职,见贞观已来故事。(摭言,卷6)

"贞观已来故事"指"贞观时候的旧例"。

"以来"作"……以后"的例子如:

（86）因此以来，帝王及天下人民，始知田章是天女之子也。（勾道兴搜神记，变，885页）

勾氏《搜神记》中还有一段写郑袖妒宠，对楚王爱妾说："'王看你大好，惟憎鼻大。'其妾因此已后，见王掩鼻。"（变，887页）例（86）的"因此以来"义同此处的"因此已后"，可证"以来"训"以后"。

（87）自幼狎水，成人已来，绝不复戏。（太平广记，卷471引续玄怪录）

有时"以来"加在地点名词的后面，表示"到某地以后"，如：

（88）卿在邺饮酒，未尝倾卮，武州已来，举无遗滴。（酉阳杂俎，卷12）

（89）僧行六人，当日起行。……行经一国已来，偶于一日午时，见一白衣秀才从正东而来。（大唐三藏取经诗话，上第二）

"以来"训"以后"金元时犹见：

（90）夫人与郑恒亲，虽然昨夜见许，未足取信。先生赴约，可以献物为定，比及莺莺终制以来，庶无反覆，以断前约。（董西厢，卷6，红娘白）

"终制"谓服丧期满。红娘教张生先奉财礼为定，这样，待莺莺服丧期满之后，老夫人恐怕就不会变卦了。

（91）同知的勾当，比及明白以来，停职合问有。（元典章·刑部）

最后两例均有"比及"与"以来"相呼应,可见"以来"正应作"以后"解。

寻绎此二义的由来,亦当源自"以来₁"。盖因"以来"表示从某时起至某时止的时间范围,若特指其起点,则"以来"就相当于"……时";若强调以某时为起点,则"以来"就含有"……之后"之义。这样,加上前面(1.2,2.1)已经论及的表范围、表概数的意义,"以来₁"的派生义起码有四个。粗检诸家辞书,悉未收录,略述于此,聊备参考。

附　注

① 变文中同类情况多见,如"佛法难思,非君所会,不辞与汝解脱(说)"(庐山远公话,变,186页),"不辞"即"辞","不"不为义,观下文"不与你下愚之人解说"可知。又如"雀儿烦恼,两眉不皱。"(燕子赋,变,250页)"不"字亦不为义。此类"不"字只起协调音节的作用。

② 关于《祖堂集》一书的内容、版本等情况可参看梅祖麟先生《敦煌变文里的"熠没"和"乩(举)"字》(《中国语文》1983年第1期44—49页)及该文注①(49页)和注⑲(50页)。

③ 刘利《对"概数词'来'的历史考察"一文的两点补充》(《中国语文》1993年第3期)。

④ 现代在表示概数时,又可于"来"后加上助词"的",如"这米有三斤来的""又过了半年来的","的"字仅起调节音节的作用。

⑤ 《八百词》对b式的概括有误,试纠正为:用在量词(度量衡量词居多)后。数词限于一到十。"数+量+来"的后面必须有相关的形容词或名词。

⑥ 例76—80采自周法高《中国古代语法·称代编》299—301页。

引用书目

《搜神记》:中华书局,1979。
《百喻经》:金陵书画社,1981。
《世说新语》:中华书局影印宋绍兴八年刻本,1962。
《朝野佥载》:中华书局,1979。
《酉阳杂俎》:中华书局,1981。

《敦煌变文集》：人民文学出版社，1957。
《入唐求法巡礼行记》：上海古籍出版社，1986。
《太平广记》：中华书局，1981。
《祖堂集》：日本中文出版社，1972。
《敦煌掇琐》：史语所专刊之二，1925。
《敦煌曲校录》：上海文艺联合出版社，1955。
《景德传灯录》：四部丛刊本。
《三朝北盟会编》：清光绪四年排印本。
《二程语录》：国学基本丛书。
《朱子语类辑略》：丛书集成本。
《朱子语类》：光绪二年刻本。
《大唐三藏取经诗话》：文学古籍刊行社，1955。
《董解元西厢》：万有文库本。
《清平山堂话本》：古今小品书籍印行会影印本，1929。
《元曲选》：中华书局，1979。
《朴通事谚解》：日本影印朝鲜奎章阁丛书第八。
《老乞大谚解》：日本影印朝鲜奎章阁丛书第九。
《说郛》：涵芬楼据明钞本，1925。

原载《中国语文》1984年第2期

疑问语气词"呢"的来源

现代汉语语气词"呢"（ni，使用中读轻音ne）的用法有多种，本文把它分为表示疑问语气的和不表示疑问语气的两大类，为着叙述的方便，以"呢₁"指称前者，以"呢₂"指称后者。

呢₁和呢₂现在同用一个"呢"字，古代同用一个"尔"字（据杨树达《词诠》），但是到了近代汉语里，呢₁在早期白话资料中很少得到反映，呢₂则又有了新的来源。关于呢₂（哩）的来源，吕叔湘先生四十年代初已撰文在先，大意说："呢"是"哩"的变形，"哩"源于"在裏"，简言"在"或"裏"，"裏"字俗书又作"里、俚、哩"等①。吕先生除引唐宋文献论证外，又以现代方言（苏州话）相印证，其说颇可信据。关于呢₁的来源，日本汉学家太田辰夫先生的《中国语历史文法》（江南书院，1958）有过简略的论述；他编的《〈祖堂集〉口语语汇索引》（朋友书店，1984）是研究汉语语法史十分有用的工具书。王力先生的《汉语史稿》主要以元曲为材料，对于呢₁的来源尚未作出定论。本文初步考察了呢₁在近代汉语里的递嬗之迹，调查了呢₁与呢₂用字相分、相混以及相合的变化情况，并对上述语言现象提出自己的肤浅看法，如果能对前辈学者的研究有所补充，那正是笔者所希望的。

一、对呢₁的历史调查

呢₁在现代汉语中主要有如下用法：（A）用在特指问句末尾，句中有疑问词语,如"什么、谁、哪"等。(B)用在名词或名词性成分后边,表示"在哪儿"或"怎么样",实际上是特指问句的特殊形式,下以"N+呢"代称。(C)用在选择问句或反复问句末尾。(D)用于反问句末尾,常与"怎么、哪里、何必"等词相呼应。(E)用于假设问句末尾,常与"假使、如果"等词相呼应(不同于用在假设小句末尾表示语气停顿者)。下面即以上述特点为据,来检查唐宋以来的白话资料中呢₁的使用情况。

唐时,白话已较多地出现在书面语中,但即使在敦煌俗文学作品那样十分接近当时口语的资料中,也未能找到在语音和用法两方面都与呢₁相当的语助词②,只有禅家语录里才保存着呢₁的一点可贵线索。《祖堂集》是五代南唐泉州招庆院静、筠二僧师编辑的禅宗语录集,序写于南唐保大十年(公元952年)。这部书里,"聻"字用如呢₁:

(1)夹山问:"这里无残饭,不用展炊巾。"对曰:"非但无有,亦无者处。"夹山曰:"只今聻?"对云:"非今。"(祖3.1;日本中文出版社,1972年;卷数.页数,下同)

(2)仰山便去香岩处贺喜一切后便问:"前头则有如是次第了也,然虽如此,不息众疑。作摩生疑聻?将谓予造,师兄已是发明了也。别是气道造,道将来!"(5.83)

(3)云:"此人意作摩生?"云:"此人不落意。"云:"不落意此人聻?"师云:"高山顶上无可与道者啖啄。"(2.146)

例(1)"只今聻?"是"N+呢"型;例(2)"作摩生聻?"用于特指问;例(3)不好懂,但看全句,"不落意此人聻?"是承前问,也是"N+呢"型。

该书又有"你"字用如呢₁者:

（4）师与长庆从江外再入岭，在路歇次，因举太子初下生时，目视四方，各行一步，一手指天，一手指地云：天上天下，唯我独尊。庆却云："不委太子登时实有此语，为复是结集家语？直绕登时不与摩道，便是目视四方，犹较妙子。"师问："什摩处你？"庆云："深领阇梨这一问。"（3.65；"妙"即"些"）

（5）问："罕如何假？"师云："不希夷。"僧曰："作何你？"师曰："不申哂。"（2.133；杨联陞云：罕，疑当作空；申，疑当作中）③

（6）师问黄檗："笠子太小生。"黄檗云："虽然小，三千大千世界总在里许。"师云："王老师你？"黄檗无对。（4.115）

例（4）例（5）的"什摩处你？""作何你？""你"字用于特指问句句末，例（6）"王老师你？"为"N+呢"型。该书第四卷有"马大师歌行一首"，中有四句云：

（7）只今起者便是心，心用明时更何你？不居方，无处觅，运用无踪复无迹。（4.68）

"更何你？"犹言"还怎么样呢？""你"字若作代词讲难通，也应为疑问语气词。《祖堂集》中还有一处呢₁作"尼"，应特别予以注意：

（8）师问："云岩作什摩？"对曰："担水。"师曰："那个尼？"对曰："在。"（1.172）

此例的"那个尼？"与例（1）的"只今聻？"例（6）的"王老师你？"均为同一句型，"尼、你、聻"表达同一疑问语气是显而易见的。《广韵》上声止韵："聻，乃里切，指物貌也"，"聻"字与"你"字音同，"尼"又与

"聻、你"音近。同一部书中呢₁的用字有三种,说明此时尚无一个比较统一的汉字来标写它④。"尼"字与后来的"呢"字形体、声音更为接近,它的出现是一个十分重要的现象。

稍后于《祖堂集》的《景德传灯录》为北宋僧人道原编辑,内容大部分采自《祖堂集》,但稍有改动,一些口语词的用字,也归于统一。这部书里,呢₁很少见,作"你"作"那"的各有两例:

(9)师问南泉近离什么处来,云:"江西。"师云:"将得马师真来否?"泉云:"只遮是。"师云:"背后底你?"无对。(8.11;四部丛刊本)

(10)有僧问:"人人尽有长安路,如何得到?"师曰:"即今在什么处?"问:"如何是西来意?"师曰:"是什么意?"问:"如何是本来身?"师曰:"是什么身?"问:"寂寂无依时如何?"师曰:"寂寂无依底你?"(24.11)

例(10)皆僧发一问,师反施一问,从而从根本上否定所问事物的存在。"寂寂无依底你?"犹言"所谓寂寂无依的又在什么地方?"此句"你"与例(9)"背后底你?"之"你"字相同,均为疑问语气词。

(11)师问僧什么处来。曰:"江西。"师曰:"学得底那?"曰:"拈不出。"(19.6)

(12)曰:"此人意作么生?"师曰:"此人不落意。"曰:"不落意此人那?"师曰:"高山顶上无可与道者咭啄。"(17.15)

例(12)与上引《祖堂集》例(3)内容相同,只是将"云"改为"曰",将"聻"改为"那",可知"那"应为"聻"之变形。由"聻"变为"那"或许反映了呢₁语音上的变化,即"聻"字轻读音近"那"(·ni ── ·nə)。但《景德传灯录》中"你""那"并用,"你(聻)"字尚未完全被"那"字取代。

宋代呢₂作"里、哩"已频见(参看吕文),呢₁的例子不仅禅录中不多,其他史传、笔记、诗词、话本等资料中也是寥寥,难得检得两个南宋的例子,均作"哩"⑤:

(13)看如今怎奈何刘麟去哩?(绍兴甲寅通和录,三朝北盟会编许刻本,162.4)

(14)上了灯儿,知是睡哩,坐哩?(惜香乐府,57页,国学基本丛书影印汲古阁宋六十名家词)

金代诸宫调《董西厢》里呢₁作"那",主要用于选择问句的句中,用于特指问句句末的少见:

(15)百媚莺莺正惊讶,道这妮子慌忙则甚那?(1.33;万有文库本,折数.页数,下同)

(16)几日试来那,几日唱名?(4.257)

(17)比及相逢奈何时下窨,你寻思闷那不闷?(1.40)

(18)今日以莺莺酧贤救命恩,问足下愿那不愿?(3.223)

(19)问红娘道:"韵那不韵?俏那不俏?"(3.192)

例(16)是两个特指问连发,仅于第一问句末施疑问语助"那",第二句靠语调发问。例(17)—(19)是比较特殊的选择问句,即限定在肯定与否定两者内加以抉择,且"那"字施于句中。此类问句现在一般均用反复问句表示,如句末不用语气助词,句中多用"呵",很少用"呢"。

《元典章·刑部》有一选择问句很是特别,恐怕受到蒙古语的影响:

(20)问不得名校尉道:"宫里有那无太子?有那无太后?有那无多少怯薛歹?"(元典章·刑部,3.21;日本岩村忍、田中谦二校定本)

元人杂剧中呢₁大量出现,字形多作"那",也有一些作"呢"和"哩"。下面从《元曲选》(中华书局1979,简称"元曲")和《元曲选外编》(中华书局1980,简称"外编")中举例说明。"那"字用于特指问句和反问句的例子:

(21)你过门七日,谁与你递茶送饭那?(元曲·举案齐眉,1.915;折数.页数,下同)
(22)婆婆,你为什么烦恼啼哭那?(窦娥冤,1.1502)
(23)兄弟,你怎么忘了那?(争报恩,1.161)
(24)你看我怎生问他讨那?(看钱奴,1.1587)

明刊本和明钞本元杂剧中的宾白,一般认为是累次演出中逐渐形成而到明代才写定的,至少也经过了明朝人的修改和润色。因此,作为语言研究的材料,元杂剧的曲文要比宾白更加重要些。遗憾的是,疑问语气词呢₁在曲文中极少出现,仅举一例:

(25)量这半杓儿粥都添了有甚那?我转着这空碗儿我着这匙尖儿刮。(元曲·赵礼让肥,1.989,〔醉扶归〕曲)

与明本元杂剧相比,《元刊古今杂剧三十种》更能代表元代的语言,今

据徐沁君校《新校元刊杂剧三十种》(中华书局 1980,简称"元刊"),略举几例。宾白中的例子如:

(26)自古及今,那个人生下来便做大官享富贵那?(元刊·拜月亭,3.44)

(27)早是没外人,阿的是甚末言语那?(又,3.45)

曲文中的例子如:

(28)他道认得咱,不知是谁那?(介子推,3.513,〔迎客仙〕曲)

(29)你今日有爷无爷争甚那?谢楚大夫相提拔。(又,3.517,〔三煞〕曲)

元杂剧里,"那"字在选择问句中的位置要比《董西厢》多样,但仍以居句中者为多:

(30)题起那骊姬怕那不怕?(元刊·介子推,3.514,〔幺篇〕曲)

(31)毕竟的是那不是?(元曲·杀狗劝夫,4.114,白)

(32)哥也,你是谎那可是真个?(又,冻苏秦,3.449,白)

(33)知他如今是死那活那?(元刊·拜月亭,3.44,白)

(34)可是由我那不那?(又,4.51,白)

(35)且看姐夫是你绝户,还是我绝户那?(元曲·儿女团圆,2.463,白)

例(30)—(32)"那"字用在句中,与《董西厢》相同;例(33)、(34)"那"字兼在句中句末;例(35)"那"字仅在选择问句尾。元杂剧选择

问句又有用"也那"作语助的,也出现在句中:

（36）您端的是姑舅也那叔伯也那两姨？（元刊,拜月亭,1.32,〔醉扶归〕曲）
（37）是人也那是鬼？（元曲·黑旋风,1.688,白）
（38）寡人是怕也那不怕？（又,梧桐雨,3.358,白）

"也那"是"也"和"那"两个语助词连用,"也"字单独也可用于选择问句句中⑥,但"也、那"连用语气较单用为缓和。

元杂剧中"那"字有时不表疑问语气,用如呢$_2$:

（39）等他过去了,才好杀人那。（元曲·谢金吾,3.607,白）
（40）你看这生说海口那！（又,百花亭,1.1428,白）
（41）小姐这等瘦了,着梅香没处猜那！（又,隔江斗智,1.1301,白）

"呢"字在元杂剧中比较少见,很少用于特指问句,多半直接用在名词后边询问处所,或在连续发问的场合,用于承前问句,询问怎么样。例如:

（42）放了手,扯我怎么呢？（外编·刘弘嫁婢,1.817,白）
（43）那第三个孩儿呢？（元曲·蝴蝶梦,3.643,白）
（44）张千,你来了,你拿的人呢？（又,勘头巾,3.679,白）
（45）〔正末云〕这条路往那里去？〔店小二云〕这条路往泗州去。〔正末云〕这条路呢？（又,硃砂担,2.392,白）
（46）〔正末指张郎云〕婆婆,我问你,这个是谁的？〔卜儿云〕

是俺的。〔正末云〕这个呢?〔卜儿云〕这个是你的。(又,老生儿,2.375,白)

另外也有用于假设问句的:

(47)那厮见你手段高强,被他藏了躲了呢?(元曲·昊天塔,2.832,白)

(48)〔正末云〕夫人,小娘子,假若有这玉带呵呢?〔夫人云〕若有这玉带呵,便是救了俺一家性命也。〔正末云〕假若无了这玉带呵呢?〔夫人云〕俺一家儿便是死的。(外编·裴度还带,3.31,白)

例(48)"呵、呢"连用,元杂剧中时见。"呵"在"呢"的前头,跟现代汉语的语气词系统不同。现代只有 lə / mə / nə + a 的用法。

元杂剧中"哩"字频见,主要用为呢$_2$,但间或也用于疑问句:

(49)你怎么量米哩?(元曲·陈州粜米,1.37,白)
(50)你说甚么哩?(外编·云窗梦,1.784,白)
(51)嫂嫂,嗜坟园到那未哩?(元刊·张千替杀妻,1.753,白)

例(51)于正反两问中间用"那",末尾用"哩",几为仅见。

从上面诸例可以看出:(一)元杂剧中"那、呢、哩"三字大致有个分工,即"那"主要用于特指问句和选择问句;"呢"主要用于"N+呢"句和假设问句;"哩"大都用于非疑问句。(二)上面的分工并不严格,"那"有时也用于非疑问句,"哩"有时也用于疑问句,只有"呢"仅出现于疑问句(见图)。呢$_1$和呢$_2$用字相混的现象不为少数,试比较下面两组例子:

（52）碑碣上可写着什么那？（元曲・范张鸡黍，2.961，白）

（53）书上可不知写着什么哩？（外编・博望烧屯，2.732，白）

此"那、哩"不分。

（54）我那大嫂呢？（元曲・黑旋风，1.693，白）

（55）你的拐儿哩？（外编・敬德不服老，3.613，白）

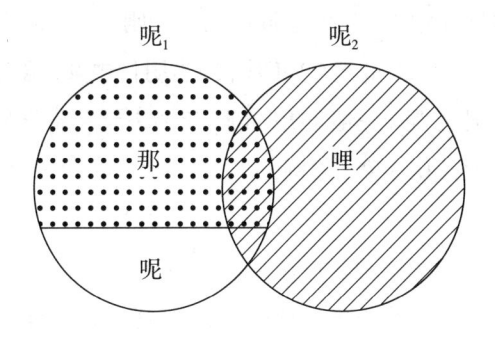

此"呢、哩"不分。

早时供朝鲜人学汉语的两部会话书《朴通事》和《老乞大》，约成书于元末，后几经修改，有后加成分，两书传写的当为元、明之际的汉语口语。书中呢$_1$作"那"，呢$_2$作"裹（裡）"，基本分用不混[7]（今据两书的谚解本，日本影印朝鲜奎章阁丛书第八、第九）。与《董西厢》和元杂剧情况相似，在选择问句里，"那"字多用于句中。

（56）打什么紧那？（朴，130）

（57）你船路里来那旱路里来？（朴，162）

（58）听的今年水贼广，是那不是？（朴，163）

（59）你这般学汉儿文书时，……省的那省不的？（老，10）

（60）你两姨弟兄是亲两姨那，是房亲两姨？（老，28）

(61) 有辘轳那没？（老,56）

(62) 客人,你要南京的那,杭州的那,苏州的那？（老,172）

例(62)有三个分句,每个分句末均出现"那"字；从整个句子看,"那"字兼用于句中和句末。

时代更晚的白话小说《水浒传》,与元杂剧中呢₁频见的情况迥异,只见用如呢₂的"哩"字,不见用如呢₁的"那""呢"等字。这怕是由于《水浒传》是以南方官话为基础的,与元杂剧一系的北方话不同。

《西游记》写在16世纪70年代,约当明代中叶,语言以江淮方言为基础,书中呢₁、呢₂一般均用"哩"字,只有一部分"N+呢"型用"呢"字。"哩、呢"用为呢₁之例：

(63) 不知你学那一门哩？（2.16；人民文学出版社,1972）

(64) 是那个在山上吟诗,揭我的短哩？（8.104）

(65) 呆子,念什么哩？（32.443）

(66) 不知是我分离,是你分离哩？（30.402）

(67) 先生,你的明杖儿呢？（21.285）

(68) 你娘呢？你老婆呢？（24.321）

(69) (呆子道)："我的马哩？"行者道："树上拴的不是？"——"行李呢？"行者道："你头边放的不是？"（21.286）

例(69)里有两句"N+呢",一句用"哩",一句用"呢",可见并无严格体例。"呢"字不表疑问的情况极少见,仅举一例：

(70) 正是呢,我们走脱了,被他赶上,把我们就当汗巾儿一般,一袖子都笼去了,所以捆气。（26.356）

《金瓶梅词话》成书于明代晚期，书中多用山东及江淮方言，只见"哩"字不见"呢"字。"哩"字绝大多数用为"呢$_2$"，只有极少数用于疑问句：

（71）你娘在前边做什么哩？（14.10；文学古籍刊行社重印古佚小说刊行会影印本）

（72）你骂谁哩？谁惹你来？（22.7）

清代前半期长篇白话小说《儒林外史》《歧路灯》《红楼梦》等成书年代十分相近，但在呢$_1$和呢$_2$的用字上却各有不同，也很值得注意。《儒林外史》用下江官话写成，全书"哩"字多见，"呢"字少见；"哩"多数用为呢$_2$，极少数用为呢$_1$，与《西游记》用字较为接近。"哩"字用于疑问句的例子如：

（73）令亲台此刻可曾来哩？（49.566；人民文学出版社，1977）

（74）该死的畜生！我女儿退了做什么事哩？（54.613）

"呢"字用例虽也不多，但用法却比《西游记》丰富，不只出现在"N+呢"中：

（75）为什么要打我呢？（23.280）

（76）况且你又有个病人，那里方便呢？（16.203）

（77）前日承老父台所惠册页花卉，还是古人的呢，还是现在人画的？（1.6）

《歧路灯》略晚于《儒林外史》而稍早于《红楼梦》，多用河南方言。

书中"哩"字兼司呢₂、呢₁之职,"呢"字则基本上只用为呢₁。"哩"表疑问的例子如:

(78)怎么不见端福儿哩?(1.9;中州书画社,1980)
(79)你娘哩?(12.130)cf(83)
(80)你心里代我想一想,是要你保守房田哩,是要你趋跄殿陛哩?(6.58)

从数量上看,《歧路灯》里的"呢"字要比《西游记》和《儒林外史》稍多一些,仅举三例:

(81)何不叫先生引两个孩子走走呢?(2.19)
(82)这良乡到京还有多远呢?(7.67)
(83)谭先生呢?(10.114)cf(79)

《红楼梦》和清代后半期的白话小说《儿女英雄传》用北京口语写成,这两本书中呢₁和呢₂用字已无区别,几乎统统用"呢"字。下面按用法各举一二例:

(84)宝姐姐在家里作什么呢?(脂砚斋重评石头记,7.161;人民文学出版社,1957年影印本)
(85)什么意思呢?来呢,一齐来,不来一个也不来。今儿他来,明儿我来,间错开了来,岂不天天有人来呢?(又,8.84)
(86)袭人姐姐呢?(又,8.88)
(87)跌了灯值钱呢,是跌了人值钱?(又,45.482)
(88)是算叫他合赵色空凑对儿去,还是合陈妙常比个上下高

低呢？（儿，23.372；西湖书社，1981）

（89）到底是要他呢，还是不要他呢？（又，23.391）

（90）天还大亮的，那里就讲到睡觉了呢？咱们还有许多事儿没作呢。（又，11.155）

（91）就是老太太问，有我呢！（红，8.85）

（92）咻，问你话呢！（儿，14.205）

可以说，到了《红楼梦》才在书面上完成了呢$_1$和呢$_2$用字的统一，由"呢"字兼任其职[8]。但是，由于方言或因袭旧的写法，就是在今天的书面语中也不时见到呢$_2$作"哩"的，随手捡两条：

（93）如果此刻让我重新去考初一，湿透了两张马粪纸，我也着实考不取哩！（黄宗英《我考南开》，人民日报 1982.8.20）

（94）一定要到中国去一趟，以饱眼福哩！（北京晚报，1982.8.22）

相信作者口头并不读"哩（li）"。

现将上述内容简化为下表，少见或偶见者用小字表示，仅见者一般不列入表内。

句式 用字 文献	疑问（呢$_1$）					非疑问 （呢$_2$）
^	（A） 特指问	（B） N+呢	（C）选择问		（D） 反问	（E） 假设问	^
^	^	^	句末	句中	句中 并句末	^	^	^
唐宋笔记								在裏、 在、裏、 里
祖堂集	聻、你	聻、你、 尼						那

(续表)

文献\用字\句式	疑问(呢₁)							非疑问(呢₂)
	(A)特指问	(B)N+呢	(C)选择问			(D)反问	(E)假设问	
			句末	句中	句中并句末			
景德传灯录		你、那						在
宋元话本								哩
董西厢	那			那				
元杂剧	那、哩、呢	呢、哩	那	那	那	那、呢	呢	哩、那
朴通事、老乞大	那、裏			那	那			裏(裡)
水浒传								哩
西游记	哩	呢、哩	哩			哩		哩、呢
金瓶梅	哩	哩						哩
儒林外史	哩、呢	呢		呢	呢			哩
歧路灯	哩、呢	呢、哩			哩	呢		哩、呢
红楼梦	呢	呢	呢	呢	呢	呢	呢	呢
儿女英雄传	呢	呢	呢		呢	呢	呢	呢、哩

二、几点看法

（一）呢₁的来源　杨树达《词诠》指出，《公羊传》里的语末助词"尔"一表决定之意，一表疑问，前者他说"即今语呢字"，后者他没有说，我们认为也是今语"呢"字（即呢₁）。如：

（95）三月癸酉，大雨震电。何以书？记异也。何异尔？不时也。（公羊，隐九年）

（96）公薨，何以不书葬？隐之也。何隐尔？弑也。（又，隐

十一年）

（97）季子杀母兄,何善尔?诛不得辟兄,君臣之义也。（又,庄三十三年）

（98）远国至矣,则中国曷为独言齐宋至尔?大国言齐宋,远国言江黄,则以其余为莫敢不至也。（又,僖二年）

《公羊传》中此类例子不胜枚举,但"尔"（呢₁)仅出现在有"何、曷"的特指问句尾。《公羊传》于汉景帝时始著于帛书,前此三百余年中一直是口耳相传。与之时代相近,成书情况相似的《穀梁传》中却仅见一例,原因难以详究。

（99）公至自围成,何以致?危之也。何危尔?边乎齐也。（穀梁,定十二年）

前此,《礼记》里也有"尔"作呢₁的一例:

（100）君子胡不慥慥尔?（礼记·中庸）

王力先生认为:"从语音上说,从'尔'变'呢'是说得通的;但是,从上古到近代,中间有将近一千年的空白点,历史的联系无从建立起来。"（见《汉语史稿》中册454页）我们上面的调查材料,多少有助于建立从唐五代到明清的历史联系。下面举一些魏晋南北朝时期"尔"字用为呢₁的例子,或许能够填补一点从《公羊传》到《祖堂集》中间的空白。

（101）知足下连不快,何尔?（淳化阁帖,卷6,王羲之书）

（102）未测亦并有事如六七月而不存录,为当不复备记,止经略如此邪?今以意求,恐是不复疏之。何知尔?寻初降数旬中已得闲静,后既混糅,恒亲纷务,不展避人,题之纸墨,直止录条领耳。(周氏冥通记,1.5b,津逮秘书本)

（103）刘道真年十六,在门前弄尘,垂鼻涕至胸。洛下年少乘车从门过,曰:"年少甚墟坷。"刘便随车问:"为恶为善尔?"(裴子语林,古小说钩沉,24页,鲁迅三十年集。末句意为:是不好还是好呢?)

（104）石崇与潘岳同刑东市,崇曰:"天下杀英雄,君复何为尔?"(殷芸小说,147页,上海古籍出版社,1984)

六朝时"尔"字用如"呢₁",还可以加在反复问句"VP不"的句中:

（105）(孔坦密启成帝不宜去拜丞相王茂弘之妻曹夫人)丞相闻之曰:"王茂弘驽痾耳!若卞望之之岩岩,刁玄亮之察察,戴若思之峰距,当敢尔不?"(裴子语林,钩沉,34页)

（106）欲屈尊者为太子师,此可尔不?(过去现在因果经,大正藏,3.628a)

试比较前举例（17）:"闷那不闷?"例（30）:"怕那不怕?"例（58）:"是那不是?"等金元时期的反复问句(或归选择问句),可以看出金元的"VP那不VP"是从六朝的"VP尔不"扩展来的,"那"为"尔"的音变。

用作呢₁的"尔"字在《祖堂集》里作"聻、你、尼",在《景德传灯录》里作"你,那","呢"字在可靠资料里出现,已到了元代;但是据《祖堂集》已用"尼"作呢₁、又据《集韵》上声旨韵:呢,乃倚切,"声也"推测,"呢"字很有可能在宋代已作语助。因为在《广韵》《集韵》中,

"呢喃"的"呢"均为平声,《集韵》标为上声的"呢"字又跟五代已作语助的"聻、伱"二字同音。《祖堂集》和《传灯录》中呢₁的用字十分重要,"聻、伱、尼、那"诸字是从"尔"变到"呢"的中间形式,有了这些中介为依据,由"尔"变"呢"说才比较可靠。太田辰夫先生首先注意到《祖堂集》里的"聻、伱、尼"与呢₁的关系,但他没有提到《景德传灯录》里的"伱、那"与呢₁的关系。⑨

(二)用字的地域性 呢₁在《董西厢》、元杂剧、《朴通事》、《老乞大》等书中作"那",而在《水浒传》中不出现,在《西游记》《金瓶梅词话》《儒林外史》等书中多作"哩";又,当《儒林外史》主要用"哩","呢"字尚不多见时,与之几乎同时的《红楼梦》里,"呢"字却取得了独占的地位。这种用字上的区别,反映了语言的地域特点。吕叔湘先生曾将官话(今称北方方言)分为平话系白话和金元系白话,"平话系白话大致可信其依据汴京与临安之口语,金元系白话则其初殆限于燕京一带而渐次南伸。"(见吕文 11 页)呢₁在上述文献中用字的不同,恰可用这两系白话的不同加以解释。即金元系白话呢₁多用"那"或"呢",平话系白话呢₁多用"哩"字。

(三)呢₁与呢₂用字的分合 汉魏六朝文献里,呢₁呢₂同用一个"尔"字;到了唐代,口语里出现了"在里、里"作呢₂的用法,这样呢₁呢₂开始分用。但是,从文献上反映的情况来看,这种分别不是那么严格的,特别是元代以后,无论在金元系白话资料还是在平话系白话资料里,都有混用不分的现象。其原因恐怕与历史上呢₁呢₂本来就同用一个字,可以不加分别有关。至于为什么金元系白话里的"呢"字取代平话系白话里的"哩"字,使呢₁呢₂的用字重归统一,我们的看法是:(a)"呢"字由"尔"字变化而来("尔"字当初兼摄两种功能),属于正宗;"哩"是新兴的语气助词,产生之初只具有不表疑问的一种功能,因而在竞争中"呢"字占优势。(b)北京是元明清三个朝代的国都,由金元系白话发展而来的北京话对其他地方的语言的影响要大得多。《西游记》《儒林外史》里有用"呢"字表呢₁的现象就是这种影响的结果。

附　注

① 见《汉语语法论文集·释景德传灯录中在、著二助词》，下称吕文。商务印书馆，1984年增订本。

② 倒是五代人笔记《摭言》卷四有一"耳"字与呢₁相当："人生几何，苟富贵可图，何须一第耳？"

③ 杨联陞《禅宗语录中之"聻"》，载于台湾新竹《清华学报》纪念李方桂先生寿辰专集229—304页。杨先生认为"聻"字除作疑问语气词外，有时可以独用，出现在句首。

④ 《祖堂集》中有"那"字作呢₂的两例：① 师与道吾、舡子三人受山下人请斋，一人云："斋去日晚。"一人云："近那，动步便到。"（2.12）② 有一僧喫粥了便辞师。师问："汝去什摩处？"僧云："礼拜大沩。"师云："近那，喫饭了去也。"（5.104）此与唐宋时呢₂作"裏"者不相同。

⑤ 我们在《警世通言·万秀娘仇报山亭儿》中检得作"呢"字的一例："问道：'担子呢？'应道：'撺在河里。''匾担呢？'应道：'撺在河里。'"此话本一般认为是宋元旧篇，虽不无道理，但终究时代难以确考；且《三言》多经冯梦龙润改，故不足为据。

⑥ "也"字单独用于选择问句句中的例子频见于宋元白话文学作品中，仅举《元曲选》一例："秀才，你闲也是忙？"（荐福碑2.584）

⑦ 仅两处例外：①"有卖的好弓么？""可知有，没时做甚么买卖裹？"（老182）②"好大舍，那里下着裹？"（朴106）《老乞大单字解》注："裹，又语助，通作里、俚、哩。""那，又语助。有那没。"

⑧ 《红楼梦》程乙本呢₂偶作"哩"："别屋里还有两个哩，太太倒不按例了？"（亚东本36.4）但《脂砚斋重评石头记》"哩"字作"呢"（36.816）。

⑨ 魏晋时期，有少数"那"作疑问语气词的例子，但都用于是非问句，相当于"吗"，跟《景德传灯录》中相当于"呢₁"的"那"用法不同。例如：

疲倦向之久，甫问君极那？（魏·程晓诗）

公是韩伯休那？乃不二价乎？（后汉书·韩康传）

原载《语文研究》1986年第2期

被动关系词"吃"的来源初探*

汉语的被动式经历了漫长的发展过程,表示被动关系的助词或介词也因时代而异。先秦多用"于"字式和"为"字式;汉代"为～所～"式与"被"字式逐步取得优势;南北朝时期"被"字句大量使用;唐代口语中"被"字式取代"为～所～"式,占据了绝对的优势;此后,历经宋元明清各代,"被"字式的用法不断丰富和愈趋精密,直到今天,"被"字式仍然是汉语占主要地位的被动表达方式。①

最迟不晚于北宋,在含有白话成分的资料中出现了一个新的表示被动的关系词——"吃"。"吃"是"喫"的俗写,唐宋资料中皆作"喫",元明资料中才又作"吃""乞"。为排字之便,和从俗起见,本文以"吃"字作为"喫""吃""乞"这三种写法的代表,但在举例时,按文献原字录引,在涉及字形和字音时自然也区别使用。关于"吃"表示被动的意义,辞书多已指出,也有一些文章论及,②而关于它的来历,则讨论者尚少。本文对"吃"字式的格式和意义只作一点粗略的考察,重点放在探讨这种表示被动的"吃"的来源。文中的有些想法还不够成熟,发表出来是想引起讨论,希望求得正确的解释,这对于深入认识汉语的被动表达系统是很有意义的。

1. 格式和意义的考察

较能全面反映"吃"字式面貌的白话资料有《水浒传》《金瓶梅

---

* 本文得到刘坚、陈治文二先生的指正,曹广顺同志也提出了很好的意见,谨致谢忱。

词话》，本文即以此二种作品为主要资料进行考察（例句中前者简称"水"，后者简称"金"），此外也参考了元曲、平话、话本等其他白话文献。

1.1 表被动

"吃"字式有"吃+动"（甲式）和"吃+名+动"（乙式）二型，跟"被"字式有"被+动"和"被+名+动"二型一样。

甲式：吃+动 这种格式比较少见，例如：

（1）似此往来，通有数十遭，后来便吃杀了。（水，46.6 a）
（2）这雷横是个大孝的人，见了母亲吃打，一时怒从心发。（水，51.7 b）
（3）有人情好歹寻一个儿，只休教他吃凌逼便了。（金，14.2b）

在动词之后往往带补语，例如：

（4）若无免贴，定然喫打三下。（老乞大，8）
（5）解珍解宝吃拷不过，只得依他招了。（水，49.5 b）
（6）周氏乞骂得没奈何，只得去房里取了麻索，递与大娘。（错认尸，清平山堂话本，173 b）

乙式：吃+名+动 此式引进动作的施事，也以动词后带各种补语者最为常见。

（7）鬼谷吃苏代执告不过，只得下山。（七国春秋平话，155）
（8）我因为你吃郡王打死了，埋在后花园里。（碾玉观音，京本通俗小说，16 b）

（9）妇人吃他几句抢的通红了面皮。（金，1.19 a）

（10）我倒吃他抢白了这一场，又吃这一跌，我更待干罢。（元曲·秋胡戏妻，二折）

动词后带宾语的也时或可见：

（11）一张纸又要一个钱买，则喫你破坏我家私。（元曲·忍字记，一折）

（12）我家怎地吃官司封了门？（小孙屠，永乐大典戏文三种校注，308）

吃字式和处置式合用的在明代较为常见：

（13）乞孙寡嘴老油嘴把借契写差了。（金，42.8 a）

（14）乞金莲向前把马鞭子夺了。（金，26.14 b）

不仅动词后面成分复杂，动词前也经常带状语：

（15）乞他大爹再三央陪他坐坐儿。（金，26.12 b）

（16）又撞着两个天杀的涎脸，只顾坐住了，急得奴要不的，刚才吃我都打发他往院里去了。（金，13.7 a）

1.2 表原因

（17）那妇人道："一言难尽！自从嫁得你哥哥，吃他忒善了，被人欺负，清河县里住不得，搬来这里。"（水，24.4 b）

（18）他昨日为剪这头发好不费难,吃我变了脸,恼了,他才容我剪下这一柳子来。(金,12.15 b)

（19）此位小姐五官端正,……必益夫而得禄,三九定然封赠。但乞了这左眼大,早年克父;右眼小,周岁克娘。(金,26.9 b)

以上三例"吃""乞"后面的主谓短语是用来说明事情的原因的,"吃""乞"起表示因果关系的作用,可释为"因""因为"。"被"字也有同样的用法,例如:

（20）那时俺便要杀这两个撮鸟,却被客店里人多,恐妨救了。(水,9.2 a)

（21）宋江道:"观察久等,却被村里有个亲戚在下处说些家务,因此担阁了些。"(水,18.9 b)

由此可知,表示原因的"吃"是从被动词用法引申出来的。从逻辑上讲,被动一般表示遭受某种不幸,而这种不幸往往成为某种事态或结果的原因。"被""吃"表示原因的用法正是循着这一逻辑关系产生的。[③]

1.3 时间、地域

如上所说,"吃"字式产生最迟不晚于北宋,北宋的用例尚不多见,但在南宋朱熹的语录里就比较常见了。到了宋元话本、元明长篇白话小说以及明代拟话本中使用十分频繁,几乎可与"被"字式平分秋色。不过,在清代的白话小说如《红楼梦》《儒林外史》之中,被动词"吃"一下子销声匿迹,显得十分突然。另外,从我们所接触到的资料来看,"吃"字式通行的区域比较广阔。它不仅出现在《朱子语类》《水浒传》《西游记》《清平山堂话本》《永乐大典戏文三种》《新刊全相平话》《三言》等南方系白话资料中,而且也出现在元曲、《老乞大》《朴通事》等北方系白话资料中。不过《老乞大》《朴通事》的用例很少,元曲中

"吃"字式出现的频率跟《水浒传》等也无法相比,要少得多。《金瓶梅词话》虽属北方系白话,但由于地接苏北,受江淮方言和吴语的影响较多。大体可以说,被动词"吃"主要通行于山东、江苏、浙江等地。在这些地区的口语中,"吃"与"被"平行使用,但始终没能动摇"被"字式的主导地位。与"被"字式相比,"吃"字式更带有口语性、俚俗性。

2. 考源

2.1 现代汉语的被动式主要有四种:"被"字式,"叫"字式,"让"字式,"给"字式。"被"字式的"被"来自动词"被"的"遭受"义。"被",本义为名词"寝衣"(见《说文》),引申为动词a"覆盖"义"施及"义,b"蒙受"义"遭受"义。"第一种意义是主动地覆盖或施及某一事物,第二种意义是被动地蒙受或遭受某一事物。被动式的'被'字不是来自第一种意义的,而是来自第二种意义的。"(王力《汉语史稿》第三章第四十八节)"叫"字式的"叫",古作"教""交";还有一种"让"字式,跟"叫"字式属同一类,"叫""让"皆来自使役动词。"给"字式的"给"来自授与动词,方言与此式对应的有"畀"字式、"拨"字式、"把"字式(非处置式)、"乞"字式等等。简言之即:

A "被"字式"被"来自动词"被"的"遭受"义;

B "叫"字式、"让"字式"叫""让"来自使役动词;

C "给"字式(方言词有"畀""拨""把""乞")来自授与动词。以上为现代汉语的被动式系统。那么"吃"字式的"吃"跟上述三种来源有无关系?如果有,跟哪一种有关系呢?

2.2.1 动词"喫",本义为"食"(见《说文》),但在唐五代文献中,可以看到它又引申出"蒙受""遭受"的意义。如:

(22)但知免更喫杖,与他邪摩一束。(燕子赋,敦煌变文集,

251；"但知"犹"但"，为"只要"义；"邪摩"犹"这么"）

（23）解事速说情由，不说眼看喫杖。（庐山远公话，敦煌变文集，182）

（24）"急承白司马，不然即喫孟青。"洛阳北有坂名白司马，将军有姓孟名青棒者。（大唐新语，12.184）

末例"承白司马"即承板（"坂"之谐音）子挨打之意，"喫孟青"即喫棒，亦挨打之意。"白司马""孟青"分别为"板"和"棒"的歇后语。跟"喫茶、喫饭"不同，"杖、棒"是不可吃之物，故"喫杖、喫棒"的"喫"表示身体承受外力的敲击，用为"承受、遭受"之义。这种用法的"喫"，其所带宾语在唐代十分有限，多为"杖、棒"之类，而在宋元以后就广泛多了，如"喫艰辛"（朱子语录，134.3212）、"吃了这两掌"（水浒传，21回）、"吃官司"（又，25回）、"喫了惊"（又，37回）等等。以下二例尤可见"吃"有"承受"义：

（25）父母教他去浚井，待他入井，又从而揜之；到得免死出来，又当如何？若是以下等人处此，定是喫不过。（朱子语类，58.1357）

（26）老母平生只爱清幽，吃不得惊唬，因此不敢取来。（水，42.14a）

"喫不过"即"受不了"之意，"吃不得惊唬"即"不能受惊吓"，"喫、吃"显然是动词"承受"义。正因为"吃"的引申义为"承受""遭受"，所以它也能像"被"一样，在一定场合下表示被动关系。

2.2.2 "吃"用在动词之前，其"遭受"义更为显豁，可以释作"挨、遭"，最早有唐代的例子，不过极为罕见：

（27）火急离我门前，少时终须喫捆。（燕子赋，敦煌变文集，249）

"喫捆"即吃耳光、挨打之意。《水浒传》里的"吃打"（51回）也属于此类。"喫捆"与2.2.1"喫杖"的不同在于："捆"为动词，而"杖"为名词（如果认为"杖"是名词作动词用，则当别论）；"喫杖"的"喫"为动词，而"喫捆"的"喫"虽也可以看作动词，但实际上"吃+动"跟被动式的"被+动"的功能已十分接近。例如：

（28）燕子被打，伤毛堕翮。（燕子赋，敦煌变文集，249）

这个例子的"被打"跟上面所举"喫捆""吃打"的结构和意义都相近，所不同的是，"被"的"遭受"义已虚化，而"喫"的"遭受"义还比较分明。可以推想，当"喫"的"遭受"义也发生虚化之后，它就有可能表明它所依附的动词为被动态，从而演变成表示被动关系的助词。这从以下二例可以看出：

（29）他心本不曾动，只是忽然喫一跌，气才一暴，则其心志便动了。（朱子语类，52.1238）

（30）直去府里，要刺贺太守，被人知觉，倒喫拿了，见监在牢里。（水，58.12 b）

当然，"喫"的"遭受"义的虚实有时不好判断，就拿《水浒传》的"吃打"来说，既可分析为"挨打"，也可分析为"被打"，但是从这种分析的两可性中，正可以看出"喫"演变为被动关系词的可能性。

2.2.3 "吃+名+动" "吃"引出述语动词的施事者，可视为表示被

动的介词。最早有唐五代的用例,但不多见:

(31)我欲笞汝一顿,恐天下人称你云:撩得李日知嗔,喫李日知杖。(朝野佥载,5.113)

(32)黄羊野马捻枪拨,虎鹿从头喫箭川(穿)。(王昭君变文,敦煌变文集,101)

宋代以后表被动的"喫"就比较多见了,例如:

(33)花儿偏向蜂儿有。莺共燕,喫他拖逗。(柳永,红窗回,全宋词,55)

(34)蔡卞只是扶他以证其邪说,故喫人议论。(朱子语类,87.2268)

(35)愚意以为可且为营一稍在人下职事,喫人打骂差遣,乃所以成就之。(鹤林玉露,2.24)

2.2.4 由上可见,"喫"虚化为被动关系词的过程跟动词"被"虚化的过程大体相似,所不同的是"被"的"遭受"义是从它的本义自然引申出来的,符合词义引申的一般规律;而"喫"的"遭受"义是从"喫杖""喫棒"之类的比喻义产生的。"喫"是从外部接受食物,用这个词比喻遭受外来棍棒的殴击,具有修辞上形象、幽默的效果。动词"遭"在唐代有类似于被动词"被"的用法,这又说明大凡有"遭受"义的动词都有虚化为被动关系词的可能,只不过语言实践选择了"被"和"吃"罢了。例如:

(36)遭其枷者,宛转于地,斯须闷绝。(大唐新语,12.182)

（37）铸泻黄金镜始开，初生三五月徘徊。为遭无限尘蒙蔽，不得华堂上玉台。（唐摭言，12.144）

（38）复问曰："有一本虞永兴手写《尚书》，此犹在否？"其人惭惧，不敢言卖，云："暂将典钱。"愿曰："已遭尧典舜典，又被此儿郎典。"（因话录，4.98）

以上三例之"遭"若换成"被"，于表达无碍，且末例"遭"与"被"对举，益可证"遭"也有虚化为被动词的条件。

以上我们论述了被动关系词"吃"的来源。概括说，被动关系词"吃"的本字为"喫"，"喫"本义为食，自唐代始有"遭受"义，"吃"的被动用法即来自其"遭受"义，如同"被"的被动用法是其"遭受"义一样。"被"和"吃"用作被动关系词的事实反过来又证明具有"遭受"义的动词是汉语被动式关系词的来源之一。

2.3 用字的考察和解释

从前面所举的例子已可看出，被动词"吃"的用字很不一致，尤其是容与堂本《水浒传》和万历本《金瓶梅词话》，同一部书里用字也不一致。为便于一目了然，现将这两部书和影印明刊本《清平山堂话本》的用字情况介绍如下表（（+）表示较少。空白表示没有）：

资料＼字形＼意义	饮食 喫	饮食 吃	饮食 乞	遭受 喫	遭受 吃	遭受 乞	被动 喫	被动 吃	被动 乞
水浒传	(+)	+		(+)	+	+	(+)	+	+
金瓶梅词话		+	(+)		+	+		+	+
清平山堂话本		+			+			+	

大体可以说，饮食义的"吃"不与"乞"混用，"遭受"义、被动用法的"吃"在《水浒传》和《金瓶梅词话》里多与"乞"混用，而在《清平山堂

话本》(以下例中简称"清")里则避免用"吃"只用"乞"。除了《水浒传》里有少量"喫"字外,另两部书都不用"喫"而用"吃"字。

"乞"字用如"喫(吃)"者:

  a 乞了些艰辛(水,14回)乞官司(水,52回)乞惊(水,26回,金,47回,清,112b 116a)乞打(清,112 b)
  b 乞邻舍家笑话(水,24回)乞他逼迫不过(金,61回)
  c 或聘嫁,或打发,教他乞自在饭去罢。(金,86.10 a)

a组为动词"遭受"义,b组为被动介词用法,c是饮食义的"喫(吃)"写作"乞"的,很可注意。

"吃"用如"乞"者:

  (39)只见孔明披着头发……在那里求吃。(水,66.5b)
  (40)老咬虫,吃贫婆,贱人,怎敢骂我!(水,51.7b)

以上两例中的"吃",贯华堂本均作"乞"。

  (41)每日出来看经吃化。(清,148 a)

  《水浒传》的作者一般认为是施耐庵,也有认为是施氏写定后又经罗贯中加工修改的。关于施氏的生平,可靠资料甚少,传说他是钱塘人(今浙江杭州),也有说是江苏兴化人的。《金瓶梅词话》的作者兰陵笑笑生其人不详,一般认为此书是以山东方言为基础写的,其中也有少量其他方言成分。《清平山堂话本》是明代洪楩编刻的宋元话本集,它所反映的应是南宋首都临安(今杭州)一带的方言。总之,"吃""乞"

混用的这三种资料所代表的方言大致在山东、江苏、浙江这一范围内,而现代方言中江淮方言和吴语方言中正不乏"吃""乞"同音的证明。《广韵》"喫"(溪母锡韵-k)、"吃"(溪母迄韵-t)韵尾不相同,到了元明之际二字韵尾变得一致起来,所以"喫""吃"二字通用,并渐以"吃"字取代"喫";又因为"吃""乞"本为同音字,所以在元明俗文学作品里出现"喫"(吃)、"乞"混用的现象是不足为怪的。《清平山堂话本》不用"吃"只用"乞"表示"遭受"义和被动关系,恐是因为"吃"的常用义为"饮食",且又是常用字,为避免混乱就用"吃"的同音字"乞"专门表示"吃"的特殊意义。

《元刊杂剧三十种》里偶或也有"乞"用作"吃"的,如:

(42)道士们都修善,他每更不乞饘。(任风子,二折〔寄生草〕)

(43)乞紧君王在小儿彀中。(赵氏孤儿,二折〔一枝花〕)

这可能是刻字工匠的省笔,此类现象元刊本中习见。如《西蜀梦》四折"急飐飐"作"吉占占"("吉"为音借字,"占"为省笔字),《拜月亭》二折"悒悒"作"邑邑",《单刀会》四折"搬"作"般",《诈妮子调风月》二折"绣"作"秀",《看钱奴冤家债主》三折"财"作"才",《楚昭王疏者下船》三折"睁"作"争",等等,不胜枚举。

3. "给与"义的"乞"

3.1 有没有一种可能:"乞"不是"喫(吃)"的音借字,而是"给与"义的"乞"?动词"乞"除了有"求取"义外,又有"给与"义,是所谓反训词。"乞"字的这两个意义是用音调加以区别的,《左传》昭公十六年"毋或匄夺"孔颖达疏:"乞之与乞,一字也,取则入声,与则去声也。"宋代袁文《瓮牖闲评》卷四:"诗家用乞字,当有二义,有作去声用者,有作入声用者。如陈无己诗云:'乞与此翁元不称',苏东坡诗云:'何妨乞与水精鳞',此作去声也;如唐子西诗云:'乞取蜀江春',东坡诗云:'乞得膠膠扰扰身',此作入声用也。"所举读去声的"乞与"正是"给与"义,所举读入声的"乞取""乞得"的"乞",正是"求取"义。"给与"义的"乞"汉代文献中已见,唐宋时候多见,清人笔记中仍偶或出现,以下各举一例。

(44)居一月,妻自经死,买臣乞其夫钱,令葬。(汉书·朱买臣传,64.2793;师古曰:"乞音气。")

(45)罪臣不煞将金诏,感恩激切卒难申。乞臣残命归农业,生死荣华九族忻。(捉季布传文,敦煌变文集,70)

(46)僧回首,师曰:"乞我一文钱。"曰:"道得即与汝一文。"(五灯会元,2.122)

(47)一夜,盗入其居,夫妇惶惧,不知所为。妾于暗中手一杖,开门径出,以杖击贼,踣数人,余皆奔窜。妾厉声曰:"鼠子不足辱吾刀杖,且乞汝命,后勿来送死。"(池北偶谈,26.625)

如前所说,汉语的被动词有一部分来自于有"给与"义的动词,既然"乞"(去声)也有"给与"义,那么,如果推测《水浒传》《金瓶梅词话》《清平山堂话本》里被动用法的"乞"源自授与动词"乞"是很自然的。不过,我们的看法是这种可能性很小,理由如下。

(一)在上述资料中,"乞"只有被动用法,未见其作授与动词的用例,表示授与的动词都用"与",因此不能断定被动用法的"乞"是从"给与"义的"乞"来的。只有在同一时期或同一种资料中,一个词既作授与动词又兼表被动关系,我们才能认定其被动用法是来自那个授与动词的。比如"与",是古今通行区域最广、使用时间最长的一个授与动词,直到明清时候,"与"占的比例仍然不小。在明清白话小说中,"与"有时表示被动关系,例如:

(48)老忘八,依你说起来,我的孩儿应该与这杀材骗的!(醒世恒言,8.170)

(49)不要烦烦恼恼,与别人看破了,生出议论来。(二刻拍案惊奇,9.207)

这种被动用法的"与"更早在唐代王梵志的白话诗里也见到:

(50)向命取人鬼,屠儿杀羊客。鬼识人与料,客辨羊肉厄。

例(50)意谓:鬼精明则人多被他算计,客精明则羊肉遭殃。以上三例中被动用法的"与",我们可以断定是授与动词"与"的转用。再如现代汉语通用的授与动词"给"是到了《红楼梦》《儒林外史》《儿女英雄传》里才普遍使用的,它的被动用法也是在清代小说里才开始见到的:

(51)就是天也是给气运使唤着,定数所关,天也无从为力。(儿女英雄传,3.33)

(52)要是给姓何的老爷知道了,你可又要吃亏了。(邻女语,35)

总之,只有在同时期资料中授与动词兼作被动关系词的,我们才能判定后者是源自前者的。《水浒传》《金瓶梅词话》《清平山堂话本》三种资料中没有一种属于这类情况。

(二)《水浒传》和《金瓶梅词话》中表示被动的不仅用"乞",同时也大量用"吃",这跟同时期其他资料中大量使用"喫""吃"表示被动的现象应是一致的,而且有许多例子证明"乞"与"吃"可以混用,"乞"应是"吃"的音借字,而不是"给与"义的"乞"。

(三)文献资料证明,早在唐代"喫"就有了"遭受"义,并且开始表示被动关系,像前举"喫李日知杖""喫箭穿",以及北宋"喫他拖逗",南宋"喫人议论"等例子都证明被动用法的"喫"本字是"喫"而不是"乞"。

3.2 但是,在闽南方言中"乞"兼表"给与"和被动,这不仅有活的方言为证,而且文献资料中也有反映。以下例子均采自定静堂丛书影印的明清时候刊刻的几本闽南戏文。

"乞"用作授与动词的例子:

(53)一点春心,今来交付乞谁?(荔镜记二出,花园游赏,3b)

(54)我今劝你嫁乞伊。(又,十四出,责媒退聘,18b)

(55)若会回新诗,牡丹许乞伊。(同窗琴书记·遇摘牡丹,5a)

(56)林兄会学伊,学乞小弟看一下。(荔枝记·五娘赏春,4a)

"乞"用作被动介词的例子:

(57)共君出外乞人做骂名。(荔镜记三十三出,计议归宁,73b)

(58)你莫做亏心行止,莫乞外人教议。(又,四十八出,忆情自叹,94b。按,"教议"应为"较议",意犹议论短长)

(59)总是乞人骗。(金花女,14a)

(60)不合亲口掠话说许,一枝牡丹乞伊摘去。(同窗琴书记·遇摘牡丹,5b)

(61)我为谁乞人打,为着陈三。(荔枝记·代捧盆水,35b)

(62)亚娘送亚官,返去乞恁亚妈骂。(又,途遇家童,76a)

在同一种资料中"乞"既作授与动词,又作被动介词,我们可以说闽南话里的被动介词"乞"是从授与动词"乞"转用来的,这个"乞"跟《水浒传》《金瓶梅词话》里"吃""乞"混用表示被动的"乞"来历不同,这是必须区别清楚的。据《汉语方言概要》《汉语方言词汇》《普通话闽南方言词典》等许多方言调查资料所记录的,我们知道闽方言中有不少方言点直至现在仍以授与动词"乞"兼表被动。这类由"给与"义的动词兼表被动关系的现象在我国南方许多地方的方言里都可以看到,如粤语(广州方言)、客家话(梅县方言)、吴语(苏州、平阳、温州方言)、赣语(高安方言)等,甚至连地处西北的青海西宁方言里也有同类事实。[④]以上事实有助于说明汉语被动表达的另一个来源是授与动词,但不能反过来说凡授与动词都必定转用于被动关系。比如山东省胶东地区今天仍以"乞"表示给与,但表示被动却不用"乞"而用"教"。

4. 被动词"吃"跟"给"无关

有一种意见认为"这个'吃'与现代口语中表被动的'给'当时的语音接近(吃[kiət],给[kiəp]),很可能表被动的'给'是'吃'发展来的"。[⑤]这个说法可以讨论。

首先,"吃"《广韵》确有居乙切一音(见母[k-]迄韵[-t]),但这个读音的"吃"义为"语难",即"口吃"的"吃",与"喫"义无关。从唐宋资料中皆作"喫",元明小说中"喫、吃、乞"混用的现象来看,被动关系词应取"喫"的读音苦击切(溪母[kʻ-]锡韵[-k])。"吃",《集韵》另有欺讫切一音(溪母迄韵),也跟读讫立切(见母缉韵)的"给"语音相差甚远。

其次,现代口语中表被动的"给"是授与动词"给"的转用。这个授与动词的读音有二:上声的[tɕi]和[kei]。"给",义为供给,原为 -p

尾入声字[kiəp]。在北方音韵的历史演变中，-p尾入声字舒声化以后没有文白二读的对立，所以只有[tɕi]是正规的音变，[kei]音与音韵演变的规律不合，另有来历。据日本志村良治氏考证，[kei]的前身是上古齐鲁地区用"馈""餽""归"等字标写的音，元代波及到北方话中，如《老乞大》《朴通事》中用"馈"、《五代史·周史平话》中用"归"表示此音。"给"[kiəp]清代中期舒声化为[ki]，跟授与动词"馈"[kiui→kwi]音相近，故渐用"给"作为[kwi]的音借字。⑥ 如果相信志村氏的考证大体可以成立，那么现代口语中被动用法的"给"不是来自-p尾入声字的"给"[kiəp]的音变[ki]→[tɕi]，而是来自"馈"的[kwi]的音变[kei]，这样看来，"吃"跟"馈"在语音上就更无关涉了。

附　注

① 参看唐钰明、周锡䪖:《论先秦汉语被动式的发展》(《中国语文》1985年第4期)，唐钰明:《汉魏六朝被动式略论》(同上，1987年第3期)，《唐至清的"被"字句》(同上，1988，6)。

② 香坂顺一:《〈水浒〉的语言》(《中国语学研究集刊》第一号，1959)，《白话语汇的研究》所收《中国近世语笔记》(122)条和《旧白话杂记》(16)条(光生馆，1983)；

潘允中:《汉语语法史概要》(中州书画社，1982)；

袁宾:《早期白话词义札记》(二)(《天津师大学报》1983年第4期)；

植田均:《〈水浒〉的被动表达方式——以"被、吃、乞"为中心》(《奈良产业大学纪要》第一集1985，11)。

③ 《金瓶梅词话》里还有一种"乞"既不表示被动，也不表示原因，类似于使役的"让"，可释为"使""使得"。例如："早是我打后边来，听见他在屋里哭着，就不听的动静儿，乞我慌了，推门推不开。"(26.13a)

④ 桥本万太郎:《汉语被动式的历史、区域发展》(《中国语文》1987年第1期)。

⑤ 潘允中(1982)257页，见注②。

⑥ 见《中国中世语法史研究》附八《"与""馈""给"》(三冬社，1983)。

引用书目

《汉书》《晋书》：中华书局标点本。
《古小说钩沉》：人民文学出版社，1954。
《因话录》：上海古籍出版社，1979。
《大唐新语》：中华书局，1984。
《朝野佥载》：中华书局，1979。
《唐摭言》：古典文学出版社，1957。
《敦煌变文集》：人民文学出版社，1957。
《朱子语类》：中华书局，1983。
《全宋词》：中华书局，1965。
《五灯会元》：中华书局，1984。
《鹤林玉露》：中华书局，1983。
《元刊杂剧三十种》：中华书局，1980。
《元曲选》：中华书局，1979。
《京本通俗小说》：文学古籍刊行社影印本，1987。
《清平山堂话本》：文学古籍刊行社影印本，1987。
《新编五代史平话》：古典文学出版社，1954。
《全相平话五种》：文学古籍出版社影印本，1956。
《老乞大谚解》：奎章阁丛书第九。
《永乐大典戏文三种校注》：中华书局，1979。
《水浒传》（容与堂本）：上海人民出版社，1973。
《金瓶梅词话》：日本大安社影印明万历本，1963。
《醒世恒言》：人民文学出版社，1979。
《定静堂丛书》（吴守礼等校辑）：台湾，1975。
《荔镜记》（嘉靖本）、《金花女》（万历本）、《同窗琴书记》（乾隆本）、《荔枝记》（光绪本）、《二刻拍案惊奇》：台湾友联出版社，1980。
《儿女英雄传》：西湖书社，1981。
《邻女语》：上海文化出版社，1957。
《池北偶谈》：中华书局，1982。

原载《中国语文》1989年第5期

禁止词"别"考源

一

　　禁止词"别"主要表示禁止和劝阻，跟"不要"的意思相同；此外，它又跟"是"合用，表示揣测。古代用"毋"和"勿"作禁止词，汉代以后又有"莫"，在"莫"之后又有"休"。到了现代，"勿"只在"请勿吸烟"之类的特定书面语中使用；"休"，口语里只用"休想"一词；"莫"还保存在武汉、长沙、成都等方言里。现代官话系方言的禁止词大都用"不要"或"不要"之合音，如西安、西宁、洛阳等地（详见下文）。"不要"的合音，一般用俗字"嫑"表示，苏州话用"覅"，只有北京、济南等地用"别"。关于禁止词"别"的来源有种种推测，迄今尚无定论。

　　比较普遍的看法是，"别"是"不要"的合音。比如早在40年代吕叔湘先生曾说："'不要'一词用久了已经失去原义，干脆成了一个禁止词。到了'不要'二字合音成'别'（北京）的时期，那就和'休''莫'等单词没有什么两样了。"（见《中国文法要略》17.34节）

　　王力先生（1951）持不同看法，他说："普通总以为'别'是'不要'的合音，但这是很难解释的，因为'不'和'要'的合音该是biao，不该是bie。所以'别'字的来源还是尚待考证的。"（见《中国语法理论》上册第三章第二十三节）

　　"别"字本来是个指别词，义为"另外"，如别人，别处，别有天地等等。太田辰夫先生（1957）推测禁止词"别"的来源可能跟指别词"别"有关系。他说："表禁止的副词'别'在明代就有一些，但用得较多是在清代。有人认为它是'不要'的简缩形式，但这是不正确的。它也可以说成'别要'，恐怕是从本来意义的'别（另外）'引申而来，成为委婉的禁止意义。"（见《中国语历史文法》中译本282页）

如上所述，关于禁止词"别"的来源各说不一，有从二字连读发生合音现象考虑的，也有从词义引申角度考虑的，还有明确表示不详待考的，看来对这一问题进行更为深入的讨论，还是很有必要的。

二

禁止词"别"出现较晚，辞书都举《红楼梦》为例，好像这个词是直到清代才出现的。其实，早在元人杂剧和散曲里就已看到它的用例，尽管为数很少：

（1）别引逗出半点儿风声，夫人他治家严肃狠情性。（㑇梅香，一折〔六幺序〕幺篇，元曲选，第三册，1152页）

（2）别近谤俺夫妻每甚的，止不过发尽儿掏窝不姓李。（哭存孝，一折〔尾声〕，元曲选外编，第一册46页）

（3）问甚鹿道做马，凤唤做鸡，葫芦今后大家提，别辨是和非。（周仲彬，套数〔斗鹌鹑·自悟〕，太平乐府，卷7）

前两例出自元杂剧中的曲词而不是宾白，比较可信是元人手笔。第三例出自散曲里的套数，也较可信。

根据禁止词"别"的最早用例，我们先假设"别"是"不要"二字连读时的合音。"要"在中古属效摄三等字，在《中原音韵》里属萧豪韵。

中古效摄一二三四等字的主要元音通常依次构拟为 au au ɛu eu，其中三等或四等字有腭介音。到了《中原音韵》时代，原中古效摄一二等字拟音为 au 和 iau（二等牙喉音字），三四等字为 iɛu。当"不要"二音连读时，发生了合音现象（关于声调下文另外讨论），即：

$$pu + i\varepsilon u \to p_u i\varepsilon u \to \quad pi\varepsilon u \to pi\varepsilon$$
$$\text{不} \quad \text{要}（单音节化）（覅）\quad （别）$$

从 pu+iɛu 到 piɛu 是第一变化，piɛu 在快读时韵尾 -u 变得很弱，以至于脱落，于是又从 piɛu → piɛ，这是第二变化。由于当时效摄三等字"要"读 iɛu 不读 iau，又由于合音后发生了第二变化——脱落了 -u 韵尾，所以今天对"别"是"不要"的合音不容易认定。

实际上，很多地方"不要"的合音都不是"别"和"要"的规则的缩合，或者是失落韵头 i-，如西安的 pɑu、西宁、洛阳的 pɔ；或者是失落了韵尾 -u，如北京、济南的 piɛ，苏州的 fiæ；或者是韵头韵尾两皆失落，如扬州的 pɛ。笔者的出生地安徽含山县，"要"的单字音为[iɔˇ]，但"不要"的合音为[pɛˇ]。"不要怕"说成"[pɛˇ]怕"，连"不要紧"也说成"[pɛˇ]紧"，这是很有说服力的证明。因此，我们不能因为 piɛ 不同于"不要"的规则的合音 piau，就否定它可能是"不要"的合音。

"不要"表示禁止或劝阻，最早见于唐代的文献，例如：

（1）邪路不用行，行之枉辛苦；不要求佛果，识取心王主。（寒山子诗集，26b）
（2）且须谋日富，不要道家贫。（陆龟蒙，对酒）
（3）太尉归戒阍者，此人来不要通。（唐语林·补遗，7.186）

但是"不要"从何时起发生合音的，却无法确知。更重要的是，"不要"的合音应读去声，这跟北京话里禁止词"别"读阳平在声调上不相吻合。因此,不解决声调问题,合音说仍有令人不安之处。为此我们重点调查了明清时候用北方话写作的白话小说。

除了元曲之外,在《红楼梦》之前出现禁止词"别"的白话文学作品有明代的《金瓶梅词话》和清初的《醒世姻缘传》。这两部小说都是用北方官话写成的,而且通常认为它们的基础方言都是山东话。十分值得注意的是,这两部书中不仅有禁止词"别"而且还有"别要",而且"别要"比"别"更多见。这一现象为我们了解禁止词"别"早期的使用情况,并由此探索其由来提供了十分重要的信息。下面即以《金瓶梅词话》为主要资料,作进一步的探讨。

明万历本《金瓶梅词话》里"别"字单用作禁止副词的凡两见:

(4) 分付玳安:"且别教他往后边去,先叫他楼上来见我。"(42.5b)

(5) 希大道:"哥别提,大官儿去迟了一步儿,我不在家了。"(52.5b)

与此形成鲜明对比的是,"别要"合用作禁止副词的共三十一例,是"别"字独用例的十五倍多。现仅举其中十例于下:

(6) 小囚儿,你别要说嘴!(21.7a)

(7) 你别要管他,丢着罢!(23.9b)

(8) 贼强人,到明日永世千年就跌折脚也别要进我那屋里。(31.10b)

(9) 你别要说我对你说,交他怪我。(51.3a)

(10) 李三,你且别要许他,等我门外讨银子出来和你说话去。(51.6b)

（11）西门庆走到屏风后边对众妇人道："别要嘻嘻的笑,引的我几次忍不住了。"（53.15a）

（12）老亲家你不知,相这样小淫妇儿,别要闲着他,快与我牵出来。（63.10a）

（13）爹也别要恼,我说与爹个门路儿,管情教王三官打了嘴,替爹出气。（68.13a）

（14）今后你有轿子钱便来他家来,没轿子钱别要来。（78.19a）

（15）我教你这老狗别要慌,你这几年转的俺丈人钱勾了。（86.5b）

从以上诸例来看,"别要"跟"别"在意义和用法上都没有什么不同。令人疑惑的是,如果"别"是"不要"的合音,为什么单用的"别"仅见二例,而添上蛇足的"别要"却多至三十一例呢?

有一种看法是,"别"之有"别要",犹"莫"之有"莫要","休"之有"休要"。换句话说,"别要"是从"莫要""休要"类推出来的。"莫"和"休"本来就是综合性的禁止副词,或许是受汉语词汇双音节化趋势的影响,又跟"要"合用作"莫要""休要",变成分析性的(否定词+要)。"莫要"合用之例如:

（16）哥,你若送将我那女孩儿来家,老汉莫要说一瓮酒,一个牛犊儿,便杀身也报答大恩不尽。(李逵负荆,一折〔金盏儿〕白,元曲选,第四册,1521页）

（17）阿嫂休怪,莫要笑话。(水浒传,7回）

（18）着到几时,莫着了。(金瓶梅词话,54.4b;"着",指着棋）

"休要"合用之例如:

（19）和尚，休要狂獐，等待着。（董西厢，卷2，大石调〔玉翼蝉〕，83页）

（20）孩儿，你且休要性急，待你阿妈酒醒呵，再做商议。（哭存孝，一折〔尾声〕白，元曲选外编，第一册，46页）

（21）此是你梦想旧境，只把心来放正着，休要理他！（金瓶梅词话，59.14a）

据香坂顺一氏（1983）考察，"莫"和"休"除了跟"要"合用之外，又能跟"得"合用作"莫得""休得"，例如：

（22）则说我侄儿山寿马和茶茶暖痛来，莫得疑猜。（虎头牌，四折〔滚绣球〕，元曲选，第一册，418页）

（23）宋星主休得迟疑，娘娘久等。（水浒传，46回）

《西游记》里又用"少"表示禁止，"少"也能分别跟"要"或"得"合用表示禁止。例如：

（24）你这伙道人都少打。（36回；"少打"犹言"休打"）
（25）师父休怪，少要言语。（27回）
（26）你莫要心焦，少得烦恼。（21回）

由上可以看出，单音节的禁止词跟与之相关的助动词"要""得"合用已成为当时的惯例，使用十分普遍。不仅如此，就连古代沿用下来的文言禁止词"勿""毋"也可以跟"得"合用：

（27）汝等勿得再来争执。（水浒传，85回）

（28）告示诸将，各要遵依，毋得差错。（又，76回）

在这样一种语言背景下，新出现的禁止词"别"自然不能不受影响，因而"别要"合用是不足为怪的。（参看香坂顺一1983）

但是，我们则认为"别要"合用的情况跟"莫要""休要"等又有区别，这就是"莫""休"自作禁止词以来，长期都是单独使用的，即使在后来能跟"要""得"合用，也依然以单用者为主。就拿《金瓶梅词话》来说，这部书里"休要"合用的频率远远高于与它时代相近的其他白话小说，尽管如此，单用的"休"仍比"休要"的比例大。我们检查了前五十回，其中"休"有一百二十三例，"休要"有七十二例，这跟该书中"别"仅二例，"别要"有三十一例的情况很不一致。不只《金瓶梅词话》，稍晚于它的《醒世姻缘传》也是如此。《醒世姻缘传》里"别""别要"并用，如：

（29）这是晁亲家不知道的事，别提。（9.115）
（30）别说宅里三奶奶不依，我也不依。（22.281）
（31）那认儿子的话别要理他。（5.63）
（32）多拜上奶奶，别要管他，拿下去打！（20.265）

我们检查了前五十回（全书共一百回），其中"别"有二十六例，"别要"有三十五例，虽不像《金瓶梅词话》的比例那么悬殊，但"别要"仍多于"别"。《醒世姻缘传》印证了《金瓶梅词话》里"别要"多于"别"的事实，说明这一现象不是偶然的；同时又显现出"别要"有逐渐减少的趋势。后来，到了以北京话为基础方言的《红楼梦》里，已统一用"别"，而且"别"出现的频率也大大高于前两部小说。但是，在脂评庚辰本《石头记》里，仍然可以见到使用"别要"的例子，尽管很少：

（33）探春笑道："也别要怪老太太，都是那个刘姥姥一句话。"（42.970）

（34）贾母又道："你放心，等明儿我叫他来给你赔不是，你今儿别要过去燥着他。"（44.1010；"燥"为"臊"之误，庚辰本多见）

此后，清代道光时人陈森用北京话写成的《品花宝鉴》里，仍然使用"别要"，例如：

（35）老王，你别要这么著。（3.11a；另一处有"别这么著"）

（36）今日简慢极了，别要笑话。（5.18b）

（37）你如今又远行了，也须过个礼，不是这样就算的，别要教人怪起来。（15.3a）

我们检查了前三十回（全书共六十回），"别"有十例，"别要"有四例。这说明清代中叶以后，"别"单用已占优势，尽管口语中"别要"仍未绝迹。

由上所述可以看出，像《金瓶梅词话》和《醒世姻缘传》里"别要"大大多于"别"的现象是很难用受到"莫要""休要"的类化来解释的。那么，究竟应该怎样看待"别"又作"别要"呢？我们的推测是，"别要"很可能是在"不要"合音发生第一变化（piɛu）之后继而发生的另一种第二变化，即（1）piɛu 脱落韵尾 -u，变为 piɛ；（2）piɛu 被重新分解组合为 piɛ+iɛu。即：

$$pu + i\varepsilon u \rightarrow p_u i\varepsilon u \rightarrow pi\varepsilon u \begin{cases} pi\varepsilon\ （别） \\ pi\varepsilon + i\varepsilon u\ （别要） \end{cases}$$
（不）（要）　　　　　（覅）

这种音变现象跟唐代"是物"变为"甚没"和"甚"十分相似。"是物"在 8 世纪中叶变为"是没"，九世纪时变为"甚没"和"甚"两种形式：

$$是没\begin{cases}甚没\\甚\end{cases}$$

"甚没"后来又渐次变为"甚摩"、"什摩"、"甚么"、"什么",而"甚"作疑问词西北方言一直沿用至今(参看志村良治1984)。这跟"不要"分化为"别""别要"非常相像,所不同的是,是没→甚没发生了连读语音逆同化现象(前一音节受到后一音节声母的同化)而不要→别要则是把一个连读缩合音节分解组合为两个音节。

如前所说,"不要"合音而产生的 piɛ 最初应该是去声,但是,当"别要"连读时,由于"别"(去声)位于"要"(去声)的前面,就音变为阳平调(此据今以推古),这就是今天读作阳平调的禁止词"别"[pie˩]的来源。从古代文献和现代方言的情况来看,"别"是主要通行于北京(包括河北省)、山东一带的禁止词,跟《红楼梦》时代大体相同的《儒林外史》,以及晚于《红楼梦》的《镜花缘》等用江淮官话写作的小说里都不用"别"。但是这不等于否定其他地方的禁止词也多是"不要"的合音。恰恰相反,现代方言中很多地方的禁止词都是"不要"的合音,只不过由于方音的不同,或由于合音时发生了种种音变,这些合音(如沈阳[pei˩]、温州[fai˥]、福州[paiʔ˩]等)跟"别"的声韵调有差别,不能用"别"来标示罢了。

三

俞敏先生曾根据朱元璋北伐时把一批安徽人带到北京定居下来的历史事实,推测北京话里禁止词"别"可能跟皖南话有关系。他说:"北京人的'别'从哪儿来的呢?罗先生(莘田)调查的绩溪方音'不要'念[pəʔ˩ iɛ˩]或合音念[piɛ˥]。我老怀疑'别'是皖南话的遗迹。"(见《方言》1984 年第 4 期)俞先生的文章提醒我们,除了北京、济南等地之外,安徽绩溪话里的禁止词也读[piɛ˦]音。

　　罗先生当年调查后写成的报告今天已不易看到,笔者请教了近年对绩溪话做过系统调查的郑张尚芳同志。据他告知,绩溪城关华阳镇把"别喊_他们_"的"别喊"说成"不叫"[pəʔ˩]「tɕie˦],也说"不要叫"[pəʔ˩]「ie˦tɕie˦];另外,"不要叫"又说成[pie˦tɕie˦],[pie˦]是"不要"的合音。这个[pie˦]跟现在北京话里的禁止词"别"读音相同。如何看待这种相同的语音形式呢?诚然,地理上相距很远的两个地方有某些相同的语言形式存在,有的确实跟移民有关,但具体到禁止词"别"的场合,由于元人杂剧和散曲里已经出现了少量用例,明代《金瓶梅词话》里"别"与"别要"并用,这说明北方话自身也有产生禁止词"别"的条件,所以可以认为北京话里的"别"跟皖南话里"不要"的合音[pie˦]没有来源上的关系。

　　绩溪话不用"别"字表示"不要"的合音[pie˦],这是因为在绩溪话里,作指别词的"别"("另外"义)声母读送气音[pʻ-],而"不要"的合音声母不送气[p-],故无法借"别"表示"不要"的合音。这个事实也说明指别词的"别"跟禁止词[pie˦]没有来源关系。北京话之所以能用指别词"别"作"不要"合音的音借字,是由于在北方话里它们的声母没有送气与不送气的分别;在声调上,"别"字由浊入(皮列切)变为阳平,"不要"的合音原为去声,它跟去声的"要"连用,也音变为阳平调。这样,指别词"别"就充当了"不要"合音的音借字。

　　最后,把本文的主要观点归纳一下。

　　(一)北京话里的禁止词"别"是"不要"的合音。"要"(原中古效摄三等字)在(中原音韵)时代读iɛu,推测"不要"的合音为:

$$pu + iɛu \rightarrow p_uiɛu \rightarrow piɛu \rightarrow piɛ \rightarrow pie$$

　　(二)《金瓶梅词话》里"别要"远远多于"别",可能是"不要"合音发生的另一种第二变化,即:

$$pu + i\varepsilon u \rightarrow p_u i\varepsilon u \rightarrow pi\varepsilon u \begin{cases} pi\varepsilon（别）\\ pi\varepsilon + i\varepsilon u（别要）\end{cases}$$

（三）"不要"的合音最初应为去声，当"别要"连用时，去声的 piε 在去声的"要"之前声调发生了变化，变成阳平调。

（四）从元曲中已出现表示禁止的"别"，以及《金瓶梅词话》中"别"与"别要"并用来看，北京话里的禁止词"别"似不源自皖南话。从绩溪话里指别词"别"声母为[p'-]"不要"合音的声母为[p-]来看，表示禁止的"别"不是来自指别词的"别"。在北京话里，指别词"别"只是"不要"合音的同音借字。

参考文献

吕叔湘　1982　《中国文法要略》，商务印书馆（上卷初印版 1942，中卷下卷初版 1944）。

太田辰夫　1957　《中国语历史文法》，江南书院；蒋绍愚、徐昌华中译本，北京大学出版社 1987。

王　力　1951　《中国语法理论》上册，商务印书馆（初版 1947）。

香坂顺一　1983　《白话语彙の研究》，光生馆。

俞　敏　1984　《北京音系的成长和它受的周围影响》，《方言》第 4 期。

赵元任　1979　《汉语口语语法》，吕叔湘译，商务印书馆。该书 8.1 节 329 页云："别，这是'不要'的熔合，阳平声是由于'不'在去声前变调。苏州话'覅'之为熔合，语音上更清楚。"

志村良治　1984　《中国中世语法史研究》169—226 页《甚么の成立》，三冬社。

《沧县志》：天津文竹斋排印本，1933，收于波多野太郎编《中国方志所录方言汇编》第五编。该县志云："'别'即'不要'二字合声之转。'不要'合读为'包'，'包'之入声为'别'。"

原载《语文研究》1991 年第 1 期

疑问副词"颇、可、还"

这三个疑问副词的出现略有先后，通行的时间也不一样，但有一点大体是相同的，即它们都能用在古代反复问句"VP不/未"式之前，表示推度询问的语气。

我们把"VP不/未"式（VP为动词短语，"不"或"未"是加在句末的否定词。"不"字又作"否"，此二字古时为一字，通作"否"，以后分化为二字）看作反复问句有以下两个理由：

（一）从否定词"不（否）"的性质来看。关于"否"字的特性，吕叔湘先生有十分精辟的见解。他说"否"以否定词而兼含动词或形容词于其内，具有称代性[①]。例如：

（1）二三子用我，今日；否，亦今日。（左传·成公十八年）
（2）晋人侵郑以观其可攻与否。（又，僖公三十年）

例（1）的"否"相当于"不用"，例（2）的"否"相当于"不可攻"。正因为"不"字具有这种称代性，所以"VP不？"的意义也就等于"VP不VP？"，就可以表达一正一反的正反相问。这种"VP不？"式反复问句应是从例（2）"VP与否"一类句式变化来的。

（二）从古代汉语的疑问句系统来看，古汉语里自有它的是非问句，其句末有语气词"乎、与、邪"等传疑。如果把"VP不？"也归为是非问句，那么古汉语里就没有了反复问句，这种可能性似乎不大。但是,语言是发展变化的,当"VP 不?"的"不"失去了称代性,虚化为纯粹传疑的语气词时,"VP 不?"就可以看作是非问句;唐代中期以后出现的句末疑问语气词"无、摩"等替代了"不",发展成今天的疑问语气词"吗",就是这一演变的结果;而原来的"VP 不"式反复问句后来逐渐被"VP 不 VP?"式所替代。

壹 颇

"颇"字通常作程度副词,较早为"略、少"义,后来又有"多、甚"义,其训已见古今诸字书。此外,"颇"字在汉魏六朝时期又用作疑问副词②,此用法一直延续至唐,乃至宋代文献中仍时或可见。下面先看魏晋南北朝小说中"颇"字用在"VP 不/未"式反复问句前的例子:

(3)给使白诞曰:"人盗君膏药,颇知之否?"(干宝,搜神记,卷17)

(4)太傅应声戏之曰:"在西颇见西王母不?"(裴子语林,古小说钩沉)

(5)寻得本时弟子,语曰:"汝颇忆从我渡水往狼山不?"(旌异记,同上)

(6)晋武帝问孙皓:"闻南人好作尔汝歌,颇能为不?"(世说新语·排调)

(7)桓公憪然作色,顾谓四坐曰:"诸君颇闻刘景升不?……"(又,轻诋)

小说之外,其他文献中也可见:

（8）曹公藏石墨数十万斤，云烧此消复可用，然烟中人不知，兄颇见之不？（陆云，与兄平原书，全晋文）

（9）知数致苦言于相，时弊亦何可不耳！颇得应对不？吾书未被答。（王羲之，杂帖）

（10）乃谓禅师曰："颇有经典可得见不？"（梁释慧皎，高僧传·昙无忏）

（11）上古以来颇有此事否？（洛阳伽蓝记，卷3）

（12）即问女言："颇有人来求索汝未？"答云："未也。"（贤愚经，大正藏，卷4）

（13）外颇有疑令与死人语者不？（后汉书·酷吏传，卷77）

如问过去之事，有时在"颇"后加上"曾"字：

（14）兄子济往省湛，见床头有《周易》，谓湛曰："叔父用此何为？颇曾看不？"（世说新语·赏誉注引邓粲《晋纪》）

（15）既去，谓左右曰："颇曾见如此人不？"（又，赏誉）

以下是"颇"用在是非问句跟句末疑问语气词"乎/耶"等相呼应的例子，比较少见。

（16）（魏文帝）嘲咨曰："吴王颇知学乎？"（三国志·吴书·孙权传注引《吴书》，卷2）

（17）是时童子复白佛言："颇更有力出此力者乎？"（增壹阿含经，大正藏，卷3）

（18）时波旬曰："沙门，颇见我四部之众耶？"（同上）

译经中还有句末"不耶/不乎"连用者:

（19）问言:"卿颇能作饮食不耶？"对曰:"能作。"（长寿王经,大正藏,卷3）

（20）马母告子:"汝等颇忆酥煎麦不乎？欲知证验,可往观之。"（出曜经·利养品,卷14,又卷4）

"不耶、不乎"连用,更可以看出"不"的称代性,即"不"称代"不VP","耶、乎"表示疑问语气。

值得注意的是,佛经中疑问副词"颇"又作"叵","颇""叵"二字音同,故可通借。例如:

（21）汝今叵见彼大长者七日作王不？（撰集百缘经,卷1,大正藏,卷4）

（22）问诸比丘:"汝等叵识此虫宿缘所造行不？"（贤愚经,卷13,又卷4）

从以上诸例可以看出,（一）"颇"字并不表示略少或差多,而只表示一种推度询问的语气。例如"颇见之不？"是询问对方见没见过。加上"颇"字,使得询问的语气变得比较和缓。这个"颇"字的语法意义跟今语"一向可好？""北京你可曾去过？"的疑问副词"可"相当,如把"颇"字换成"可",其句义和语气没有什么不同。慧琳《一切经音义》卷一《大般若波罗密多经》引《文字集略》云:"颇,犹可也,皆语辞也。"正以语辞"可"释"颇"。（二）从形式上看,魏晋六朝时期的"颇"主要用于"VP不/未"式反复问句,较少用于是非问句,而"颇+VP不+乎/耶"的用法,似只限于译经文体之中。

到了唐代,"颇"字仍继续用作疑问副词,也主要用于"VP 不"式反复问句。跟汉魏六朝时期不同的是:反复问句句末多用"否"字,少用"不"字;用于是非问句的例子明显增多。下面按"颇 VP 不?""颇 VP 否?""颇 VP 乎?"的次序举例。

(23)至尊颇知臣不?(北齐书高阳康穆王湜传,卷10)

(24)闻北伐时,诸贵常饷史官饮食,司马仆射颇曾饷不?(又魏收传,卷37)

(25)"汝见庾信颇识否?"答云:"虽读渠文章,然不识其人。"(法苑珠林,太平广记,卷102)

(26)指其观曰:"吾居此,颇能相访否?"(玉泉子,又卷40)

(27)因问叟:"颇好酒否?"(神仙感应传,又卷43)

(28)兵交,盎却兜鍪大呼曰:"尔等颇识我否?"(旧唐书·冯盎传,卷109)

(29)今欲同时举大事,乏于资财,闻公家信至,颇能相济否?(唐摭言,卷4)

(30)乾临死,神气不变,见者莫不叹惜焉。时武卫将军元整监刑,谓乾曰:"颇有书及家人乎?"(北齐书·高乾传,卷22)

(31)玄宗谓曰:"卿颇知猎乎?"(大唐新语,卷1)

(32)先问师:"颇游后园乎?"左右曰:"否。"(纪闻,太平广记,卷95)

(33)"颇闻道士王知远乎?"公曰:"闻之。"(玄门灵妙记,又卷71)

偶尔句末也有用"邪"的:

（34）"子颇知有寒山子邪？"答曰："知"。（仙传拾遗，又，卷55）

句末"否"字的剧增和"不"字的减少，说明这两个字的分工渐趋分明，"不"字专作否定副词，"否"字仍带有称代性。

中唐以后，"VP 不？"的"不"字虚化，改用"无"字，故又出现了"颇VP无？"的格式。段成式（803？—863，祖籍山东淄博）《酉阳杂俎》里均作"颇VP无？"例如：

（35）向客，上帝戏臣也，言泰山老师，颇记无？（酉阳杂俎，卷2）

（36）其婢小碧自外来，垂手缓步，大言："刘四，颇忆平昔无？"（又，诺皋记下，卷15）

（37）禅师隐于柱听之，有曰："孔升翁为君筮不祥，君颇记无？"（又，支诺皋，卷2）

尽管疑问副词"颇"在唐五代笔记及小说中不乏其例，但在敦煌俗文学作品（反映当时的西北方言）和《祖堂集》（反映九世纪南方某些地区的方言）里却未见一例，可见疑问副词"颇"的使用是有一定的区域性的。

在宋代的文献里就不大见到用作疑问副词的"颇"了，但也不曾绝迹，例如：

（38）张乖崖再治蜀。一日，问其客李畋："外间百姓颇相信服否？"畋言："相公初镇，民已服矣，何待今日！"（叶梦得，石林燕语，卷10）

叶梦得(1077—1148)原籍吴县,居乌程,即今浙江吴兴。再从六朝小说中多用疑问副词"颇"来看,"颇"字的这一用法应通行于江浙一带。

"颇"字的这种特殊用法字书多未载,除上举慧琳《一切经音义》引《文字集略》释"颇"为语辞"可"外,《集韵》去声过韵又云:颇,普过切,"偏也,一曰疑辞"。所谓疑辞,当指上述作疑问副词的用法,但是作去声,则与《广韵》所载平声(滂禾切)和上声(普火切)者不同。据我们的考察,"颇"作疑辞与"可"作疑问副词有关,故把"颇"的来源放到下面跟"可"一并讨论。

附　注

① 见《中国文法要略》第十四章、第十六章,商务印书馆,1982。
② 日本汉学家吉川幸次郎在《六朝助字小记》中最早注意到这种用法的"颇"字。见《中国散文论》,筑摩书房,1966年再版。

贰　可(岂、宁、敢)

现代汉语里有个疑问副词"可",《现代汉语词典》的解释是:"用在疑问句里加强疑问的语气:这件事他可愿意？|你可曾跟他谈过这个问题？"我们认为"加强"疑问语气的说法不够确切,实际上"可"字表示一种询问的语气,用了"可"使语气显得和缓,风格上也比较文雅。在下文我们将追溯疑问副词"可"的历史踪迹,考察它初出现时的意义和用法,并探讨它怎么会专用作表示推度的疑问副词的。

一、可$_1$和可$_2$

1.1　可$_1$

"可"字在东汉前后就已用作疑问副词,表示反诘,相当于"岂""难道",不过并不多见。例如:

(1) 齐鲁接境，赏罚同时。设齐赏鲁罚，所致宜殊，当时可齐国温，鲁地寒乎？（论衡·寒温篇）

为指称之便，我们把这种表示反诘的疑问副词"可"叫作可$_1$。在魏晋南北朝时期的文献里，可$_1$较前多见，但仍比较有限。例如：

(2) 赵母嫁女，女临去，敕之曰："慎勿为好！"女曰："不为好，可为恶邪？"母曰："好尚不可为，其况恶乎！"（世说新语·贤媛）

此例的"可"从上下文意看，不是许可的"可"，而是反诘意，犹言"不为好，难道为恶吗？"

(3) 又宜思勤督训者，可愿苛虐于骨肉乎？诚不得已也。（颜氏家训·教子）

"可愿"，一本作"岂愿"（见王利器《颜氏家训集解》），益可证"可"义同"岂"。

到了唐代以后，可$_1$使用得十分普遍，张相《诗词曲语辞汇释》卷一"可（八）"条举例甚夥，蒋礼鸿《敦煌变文字义通释·释虚字》"可、岂可"条遍举唐宋诗词、笔记及变文之例，可参看。今在张、蒋二书之外另举三例以窥其一斑：

(4) 人人避暑走如狂，独有禅师不出房；可是禅房无热到，但能心静即身凉。（白居易，苦热题恒寂师禅室诗）

"可是"犹言"岂是,哪是"。

（5）报朕此言,可非健人耶？（续高僧传·释法藏传）
（6）只如佛法到此土三百余年,前王后帝,翻译经论可少那作摩！（祖堂集,5.73）

"可少那作摩"意为:难道还少吗？"作摩"即后来的"怎么",用于句末跟反诘副词呼应,使反诘语气更为强烈。

从句子结构来看,使用可$_1$的反问句句末可以带语气词"乎、耶（邪）",也可以不带任何语气词,仅靠可$_1$和语调来表达反诘的意味。

可$_1$通行的时间很长,张书和蒋书举例下迄《水浒传》和《琵琶记》,实则直到今天,可$_1$仍在一些方言中使用。比如北京话表示赞同的"可不是"（意为"岂不是""怎么不是"）,其中的"可"就是可$_1$的残存。

1.2 可$_2$

先看下面两个例子:

（7）当日不来高处舞,可能天下有胡尘？（李商隐,华清宫诗）
（8）堪叹故君成杜宇,可能先主是真龙？将来为报奸雄辈,莫向金牛访旧踪。（又,井络诗）

这两例均采自唐代李商隐的七言诗。例（7）的"可能"意为哪能,何至于,"可能"的"可"是反诘副词可$_1$。例（8）的"可能"意为能否,言能不能像刘先主。其中的"可"不表示反诘问,而是表达一种推度询问的语气,我们把这种语法意义的疑问副词"可"称作"可$_2$",以区别于反诘副词可$_1$。

可₂最早见于唐五代的文献里,但用例较少,多出现在诗词和禅宗语录里,而且可₂后面的动词比较单调,多为"能"和"是"。①"可能"有两个意思,一为能否,能不能,一为会否,会不会,后一个意思跟"可是"相近。例如:

(9)可能更忆相寻夜,雪满诸峰火一炉?(齐己,闻沈彬赴吴郡请辟诗)

此言能否记起那一夜。

(10)钟陵醉别十余春,重见云英掌上身。我未成名君未嫁,可能俱是不如人?(罗隐,嘲钟陵妓云英诗)

此例"可能"犹言会否,会不会是我二人都不如人?

(11)可能知我心无定,频袅花枝拂面啼。(吴融,山禽诗)

"可能"之意犹可是,是不是。

(12)可能舍得己身,与我充为高座?(妙法莲花经讲经文,敦煌变文集,496页)

此言能否舍身给我充当座位。

(13)太子语曰:"此草可能惠施小许,不为爱惜?"吉安则授与,逦迤而去。(祖堂集,1.21)

以上诸例中"可能"的"可"都是表达推度询问的语气,应该视为可$_2$。

(14)善恶二根,可是菩提耶?(祖堂集,1.137)

此言善恶二根是不是菩提呢?

(15)师勘东国僧,问:"汝年多少?"对曰:"七十八。"师曰:"可年七十八摩?"对曰:"是也。"(又,1.181)

"可年七十八摩?"未出现动词,应是省略了系词"是",犹言:可是七十八岁吗?这种用法今方言中也有类似者,如安徽含山话"这件裙子太花,可的?""可的"即"可是的"之省说。另外"可年七十八摩?"是在东国僧答话后,师为核实其事而发问的,"可"是疑问副词,不是通常用在数词之前表示约略的副词。值得注意的是,例(14)(15)句末分别出现了疑问语气词"耶"和"摩",这跟句末没有语气词,仅靠"可"和语调表达疑问语气者不同。

除了动词"能"和"是"之外,唐五代时可$_2$出现在其他动词之前的例子极为少见,我们仅检得一例:

(16)相公此行何为也?可记得河南府解头?(唐语林·方正)

宋代文献中可$_2$也不多见,句末一般没有疑问语气词,动词也多为"能"和"是"。例如:

(17)朱雀航边今有此,可能摇荡武陵源?(王安石,段氏园亭诗)

此言船边有此美园亭,是不是摇到了武陵源?

　　(18)造化可能偏有意,故教明月玲珑地。(李清照,渔家傲词)

此言造化是不是特别有意。

　　(19)可是忍寒诗更切,故求野路蹈琼瑶?(楼钥,踏雪诗)
　　(20)可是士衡杀风景,却将氊腻比清纤?(杨万里,松江莼菜诗)

"可是"皆犹言是不是。②

　　(21)杨子可曾过这里,可曾见此春风面?(方岳,白牡丹诗)

"可曾"用于询问过去之事,跟今天的用法相同。宋时偶然也有在句末加语气词"么"的:

　　(22)通曰:"可更吃茶么?"公曰:"不必。"(五灯会元,卷18)

　　到了明清白话小说里,可₂大量出现,分句末带和不带疑问语气词的两种。句末语气词一般为"么,"也有少数句末加否定词"否"或"没有",这跟唐宋时期不同。另外,清代还出现了"可VP不VP?"的形式,这更是以往未曾有的。以下各举一二例,以睹其概貌。

　　(23)壁上文词可是秀才所作?(古今小说,卷11)
　　(24)先年可曾认得这位父母?(儒林外史,4回)

(25)大官人可用么?(古今小说,卷1)

(26)这位相公,可就是会画没骨花的么?(儒林外史,1回)

(27)贵县大市街有个蒋兴哥家,罗兄可认得否?(古今小说,卷1)

(28)不知可赐光谬领否?(红楼梦,16回)

(29)十五的月例香供银子可得了没有?(又,7回)

(30)你先说,他到底可是你的仇家不是你的仇家?(儿女英雄传,18回)

下表是对明清四部白话小说做抽样调查的结果,大体可反映可$_2$在这一时期的使用情况。

	卷/回	可VP?	可VP么?	可VP否/没有?	可VP不VP?
古今小说	1—20	9	13	2	0
红楼梦	6—25	9	5	4	6
儒林外史	1—20	52	5	0	0
儿女英雄传	1—20	12	8	1	7

从表中可以看出"可VP不VP?"式是北京话所特有的,用江淮官话写的小说里不用。

二、"岂"和"宁"

上面介绍了"可"作反诘副词(可$_1$)和推度副词(可$_2$)的两种用法,可$_1$出现在前(东汉),可$_2$出现于后(唐代)。下面再来看看比"可"出现更早的同样既作反诘副词又作推度副词的两个虚词——"岂"和"宁"。通过跟"岂"和"宁"的比较,可以看出可$_2$的出现决非偶然。

2.1 岂$_1$和岂$_2$

"岂"(另有"讵"),在反问句中作反诘副词(下称岂$_1$),自先秦沿用至今,可谓源远而流长,无须举例说明。与此同时,"岂"也能表示推度询问,多与句末语气词"耶、乎"相呼应(下称岂$_2$)。岂$_2$的用法消失较早,今天已鲜为人注意。《词诠》收有此义,所举为先秦两汉古书中的例子,今补以魏晋南北朝用例,以说明岂$_2$确曾流行过。先看"岂$_2$VP乎/耶"的例子:

(31)诸葛孔明者,卧龙也,将军岂愿见之乎?(三国志·蜀书·诸葛亮传,卷35)

(32)卿归,岂能为我说此耶?(搜神后记,卷4)

(33)即如所言,君之幼时,岂实慧乎?(世说新语·言语注引《融别传》)

(34)逵曰:"岂欲仕乎?"侃曰:"有仕郡意。"(又,贤媛注引《晋阳秋》)

上面是"岂$_2$VP?"即句末不带语气词的例子:

(35)王公治何似?讵是所长?(又,政事注引《殷羡言行》)

(36)商仲堪在丹徒梦一人曰:"君有济物之心,岂能移我在高燥处?则恩及枯骨矣。"(异苑,卷7)

(37)此带殊好,岂能见与之?(述异记,古小说钩沉)

岂$_2$也能用在古代反复问句"VP不?"式中,但远不如上举是非问句多见:

(38)乡里人择药,有发简而得此药者,足下岂识之不?(王羲之杂帖,全晋文,卷25)

(39)折杨柳,寒衣履薄冰,欢讵知侬否?(月节折杨柳歌,乐

府诗集,卷49)

(40)子良因曰:"鄙塞尘陋,岂得知此不?韩侯是谁?"(周氏冥通记,卷2)

2.2 宁₁和宁₂

疑问副词"宁"跟"岂"大体一样,早在先秦就表示反诘(下称宁₁),到了汉代又出现了表示推度询问的用法(下称宁₂)。一般讲虚词的书只注意到"宁"作反诘副词的用法,而很少注意到它同时又可以表示推度询问,唯杨树达《词诠》两皆论及。宁₁较常见,仅举二例以证其与表示反诘的岂₁义同:

(41)徐答曰:"岂以五男易一女?"(世说新语·言语;刘孝标注引《晋阳秋》作:"广曰:'宁以一女而易五男?'")

(42)汝痴耳!帝岂复忆汝乳哺时恩邪!(又,规箴;刘注引《史记·滑稽传》作:"陛下已壮矣,宁尚须乳母活邪!"

以上二例中,"岂"与"宁"为异文,可证"宁"(宁₁)与"岂"(岂₁)义同。

表示推度的宁₂自汉代文献始见,在六朝口语成分较多的文献里也可看到,多用在"VP不"式反复问句里,跟岂₂多用于是非问句的情况大体相反。例如:

(43)皇天宁有神不?我为何罪,而当如此!(幽明录,古小说钩沉)

(44)后日王问长生:"汝宁便习兵法不?"对曰:"实便习之。"……后日王问长生:"汝宁好猎不?"对曰:"臣少好猎。"……

王问群臣:"卿等宁识长寿王子长生不?"(长寿王经,大正藏,卷3)

(45)太子今出,宁有乐不?(过去现在因果经,大正藏,卷3)

(46)使君谢罗敷:"宁可共载否?"(陌上桑,乐府诗集,卷28)

下面一例是宁₂用在是非问句的例子:

(47)(众比丘)心俱念言:"入城甚早,我曹宁可俱到异学梵志讲堂坐须臾乎?"(六度集经,第八十九,镜面王经)

由上可知"可"与"岂""宁"有着大致相同的语法功能,从对"岂"和"宁"的考察,不难弄清可₂产生的原因。

三、可₂产生的原因

下表所反映的是疑问副词"可"跟"岂"和"宁"在意义和用法上的比较((+)表示较少见):

	反诘			推度			
	始见时代	F_{VP}	F_{VP} 乎	始见时代	F_{VP}	F_{VP} 乎	F_{VP} 不
岂	先秦	+	+	先秦	+	+	+
宁	先秦	(+)	+	汉	(+)	+	+
可	东汉	+	+	唐	+	+	(+)

从这个表可以清楚地看出可₂的产生跟"岂"和"宁"的密切关系。即:

(一)疑问副词"可"在出现早期跟"岂"和"宁"有着几乎完全相同的语法意义和用法。"可"既表反诘又表推度,跟"岂"和"宁"是同一类语法现象,是受了"岂"和"宁"的类化。

(二)"宁"与"可"都是表示反诘在先,表示推度在后,也就是说,作推度副词的用法是从作反诘副词的用法引申而来的。其引申的理据是:反诘是用疑问的形式表示否定,疑问是虚,否定为实,当这种疑问形式不表示否定时,疑问就成了真性的,这样就由反诘引申为推度。可₂正是循着这一义理而产生的。

(三)"岂、宁、可"这三个意义和用法几乎完全相同的疑问副词不可能长久不变地并存下去,因为语言发展要求分工明确,避免重复。其结果,"宁"逐渐被淘汰,"岂"由兼任反诘与推度而向专司反诘之职发展,"可"则经历了专表反诘→兼表反诘与推度→主要表示推度的演变过程,最后形成了今天分工明确、互不干扰的合理分布。

四、"可",附论"颇",用作疑问副词的原因

"可"本是个助动词,用在动词前面表示能,何以会用作疑问副词的呢?这个问题目前尚未见人论及,这里的意见也只是初探性质的。

现代汉语方言里另有一个疑问副词"敢",山西、陕西等北方方言里使用。如"你敢不知道?""我敢说你来?"其中的"敢"犹岂₁,表示反诘的意味。我们正是从"敢"得到启发,从助动词与反诘表达的关系来考虑这个问题的。

"敢"是个助动词,有"可、能、会"等义。早在上古,当"敢"出现在反问句时,就相当于"岂敢",如《左传·昭公十二年》:"周不爱鼎,郑敢爱田?"此句在《史记·楚世家》里作"郑安敢爱田?"(引自徐仁甫《广释词》)可见"敢"为"安敢""岂敢"义。汉魏六朝时期此种用法仍在延续,如《古诗为焦仲卿妻作》:"奉事循公姥,进止敢自专?"谢朓《赋贫民田》:"曾是共治情,敢忘恤贫病?"其中"敢"字皆为"岂敢"义。乃至又有"敢"与"岂"互文对举之例,如何逊《赠族人秣陵兄弟》:"齐人敢为俗,蜀物岂随身?"此类例子徐书所举甚夥,可参看。我们认为助动词"敢"虚化为疑问副词是在反问句这种语境中形成的,即:(1)助动词"敢"位于动词之前,其位置与疑问副词相当;(2)在反问句中,"敢"的语义与它原来的意义正相反,犹"不敢",用疑问形式表现就是"安敢""岂敢"。由于这种句式的惯用,便

使"敢"沾带上了反诘副词的意味,进而虚化为一个疑问副词。"敢"作疑问副词,最初以及多数场合下都表反诘,但如同既有岂₁、宁₁、可₁(表反诘)也就有岂₂、宁₂、可₂(表推度或中性询问)一样,"敢"也有中性询问的用法,虽然比较少见。我们找到的较早例子是北宋词人柳永的《锦堂春》词:"待伊要,尤云殢雨,缠绣衾,不与同欢,尽更深,款款问伊:今后敢更无端?"(全宋词一册29页)弄清"敢"虚化为疑问副词的径路之后,"可"用作疑问副词的原因可以说就迎刃而解了。

"可"与"敢"词性一致,同为助动词,二者词义也有相同之处。如《诗·唐风·扬之水》"我闻有命,不敢以告人",《荀子·臣道》引《诗》作"国有大命,不可以告人"(引自徐书),可证"敢""可"义通。张相《诗词曲语辞汇释》卷一举"敢"义为"可"之例甚多,可参看。根据类化或同步引申的规律可以推断:"可"也是沿着与"敢"类似的途径演变为疑问副词的。例如《搜神记》卷一:"阿母所生,遣授配君,可不敬从?""可不敬从"意为"岂可不敬从"。这种句式的惯用,使得"可"逐渐沾带上反诘的意味,进而虚化为疑问副词。蒋礼鸿《敦煌变文字义通释·释虚字》里举了许多"岂可"同义连用的例子,可参看。总之,我们是从反问句这一语境对助动词语义的影响来解释"可""敢"用作疑问副词的原因的。也就是说,"岂、宁"为一系统,"敢、可"为另一系统。(下一节将谈到"为"和"还"是一系统)

下面回过来谈谈前面讨论过的"颇"为什么会用作疑问副词的。如果我们对于"可"作疑辞的原因的推测大致不误的话,那么离解决"颇"的问题就只差一步之遥了。

如上所说,助动词"可"用在反问句时,"可"义相当于"岂可"或"岂"。这里另要指出的是,与此相对,当"可"用在非真性反问句时,"可"义相当于"不可"。三国(魏)应璩《百一诗》:"子弟可不慎,慎在选师友。"又《杂诗》："细微可不慎,堤溃自蚁穴。""可"字单用也有"不可"义,如晋代傅玄《朝时篇怨歌行》："已尔可奈何,譬如纨素裂。"以上"可不慎"义皆为"不可不慎","可奈何"义犹"不可奈何"(即无奈何),是知"可"义为"不可"。"可"既有"可"(能)义,又有"不可"义,犹如一个反训词。"不可"之合音为"叵","叵"又通借为"颇",上举"可奈何"即"叵奈(何)""颇奈(何)","可、叵"义同,"叵、颇"音同。至此可以推断疑辞"颇"实即"叵",它来自"不可"义的"可"。即:

$$可\begin{cases}可\longrightarrow 岂可\longrightarrow 反诘问\\ 不可\longrightarrow 叵(颇)\longrightarrow 推度问\end{cases}$$

表示反诘的"可"(即可$_1$)一直沿用下来,而表示推度问的"颇(叵)"(即可$_2$)到中晚唐时逐渐被它的母词"可"所替代。换句话说,可$_2$虽然到晚唐五代时候才出现,但它的异体前身"颇(叵)"早在汉魏六朝时候已经出现。用简表表示就是:

	汉魏六朝	晚唐五代
反诘(可$_1$)	可	可
推度问(可$_2$)	颇(叵)	可

由上看来,反训词"可"不仅有相反的意义(可与不可),同时也有相反的字形(可与叵),此外一度还有相反的语法功能(可—反问,不可(叵)—正问),这是十分有趣的语言现象。

五、汉语方言疑问副词"克""格""阿"的来源

现代汉语某些方言里与可$_2$相当的疑问副词在读音和用字上多不相同,苏州话用"阿"[əʔ˧](耐阿晓得?),合肥话用"克"[kʻeʔ˧](或读[kʻəʔ˧]你克相信?),昆明话用"格"[kə˧](你格认得?)[③]我们认为,这几个疑问副词都是"可"的变体。

"可"本为上声字,怎么会变成入声的"克"呢?这是方言里的舒

声促化现象引起的。所谓舒声促化现象,是指舒声字由轻读弱化变促而与入声相混的现象,尤以入声带喉塞韵尾-ʔ的晋语、吴语和江淮话最为发达。据郑张尚芳等同志的考察,经常读成轻声的音节易有弱化现象,表现为音节长度缩短,使原有的声调特征消失而中性化,在有入声的方言中就容易跟音节短促的入声相混。虚词的意义最虚,在口语中经常处于轻读的位置,所以一般来说,虚词发生促化的现象更为多见。④合肥话属江淮方言,至今仍保留着入声-ʔ尾,疑问副词"可"经常轻读,所以有着促化为[kʻəʔ]的条件。与此类同,在入声带-ʔ尾的晋语地区也有许多地方"可"读[kʻəʔ],如忻州、太原、太谷、文水、孝义等地。所以如果把合肥话里的疑问副词"克"[kʻəʔ]看作是"可"的促化,应该是可信的。

至于昆明话里的疑问副词"格"[kə],也应是"可"的音变。合肥话里"克"[kʻ-]一读[k-],正可以用来说明昆明话把"可"[kʻ-]读为"格"[k-]的音理。由于昆明话里入声韵尾已消失,所以"可"就音变为非入声不送气的"格"。

关于苏州话里疑问副词"阿"的来源,情况比较复杂,但仍可能是"可"的音变。以下从声调、韵母、声母三方面讨论。

声调 "阿",《广韵》里为平声字,苏州话为入声字;此外在常州、温州、绍兴以及广东韶关话里也都读入声。这正是上面谈到的舒声促化现象的反映。"可",《广韵》里是上声字,本与"阿"声调不同,但由于"可"也促化为入声,就跟也促化为入声的"阿"同调了。

韵母 "阿"从"可"得声,其韵母应同。

声母 "可"为溪母字[kʻ-],"阿"为影母字,本不相同;但以"可"为声符的形声字有的是见母字(柯,古俄切),有的是溪母字(轲,苦何切),有的是匣母字(何、苛,胡歌切),有的是晓母字(诃、呵,虎何切),有的是影母字(阿,乌何切),也就是说,从"可"得声的字其声母可以是见[k-]、溪[kʻ-]、晓[x-]、匣[ɣ-]、影(零声母)等喉牙音。由于在广州话里"可""考"等溪母字读如晓母,故此使我们联想:从"可"得声的喉牙音字在一定条件下声母可以通转;用作疑问词的"可"(假定在有的方言里其声母读如广州话的[x-])在促化为入声字的过程中,由于轻读弱化,声母浊化为[ɣ-],或者进一步失落了声母,于是就音变为[aʔ-](阿)。苏州话里的疑问副词"阿"很可能就是这么变来的。这一推测目前还是粗线条的,还需要另有例子来佐证,但我们相信这一思路大致是不错的。

附 注

① "可煞"一词张相释作"可是",为疑辞,如李清照《鹧鸪天》词桂花:"骚人可煞无情思,何事当年不见收?"王之道《南乡子》词赋雪:"雅兴佳人回舞袂,相宜,试比冰肌,可煞肥?"但我们怀疑此类"可煞"本是甚辞,表示程度之深。"可""煞"皆有"多、甚"义,是同义连用。又有"可煞是"为词的,似可证"可煞"为甚辞,故本文未将此词看作疑辞。

② "可是"连用在元杂剧中有时充当选择问句连词,相当于现代汉语的选择问连词"还是",有两个分句都用"可是"的,也有只在第二分句用"可是"的。例如:

我若有姑娘呵,肯着他浑家递酒?你说可是我的是,可是他的是?(黄花峪一折)

今日你接我,可是我接你?(举案齐眉四折)

哥也,你是谎那,可是真个?(冻苏秦三折)

其所以"可是"用如"还是",是因为"可"和"还"自晚唐五代起都用作疑问副词(详见下节),因为有这一共同点,所以"还"的另一功能——作选择问副词,就渗透给了"可"。

③ 参看朱德熙《汉语方言里的两种反复问句》,载《中国语文》1985年第1期。

④ 参看马文忠《大同方言舒声字的促变》(《语文研究》1985年第3期),温端政《试论山西晋语的入声》(《中国语文》1986年第2期),贺巍《获嘉方言的轻声》(《方言》1987年第2期),以及郑张尚芳《方言中的舒声促化现象说略》(《语文研究》1990年第2期)。

叁 还(为)

"还"字充当疑问副词,最迟不晚于晚唐五代,其语法意义跟今语"可"相当。"还"最常用于"VP 不?"式反复问句,同时也可以用在是非问句和特指问句中。这里除了考察"还"的各种用法和语法意义之外,还想着重探讨一下"还"充当疑问副词的由来。①

一、用法和意义

1.1 还VP(已/也)不?

晚唐五代时候的反复问句除了"VP 不?"式之外,又产生了两种变体,即"VP 已不/否?"("已"字又通作"以")和"VP 也无?"例如:

(1)吴王曰:"万兵不少以不?"(伍子胥变文,敦煌变文集,19页)

(2)更问少多,许之已否?(庐山远公话,又,188页)

(3)既是巡营,有号也无?(汉将王陵变,又,38页)

在《祖堂集》里,"VP 已不?"式较少见,大量的是"VP 也无?"式,这跟变文里的情况正相反。

疑问副词"还"可以用在上举各种类型的反复问句中,例如:

(4)"汝还识此人不?"对曰:"不识。"(祖堂集,2.57)

(5)和尚还曾佛法与人不?(又,2.58)

(6)如今者若见远公,还相识已否?(庐山远公话,敦煌变文集,190页)

(7)公还颂《金刚经》以否?(又,186页)

(8)有个爷年非八十,汝还知也无?(祖堂集,2.12)

（9）师云："草还青也无？"对曰："青也。"师云："牛还吃也无？"僧无对。（又，2.122）

（10）酒场是太后教令，问你还有耳也无？（鉴诫录，卷1，"戏判作"）

在以上诸例中，"还"都不是表示重又义的副词，而是表示推度疑问的副词。

1.2　"还VP？"和"还VP摩？"

"还VP？"格式的"VP"很可能是"VP不？"式省去句末的"不/否"而成，因此有人仍把它看作反复问句。但是从形式上看，只能把它归为是非问句。因为"VP不？"句末的"不"的称代性逐渐虚化，以至发展到徒有疑问语气而不起称代作用。这种"不"虚化的结果，一是使"VP不？"式可以省去"不"字，仅靠前面的疑问副词和整个句调来传疑，这就是"还VP？"式产生的原因；二是使"VP不？"后的"不"字变成为实质上的疑问语气词，《祖堂集》里的疑问语气词"摩"就是从不→无→摩而来，这就是"还VP摩？"式产生的由来。

"还VP？"式的例子不多见：

（11）问言诸将："还识此阵？"（韩擒虎话本，敦煌变文集，201页）

（12）我这里无人对，众中还有新来达士出来与老僧掇送？（祖堂集，3.9）

"还VP摩？"式在《祖堂集》里常见：

（13）空中有一人说法，声振梵天，诸人还闻摩？（祖堂集，

3.24）

（14）六祖见僧竖起拂子云："还见摩？"对云："见。"（又，1.98）

（15）师云："明明是龙不带鳞,明明是牛不戴角,还会摩？"对云："不会。"（又,3.19；会,懂、晓得也）

1.3 "还"用于特指问句

疑问副词"还"用于特指问句在唐五代十分少见,我们仅检得二例：

（16）远公还在何处？远公常随白庄逢州打州,逢县打县。（庐山远公话,敦煌变集,174页）

（17）（夫人）启相公曰："只如相公数年,于福光寺内听道安上人讲《涅槃经》,还听得何法？"（又,178页）

"还在何处？"犹言"到底在什么地方？""还听得何法？"意为"究竟听了什么佛法？"袁宾（1989）最早指出"还"的这一用法,他说这种用法的"还"可加重疑问语气,含有进一步追究的意味,此说甚中肯綮。盖因"还"义为"复",为"又",隐含递进义,故用作疑问副词时有追究的意味。"还"用于特指问的用法一直延续到明清时代（详见2.3节）。

1.4 "还"作选择问副词

梅祖麟（1978）指出"还"字最初用作选择问记号是在《祖堂集》里,不过例子很少：

（18）古人还扶入门,不扶入门？（3.84）

（19）秀才唯独一身,还别有眷属不？（4.74）

（20）祖意与教意还同别？（5.106）

我们把这种用法的"还"称作疑问副词,而不称为选择问连词,是从当时"还"在多种疑问句中充当疑问副词的功能考虑的,而且就以上面三例来看,与其把"还"分析为连词,还不如把它看作疑问副词更符合句子的实际,因为这个时期选择问句中的"还"跟现代汉语"你吃米饭还是吃面条?"中的"还是"语法意义不同。

二、"还"替代"为"的性质

梅文认为"还VP也无?"这种句型的来源可以追溯到五六世纪以"为"作疑问副词的"为VP不?"一型。即"还VP也无?"的来源是"为知邪,不知邪?"由于省略或紧缩变成了"为知邪不?",后来"邪"换成了"也","不"换成了"无","为"换成了"还",就变成"还知也无?"(见梅文4.2节)这一看法是很有见地的。此外,梅文还认为"还"字替代"为"字是由于这两个词都有"如其"义(假设词),这一点我们有不同看法,现陈述于下面。

2.1 疑问副词"为"

魏晋南北朝时期盛用的疑问副词"为"可以用在多种问句中,如"VP不"式反复问句,句末带疑问语气词"耶/邪"的是非问句,以及选择问句。下面就按这三种问句分别举例说明。

2.1.1 为VP(与/尔)不?

(21)许允为吏部郎,多用其乡里。……帝核问之。允对曰:"'举尔所知',臣之乡人,臣所知也,陛下检校,为称职与不?若不称职,臣受其罪。"(世说新语·贤媛)

(22)阁上人曰:"闻鱼龙超修精进,为信尔不?何所修行?"(幽明录,古小说钩沉)

(23)世光与信于家去时,其六岁儿见之,指语祖母曰:"阿爷飞上天,婆为见不?"(冥祥记,同上)

（24）里间小人无爵秩者,为应得事佛与不?（高僧传,竺佛图澄,卷10）

以上诸例的"为"显非系动词,如"为信尔不?"是询问确实不确实,犹言"可确实?""婆为见不?"犹言"阿婆可看见了?""为"在句中起助疑的作用,含有推度的语气,用"为"比不用"为"语气显得委婉、和缓。"为"跟前面讨论过的"颇、可、还"的语法意义相同。"为VP与/尔不?"应是"还VP以/也不?"式的前身。

2.1.2 为VP耶/邪?

（25）我为不如吉耶?而先趋附之。（搜神记,卷1）
（26）向人前呼其父字,为是礼邪?（殷芸小说）

此二例"为"用如反诘副词,"我为不如吉耶?"犹言"我岂不如吉吗?""为是礼邪?"犹言"岂是礼邪?"

（27）晋明帝解占冢宅,闻郭璞为人葬,帝微服往看。……主人曰:"郭云此葬龙耳,不出三年,当致天子。"帝问:"为是出天子邪?"答曰:"非出天子,能致天子问耳。"（世说新语·术解）
（28）酒至,对杯不饮,云有茱萸气。协曰:"为恶之耶?"（冥祥记,古小说钩沉）

此二例的"为"表达推度询问的语气,"为VP耶/邪?"跟"还VP摩?"相当。

2.1.3 "为"用于选择问句 这方面的例子梅文所举甚夥,此处仅举二例以窥其大概。

（29）夫得道者，为在家得，为出家得乎？（杂宝藏经，大正藏，卷4）

（30）不知孚为琼之别名，为别有伍孚也？（三国志·魏书·董二袁刘传裴注，卷6）

例（29）两个分句前皆用"为"，例（30）仅后一分句用"为"。

2.2 "还"何以能替代"为"

由上可知，"还"和"为"有着几乎完全相同的语法意义和用法，特别是它们都能用在选择问句中。"为"主要在魏晋南北朝时期使用，到了唐代就不大见到了；而"还"大约出现在晚唐，二者在时间上又相接续，因此推测"还"替代了"为"是有道理的，问题是"还"为什么能替代"为"。梅先生认为"还"替代"为"有可能是同一个语词（两种不同的读法和写法）的替代，其理由是："为"在南北朝时期不但用作"如其"，也作选择问记号；"还"在唐宋时期也不但用作"如其"，也作选择问记号。但是由于语音上的证据尚不充足，梅先生也未作定论。

我们对于上说有怀疑，除了语音上难以讲通外，还在于"还"作"如其"讲唐代的例子很少见，宋代才较为普遍，而"还"作选择问记号唐五代已多见，时间上衔接得不紧。我们认为，"为"作选择问记号不是直接来自它的"如其"义，而是来自它的"抑或"义。具体说，上古选择问的关联词"将、且、抑、其"之属皆为"抑或"义，表示在或为此，或为彼的两种情况中进行推测选择。南北朝时期的选择问记号"为"本来是系动词，由于它经常出现在选择问句这一语境中表示不确定的判断，于是就引申出"或是"的意义。"或"在意义上跟"又、复"相通，"为"由此又引申出"又、复"之义，这样"为"就跟"还"有了共同的义项，从而为"还"替代"为"提供了先决条件。

以下略作论证。先举例说明"或"与"又、复"意义相通，如：

（31）既立之监，或佐之史。（诗·小雅·宾之初筵）

"或佐之史"的"或"跟"既"相呼应，应是"又"义。

（32）今吴不如过，而越大于小康，或将丰之，不亦难乎！（左传·哀公元年）

"过""小康"皆国名。"或将丰之"句，《史记·吴世家》作"又将宽之"，可证"或"有"又、复"义。

其次举例说明"为"有"又、复、仍、尚"之义。

（33）谢安谓裴启云："乃可不恶，何得为复饮酒！"（裴子语林，古小说钩沉；此条《世说新语·轻诋》亦引）

"乃可"句意为：你身体才好一点，怎么又喝起酒来！"为复"是同义词连用，"为"义同"复"。

（34）荀介子为荆州刺史，荀妇大妒。……有桓客者，时为中兵参军，来诣荀咨事。论事已讫，为复作余语。桓时年少，殊有姿容。荀妇在屏风里便语桓云："桓参军，君知作人不？论事已讫，何以不去？"（俗说，同上）

"为复作余语"意为还说些其他的话。"为复"也是同义词连用。

（35）［许玄度出都，刘真长］九日十一诣之。许语曰："卿为不去，家将成轻薄京尹。"（裴子语林，同上）

此条《世说新语·宠礼》4注引《语林》曰:"玄度出都,真长九日十一诣之。曰:'卿尚不去,使我成薄德二千石。'""尚"是"为"的异文,可证"为"有"尚、还"之义。

"为"也能用于特指问句中,含有追究的意味,这一用法也跟"还"相当,例如:

(36)我向来逢见数人担谷从门出,若不粜者,为是何事!(幽明录)

此言:如果不是粜米又是什么!("何事"此处是疑问代词,不是名词短语)

总之,"为"由系动词是→或是→又、复;"还"作副词也是"又、复"义,六朝时已盛用,不烦举例。因此可以说,"还"替代"为"是同义词的替代。

2.3 五代时候始作选择问记号的"还",后来以复词"还是"的形式一直沿用至今,而用作疑问副词的"还"其黄金时代是在五代和宋,元代以后就很少使用了。《朱子语类》里多为"还VP否?"式:

(37)此还是仁之体否?(朱子语类,卷6)
(38)安,然后能虑,今人心中摇漾不定叠,还能处得事否?(又,卷14)
(39)又问:"真知者,还当真知人欲是不好物事否?"(又,13.4;"还当"仿"为当"而来,"当"为语助)

到了明清小说里,仍能看到"还"作疑问副词的各种用法,例如:

（40）翠翘对终公差道："今日还见得成么？"终公差道："这个早晚见得的。"（金云翘，卷6）

（41）这妮子弄来了，还是怎么施行？（又，卷14）

"还是怎么施行？"犹言"倒是怎么处置？""还是"表示追究。

在《红楼梦》里，表示推度询问时用"可"不用"还"，但表示反诘时却偶或用"还"。例如：

（42）你们看，我还是那容不下人的？（红楼梦，39回）

（43）不么，昨儿大舅太爷没了，你瞧他是个兄弟，他还出了头儿，揽了个事儿吗？（又，101回）

清代陈森（道光年间人）的《品花宝鉴》里"还"也用作反诘副词，例如：

（44）庚香，此二君何如？你看他们的相貌才艺，你评评，还是我说谎的么？（品花宝鉴，9回）

"还"的这一用法仍保存在现代汉语里，《现代汉语八百词》收录了这一用法，举例为：我们吃这种人的亏还少吗？｜这还能假！《八百词》的编者不把这种"还"看作表示重复的副词，而是看作反诘副词，是很高明的。由此看来，疑问副词"还"自晚唐五代一直沿用至今，[②] 只是现在"还"的语法意义稍有变化，由测度询问转为反诘。

2.4 今人见面或写信时问候云："最近还好吗？"对方答云："还好。"显然这里的"还"相当于"尚"，表示抑或的语气。但是，我们认为这种用法的"还"最初是推度副词，相当于"可"，只不过后来变化为表示抑或的语气了。这种变化是重新分析的结果。即"还"早期既可作一般副词（义犹"仍、尚"），又可以作疑问副词，而且这两种语法意义的"还"用在是非问句里都讲得通。这样，"还VP么？"句式就产生了歧义。比方说"还好吗？"既可理解为"尚好吗？"又可理解在"可好吗？"由于表示推度询问的"还"在现代已基本消亡，所以其位置就让给了表示抑或的语气的副词"还"了。

综上所述，带有"还"的疑问句在其历史发展过程中，先后经历了两次重新分析。第一次是从"还VP不？"反复问句变为"还VP（么）？"是非问句，引起了句子结构的变化。这是由于反复问句"VP不？"句尾的"不"失去了称代性，虚化为纯表疑问的语气词而造成的。第二次是在"还VP（么）？"是非问句内部，由于"还"有歧义而引起的。这一次重新分析的性质只是副词"还"由表疑问变为表示抑或的语气。

小　　结

以上我们讨论了"颇、可、还"三个疑问副词，并附带谈到了与"可"有关的"岂"和"宁"，与"还"有关的"为"。在下面的简表里，我们把"颇、可、为、还"四个疑问副词的概况做一归纳，以便从纵横两方进行比较。

	颇			可			为			还		
	反诘	推度	选择问	反诘	推度	选择问	反诘	推度	选择问	反诘	推度	选择问
六朝	−	+	−	+	−	−	+	+	+	−	−	−
唐五代	−	+	−	+	+	−	−	−	−	−	+	+
宋元	−	(+)	−	+	+	−	−	−	−	−	+	+
明清	−	−	−	(+)	+	−	−	−	−	+	(+)	+

可以看出,"颇"与"可"在六朝推度问和历代反诘问中呈互补状,"为"和"还"的功能也大体呈互补状。

附　注

① 关于疑问副词"还",梅祖麟(1978)《现代汉语选择问句法的来源》(台北史语所集刊第四十九本第一分 15—33 页)和袁宾(1989)《说疑问副词"还"》(《语文研究》第 2 期)已涉及,可参看。

② 疑问副词"还"仍保留在今江苏睢宁、宿迁等方言中。见杨亦鸣《睢宁话反复问句的类型》(《徐州师院学报》1989 年第 3 期)

原载《近代汉语虚词研究》,语文出版社 1992

"动词+X+地点词"句型中介词"的"探源

0. 引言

在"动词+X+地点词"这一句型中,北京话口语里的X成分是"的"(见徐丹1994),陈刚《北京话方言词典》著录了这种用法的"的",举例为:站～地上|靠～树上。(59页)本文用"V的NL"表示这种句型,V代表动词,N代表名词,L代表方位词,NL代表处所词。这种句型有时单用名词,没有方位词,但名词一定是表示处所的。就是说"V的N"结构上跟"V的NL"相似,语义上跟"V的NL"相同。陈刚书释介词"的"为"在",就以上两例来说是对的,把"的"换成"在"语义完全吻合。但是在北京话口语里,有时"V的NL"的"的"语义相当于"到",特别在后加趋向动词"去/来"的场合更为明显。例如:把书放的桌上去|坐的这边来。也就是说,介词"的"在语义上有时相当于"在",有时相当于"到"。

关于"V的NL"式句型中介词"的"的语源迄今说法不一,尚无定论。徐丹(1994)介绍了两种推测:其一,"V+的"是"V+在/到"的轻音化形式。由于[ts]与[t]发音部位相同,促使其发音方式有互转的可能性,"在""到"都可能弱化为"的"。其二,"V+的"可能来自于"V+到",即"的"源自"到"。持后一看法的人不少,而且多是大家,如太田辰夫（1987）、林焘（1962）、赵元任（1979）等，陈刚上举书也持这一看法。另外，孙锡信（1992）认为："从现代汉语看似是'在'和'到'的混合物，而从语源上看很可能是'在'和'著'合流的产物。"但"在"和"著"如何合流为"的"的，孙书并未说明，仍是一种模糊的推测。徐丹上举文附注④提到梅祖麟先生给她的信中指出，"V+的+地点词"中的"的"可能有两个来源，一个是"到"，另一个可能是"著"。我们认为，可能是"著"的推测比较合理，但也不排除有两个来源的可能性。

1."V 的 NL"句型中"的"的语义分析

1.1 关于北京话的"V 的 NL"句式，本可以根据口语录音材料举例，但是我们目前还没有掌握这方面可资利用的系统材料，只好从书面记载中寻找依据。诚如徐丹所说，书面记载十分有限，在当代口头文学作品里记载的都是"V+在/到"，只有在讲话时才能听到"V+的"。不得已，我们选取了清末社会小说《小额》和清末汉语教科书《燕京妇语》作为语料。这两本书都写于1906年前后，都是用地道的北京话写作的，能够反映当时北京话的真实面貌。虽然距今已近九十年，在这九十年间北京话总会有一些变化，但一般来说，语法和语音要比词汇稳固得多；特别是把这些材料用于考证语源，应该说比之当代的书面材料更有其独特的利用价值。

1.2 在上述两种书面材料中，"V 的 NL"式中的介词"的"，根据动词的性质和上下文语境，其语法意义可以分成两类。

A. 动词既可以表示状态，又可以表示动作，介词"的"相当于"在"或"到"。

跕（站）的门洞儿里头往外偷着瞧去啦（小，21）|我们傻瓜是

的,还坐的那儿听呢(小,44)|接三的那天,大这们一闹丧,躺的月台头啦(小,74)|今年这个江西腊可别种的树底下了(妇,89)|我要丁香和海棠攒的一块儿大点儿的(妇,107)|他们洗衣裳洗得了就晒的那河边儿草地上(妇,28)|乙:两样儿开一个账单儿罢。丙:喳! 我都给您开的一块儿罢(妇,105)|搁的这儿罢(妇,52)。

在这组例子中,"站、坐、躺"三个动词是表示状态的,"种、攒、晒、开、搁"五个动词是表示动作的,如果没有具体语境的限制,跟在这些动词后的处所介词"的"释作"在"或"到"都可以。但是在上面的例句中,"V的NL"受到语境的限制,介词"的"都以释作"在"比较合适,只有最后一例"搁的这儿罢","的"释"在"释"到",仍属两可。

B. 动词有移动义,介词"的"只相当于"到"。

你先把这封信给送的府里去(小,18)|让小文子儿给送的车上去啦(小,121)|说的这儿,大夥儿也都乐啦(小,9)|我们不定闹的那儿去哪(小,30)|可卖的岗子上啦(小,82)

这组例句中,"送、说、闹、卖"都隐含有移动义,所以跟在它们后面的介词"的"以释作同样有移动义的"到"为宜,而不能释作语义与其相悖的"在"。尤其是当"V的NL"句末带趋向动词"去"(或"来")时,动词的移动义更加显著,介词"的"只能释作"到"。

如上所说,A组例句中的介词"的"一般释"在"释"到"皆可,要视语境而定。但是有时即使在具体的语境中仍然两释皆可,如:搁的这儿罢(妇,52)|小额才要交待两句,锁链已竟套的脖子上啦(小,37)。这只能根据说话人的主观意向来确定,如果说话人强调的是动作后的状态或结果,那么"的"可释作"在";如果说话人强调的是动作的动程

或方向，那么"的"可释作"到"。这种两可性表明"的"的语法功能已大大削弱，变得不是那么必要，进一步发展，就会出现一种零形式（见徐丹 1994, 2.2 节），成为：搁 ø 这儿罢 | 已经套 ø 脖子上啦。

1.3 在《小额》和《燕京妇语》中"V 的 NL"式比较多见，跟这种句式同时并用的还有"V 在 NL"式和"V 到 NL"式：

搁在亭子里头（小，127）| 挑到大门里头来（妇，105）

对照下面三组例子来看更为明显：

a. 种在西南上（妇，88） 种的树底下（妇，89）/ b. 搁在这儿（妇，110） 搁的这儿（妇，52）/ c. 说到这儿（小，24） 说的这儿（小，9）

乍一看，这三组相对照的例子很有助于证明"V+的"是"V+在/到"的轻音化形式的推测，但细加分析，轻音说有一定的困难。其一，"V+在"的"在"弱读音变为"的"的可能性很小。徐丹说北京话中"在"字俗读 [tai^3]，"再"字俗读 [tai^4]，"堆"字俗读 [$tsuei^1$]，以此说明 [ts-] 转读为 [t-] 的可能性。我们注意到：①这些俗读音只是声母发生了变化，而韵母并没有改变；②这种声母的变化跟弱读轻音无关。因此，事实上"V+在"的"在"是否能轻读音变为"的"是很可疑的。其二，"V+到"的"到"由于弱读，音变为跟"的"相近的音是可能的，但也仅仅是一种可能。据孙德金（1992）对现在北京火器营满人轻声音节的调查（2.6.2 节）：

知道 $tṣʅ^{55}dau^{20} \rightarrow tṣʅ^{55}dəu^{20}$

认得 $zən^{51}dɤ^{10} \rightarrow zən^{51}dəu^{10}$

可见不仅跟"到"同音的"道"弱读音变为dəu,就是跟"的"同音的"得"也弱读音变为dəu,因而北京话"V+到"的"到"弱读后到底是什么音,还需要通过语音实验进行分析。不过在语感上说"V+的"是"V+到"的轻音形式,要比说是"V+在"的轻音形式容易接受些。

综上所述,"V+的"的"的"不大可能是"V+在"的"在"的音变;"V+到"的"到"又不具备介词"在"的语法意义,那么这个同时兼有介词"在"和"到"的功能的处所介词"的"的语源究竟是什么呢?如果在历时资料中,有一个词出现在"V的NL"句型中"的"的位置上,它的语音、语法意义都跟"的"相符合,而且有时代相沿的文献材料可资证明,我们就有理由说这个词就是处所介词"的"的语源。

2. X成分的历史考察

2.1 魏晋南北朝时期的"V 著 NL"句

据俞光中(1987)考察,"V 在 NL"句的出现早于"V 著 NL"句,如《论衡》:先王之道,载在胸腹之内(卷十四)|笔墨之余迹,陈在简策之上(卷二十七)。到了六朝时期,"V 在 NL"句仍然使用,但更多见的是与之结构相当的"V 著 NL"句或"V 著 N"句。俞光中对《世说新语》《百喻经》《法显传》三部著作进行了考察,三书中"V 在 NL"句有十三例,"V 著 NL"句有二十三例。以下对"V 著 N(L)"句分类举例说明。

2.1.1 V 著 NL(《世说新语》多用"箸"字)

A."著"相当于"在"

载箸车中(世说·德行)|坐箸膝前(同前)|抱箸膝上(同·方正)|泻箸梁柱间地(同·规箴)|倒箸水中(同·纰漏)|

安著屋中（百喻经・上）|挂著屏风上（俗说）|遂撮饭内著向所吐出物上（齐谐记）|吐著掌中（百・上）

这组例子中的动词或表示状态（载、坐），或表示动作（抱、泻、倒、安、挂、内、吐），"著"主要与"在"相当，但也有"在/到"兼可的，如末后两例。这一特点跟北京话"V的NL"句的A类一致。

B."著"相当于"到"

排著坑底，尽皆杀之（百・上）|玄怒，使人曳著泥中（世说・文学）|刻木做班鸠，有翅不能飞，摇著帆樯上，望见千里矶（欢闻变歌）|可掷箸门外（世说・方正）|然后令送箸门外（同・简傲）|捉法兴手，举著头上（冥祥记）

这组例子中的动词都有移动义（排，推也；曳，拽也），"著"只能释作"到"，跟北京话"V的NL"句的B类一致。

2.1.2 V著N

A."著"相当于"在"：缚著楼柱（祖台之志怪）。/B."著"相当于"到"：便来捉兄头，拽著地，欲杀（妬记）|先担小儿，度著彼岸（贤愚经）/C."著"相当于"到"，N为时间词：城南美人啼著曙（江总，栖乌曲）|啼著曙，泪落枕将浮（华山畿）

2.1.3 VO著N（L）（O代表动词的受事宾语）

A.埋玉树箸土中（世说・伤逝）|负桓著背上（异苑・三）|敕左右倒盐百斛著江水中（笑林）|若如我衔肉著口（同前）/B.[傅亮]下舫中与张别，张不起，授两手著舫户外（俗说）|酒正自引入箸胜地（世说・任诞）/C.思君如夜烛，垂泪著鸡鸣（陈后主，自君之出矣）

A组例子的"著"相当于"在",这种用法现代汉语里没有。在现代汉语里,如果要用"VO在NL"式,动词的受事宾语要有数量词修饰,否则要用"把"字句或宾语前置句(见《现代汉语八百词》573页)。B、C两组例子的句型现代汉语仍用,只不过把"著"换成"到"。在"VO著N(L)"句型中,"著"跟动词结合得不紧,仍有动词性,这种句型中的"著"不会发生弱读,因此北京话中只有"V的NL"式而没有"VO的NL"式并不奇怪。

2.2 唐五代时期的"V著NL"句

2.2.1 V著NL

A. "著"相当于"在"

埋着地中(李陵·变,91)|坐着我众蕃之上(同,92)|老母便与衣裳,串(穿)着身上(舜子·变,133)|系著织机脚下(前汉刘家·变,162)|里正追役来,坐着南厅里(王梵志诗)

B. "著"相当于"到"

掷着江中(伍子胥·变,21)|抛着盆中(叶净能·变,222)|抛着丛林之中(搜神·变,871)|将我儿去,愿卖着我本国中(变文补编,124)

2.2.2 V著N

A. 宝剑抛着地(王梵志·撩乱失精神)|一个病着床(同·夫妇相对坐)|埋着棘蒿丘(同·父母怜男女)|安着何处(祖堂集,2.8)。/B. 送著空冢谷(同·富者办棺木)

A与B的例子跟六朝时期相同,"著"或相当于"在"或相当于"到"。在唐五代的例子中尚未发现N为时间词的,但却出现了N为一般名词的用法:

  C. 说着来由愁煞人(捉季布·变,64)|却恐为使不了,辱着世尊(维摩诘·变,604)|初闻道着我名时(同·变,605)|说着这个事,损着说底人(祖堂集,2.17)

在这组例子中,"V 著"为动结式,"著"是动词的补语,语义相当于"到";N是动作的对象,充当"V 著"的宾语。由于N的范围不同(不表地点、时间),使得"著"的语法功能发生了变化,这种句式不在本文讨论之列。

  2.2.3 "著"本为"附著"义,用在动词或动宾短语的后面,语义相当于"在"或"到"。唐五代时,"著"的用法发展到可以不必跟在动词或动宾短语后面,而是直接在句首用作介词,相当于"在"或"到",如:著街衢见端正之人,便言前境修来(庐山远公话,变,183)|着相见时心堕落(维摩诘经讲经文,变,623)。动词"著"摆脱了跟在另一动词后面的限制,独立地引出地点或时间,这表明它虚化的程度加深了,介词性增强了。

  2.2.4 唐五代时期"VO 著N"式比较少见,如:送我著州城多人之处安置(双恩记,变文补编,28)。"V 在NL"句跟"V 著NL"句并用,如:玉貌散在黄沙里(孟姜女,变,33)|抛在一边(叶净能,变,222)|送在水中(伍子胥,变,21),不过从数量上看,用"著"的比用"在"的少。

2.3 宋金时期的"V+X+NL"句

2.3.1 X 成分为"著"

  自唐五代以后,X 成分"著"就很少见了,以下是在宋金文献中捡得的几例(引自冯春田 1991):

丧乃我丧,未丧乃我未丧,我自做著天里,圣人之言,气象自别（二程集,67页）|挂冠,是有个文字上说禹治水时冠挂著树,急于治水（朱子语类,138.3278）|把钵盂做头盔,戴着顶上（董西厢,57页）

例中的"著"相当于"在"或"到",显然是从魏晋南北朝历唐五代而沿用下来的。

2.3.2 X 成分为"得"

"得"是南宋新出现的 X 成分,《朱子语类》中较多见（以下各例引自冯春田 1991、祝敏彻 1991；"类"指《朱子语类》,"辑"指《朱子语类辑略》）：

想得高山更上去,立人不住了（类,23页）|凡人读书,须虚心入里玩味道理,不可只说得皮肤上（类,2896页）|若志在红心上,少间有时只射得那帖上；志在帖上,少间有时只射得那垛上；志在垛上,少间都射在别处去了（类,154页）|如何有人说到这地头?又如何有人说不得这地头?（类,2924页）

值得注意的是,以上各例中的 X 成分"得",其语法意义均相当于"到",即"得"前面的动词均有移动义,尽管第三例"射得"与"射在"互用,但"射在"的"在"也表示"到"义,这是跟 X 成分"著"兼表静态（在）和动态（到）所不同的。这种不同说明"得"和"著"没有来源关系。那么应该怎样认识这个新产生的 X 成分"得"呢？

2.3.3 动词"得"本义为获取、得到,它用在其他动词后面表示动作的实现或完成,由此虚化为表示完成态的助词和引出结果补语的结构助词。前者如：到得南岸（韩擒虎,变,200）|才添得三个,又倒却两个（难陀,变,398）；后者如：作得如许不仁（燕子赋,变,253）|喊得山崩

石烈（裂）（庐山，变，172）。徐丹文中所举三例：入得寺中（变文）|下的山来（宣和遗事）|出得酒肆（水浒），其中的"得/的"相当于完成态助词"了"，不是方位介词。"得"做方位介词，是从它在动词后边做补语表示"达到"义虚化而来的。试看下面三组例子：

　　a. 庄子都不说著孟子一句（类，125页）|都不说得循环意思（辑，1页）|未说到极边与际海处（类，27页）

　　b. 但未尝明说著气字（辑，8页）|其实只说得气（类，78页）|说到这地头（类，2924页）

　　c. 读书须是看著他那缝罅处（辑，2页）|恐孟子见得人性同处（辑，1页）|也看到极处（类，104页）

在上面三组例子中，"说著/得"义同"说到"，"看著/得"义同"看到"，"著"和"得"的语法意义都是"到"，表示动作所及、达到的程度、范围等。由此进一步扩大使用范围，就产生了引出地点词的介词用法，如上面举的"说得皮肤上""射得那垛上"等。X成分"得"的来历如下：

V得（得到、达到）→ ┌─ 动作的实现或完成（完成态助词）
　　　　　　　　　　├─ 引出动作的结果（结构助词）
　　　　　　　　　　└─ 指明动作所及→引出动作的处所（介词）

2.4　元明时期的"V+X+NL"句

2.4.1　X成分为"底"

元代文献中调查了影元刊《元典章·刑部》，发现了一例X成分为"底"的：

　　住（往）常时汉儿皇帝手里有两个将军来，杀底这达达剩下七个，走底山洞里去了。（卷39，刑部·谋反，1644页）

例中出现了两个"底"字,前一个是结构助词,后一个是处所介词,相当于"到",这两个"底"是"得"的异形字。《元典章》的 X 成分"底"跟《朱子语类》的 X 成分"得"都只表示"到",它们是同一来源。

2.4.2 X 成分为"的"

《老乞大》和《朴通事》成书于元朝末年,明代曾做过修改。《朴通事谚解》中出现了 X 成分"的"(以下三例引自徐丹1994):

请将范太医来看,太医来这里,请的屋里来(166页)|跳东瓜,跳西瓜,跳的河里仰不搽(249页)|先生变做老虎赶,行者直拖的王前面飐了(308页)

以上三例中的"的"相当于"到",它跟《元典章》和 X 成分"底"一样,也应看作"得"的异形。在《朴通事谚解》中,X 成分多作"在"和"到",如:走到金水河里|拿着肩膀丢到里面,可见"的"是跟"在""到"并用的处所介词,它跟"在"与"到"应无来源关系。

明初的例子有《皇明诏令》卷三《武士训戒录》的,只找到一例,"的"相当于"在":

只见赵宣子齐整穿了朝服要出朝去,看天色尚早,端坐的堂上,十分恭敬。

"端坐的堂上"意为"端坐在堂上"。这里的 X 成分"的"只能解释为"在",不能解释为"到",因此它跟《朴通事谚解》里的 X 成分"的"虽然同样写作"的",其来源却可能不是一回事。我们认为"端坐的堂上"的"的"可能是 X 成分"著"的轻读音变形式。前代习见"坐地"一词,在《金瓶梅词话》里,"坐地"又作"坐的"或"坐着",例如:

西门庆已在前厅坐的(37回)|不知五娘几时走来在明间内坐着。(75回)

冯春田(1991)列举了许多持续态助词"的"相当于"着"的例子,例如:

在屋里坐的听唱(金,564页)|笑的去了(金,410页)|只见孟玉楼摇飐的走来(金,130页)|那河边住的塔塔儿一种人(元朝秘史,卷1)

从语法意义上看,"的""着"完全相当。从语音上看,"着"音变为"的"(de)也是完全可能的,舌上音读成舌头音,韵母由于轻读音变为央元音。北方话实际口语中把"着"轻读为"的"的例子也很常见,如《山西方言调查研究报告》所载民间故事《半头砖》中"轮着在三个儿子家吃饭""抢着把箱子打开"的助词"着"的读音如下:

	大同	广灵	忻州	太原	临县	临汾	运城
用字	着	着	着	的	得/的	的	着
读音	tʂəʔ	·tsə	tʂə/tiə	·tə	·tə	·ti	·tʂɤ

可知由于各个点读音不同,用字也就不同,但不管写作"的"还是"得",都应看作是"著"的轻读音变形式。上面七个方言点在共时平面上的语音差异,正好可以说明"着"读作"的"的历时的演变过程:

$$\cdot tʂəʔ < {\cdot tʂə \atop \cdot tʂɤ} —— \cdot tsə —— \cdot tiə < {\cdot tə \atop \cdot ti}$$
着 ——————————————— 的/得

此外,我们还在日常生活中注意到,北京人有时把"说什么来着(zhe)"说成"说什么来的(de)"。这都说明,文献中写作"的"的助词或介词除了有可能是源自"得到"的"得"外,还有可能是"著"的音变形式。

"动词+X+地点词"句型中介词"的"探源　111

冯春田的书里(196页)还举了《金瓶梅词话》中"V 的 NL"式后加趋向动词的例子：

> 他家如法做得好炊饼，我要问他买四五十个拿的家去(40页)|大厅上堂客都散了，止有大妗子与姑奶奶众人，大娘邀的后边去了(242页)|头里进门，到是我叫他抱的房里去，恐怕晚了(533页)

这些例子中的"的"只相当于"到"，不相当于"在"，跟 X 成分"著"的功能不完全重合("著"兼表"在"和"到")，恐怕跟 X 成分"得"的关系更近些。

2.4.3 清末北京话"V 的 NL"句式的用例已见于1.2节，如：

> 坐的那儿听(小,44)|搁的这儿罢(妇,52)|晒的那河边儿草地上(妇,28)|送的府里去(小,18)|说的这儿(小,9)|卖的岗子上(小,82)。

跟《朴通事谚解》和《金瓶梅词话》不同的是，北京话里的 X 成分"的"的语法功能兼表"在"和"到"，跟"著"完全重合。下表是历代 X 成分的分布和沿革：

		《论衡》	《世说》	《变文》	《朱语》	《元典章》	《朴》	《皇》	《金》	《妇》《小》
V 在 NL		+	+	+	+	+	+	+	+	+
V 著 NL	在	−	+	+	(+)	−	−	−	−	+
	到	−	+	+	(+)	−	−	−	−	+
V 得 NL	到	−	−	−	+	−	−	−	−	−

(续表)

		《论衡》	《世说》	《变文》	《朱语》	《元典章》	《朴》	《皇》	《金》	《妇》《小》
V底NL	到	−	−	−	−	＋	−	−	−	−
V的NL	在	−	−	−	−	−	−	(＋)	−	＋
	到	−	−	−	−	−	−	＋	＋	＋

*（＋）表示少见。

3. 分析与小结

（一）文献中"得、的、底"等字经常混用，未加严格区别；加之"著"的轻读音变字也写作"的"或"得"，这就给溯源带来很大麻烦，难以明辨哪些"的"是"得"的异形，哪些"的"是"著"的音变形式。因此考察来源不能只看字形，而要把字音、句型、用法等诸因素综合加以考虑。

（二）从历史过程来看，X成分"在"自古沿用至今，是跟"著""得"等并用的处所介词，它跟X成分"的"没有来源关系。从句型、语法功能看，北京话的X成分跟"著"相当；从语音上看，"著"字弱读可音变为"的"（de），这已有文献和口语材料为证。因此，说北京话的X成分"的"源自"著"是有一定根据的，特别是《皇明诏令》里"端坐的堂上"一例，明示"的"相当于"在"，应从"着"得义。即：

著（在/到）→的（在/到）

（三）《朱子语类》里的X成分"得"只表"到"不表"在"，跟"著"的语法功能不重合，它是从"V得"的"得"的引申义"达到""到"而虚化为处所介词的。它产生后曾跟X成分"著"并用（见《朱子语类》）。《元典章》里的X成分"底"、《金瓶梅词话》里的X成分"的"

只表"到"不表"在",视为"得"的同词异形可能稳妥些。

（四）元明文献里已不见 X 成分"著"字,但这不表明"著"字已经消亡,清末北京话资料里的 X 成分"的"全面保留了它的语法功能。还有一种可能,南宋 X 成分"得"兴起后逐渐取代了"著"的部分功能(表示移动义"到"),形成"著"主要表静态的"在","得"只表动态的"到",由于"著"音变为"的",而"得"又写作"的",于是在字形上看不出这种区别,即:

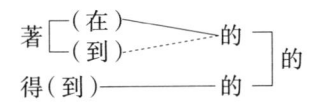

$$\text{著}\begin{bmatrix}（在）\\（到）\end{bmatrix}\!\!\!\!\!\!\!\!\!\!\!\!\!\begin{matrix}\text{——的}\\\text{——的}\end{matrix}\Bigg\}\text{的}$$

$$\text{得（到）————的}$$

虚线表示可能已失去或部分失去。从这种考虑出发,可以认为北京话的 X 成分"的"源自"著"和"得"。这种看法跟梅先生认为来源于"到"和"著"的推测比较接近,因为"得"正是"到"义,而在语音上说"得"为"的"要比说"到"是"的"更合理。

参考文献

  陈　刚　1985　《北京方言词典》,商务印书馆。
  冯春田　1991　《近代汉语语法问题研究》,山东教育出版社。
  林　焘　1962　《现代汉语轻音与句法结构的关系》,《中国语文》第 7 期。
  梅祖麟　1988　《汉语方言里虚词"著"字三种用法的来源》,《中国语言学报》第 3 期。
  孙德金　1992　《京西火器营满人的北京话调查》,《北京话研究》,北京燕山出版社。
  孙锡信　1992　《汉语历史语法要略》,复旦大学出版社。
  太田辰夫　1987　《中国语历史文法》(中译本),北京大学出版社。
  徐　丹　1994　《关于汉语里"动词+X+地点词"的句型》,《中国语文》第 3 期。
  俞光中　1987　《"V 在 NL"的分析及其来源献疑》,《语文研究》第 3 期。
  赵金铭　1979　《敦煌变文中所见的"了"和"著"》,《中国语文》第 1 期。
  赵元任　1979　《汉语口语语法》(中译本),商务印书馆。

祝敏彻　1991　《朱子语类句法研究》，长江文艺出版社。

引用书目（～～表示简称）

《小额》：太田辰夫竹内诚编，汲古书院（日），1992。
《燕京妇语》：鳟泽彰夫著，好文出版社（日），1992。
《敦煌变文集》：人民文学出版社，1957。
《敦煌变文补编》：北京大学出版社，1989。
《朱子语类》：中华书局，1986。
《金瓶梅词话》：文学古籍刊行社，1955（冯春田1991所用为齐鲁书社1989年本）。
《山西方言调查研究报告》：山西高校联合出版社，1993。

原载《古汉语研究》1994年第4期

吴语助词"来""得来"溯源

虚词"来"在近代汉语里的功能十分繁多,粗略一算,就有以下数种。(1)表示时间、处所乃至人和事物的范围;(2)表示在……时间之后(如陈后主《有所思》:当由分别久,梦来还自疑);(3)表示概数(如《祖堂集》"二百来人");(4)做时间词词尾(如小来、古来、今来、昨来、向来、先来);(5)做副词词尾(都来、倒大来);(6)做状态助词,犹"……般""……样"(李曾伯《水调歌头》:境圆明,冰样洁,水来清);(7)做衬词(《隔江斗智》三折:与他那结义的人儿这几日离多来会少)……这里所要讨论的,是在以上几种功能之外"来"做结构助词的用法。这种用法起始很早,至今仍保存在吴方言里。上溯其源头,追踪其发展道路,可以更有把握地认识现今吴语里的助词"来"和"得来"。

吴语里有一种特殊的助词"来"[1E^{13}]和"得来"[tə$?^5$1E^{13}],《汉语方言概要》把"来"看作"得来"的简化形式,把它们称为后附的程度副词,并指出它们附加在动词后面往往还需要一个补语。例如:"时髦得来"(时髦得什么似的),"性急得来","瞌来"(瞌得慌),"牵记得来","极得来要死要活"(极,性急,急迫),"说得来八面玲珑"(99页)。但是,如果从汉语史的角度观察的话,以上提法中还有一些可商榷的问题。具体是:

(一)"来"是不是"得来"的简化形式?换言之,是先有的"得来"后有的"来",还是相反?

(二)这种用法的"得来"和"来"性质是什么?是后附的程度副

词,还是助词?

(三)在用法上,后面带补语的跟不带补语的是一种什么关系?即哪一种用法为常式,哪一种用法为变式?本文拟从语法史的角度,以近代汉语文献和现代方言为依据,就以上几方面谈谈看法,并试着说明"来"和"得来"用作助词的原因。

一 现代汉语方言里的助词"来"和"得来"

1.1 吴语

吴语里除了通用的助词"得"之外,又用"来"和"得来"。当然,这是从整体上说的,具体到每一个方言点,情况会有不同。有的地方"来"和"得来"并用,有的地方只有其中之一,总的说,"得来"比"来"使用得更为普遍。

1.1.1 来 吴语里的助词"来"放在形容词或动词的后边,有带补语和不带补语两种用法。我们把带补语的称作A式,把不带补语的称作B式("得来"亦然)。

A式:动/形·来·补语

"来"放在动词或形容词后面,连接表示结果、程度或状态的补语,相当于结构助词"得"。下面是清代吴语小说《何典》里的例子:

(1)天壳海盖,讲来七缠八丫叉;神出鬼没,闹得六缸水沸浑。(何典·序)

(2)他的母亲刘娘娘,也生来细腰长颈,甚是标致。(又,2回)

下面两例转引自《上海市区方言志》:

（3）我做来勿好,请侬原谅。(465页)
（4）拎勿清,花头经透来勿得了。(同上)

B式:形/动·来

"来"放在形容词或某些动词的后面,表示程度深或行为动作之强烈。下面转引《简明吴语词典》124页的两组简例:

（5）远来|冷来|白来
　　　想来|望来|哭来

"远来"即很远,远得很;"哭来"即哭得很厉害。B式里的形容词或动词一般是单音节的,而且能进入B式的动词很有限,大多是跟心理、情感活动有关的动词,而A式里的动词没有这种限制。上举《简明吴语词典》里还有一个有趣的例子:"伊吃来好来"(意为:他吃得可好呢),其中前一个"来"出现于A式,"好来"是"吃来"的补语;后一个"来"出现于B式,它后面不带补语。

1.1.2 得来

A式:动/形·得来·补语

"得来"放在动词或形容词后面,引出表示结果、程度或状态的补语,相当于结构助词"得"。

（6）覅说得来怕人势势。(海上花列传,13回;覅,不要)
（7）冻苏秦耸背巡街,冻得来一方市户千家闭。(缀白裘,卷2,烂柯山·逼休〔滚绣球〕)
（8）忙得来性命交关|乱得来像狗窠|吓得来勿敢响|重得来吓煞人(上海市区方言志,465页)

从例句可知,"得来"后面的补语可以是短语(如例6和例8的后三句),也可以是小句(如例7和例8的第一句)。

B式:动/形·得来

"得来"加在动词或形容词之后,表示程度之深或行为动作之强烈。例如:

(9)呵唷,阿唷,我吓得来!(海上花列传,5回)

(10)陈老爷客气得来!(又,28回)

(11)重得来! | 热得来! | 做得来! | 笑得来!(上海市区方言志,465页)

1.1.3 比较1.1.1和1.1.2两节可以知道,吴语里的助词"来"和"得来"的用法和意义几乎完全相同(所不同的仅是,B式"动·来"的动词有一定的限制,而"动·得来"里的动词则不大受限制)。A式里的"来"和"得来"相当于结构助词"得",而B式里的"来"和"得来"跟"得"不相当。虽然"远来""远得来"的意思是远得很,"想来""想得来"的意思是想得很,但不能因此把"来"和"得来"跟程度副词"很"相对应。因为,"来、得来"本身并不表示程度之深,只有当它们进入B式之中,这个结构式才具有表示程度深的意义。它们跟"远煞、想煞"的"煞"性质不同,"煞"是后附的程度副词(当然它也可以用在形容词或某些动词之前,如煞远,煞想),而"来、得来"只是助词性质的。[①]

1.2 四川方言

在现代汉语诸方言中,就管见所及,除了吴语,四川方言里也使用助词"来"和"得来",这从四川籍作家郭沫若和沙汀早期的作品里可以看到(香坂顺一氏首先注意到这一情况)。郭老是四川乐山人,他的作品里只见用"得来",而未见用"来":

（12）他是乐得养尊处优,胖得来,实在连走路都很艰难了。（棠棣之花第三幕,郭沫若全集·文学编,6.219,人民文学出版社,1985,1986,下同）

（13）你们假如知道韩国人为什么穷得来只能够吃点豆饭藿羹,……那你们就……（又,第五幕,6.266）

（14）因为这两天没有得到静养,痛得来已经不能行动了。（楚霸王自杀,又,10.198）

例（12）"胖得来"后面用逗号断开,表明语气上的停顿,实际上此例仍是A式。

沙汀是四川安县人,他的作品里"来"和"得来"并用。例如:

（15）眼睛都睡来像毛桃子了。（在其香居茶馆里,沙汀短篇小说选,113页,人民文学出版社,1978,下同）

（16）他是乡约的内弟,细眉细眼,鼻梁瘦来和刀背一样。（丁跛公,又,17页）

（17）而那个平日只会用侦查眼光看他的脚色,也忽然变来爱讲话了。（老烟的故事,又,139页）

（18）简直瘦得来只剩一张皮了。（兽道,又,57页）

（19）全城的医生弄得来束手无策。（防空,又,74页）

（20）突出的颧骨红得来像鹤顶一样。（呼嚎,又,174页）

上面诸例中,"来"或"得来"前面的动词或形容词全是单音节的,这跟吴语的情况很相近。间或也有双音节的,如:

（21）快乐和害羞得来像一个新郎一样。（丁跛公,又16页）

但这句话的书面语味道太浓了。此外,上举诸例中只见 A 式,未见 B 式,这是跟吴语不同的。

郭老和沙汀年青时都在上海居住过多年,不知他们作品里出现的"来"或"得来"是不是受吴语影响的结果。经向四川籍同志调查,知四川有不少地方现在仍用"得来",如梓潼、江油、眉山、自贡、涪陵、内江、犍为等地;但兼说"得来"和"来"的地方比较少,如犍为、自贡等地。无论是"得来"还是"来"都有一个共同的倾向:年轻人用得少,老年人用得较多。② 因此,郭老和沙汀作品里的"得来"和"来",可以看作彼时四川方言的特色。

1.3 北京话

北京话里结构助词用"得",不用"得来",更不用"来",这是尽人皆知的。但是,在清代用北京话写成的小说《儿女英雄传》里,偶或也有"得来"的用例:

(22) 这场恶斗,斗得来十分好看!(6回)
(23) 讲得来满口生烟,杀得来浑身是汗。(8回)
(24) 那琵琶弹得来十分圆熟清脆。(18回)

应该如何解释这一现象呢? 一种可能是,《儿女英雄传》里的"得来"是受了南方旧白话小说特别是平话的影响,用三音节的"V 得来"比用二音节的"V 得"更带有渲染、夸张的语气,因而被作者借用过来。还有一种可能,作为北京话前身的某些北方话里早就使用结构助词"得来",只是到了近现代才不用的(这一点将在溯源部分介绍),因而《儿女英雄传》里的"得来",有可能是对历史上北方话旧词语的沿用。当然也可能以上两种原因兼而有之。

二 溯源

2.1 来

2.1.1 唐五代文献里的结构助词"来"

跟结构助词"得"大体相当的"来",最早可以追溯到唐五代,唐诗和敦煌讲唱文学作品里可以找到这类用例。

(25) 野外狐狸搜得尽,天边鸿雁射来稀。(姚合,腊日猎,全唐诗,502.5712)

(26) 瘦马寒来死,羸童饿得痴,(又,寄王度居士,又,497.5634)

(27) 清泉洗得洁,翠霭侵来绿。(皮日休,樵担,又,611.7048)

(28) 山容洗得如烟瘦,地脉流来似乳肥。(又,奉和鲁望春雨即事次韵,又,613.7073)

(29) 移得萧骚从远寺,洗来疏净见前峰。(郑谷,竹,又,675.7738)

(30) 铁铠砲来身粉碎,铁叉叉得血汪汪。(大目连变文,敦煌变文集,757页)

(31) 男女病来声喘喘,父娘啼得泪汪汪。(故圆鉴大师二十四孝押座文,又,836页)

以上各例上下句相对仗,"来"与"得"互文对举,都引出了结果补语,可证"来"用如结构助词"得"。再看以下几例,"来"虽不跟"得"对出,但据上下文意可以判定它们也用如结构助词:

(32) 锦背苍鹰初出按,五花骢马喂来肥。(李贺,排遍第一,

全唐诗,27.381）

(33) 养来鹦鹉嘴初红,宜在朱楼绣户中。(刘禹锡,和乐天鹦鹉,又,360.4061）

(34) 越椀初盛蜀茗新,薄烟轻处搅来匀。(施肩吾,蜀茗词,又,494.5603）

(35) 夫主谎来身已倒,宫人侍婢一时扶。(丑女缘起,敦煌变文集,793页）

(36) 大拟妻夫展脚睡,冻来直[似]野鸡盘。(不知名变文,又,815页。"似"原缺,今臆补）

"大拟"即"待拟","大"为"待"的同音借字,变文及后来的元杂剧里习见。此句意为:夫妻二人拟伸腿睡觉,无奈天寒无被冻得如野鸡缩成一团。

从上面所举唐诗和变文里的例子可以知道,至迟在中晚唐时期,"来"就已经有了做结构助词的用法。唐五代以后,在宋金词里还偶尔能看到用作结构助词的"来"[3],例如:

(37) 揽镜沉吟,瘦来须有差别。(方千里,满路花,全宋词,第四册,2501页）

(38) 好个一江春水,深来不似情深。(元好问,朝中措,元好问诗词集,705页）

2.1.2 诸宫调里的助词"来"

金代用北方话写成的《刘知远诸宫调》(下简称"刘知远")和《董解元西厢》(下简称"董西厢")里仍可见"来"做结构助词的用例,但为数不多。例如:

（39）知远惊来魂魄俱离壳，前来扯定告娇娥。（刘知远第十一〔黄钟宫·出队子〕；试比较《董西厢》卷2〔道宫·解红〕"谎得魂离壳"）

（40）飞虎谎来痴，群贼倒枪旗。退却乱军，免却生离，都是哥哥虎威。（董西厢，卷4〔越调·青山口〕）

值得注意的是，在《董西厢》里"来"又在一种新的格式里做助词，即在动词和"来"中间加上受事宾语，后面再带补语。例如：

（41）只被你拖逗人来一星星都碎擗百裂。（卷4〔第八〕）

这种用法在两种诸宫调里虽仅一见，但此句在曲词里共重复了三遍，应无讹误。我们权且把这种"动·名·来·补"的句式称作A′式。

与A′式不同，通常的句式是先在动词和名词之间加上助词"得"，然后再在名词后面加上助词"来"和补语；即："动·得·名·来·补"，我们把这种句式称作A″式。例如：

（42）灭良削薄得人来怎敢喘气。（刘知远第二〔道宫·解红〕）
（43）天天闷得人来觳。（又，〔黄钟宫·出队子〕）
（44）谎得脸儿来浑如蜡滓。（董西厢，卷2〔大石调·玉蝉翼〕）
（45）都为他家害得人来病。（又，〔南宫调·一枝花〕）

在A″式中，由于动词后面已跟有结构助词"得"，因此后面的助词"来"就显得不很必要，试比较下面二例：

（46）引调得人来眼狂心热。（董西厢，卷1）

（47）引调得张生没乱煞。（同上）

这两句意思完全一样，去掉复出的助词"来"，对句义并无影响，反而更加紧凑，因而A″式未能通行开来。不过，吴语里尚保留着A″式的用法，例如：

（48）陈老爷，耐倒说得倪来难为情煞哉。（海上花列传，11回。"耐"，你；"倪"，我）

可见，吴语里的这一用法最早可以追溯到金代。在A″式里，"来"作为结构助词的功能已经衰退，它更近似于一个衬字。试把A、A′、A″三式加以比较：

A式：动·来·补
A′式：动·名·来·补
A″式：动·得·名·来·补

可以看出，A′和A″两式都是A式在早期的变式，是为了引进受事宾语而产生的，作为结构助词，"得"比"来"跟动词的关系更为紧密。

2.2 得来

尽管唐诗和变文里已见"来"用作结构助词，但当时还没有出现"得来"做结构助词的用法。"得来"连用做结构助词最早见于宋金时期的文献，在北方是金代（1127—1234）的两种诸宫调，在南方是记录朱熹（1130—1200）语录的《朱子语类》。

2.2.1 诸宫调里的助词"得来"

在金代两种诸宫调里，用作结构助词的"得来"已很常见，其数量远远多于"来"。例如：

（49）一个唤彦威，一个史洪肇，着两条担打得来笃磨。（刘知远第十二〔绣裙儿〕；笃磨，滴溜转动，此处指武艺精熟。）

（50）开口道不彀十句，把张君瑞送得来腌受苦。（董西厢，卷1〔黄钟调·尾〕）

（51）见个小僧入得角门来，大踏步走得来荒速。（又，卷2〔商调定风波〕）

（52）君瑞心头怒发，忿得来七上八下。（又，〔仙吕调·乐神会〕）

（53）女孩儿谎得来一团儿颤。（又，卷3〔双调·尾〕）

（54）这一场腌臜病，病得来跷蹊。（又，〔刮地风〕）

"得来"连用，符合汉语同义词素并列构成同义复词的构词法，最初可能是为了加强语气或使音节和谐才在"V得"之后又加上"来"的，后来"得来"逐渐凝固成一个双音节的结构助词。

2.2.2《朱子语类》的助词"得来"

上面诸例的"来"或"得来"都出现在韵文里，最早出现结构助词"得来"的非韵文资料，是南宋朱熹（今江西婺源人）的门生所辑录的《朱子语类》，这表明"得来"确已生根于口语。

（55）到气禀处，便有不齐，看其禀得来如何，禀得厚，道理也备。（朱子语类，4.77，中华书局标点本，下同）

（56）心本来未尝不同，随人生得来便别了。（又，5.97）

（57）静坐无闲杂思虑，则养得来便条畅。（又，12.216）

（58）如水之初定，静，则定得来久，物不能挠。（又，14.275）

（59）然这里只是说学之次序如此，说得来快，无怎地劳攘。

（又，15.311）

（60）如云有十二因缘，只是一心之发便被他推寻得许多，察得来极精微。（又，16.338）

（61）问："胡氏说何谓太迫？"曰："说得来局蹙，不恁地宽舒，如将绳索绷在这里一般。"（又，18.421）

《朱子语类》里有一种"V得来/来"，表面上很像现在吴语里不带补语的B式，实际上并不是，须加以分辨。例如：

（62）又说钟离权、吕洞宾，而今又不见说了。看得来，他也只是养得分外寿考，然终久亦散了。（又，3.44）

（63）思量来，只有一个道理。（又，3.40）

（64）若子细穷究来，皆字字有着落。（又，10.172）

以上三例的"V得来/来"，分别是看起来、思量起来、穷究起来的意思，不表示程度之深。再如：

（65）自是他里面有这个道理，得他兄感动发出来，……若其中元无此道理，如何会感动得来？（又，13.238）

（66）不熟时，须著旋思索，到思索得来，意思已不如初了。（又，8.143）

例（65）的"感动得来"是"感动得出来"的意思，也即前句"感动发出来"的变换说法。例（66）的"思索得来"是"思索出来"的意思。此二例的"来"是趋向动词做结果补语，跟吴语的B式在意义和结构上均不同。总之，《朱子语类》里"得来"做结构助词只有A式，未见B式。

2.2.3 元曲里的助词"的来"

元曲里结构助词"得来"使用也较频繁,但一律作"的来"。例如:

(67)气的来有眼如盲,有口似哑。(合汗衫,二折〔越调斗鹌鹑〕)

(68)瘦的来我这身子儿没个麻秸大。(燕青博鱼,一折〔大石调六国朝〕)

(69)这和尚故将人来撒皂,直写的来怎般牢。(忍字记,一折〔金盏儿〕)

(70)唤侍妾,引领者,我来打鱼舡上身子儿扭的来别,替你稳坐七香车。(望江亭,三折〔圣药王〕)

"得"写作"的",在元明白话文献中较普遍,如元曲《三战吕布》一折:"争奈俺手下兵微将寡,怎生破的吕布?"《水浒传》二十八回:"我于路不曾害,酒也吃的,肉也吃的,饭也吃得,路也走得。"故知元杂剧中的"的来"即"得来"。

2.3 小结

下面用简表对以上各节内容加以归纳。通过这个表,一方面可以了解结构助词"来"和"得来"的历史状况,另一方面也可以跟现代汉语方言做比较,从而便于更准确地把握吴语助词"来"和"得来"的性质。

资料 \ 助词格式	来 A式	来 B式	得来 A式	得来 B式
唐诗、变文(8—10世纪)	+	−	−	−
金代诸宫调(12—13世纪)	+	−	+	−

（续表）

资料 \ 助词格式	来 A式	来 B式	得来 A式	得来 B式
朱子语类（12—13世纪）	−	−	+	−
元曲（13—14世纪）	−	−	+	−
四川方言（现代）	+	−	+	−
吴语（现代）	+	+	+	+

从本文前面考察的各项情况可以得出以下几项结论，可作为对文章开头提出的三个问题的回答。

（一）结构助词"来"始见于唐代（公元8世纪前后），唐诗和敦煌写卷中有其用例，但为数不多。当时还未见"得来"连用的例子，且"来"也只有A式。

（二）"得来"用作结构助词最早见于金代的两种诸宫调和南宋的《朱子语类》。在诸宫调里"来"和"得来"并用，"得来"多于"来"；在《朱子语类》里只有"得来"，未见"来"。这两种资料里无论"来"还是"得来"也只有A式。

（三）单用的"来"出现于前，连用的"得来"出现在后，"得来"是结构助词"得"和"来"的同义连用。因此，说"来"是"得来"的简化形式不符合历史事实，《上海市区方言志》说"得来"是"得"和"来"的叠用是正确的。

（四）从历史资料和现代汉语方言来看，结构助词"来"和"得来"不是吴语所独有，也不限于南方某些方言。据敦煌俗文学作品、金代诸宫调和元曲知道，唐五代的西北方言和金元燕京一带的方言里都使用这两个助词。现在北方话里虽然不用了，但属于北方方言区的四川话里仍然使用。所不同的是，以上时地里的用例只有A式，而吴语里A、B二式并用。就是说，吴语一方面继承了历史上"来"和"得来"的用法（A式），一方面又新产生出了B式的用法。

（五）吴语里的B式应是A式的省略形式。A式之所以可以省略，有语义和形式上的原因。在语义上，"来"或"得来"后面的补语尽管或表结果，或表状态，但其深层的语义却是共同的，即表示程度之深。试看下面四例（前三例已举过）：

　　夫主諕来身已倒　　　例（35）
　　知远惊来魂魄俱离壳　　例（39）
　　飞虎諕来痴　　　例（40）
　　孙飞虎諕得来肩磨魂魄离壳

这四例的动词"諕"或"惊"都是"惊吓"义。四例的补语部分所描述的情况尽管各不相同，但其意义核心却一般无二，都是说被吓得很厉害。当这些描述成为一种套话时，人们就不看重也不细究它的具体内容了，光从这种句式就可以获得程度深、情况严重的信息。在这种情况下，补语部分就显得不是那么重要了，就有可能被省略。补语虽然被省去了，人们依然能凭着对原句式所表达的语法意义的了解，理解省略后的句义。以上四例用吴语B式表达，就是"吓来""吓得来"。B式简洁，但只能泛泛地表示程度深，当要具体说明如何之深时，就仍须借助A式来表达了。

　　B式产生的另一个原因是"形/动·来/得来"跟后面的补语之间可以、也往往有语气上的停顿，特别当补语部分比较长时。前举例（12）"……胖得来，实在连走路都很艰难了"，就用逗号跟补语隔开，这表明补语部分在句中的相对独立性。可以设想，一方面当句子只是泛泛地表示程度深，一方面又有这种可停顿性时，就促成了A式补语的省略。也就是说，上述语境引发了B式的产生。这种情况不光吴语有,北京话口语里也有,例如:"你看他气得!""瞧把他给乐得!"后面不带补语也表示程度深。

基于历史事实和以上两点分析,我们把吴语里的B式看作是A式省略了补语,因而B式里的"来"和"得来"仍应看作助词,不能分析为后附的程度副词。

(六)吴语里A式和B式并用,但能进入B式"动·来"的动词是有限制的,如前所说,主要是跟心理、情感活动有关的一类,如"欢喜、巴结、恨、气、想、牵记"等。这些动词有一个特点,可以受程度副词"老""邪气"(相当于"很")的修饰,而一般动作动词则不行。

三 "来"做结构助词的义理

动词"来"常义为"至也,及也,还也"(见《广韵》),为什么会用作结构助词呢?就一般情况而言,一个词,它的意义的引申、虚化或用法的演变都不是偶然的,应是有义理、有规律可循的。在探求动词"来"虚化为结构助词的原因之前,先看看动词"得"和"著"虚化为助词的过程,会使问题迎刃而解。

3.1 助词"得"

动词"得"本义是获取、得到,它用在其他动词后面,表示动作的实现或完成,由此进而虚化为表示完成态的助词和引出结果补语的结构助词;当动作的完成作为一种既成的状态看待时,助词"得"又能表示持续态。即:

$$得:获取、得到 \rightarrow V 得:动作的 \begin{matrix}完成\\实现\end{matrix} \begin{cases} 表完成态 \\ 表持续态 \\ 引出结果补语 \end{cases}$$

下面按"得"的三种语法功能分别举例说明。

3.1.1 "得"表完成态(V得,V得O)

（71）营已入得,号又偷得。(汉将王陵变,敦煌变文集,38页)

（72）到得南岸,应是舟舡溺在水中。(韩擒虎话本,又,200页)

（73）作此语了,遂乃南行。行得廿余里,遂乃眼瞤耳热。(伍子胥变文,又,8页)

（74）才添得三个,又倒却两个;又添得四个,倒却三个。(难陷出家缘起,又,398页)

除例(71)V得后不带宾语外,其他几例V得后都有宾语,"得"跟完成态助词"了"的功用相同。

3.1.2 "得"表持续态(V得O)

（75）愁来欲奏相思曲,抱得秦筝不忍弹。(崔颢,代闺人答轻薄少年,全唐诗,130.1326)

（76）可怜寒食街中郎,早起著得单衣裳。(王建,春来曲,又,298.3385)

（77）大王遣宫人抱其太子,度与仙人。仙人抱得太子,悲泣流泪。(太子成道经,敦煌变文集,290页)

（78）官健唱喏,改换衣装,作一百姓装裹,担得一栲栳馒头,直到箫磨呵寨内,当时便卖。(韩擒虎话本,又,200页)

（79）见儿将得饭钵来,望风即生吝惜。(大目连变,又,741页)

值得注意的是,表示持续态的V得O,V几乎都是具有静态义的动词。

3.1.3 "得"引出结果补语(V得C)

做结构助词的"得"唐代之前应已出现,但普遍使用却是在入唐之后。

（80）些些小事，何得纷纭，直欲危他性命，作得如许不仁。（燕子赋，敦煌变文集，253页）

（81）喊得山崩石烈（裂），东西乱走，南北奔冲。（庐山远公话，又，172页）

（82）二将当时夜半越对，谆（谍）得皇帝洽背汗流。（汉将王陵变，又，36页）

由上可知，助词"得"在早期身兼数职，到了后来才专任结构助词之职的。

3.2　助词"著"

助词"著"来源于动词"著"的"附著"义。六朝前后，当"著"用在静态义的动词后面时，其义相当于介词"在、于"，如："取一绛裙，挂著屏风上。"（俗说）当"著"用在动态义的动词后面时，相当于介词"到"，如："先担小儿，度著彼岸。"（贤愚经）静态动词后面的"著"进一步虚化为持续态助词，动态动词后面的"著"进而虚化为完成态动词，在某些方言里还可以做结构助词。即：

$$\text{著:附著} \begin{cases} \text{V（静）著：在、于} \longrightarrow \text{表持续态} \\ \text{V（动）著：到} \begin{cases} \text{表完成态} \\ \text{（引出结果补语）}^* \end{cases} \end{cases}$$

*（　）表示极少见。

3.2.1 "著"表持续态（V着，V着O）

"著"在动词后做持续态助词最早见于唐代，五代时开始普遍使用。例如：

（83）余时把着手子，忍心不得。（游仙窟）

（84）见他宅舍鲜净，便即穴白占着。（燕子赋，敦煌变文集，249页）

（85）皇帝忽然赐匹马，交臣骑着满京夸。（长兴四年中兴殿应圣节讲经文，又，432页）

3.2.2 "著"表完成态（V 著，V 著 O）

"著"在动词后面表示完成态，最早见于宋元白话文献，下面转引梅祖麟（1989）四例。

（86）若依彦冲差排，则孔夫子释迦老子，杀著买草鞋始得。（宗杲，大慧书·答刘宝学）

（87）发未发，觉未觉，切须照顾，照顾时，亦不得与之用力争，争著则费力矣。（又，答张提刑）

（88）古人胸中发出意思自好，看著三百篇诗，则后世诗多不足观矣。（朱子语类，卷80）

（89）宋江写著书，送这四人去梁山泊寻着晁盖去了。（宣和遗事·元集）

梅先生常举上海话"骑仔马寻马"和"吃仔饭哉"（"仔"即"著"的音借字）作为吴方言"著"兼表持续态和完成态助词的例子，是很正确的。

3.2.3 "著"引出结果补语（V 著 C）

我们目前尚未发现文献中"著"做结构助词引出补语的例子，但是我们知道某些方言里有这种用法。比如在安徽含山话里，"著"既可做完成态词尾，又可做持续态词尾，其例如：讲之讲之他就来之。（"之"为"著"的音借字）"讲之"的"之"表持续态，"来之"的"之"表完成态。此外，"之"又可做结构助词，例如：把人笑之要命。|那人坏之伤

心。("伤心"表程度之深)可见助词"著"在早期白话及现代某些方言里也是身兼数职的。

3.3 助词"来"

比较上面所述动词"得"和"著"虚化为助词的情况,可以看出这两个词虚化的关键在于当它们跟在动词后面时,可以表示动作的完成、实现或达到(达到也是一种完成或实现),正是在这一用法和意义上才得以虚化为动态助词和结构助词。动词"来"有着跟动词"得"(以及"著")大体相同的用法和意义,所以它也沿着这同一途径虚化为身具多种功能的助词。

3.3.1 "来"表完成态(V 来)

动词"来"本指到说话人所在之处,当抵达说话人所在之处时(即所谓"及也"),这一动作就完成了。"来"的这一意义就为它虚化为完成态助词提供了语义上的可能性。在用法上,当"来"用在动词后面时,有时虽然保存一些实义,但跟"来去"的"来"已有距离,其意义核心为得到或完成。例如:

(90)村酒沽来浊,溪鱼钓得肥。(杜荀鹤,山中喜与故交宿话,全唐诗,691.7947)

"沽来"义犹沽到,下联"钓得"义为钓到。

(91)赋来诗句无闲话,老去官班未在朝。(张籍,赠王秘书,又,385.4334)

"赋来"即赋得,赋成,表示完成。

（92）已疑素手能妆出,又似金钱未染来。(罗绍威,白菊,又,733.8385)

"染来"即染成义,"来"也表完成。以上这种表示动作完成的"来"进一步虚化,就成为完成态助词,略与"了"相当。例如:

（93）生计抛来诗是业,家园忘却酒为乡。(白居易,送萧处士游黔南,全唐诗,441.4921)

"抛来"与"忘却"对言,"来"义同"却",表示动作的完结,跟"来去"的"来"意义相去甚远。

（94）富贵祝来何所遂,聪明鞭得无转机。(元稹,长庆四年元日郡斋感怀见寄;自注:祝富贵、鞭聪明,皆正旦童稚俗法。又,417.4601)

此诗言"祝富贵""鞭聪明"皆无效用。"祝来"犹言"祝了"。"来"与"得"对举,都表示动作的完成。不过表完成态的"来"只有"V来"式,没有"V来O"式。又如:

（95）遇干戈,被鞭拷,地下深藏与他道。——君亲眼见来,由不悟无常抛暗号。(无常经讲经文,敦煌变文集,669页)

值得注意的是,这种意义的"来"还可以跟在动补短语或动宾短语之后,表示动作的实现或完成。例如:

（96）庄走出被赶,斫射不死,走得脱来,愿王哀之。(朝野佥

载，卷2）

"走得脱来"，犹言跑脱身了。

（97）其岁天下不熟，舜自独丰，得数百石谷来。（舜子变，敦煌变文集，133页）

当表示完成态的"来"特指过去曾做某事时，就成为表示曾然态的助词，大体相当于今天的"来着"。例如：

（98）老贼吃虎胆来，敢偷我物！（朝野佥载，卷6）
（99）报道莫贫相，阿婆三五少年时，也会东涂西抹来。（唐摭言，卷3；疑"会"为"曾"之误）
（100）我适来于门外设誓，与他将军为奴来。（庐山远公话，敦煌变文集，173页）
（101）佛身尊贵因何得？根本曾行孝顺来。（故圆鉴大师二十四孝押座文，又，835页）

这种表曾然的"来"都出现于句末，可以看作兼表时态和语气的助词。

由上可知，"来"在唐五代时候已比较普遍地表示完成态，而完成态助词很容易引出行为动作完成后的结果，因而转做结构助词，这跟"得"既表完成态，又做结构助词的义理是一样的。这就是我们对动词"来"之所以能做结构助词的看法。

3.3.2 跟助词"得"一样，当动作的完成作为一种固定的状态看待时，助词"来"也可以转而表示持续态。不过比较少见，在普遍性上不能跟"得"相比。例如：

（102）江南鼓,梭肚两头栾,钉着不知侵骨髓,打来只是没心肝,空腹被人漫。(太平广记,卷55,"伊用昌"条引玉堂闲话)

（103）骢马新凿蹄,银鞍披来好。(杜甫,送长孙九侍御赴武威判官,全唐诗,217.2272)

（104）铅粉坐相误,照来空凄怨。(李白,代美人愁镜,又,184.1883)

3.3.3 由于"得"和"来"无论做动词还是做助词都有许多共同点,所以唐诗中经常用它们互文对举。④ 例如:

（105）就船买得鱼偏美,踏雪沽来酒倍香。(皮日休,冬末同友人泛潇湘,全唐诗,692.7950)

（106）已应春得细,颇觉寄来迟。(杜甫,佐还山后寄,又,225.2426；"佐"为杜甫之侄)

（107）云里引来泉脉细,雨中移得药苗肥。(吴融,即事,又,687.7893)

此三例的"来"尚未完全虚化,仍有实义。"得"和"来"还可以作为同义词素,构成两个意义完全相同的双音词——怪得,怪来。例如:

（108）怪得仙郎诗句好,断霞残照远山西。(徐铉,和太常萧少卿近郊马上偶吟,又,754.8578)

（109）怪来调苦缘词苦,多是通州司马诗。(白居易,竹枝词四首之四,又,441.4922)

"怪得""怪来"之义犹今语"怪不得"。

3.4 结语

动词"来"虚化为助词的过程如下:

来:到、到达 → V 来:动作的 完成 ⎰ 表完成态
　　　　　　　　　　　　　　实现 ⎨ (表持续态)
　　　　　　　　　　　　　　　　⎩ 引出结果补语

把上述"得、著、来"三个动词虚化的过程加以比较,可以看出,虽然它们原来的意义各不相同,但当它们用在动词后面时,都可以表示行为动作的实现或完成,由此产生了大体相同的新的语法功能。其中"来"跟"得"的演变过程更为相近。

"得、著、来"在早期白话中虽然皆一身而兼有几种语法功能,但其主次是不同的。"得"和"来"主要做结构助词,二者之中"得"用得更普遍,几乎没有地域的限制,一直沿用至今;"来"用得不普遍,有时代和地域的限制,它只是"得"的陪衬,其地位无法跟"得"相提并论。"著"主要表示持续态,只在某些方言里表示完成态或做结构助词。自唐五代以来,汉语的完成态助词主要由"了"承担,"得、著、来"表示完成态的功能都不如"了"强,三者之中以"得"最强,"来"最弱。"得"用作完成态助词的时间很长,明清小说中仍多见,但最终也未取代"了"。

我们注意到,在近代汉语的一段历史时期内,助词"了、得、着、来"等曾有相互重叠或交叉的语法功能,它们之间的关系比较复杂。详细考察它们各种功能产生的时间,通行的地域和时代,考察它们相互间或平行、或相前后,既有大致分工,又混用不清的种种关系是十分必要而有意义的一项工作,这自然不是本文所能承担得了的,权且留作今后的研究课题。

附　注

① 关于上海话里的"来"和"得来",曾向上海华东师大邵敬敏同志请

教。除文中已述外,又云:A式的"来",除老年人及上海郊区人外,现市区中青年都已念"勒";B式的"来"有被B式的"得来"取代的趋势。

② 关于四川方言里使用"得来"和"来"的情况,蒙川大中文系博士生朱庆之同志代为调查。

③ 宋金词二例引自王锳(1986),笔者核对后注上了出处页码。

④ 杨建国同志《唐诗语漫录》也注意到这一现象。见《古汉语研究》1989年第4期。

参考文献

梅祖麟　1981　《现代汉语完成貌句式和词尾的来源》,《语言研究》创刊号。

梅祖麟　1989　《汉语方言里虚词"著"字三种用法的来源》,《中国语言学报》第3期。

闵家骥等　1986　《简明吴语词典》,上海辞书出版社。

太田辰夫　1958　《中国语历史文法》,江南书院。

王　锳　1986　《诗词曲语辞例释》(增订本),中华书局。

香坂顺一　1983　《白话语彙の的研究》,光生馆。

许宝华、汤珍珠　1988　《上海市区方言志》,上海教育出版社。

袁家骅等　1983　《汉语方言概要》(第二版),文字改革出版社。

原载《中国语言学报》1995年第5期

说"麽"与"们"同源

本文讨论的是疑问代词"甚麽"的"麽"(包括样态指示词"这/那麽"的"麽")和复数词尾"们"的来源。"麽"字早先也用来标写是非问语气词(今作"吗"),其来源一说是唐五代时期用在疑问句句尾的"无"("晚来天欲雪,能饮一杯无?"白居易《问刘十九》诗),疑问语气词"麽"(吗)不是本文讨论的对象。

一 "甚麽"的"麽"

1.1 关于"甚麽"的来源,中外学者考证者很多,[①]在一些主要问题上看法基本一致,但在一些具体问题上意见仍有分歧。为减少读者翻检之劳,现综合各家(也包括笔者)意见,把跟本文论题有关的方面,特别是意见大体一致的扼要介绍于下,为便于理解,酌情举一些例子。

(一)"甚麽"的前身是"是物","是物"的"物"跟六朝疑问代词"何物"的"物"有语源关系。

何物:北方～可贵?(世说·言语)|陆逊、陆抗是卿～?(同上,方正)|语卿道～?(同上,贤媛)|～鬼担去?(异苑,6)|～老妪,生宁馨儿!(晋书·王衍传)
前两例"何物"一指物,一指人,"物"还有实义,后两例已虚化。"物"又作"勿",表明其义已虚化。

何勿:等道,犹今言～语也。(后汉书·祢衡传,李贤注)|君

是~人,在此妨贤路。(敦煌本,启颜录)

是物:未审别驾疑~?(神会,石井本)|见无物唤作~?(神会,伯3047)

(二)"是物"又作"是勿""是没",最早见于8世纪中叶的敦煌文献。"是物"连读音变为"甚"或"甚物""甚没",见于9世纪的文献。

是勿:未审别驾疑~?(神会,伯3047)|空更有~在?(同上,石井本)|~儿得人怜?(因话录,4)

是没:~是因?~是缘?(大乘无生方便门,斯2503)|是~?(神会,石井本)|空便有~物?(神会,伯3047)

甚:于身有~好处?(燕子赋,伯2491)|~处传书觅?(鹊踏枝,伯4017)

甚物:若不是夜地,眼眼不瞎,为~入入里许?(启颜录·吃人,太平广记,卷248引)

甚没:三藏曰:"问我作~?"(宝林传,6)|是~人?……作~来?(李陵变文)

(三)"甚"[-m]字又作"什"[-p],可能由于当时(9世纪)某些方言中,当[-p]位于鼻音之前时音变为[-m](如汉藏对音材料中"十二""十五"的"十"用[ɕim]标注);此外"甚"的常用义为程度副词"很",感到用它兼表疑问不太合适,于是就选用笔画少的"什"来代替。

什没:前生为~不修行?(阿弥陀经讲经文,斯6551)

拾没:不知而问曰~。(《集韵》上声果韵母果切"没"字注)

(四)"甚物""甚没"以及"什没"的下字又作"谟、摩、麽"。"什摩"和"什麽"分别见于10世纪中叶和后半叶((是)物*mjuət > 没₍莫勃切₎ muət > 没₍母果切₎ 摩₍莫婆切₎ mua)。

甚谟：毕竟唤作～物（三宝问答，斯2669）

什摩：贵姓～？（祖，4）

甚摩：～处来？（祖，20）

什麽：在～处？（灯录，8）

甚麽：～处人？（灯录，8）

（五）从"是物"与"是没"并存、"甚物"与"甚没"并见，可以判定敦煌写本中出现的单音节疑问代词"没"（以及加上词头"阿"的"阿没"）就是"物"的音变形式。另外，敦煌文献中与"没"并存的单音节疑问代词"莽"（以及加上词头"阿"的"阿莽"）是"没"的异读形式。敦煌文献所见唐五代西北方音"谟"、"唐"同为o韵，则"莽"正读mo，音如"谟"。《藏汉对照词语》残卷斯2736号102条为：ʔaːmoːtɕheːra，[②]可释读为"阿莽处了"。"莽"有模朗、莫补二切，二切敦煌皆音mo。（参看罗常培1933、郑张尚芳1992）侯精一、杨平（1993）记载：山西方言宕江摄字"忙"文读为[maŋ]，白读为[muə]（介休）、[mɔ]（平遥）、[mɤ]（太原）、[muo]（孟县），因此，无论从唐五代敦煌文献还是现代山西方言都可以推测，"莽"应是跟"没"语音相近的白读音。"没""莽"单用作疑问代词表明，现在河北、山东、湖北、湖南乃至广东、福建等地的单音节疑问代词（包括带子尾、儿尾、个尾的，写作"吗、麽、乜"等）的语源可以追溯到敦煌文献里的"没"，再往上追，就是"何物""是物"的"物"。

表一

北京	济南	长沙	梅县	潮州
ma 吗	mər 么（儿）	mo tsɿ 么（子）	mak kɛ 乜（个）	miʔ kai 乜（个）

没：金刚经道～语？（神会，石井本及伯3047）｜问："离念是～？"答："离念是不动。"（大乘五方便，伯2270）｜缘～横罗鸟灾？（燕子赋，

伯 2653）

阿没：于身有～好处？（同上，伯 2653；"阿没"，伯 2491 作"甚"，伯 3666、斯 214 两卷作"阿莽"）| 天下祇知有杜荀鹤，～处知有张五十郎！（唐摭言，卷 12）

莽：今受困厄天地窄，更向何边投～人？（变文集·捉季布传文；庚卷"莽"作"甚"）

阿莽：但知捶胸拍臆，发头忆想～。（燕子赋，伯 2653）| 如今及～次第，五下乃是调子。（同上，伯 2653）

（六）参照太田辰夫（1988）的论考，把"甚麽"的来源归纳为下表：

表二

词　　形			出现时代
是物（是勿、是没）	没（阿没）莽（阿莽）		八世纪前半叶
甚			九世纪
甚物（甚没）		什没	九世纪
甚摩		什摩	十世纪中叶
甚麽		什麽	十世纪后半叶

1.2 "甚麽"源自"是物"，方言中单用的疑问代词"吗、麽、乜"等的语源是"物"，这几乎是没有疑问的；分歧和不明点在于如何解释"是物"的"是"和"物"。太田辰夫（1988）说"是"本为指示代词，唐时又有"凡"义，表示任指，"是物"即任何之物。他从汉语的疑问代词一般也转用于任指（什么→任什么）推测："或许因此而相反地从任指的'是'而产生了疑问的意思？"太田先生的推测有两点障碍：其一，从任指到疑问这种逆向引申有无实际旁证？其二，从"没"单用作疑问代词来看，"是物""是没"跟"是何""是谁"应是同样的结构，"是"字不表任指。志村良治（1984）主张"是物"的"是"跟疑问代词"底"同出一源，由指示词而转用为疑问词。但这无法解释无论古代还是唐

代的文献中并未见"是"单用作疑问代词的例子。吕叔湘（1985）认为，"是物"是"是何物"的省缩，"是"用来加强疑问语气，如同"是何"（"是何小人，我伯父门，不听我前！"《世说·贤媛》）"是谁"（"是谁教汝？"《北齐书·王晞》）以及后世的"是什麽"（"师出问：'是什麽堂堂密密？'"《灯录》一八）一样。"是何物"的例子如："是何物人？敢向我厅边觅虱？"（敦煌本《启颜录·昏忘》）"不是妖鼓之声，是何物声？"（《变文集·叶净能诗》）"何物"用在"是"字后面做表语的机会很多，再加上汉语有避免用疑问指代词做主语的倾向，就在它的前面加上"是"字，使它成为表语，这就促使"是何物"固定词组化，为减省音节，就说成了"是物"，犹如"作何物"减省为"作物（摩、麽）"一样。我们认为吕先生的解释平实有据，比较可信。不过，"是物"也有可能就是"是"跟"物"的结合，由于疑问代词"何物"的长期使用，使原本是构词语素的"物"沾染上了疑问词义，起初它不太能单独使用表示疑问，要跟"是"结合使用，后来才渐次获得独立性，可以单独作疑问代词（没，莽），但在句首时仍不能单用，要取"是物"（是没）的形式。这样看来，"是物"的"是"最初是带有系词性的。

1.3 接下来是如何解释"是物"的"物"的问题。一般都把这个"物"看作器物之"物"，笔者把它释作"等类、色样"，认为"何物"义同"何等""何种"，由此才引申作疑问代词"什么"讲的。现略加说明。

（一）物，色也，类也。王国维《释物》依卜辞考"物"本义为杂色牛（《观堂集林》卷六），后转指毛色，如《周礼·春官·鸡人》"辨其物"郑注："毛色也。"又泛指"色样、种类"，如《周礼·春官·保章氏》："以五云之物，辨吉凶水旱降丰荒之祲象。"郑注："物，色也。视日旁云气之色……知水旱所下之国。"又《地官·牧人》："牧人掌牧六牲，而阜蕃其物，以共祭祀之牲牷。"孙诒让正义："物犹种类也……

凡牲畜，区别毛色，各为种类，通谓之物。"《左传·昭公九年》"事有其物"杜注："物，类也。"又《左传·桓公六年》："丁卯，子同生。……公曰：'是其生也，与吾同物，命之曰同。'"杜注："物，类也。谓同日。"《左传》的例子表明，"物"已由指牛畜的毛色种类进而泛指人事的类别。

（二）物，万物也。王国维《释物》又云："物本杂色牛之名，……由杂色牛之名，因以名万有不齐之庶物。"上举《周礼·春官·保章氏》孙诒让正义说："凡物各有形色，故天之云色，地之土色，牲之毛色，通谓之物。"可以看出，"物"从指万物的形色种类引申而指形形色色的万有之物。《玉篇·牛部》："物，亡屈切，凡生天地之间皆谓物也。事也，类也。"此注反映了六朝时期"物"的两项主要意义。

我们认为，疑问代词"何物"的"物"不取义于万物之"物"，而是"等类、色样"之义，这从"何等"的意义和用法可以得到证明。先秦的疑问代词书面上只用单个汉字表示，如"何、曷、胡、奚、恶、安、焉"等，汉代始见"何等"做疑问代词用，有些例子"等"还保存实义，有的则已虚化，"何等"跟"何"完全相当。"何等"可以做主语、谓语、宾语、定语，如：处家～最乐？（后汉书·东平宪王苍传）|所谓尸解者，～也？（论衡·道虚）|或问温室中树皆～木？（汉纪·成帝纪三）|欲作～？（百喻经，上）此外"何等"还可以做状语，相当于"怎么"：陛下在，妾又～可言？（史记·三王世家）|受将军任，在此备贼，～委去也？（三国志·吴书·董袭传）"何等"做定语，还可以表示不满或鄙视，如："逆贼曹操，～明公！"（三国志·魏书·吕布传裴注引《献帝春秋》）这跟"何物老妪，生宁馨儿"用法相同。可以看出，除了做状语外，以上各种用法"何物"全都具备。"何物"是六朝时期跟"何等"并用的疑问代词，其意义、用法基本相同，"何物"的"物"应跟"何等"的"等"为同义词，即为"等类、色样"之义。

表三

何～	单用	是～	甚～	作～
何等 何物	等,底 没	是底 是物	甚底 甚物	作底 作物(生)

汉语的同义词往往沿着类同的方向发展,我们发现虚化了的"等"和"物"也具备这一特点。"底"是"等"的音变形式,唐人颜师古《匡谬正俗》卷六:"问曰:'俗谓何物为底,底义何训?'答曰:'此本言何等物,其后遂省,但言直云等物耳。……以是知去何而直言等。其言已旧,今人不详其本,乃作底字,非也。'"(着重号为笔者所加)清人俞正燮《癸巳类稿》卷七也说:"浙东西语'何'为'底','底'乃'等'之转,'等'乃'何等'之急省。"颜师古上举文说:"等字本音都在反,转音丁儿反。""丁儿反"相当齐韵,跟"底"(荠韵)只是声调不同。

下面把表三里的有关词语(上文未及者)举例于下,以供对照。

(1)"等""底"做疑问代词:死公,云等道!(后汉书·祢衡传,唐李贤注:"等道,犹今言何勿语也。")| 用等称才学,往往见叹誉。(应璩,百一诗)| 郎唤侬底为?(晋诗·秋歌,"底为",为何,干什么)| 月没星不亮,持底明侬绪?(乐府诗集·读曲歌)

(2)"是底"与"是物"义同,相当于"什么":摘荷空摘叶,是底采莲人!(张祜,读曲歌)| 当初缘甚不嫌,便即下财下礼,色(索)我将来,道我是底!(变文集·䎗䎗书)

(3)"甚底"与"甚物"相当,出现较晚,"底"类似词尾:不知持守甚底?(朱语,8)| 家私间事,关公甚底!(鸡肋编,卷上)| 将为儿子背上偷得甚底物事。(警世通言·万秀娘仇报山亭儿)

(4)"作底"与"作物(生)"义同,相当于"怎么",询问方式、原因等:不知杨六逢寒食,作底欢娱过此辰?(白居易,寒食日寄杨东川诗)| 索得个屈期(奇)丑物入来,与我作底!(变文集·䎗䎗书)

作物（生）：聻没时作物？（神会，石井本；比较敦煌本《启颜录》"阿兄在里作何物在？"可见"作物"为"作何物"之省）|作摩不传？（祖，11.226）|教老僧作麽生说！（灯录，8）

以上各形式两两对立，"何物"的"物"跟"何等"的"等"意义相同，这一点是连接疑问代词和复数词尾的意义枢纽，是解释"麽""们"同源的语义依据。（详见2.2）

1.4 "这/那麽"的"麽"与"甚麼"的"麽"同源。

"这/那麽"指示样态、方式，出现较迟，元曲里的例子大概是最早的。唐宋时期跟"这麽"相当的有"只没、只摩、祗麽"等，跟"那麽"相当的有"任摩、恁麽"等，此外还有"聻没、熠没、与摩、溍麽"等，③ 都是同一词语的异写形式。以下各举一例：

> 今言"只没道"，为有"若为道"；若无"若为"，"只没"亦不存。（南阳和尚问答杂征义）|僧曰："学人不重朝廷贵，不可条然只摩休。"（祖，3.8）|莫祗麽论主论贼……论说闲话过日（临济录，499a）|任摩去时如何（祖，8.169）|既是恁麽人，何愁恁麽事（灯录，17.5）|聻没时作勿生（神会，石井本）|到与摩时整理脚手不得（祖，14.275）|更作熠没检校，斩煞令军（变文集·李陵变文）|和尚溍麽道却得（雪峰语录，上）

由于汉语近指、远指没有严格的区分，上举各词到底指近指远有时须据语境判断。上举样态指示词的下字按时代先后依次为：没、摩、麽，跟疑问代词"甚麼"的下字出现次序完全一致（见"表四"），这也有助于说明它们的同源关系。"这/那麽"就是"这/那样""这/那般"的意思，"麽"为"样、般"义，跟"物"的"色样"义相合。"这物"的例子没有见到，但是有跟"此等"相当的"此物"的例子："官岂少此物辈耶！"(《太平御览》卷八一七引魏文帝诏)这个例子很宝贵，它不仅说明"此物"的"物"跟"此等"的"等"同义，而且也暗示出样态指示词的下字"没、摩、麽"也源自"物"(只要把"此物"的"此"换成"这")。

跟"没"单用可以做疑问代词相对应，"没"(以及"麽")也可以单独做样态指示词。例如：

> 慈亲到没艰辛地，魂魄于时早已消，(变文集·大目连变；没，如此、这般也)|秾华自古不得久，况是倚春春已空。更被夜来风雨恶，满阶狼籍没多红。(陆龟蒙，和袭美重题蔷薇诗)|万水千山还麽去，悠哉，酒面黄花欲醉谁！(黄庭坚，南乡子词)

表四

疑问代词	是物	是没	没	甚摩	甚麽	麽
样态指示词	此物	只没	没	只摩	祇麽	麽

这种用字与功能的对应性也说明疑问代词"麽"跟样态指示词的"麽"同出一源。

二 复数词尾"们"

2.1 关于"们"的来源，吕叔湘先生很早就做过系统的论考。1940年在《释您、俺、咱、喒，附论们字》④一文中，他考察了"们"字的历史；1949年根据这篇文章改写而成的《说们》一文中，他又进一步对"们"的语源做了推测。现把吕先生的主要观点加以归纳，介绍于下。

(一)"们"字始见于宋代，唐代文献里出现的"我弭"的"弭"、"儿郎伟"的"伟"跟"们"大概有语源上的关系。

（二）在宋代文献里，标写复数词尾的有"懑、满、瞒、門、們"等字，这些字应同表一音。"懑"本音"闷"（去声），俗音"门"（平声）（见宋·楼钥《攻媿集》卷七二），故后来用平声的"瞒"（《集韵》有谟奔切一读）代替；更后写作"門"，最后加人旁（下文用简化字"门""们"）。

（三）元代文献大多数用"每"字，少数用"们"字；明初仍多用"每"，明朝中叶以后"们"字才多起来，但《金瓶梅词话》里仍用"每"。

表五

唐五代	宋	金元	明	清
弭、弥、伟	懑、满、瞒、聽、门、们	每	每、们	们

（四）"每"和"们"属于不同的方言系统，"弭、伟、们、每"都是同一语词在各别方言及各别时代的不同形式。宋元时代北方系方言用"每"，南方系方言用"们"；元代北方系官话成为标准语，"每"字通行起来，但南方系官话始终说"们"；元代以后北方系官话也不说"每"而说"们"。

（五）"们"和"辈"可能有语源上的关系。在用法上"辈"与"们"吻合。在语音上，"辈"与"们、每、弭"声母都是双唇音，虽有塞音和鼻音之别，但在谐声字和方言里不乏通转的例子；中古音里"每""辈"同韵，"们""辈"虽不同韵，但上古音里文部与微部原是同类，也有通转的痕迹。

前四点是吕先生对历史文献中反映的语言事实所做的准确描写和概括，第五点是对"们"的语源的推测。"们"和"辈"之间是否有语源关系，吕先生虽倾向于有，但态度十分谨慎，表示"不能肯定"。笔者虽然不同意这一推测，但本文立论的基础却在很大程度上借助了吕先生所提供的语言事实。

2.2 在历史上,"侪、等、辈、曹、属"这些表示类别的词都可以用在人称代词或名词的后面表示某一类人,如:吾侪(左传·成公二年)|使曹(同上,昭公一二年)|彼等(史记·黥布传)|公等(同上,平原君虞卿传)|我属(同上,项羽本纪)|我曹(汉书·外戚传)|我辈(世说·德行)|门生辈(同上,方正)。从"公等""彼等"表示某一类人的复数,以及"何等""等"用作疑问代词这一事实出发,根据同义词类同引申的规律,我们推测:既然"何物"与"没"(<物)同样用作疑问代词,那么跟"何等"的"等"意义相同的"物"(类也)原则上也应该可以用在人称代词或指人名词之后,表示某一类人,进而虚化为复数词尾。"物"跟上述类别的词的区别在于先秦两汉时期它主要指事物的类别,这一特点决定了在古代没有"吾物""彼物"那样的用法。但是,"物"既然也是表示类别的词,而且在魏晋南北朝"物"又普遍用于泛指众人或总指一切人,它也就具备了跟"等"一样用在人称代词或指人名词之后表示某一类人,或进一步虚化为复数词尾的条件。关于"物"指人,吕叔湘(1990)举了三十八个例子,如:预少贱,好豪侠,不为物所许。(世说·方正)|各得其所,物无异议。(颜氏家训·慕贤)|楷性宽厚,与物无忤。(晋书·裴秀传)|(帝)见度身形黑壮,谓师伯曰:"真健物也。"(南齐书·焦度传)

2.3 对复数词尾音变的解释

2.3.1 唐宋以来文献中出现的复数词尾可根据有无鼻音韵尾-n分为两类(本节例皆引自吕叔湘1985)。

(一)不带鼻音韵尾的:弭、彌、伟、每

我弭当家没处得卢皮逻来(因话录,卷4;唐语林,卷6引此作"彌")|措大伟(嘉话录,太平广记,卷260引)|儿郎伟(司空表圣文集·障车文)|浪儿每(董西厢)|官员每(元代白话碑)|你

每(刘仲景遇恩录)｜我每(正统临戎录)

(二)带-n尾的:懑(满)、瞒(瞒)、门(们)

孩儿懑(默记)｜他懑(清波杂志)｜他满(克斋词)｜贤瞒(乐府雅词)｜你瞒我瞒(齐东野语)｜官嫔门(二程语录)｜他门(龟山语录)｜大人门(甲寅通和)｜你门(中兴战功录)｜郎君们(燕云奉使录)｜他们(朱子语类)

2.3.2 这一节解释语源"物"与唐代文献中"我弭"的"弭"之间的音变关系。

"物"是微母字[mv-]，古无轻重唇之分，微母原从明母分化，唐五代西北方音明、微尚无分别，可知唐代多数方言里微母字仍读如明母[m-]（现代南方方言且不说，就连北方话陕西延川方言中仍有把古微母字读[m-]声母的，如晚[mæ]）；隋唐时候北方话里产生了[i]介音，"物"的中古音可构拟为[*mjuət]，在它虚化为复数词尾的过程中随之发生了音韵弱化，[*mjuət]弱化脱落韵尾，读音就跟"弭""彌"相近了(《广韵》弭，绵婢切，高本汉拟为*mjwiě；彌，武移切，高氏拟为*mjiě；今二字均音mi，也是弱化脱ě所致)，我们知道，做词尾的语素是很容易发生脱尾现象的。从"物"到"弭"的音变过程可推测为：*mjuət → mjuə → mjə → mje → mi。"物"与"弭"的音变关系可以从现代闽、粤语方言中窥见一斑。以下是"什么"一词在某些方言的读音:⑤

表六

厦门	潮州	阳江	海口
sim mĩʔ 甚物	miʔ kai 乜个	mi □	mi 物

海口话"什么东西"说[mi˧ mi˧]（物物）或[mi˧ mi˧ si˧|·]（物物事），疑问代词和名词同为[mi]音，最能说明疑问代词[mi˧]的语源是"物"，由此也可判定阳江话[mi]的语源也是"物"。厦门话和潮州话还保持入声，但读音跟"弭"接近；阳江话和海南岛话"物"的读音跟"弭"相同。"物"在现代某些方言里的读音可从语音上支持复数词尾"弭"跟疑问代词"麼"（＜物）同源的假设。

"儿郎伟"的"伟"是个云母字，楼钥《攻媿集》云："或以为唯诺之唯，或以为奇伟之伟"（卷七二），吕先生（1984）29页注⑰云："可见二字当时音读已同，……大致已读如今日之uei，或更唇化为vei（如今西安音），v- 既多为m- 所蜕变，则此vei字原来可能为mei。"这个推测是很有道理的（笔者"文革"期间在广州串联时曾听到"伟大"的"伟"有人读mei）。因此，唐时"儿郎伟"的"伟"很可能跟金元文献中始见的"每"读音相近。由"弭、彌"音变为"每"比较好解释，方言中多有把"眉"读如[ₑmi]，"杯"读如[ₑpi]的（如山西闻喜方言）；北京话"昧"字一读mèi（昧良心），一读mī（把钱昧了）；"糜"字一读méi（糜子），一读mí（糜烂）。"弭、彌"与"伟、每"之别反映的是同源语素在北方某些方言中的不同音变，是一种叠置式音变现象。

2.3.3 那么，复数词尾中带-n韵尾的一组（以下简称"门"组）跟开音节的一组（以下简称"每"组）在语音上是什么关系呢？用传统音韵学、训诂学的术语来说就是阴阳对转。上古文部和微部是同类，《周礼·冢宰》假"匪"为"分"，《易林》以"悲"协"门"（见吕叔湘1984第30页注⑲）所反映的语言现象可用来说明"每"组与"门"组的音转关系。现代方言是含有历史语言面貌的活化石，我们可以借助于方言材料，从语言共时平面的差异中认识其历时的演变。据钱曾怡（1993）知道，山东博山方言里帮组字中存在着A、B两种文读与白读的对应，现整理为下表：

表七

A	獼、嬭	謎	笔	披	B	门(们)~	闷气	本	忿	们
文	mi˩	mi˩	pi˧	p'i˧	文	mɚ̃˩	mɚ̃˧	pɚ̃˧	fɚ̃˧	mɚ̃·˩
白	mei˩	mei˩	pei˧	p'ei˧	白	mei˩	mei˧	pei˧	fei˧	mei˩

"嬭"是母亲的又称，只有白读音，跟只有文读音的"獼"互补，可视为一组文白异读。"们"字博山方言有两读，"他们""这/那人们"读[mɚ̃·˩]，在"娘娘们们ə"（男人行动似女性）一语中读[mei˩]。文白异读现象反映的是不同系统（姊妹方言）的同源音类通过横向扩散而形成的叠置音变现象。A、B 两组的白读音虽然相同，其来源却不同，以"獼"和"门"为例，两组的关系是：

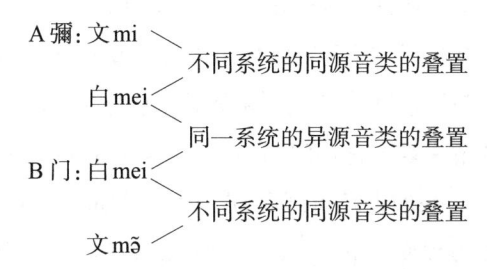

```
A 獼：文 mi  ⟶ 不同系统的同源音类的叠置
     白 mei ⟶
                 同一系统的异源音类的叠置
     白 mei ⟶
B 门：      ⟶ 不同系统的同源音类的叠置
     文 mɚ̃
```

复数词尾"弭、獼"与"每、伟"的关系跟 A 组相似，是同源语素在不同方言的变体。从博山方言可以推知，"獼、每"的读音因跟"门"的白读音相同而合流，处于跟"门"的文读音相对立的位置，最后"门"的文读音在竞争中排挤、取代了它的白读音，从而确立了"门（们）"的地位。博山方言告诉我们，A、B 两组的白读音相同是复数词尾"弭、獼"从 A 组跳到 B 组的桥梁，是完成由"弭、獼"到"门"的叠置式音变的媒介。[6]

综上所述，我们认为复数词尾"弭、獼"是其语源"物"脱尾音变的结果；"每、伟"是"弭、獼"的方言变体；而"门"组字不是从"物"纵向音变而来的，它是通过其白读音[mei]跟"每"读音相同而充当复数词尾标记的,最后又以其文读音[men]取代了白读音[mei]的。

2.4 这一节我们将举出历史文献和现代方言里的一些事实,说明疑问代词"麼"(包括样态指示词"麼")跟复数词尾"们"或有音转关系,或用字相同,以进一步论证二者同源的假说。

2.4.1 疑问代词与复数词尾用字音通例

(一)"没忽"音转为"们浑"

"没忽"为唐五代俗语词,义为肥胖貌,鼓满貌。如王梵志诗:"到大肥没忽,直似饱糠豚。"敦煌写卷伯2717《字宝碎金》:"肥頯顊,音末曷。"《太平广记》卷二三四《御厨》引《卢氏杂说》有"浑羊殁忽"一语。以上"没忽、頯顊、殁忽"都是同一词语的异写形式。《集韵》去声恨韵:们,莫困切,"们浑,肥满貌"。"没"字唐五代文献中用来标写疑问代词和样态指示词,"们"字宋代用以标写复数词尾,从"没忽"到"们浑",说明"没"与"们"之间有塞尾对鼻尾的音转关系。

(二)今甘肃临夏方言疑问词"阿门"[a˧ mən˧]问性状方式,相当于"怎么",如:我们走兰州,阿门走呢?(见谢小安等1990)临夏方言的"阿门"跟敦煌变文里的"阿没""阿莽"当为同一词语,这也说明"没"与"们"有音转关系。

(三)2.3.2已指出阳江话、海口话的疑问代词音mi,语源为"物",mi与唐代复数词尾"弭"的今音一致。

2.4.2 样态指示词与复数词尾标记音同例

(四)文献中"门/们"做样态指示词标记:半钩新月浸牙床,犹记东华那门相(陈允平,南歌·茉莉;张相云:"那门犹云那般,如今云那么光景也。")|心绪浇油,足趔趄家前后,身倒偃门左右(绯衣梦,二折;张相云:"言足忽前忽后如趔趄般,身忽左忽右如倒偃般。")|这们女婿要如何?愁得苦水儿滴滴地(清平·李翠莲)|这们,便我迎伙伴去(老乞大)|那们时便消了(朴通事)|我有那们大功夫和他走(红楼

梦 26 回，程乙本）|这们闹起来（儿女英雄传 29 回，亚东本）|儜能这们高兴（老残游记 17 回，亚东本）

博山方言有"大老闷"一词（ta↓lɔ↘mə̃↙形容很大），"闷"与"门"音近，用如样态指示词，这说明文献中样态指示词写作"门"或"们"是反映实际读音的。

（五）"每"用作样态指示词明代有例："也先说：'这每便好也。'"（正统临戎录）"每"，金、元及明初用作复数词尾，此处做样态指示词下字。

（六）大同方言"我们"的"们"和"这么个"的"么"读音相同，都读[mə˧]（跟否定词"没"[mə˧]同音，见马文忠 1986），也可支持"麽""们"同源的假设。

上述材料说明了疑问代词（以及样态指示词）跟复数词尾之间存在着音转或音同的关系，联系上文谈到的"物"的"等类、色样"义，"何物"与"何等"、"此物"与"此等"的对应关系等，我们相信这两个语法成分同出一源，都是由表示类别的实词"物"虚化而来的。

三　实词"物"语法化的特点

（一）实词"物"朝着不同的方向虚化为疑问代词"麽"和复数词尾"们"两个不同的语法成分（这证明了不同的语法成分可以从同一个实词歧变而来的语法化歧变原则），其语法化的原因和途径是不同的。从实词"物"虚化为复数词尾主要是词义本身引申的结果，即意义为"等类、色样"的"物"用在名词、代词之后，表示某一类人（跟"侪、等、辈、曹、属"一样），进而虚化为复数词尾。据冯春田（1991）考察，在《二程语录》和《朱子语类》中，"们"虽已用作复数词尾，但早期的"们"仍具有"辈、等、曹"一类的语义色彩，如：内臣宫嫔门（二

程,264页)|东坡、子由们(朱,92页)|老苏们(朱,1392页)|周、程、张、邵们(朱,2632页)。与此并存的有"～辈""～等",如:胥吏辈(朱,2651页)|东坡、陈少南辈(朱,193—194页);再如:公们(朱,197页)|公辈(朱,2776页)|公等(朱,2086页)|某们(朱,2571页)|某等(朱,3152页)。以上事实很能说明:(1)"们"的语义来源是跟"等、辈"同义的类别词;(2)"～们"跟"～辈"并存使用,说明"们"不是源自"辈"。从原则上讲"侪、等、辈、曹、属"都有条件虚化为复数词尾,但在实际上绝大多数方言选择了"们"(<物),南方一些方言选择了"等",呈现"～们"与"～底"并存的局面(如同何物～何等、是物～是底、作物～作底并存一样)。广州话"我哋、你哋"的"哋"[tei]（《汉语方言词汇》),梅县话"𠊎丁人、你丁人"的"丁"[ten](黄雪贞1994)应是"等"的音变(试比较唐五代西北方言"等"字藏文对音为 tiŋ)。此外,西安话里"我们"[mẽ·]和"我的"[ti·]并用(《汉语方言词汇》),是"～物""～等"在同一方言里并存的反映(样态指示词下字一般选择"么"(<物),但也有选择"底"(<等)的,如黄山汤口徽语"这么、那么、怎么"分别说作"尔底[n̩³ti]、那底[na⁵ti]、何底[xe²ti]")。

从名词"物"虚化为疑问代词不能用词义引申说来解释,而是由词义沾染和类化等语用因素引起。即"何物"受"何等"的类化而用作疑问代词,由于"何物"的惯用,使"物"沾染上"何"的词义,从而可单独做疑问代词用(不过已音变为"没");而这一过程很可能又受到"何等"的"等"早已单独做疑问代词用的影响。

(二)"物"字虚化为语法成分以后,还多少保存着原来实词的一些特点。如"甚麽""怎麽"的"麽"可以看作词尾,但"这/那麽"的"麽"还保存着"样、般"的意义,而这正是实词"物"存留"等类、色样"义的反映;复数词尾"们"可以用在单数指人专有名词之后,仍是指某一类人的意思(如:杜勒斯们)。我们从这些残存的意义和特殊的用法受到启发,从而做出合乎情理的推测。

(三)实词"物"词义虚化进入语法范畴时,随之发生了音韵上的种种变化,各种异写形式就是这种音变的反映。一方面由于方言的分歧,音变形式纷繁多样;另一方面由于作者或手民随音记字,不一定跟实际读音完全吻合,这都给后人追溯语源带来困难。但是不管怎么纷乱,总有线索可寻。拿现代方言中跟"甚麽"相当的词的读音来看,韵母有舒声、入声之别,主要元音有[a ə i o e]之分,但声母都相同(参看1.1"表一")。⑦语音形式的变化是把原来的实词跟语法化了的成分加以区别的手段;同出一源的"麽"和"们"沿着不同的途径发生音变,也起到把两个不同的语法成分加以区别的作用。因此,在考求虚词的语源时,一方面要把这些不同的标记只作为语音标记来对待,不能望文生义;另一方面,某些语法成分的最早用字可能跟语源有意义上的关系,要特别予以注意,"何物""是物""作物(生)"的"物"就属于这一类。

由于语法成分的汉字标记一般只记音,因而在早期往往因人因地因时而异,很不固定。随着时间的推移,经过筛选淘汰,逐渐趋于统一。淘汰的原则是:(1)避免常用字,如采用常用字,往往增加偏旁以示区别;(2)避免难写字。如果既常用、笔画又繁多(如"懑"),十之八九会被淘汰。疑问代词选择"麽"(不常用),复数词尾选择"们"(常用字"门"加人旁)就是上述原则起作用的结果。

(四)实词"物"语法化后,引起了汉语语法体系的变化。疑问代词"甚麽"确立后,在口语中替代了此前最为通用的"何",形成了新的疑问代词系:

是物→甚/甚麽 (体词性)　作物→怎/怎麽 (谓词性)

此外还形成了新的样态指示词系统:

只没（衹麽）～恁麽　这麽～那麽

复数词尾"们"出现以后，汉语的指人复数表达健全起来，逐渐形成严整的系统：

我们　你们　他们　自家们（合音词：俺　您　怹　咱们）

四　余论

疑问代词和复数词尾是两个不同的语法范畴，它们怎么会同出一源呢？如果不对它们的历史做深入的考察，如果不把它们放到本系统中跟其他成员联系起来考察，而且如果没有现代方言资料做参证，是得不出上述结论的。本文在以上几方面大大借助了吕叔湘先生、太田辰夫先生以及方言工作者的研究成果。考证语源，意义、用法、语音三方面都要考虑到，这里想特别说一下对音变的解释。当我们说B的语源是A时，一般要从音理上说明A为什么会变化为B的。但是语言演变的机制除了"变化"外，还有"选择"，在几种共存的形式中通过竞争选择某一种形式（详见徐通锵1991第404页）。过去我们只注重"变化"，而忽略了"选择"，一味用连续式音变去强作解释。本文受徐通锵先生叠置式变异理论的启发，用文白异读的"竞争"来解释"们"的来源，解释得是否恰当是一回事，在语言演变的研究中，应该同时考虑变化与竞争两种途径却是不应忽略的。

附　注

① 如章炳麟《新方言》、唐钺《国故新探》卷二、吉川幸次郎《说甚麽》（《中国语学》2）、周法高《中国语法札记》（史语所集刊24）、太田辰夫《甚麽考》、志村良治《甚麽の成立》、吕叔湘《近代汉语指代词》、张惠英《释什么》、黄丁华《闽南方言里的疑问代词》、郑张尚芳《温州方言歌韵读音的分化和历史层次》。

② 敦煌写本《藏汉对照词语》现藏英国大英博物馆，编号为S.2736和S.1000。1948年英国学者托玛斯（F. W. Thomas）和翟理斯（L. Giles）合撰《一种藏汉词语手卷》一文，文中用拉丁文转写藏文，并对汉语词语进行了解读。六十年代以后，中外学者又进行了深入的考辨和订误，并利用残卷进行藏语史和汉语史的研究。

③ 详见梅祖麟（1983）、志村良治（1984）《指示副词"怎么"考》。

④ 该文原载《华西协合大学中国文化研究所集刊》一卷二期，后收于商务印书馆（1984）《汉语语法论文集》（增订本）。此文后改写成《说们》和《说代词词尾家》两篇，收在科学出版社（1955）《汉语语法论文集》中，再后，这两篇内容经压缩，作为《近代汉语指代词》的第二章。

⑤ 厦门话据周长楫（1993），海口话据我所吴可颖告知，郑张尚芳记音。其余两地据《汉语方言词汇》。

⑥ 梅祖麟（1986）认为从"弭、伟、每"到"懑、门、们"是受契丹语影响所致，们字是个双料货的词尾，-n属于阿尔泰语，məi 每的部分属于汉语，都表示复数。我们认为，既然汉语本身的历史和现状能够说明从"每"组到"门"组的变化，就不必用异族语言的影响来解释。

⑦ 福州话"甚物"[sim bĩʔ]，"物"音变为b-声母，仍是双唇音（见林宝卿1992）。

参考文献

北京大学中国语言文学系语言学教研室　1964　《汉语方言词汇》，文字改革出版社。
冯春田　1991　《近代汉语语法问题研究》，山东教育出版社。
黄丁华　1963　《闽南方言里的疑问代词》，《中国语文》第4期。
黄雪贞　1994　《客家方言的词汇和语法特点》，《方言》第4期。
侯精一　杨　平　1993　《山西方言的文白异读》，《中国语文》第1期。
林宝卿　1992　《漳州方言词汇（三）》，《方言》第4期。
吕叔湘　1955　《汉语语法论文集·说们》，科学出版社。
吕叔湘　1984　《汉语语法论文集》（增订本），商务印书馆。
吕叔湘　1985　《近代汉语指代词》，学林出版社。
吕叔湘　1990　《未晚斋语文漫谈》一三，《中国语文》第1期。
罗常培　1933　《唐五代西北方音》，史语所单刊甲种三十二。
马文忠　梁述中　1986　《大同方言志》，语文出版社。

梅祖麟　1983　《敦煌变文里的"熠没"和"利"(举)字》,《中国语文》第1期。

梅祖麟　1986　《关于近代汉语指代词——读吕著〈近代汉语指代词〉》,《中国语文》第6期。

钱曾怡　1993　《博山方言研究》,社会科学文献出版社。

孙锡信　1992　《汉语历史语法要略》,复旦大学出版社。

太田辰夫　1988　《中国语史通考》,白帝社。

太田辰夫　1991　《汉语史通考》(上书中译本,江蓝生、白维国译),重庆出版社。

谢小安　张淑敏　1990　《甘肃临夏方言的疑问句》,《中国语文》第6期。

徐通锵　1991　《历史语言学》,商务印书馆。

张　崇　1990　《延川县方言志》,语文出版社。

张惠英　1982　《释什么》,《中国语文》第4期。

张　相　1991　《诗词曲语辞汇释》,中华书局。

郑张尚芳　1983　《温州方言歌韵读音的分化和历史层次》,《语言研究》第2期。

郑张尚芳　1992　《补"敦煌〈藏汉对照词语〉残卷考辨订误"》,《民族语文》第4期。

志村良治　1984　《中国中世语法史研究》,三冬社。

周长楫　1993　《厦门方言词典》,江苏教育出版社。

【附记】

拙文《说"麽"与"们"同源》(《中国语文》1995年第3期)发表后意犹未尽,现补记于下。

1. 唐代以来的文献中复数词尾曾写作"弭、弥、伟、每"。据陕西榆林地区电大黑维强同志告知,今陕西吴堡县复数词尾读如"每"。佳县复数词尾读如"弭"。另据侯精一、温端政(1993)知道,山西多数方言点"每"读[mei](略去调值),但汾阳、和顺、闻喜等地读[mi]。这些现象都有助于我们认识古代文献中复数词尾用字的方言依据。

2. 拙文把博山方言"门"[mẽ][mei]异韵的现象看作文白异读。这种现象自古就有,上古文微二部不分(如借"匪"作"分",以"悲"

协"门")即是其例。现在要补充的材料是，晋南运城片六个点也有同类现象。侯、温（1993）33页指出这些地区"煤、门"的韵母读音相同，都是[ei]。另外，潘家懿（1988）《临汾方言志》61页有下表：

河东话	北京话	例子
ei	ei ən	悲 培 配 煤 非 肥 匪 费 奔 盆 喷 门 分 坟 粉 奋

从河东话的[ei]分属于北京话的[ei]和[ən]来看，这种对应关系所反映的也是文白异韵的差异。

3. 敦煌写本《燕子赋》中疑问代词有"阿莽"一词（"发头忆想阿莽"），"阿"为词头，"莽"犹"甚麽"的"麽"。另有"者莽"一词（原卷"如今会遭夜莽赤推"，夜，它卷作"者"），"者莽"犹"这麽"。同一作品中疑问代词与样态指示词同用"莽"字，也可证"这/那麽"的"麽"与"甚麽"的"麽"同源。

4. 拙文发表后收到日本京都大学人文科学研究所高田时雄教授惠寄的小川环树先生《代名詞俺们の沿革》的大作复印件，不胜感荷。小川氏大作原载《支那学》第九卷第四号，初稿写于1938年，改订于次年，可能是系统考察"们"字历史的最早一篇论文了。

原载《中国语文》1995年第3期

再论"们"的语源是"物"*

1. 语源众说

　　汉语的名词没有数范畴,但是人称代词和指人名词后面可以加上"们"来表示复数。这个"们"是近代汉语时期出现的,此前名词之前可以加"诸、众",名词和代词之后可以加"侪、属、曹、等、辈"等来表示所涉及的人或事物不是单数,但这些词还有实义,在用法上也有限制,不能视为复数词尾。到了唐代,文献中开始出现用如复数词尾的"弭(我弭)"和"伟"(儿郎伟、措大伟),宋金时期多用"懑、门"等,元代多用"每",明、清渐趋一致,终至统一使用"们"。复数词尾是近代汉语新出现的语法标记,在汉语语法史上有重要的地位,故学者广泛关注,但关于它的来源,则众说纷纭,迄无定论。其中比较主要的说法有三种:"辈"字说、"门"字说、"物"字说。[①]

　　1.1 "辈"源说

　　吕叔湘(1985:61)推测,"们"可能与"辈"有关。理由是:其一,在用法上,"辈"可以用在名词和代词之后(包括指示代词),与后来

---

*　本文初稿曾在2017年9月16日复旦大学汉语史国际研讨会上宣讲,修订稿在2017年12月9日单周尧教授七秩华诞国际学术研讨会(香港)宣讲。写作过程中得到蒋绍愚老师、邢向东教授指教颇多,杨永龙教授提供了重要资料,麦耘、朱庆之教授在讨论中也提出了有益的参考意见,谨在此一并致谢。

的"们"用法相同，如"卿辈"(《世说新语》)"尔辈"(《晋书》)；其二，在语音上，"辈"和"们""每""弭"等都是双唇音，虽然有塞音和鼻音的区别，但在谐声字和方言里不乏通转的例子；"每"和"辈"中古音同韵，"们"和"辈"虽不同韵，但上古音里"文"部跟"微"部原是同类，也有通转的痕迹；"辈"字去声，"们"最初写作"懑"，也是去声，楼钥虽说明"俗音门"，但当初借用一个去声字，也未尝没有一点暗示。

冯春田(2000：64—80)同意吕先生的意见，在用法上补充说，早期的"们"跟"辈"一样，可以用在专名之后，表示某一类人，如"周、程、张、邵们"(《朱子语类》)跟"唐冲、薛岸、袁都辈"(《因话录》)、"横渠辈"(《朱子语类》)用法相同。在语音上，"辈"字在词尾化的过程中发生音变，由 b- 变为或接近 m-(或者 v-)，然后才写成了"们"尾系列字。

李蓝(2013)从语音感染类化的角度论证"辈"源说，认为"辈"的声母由帮母变成明母，音变的条件是"辈"与古读鼻音声母的人称代词"我、吾、尔、汝、若"等连用，受这些字的影响而产生感染类化作用，从而使声母从双唇清塞音[p-]变读为双唇鼻音[m-]。而从"每"到"们"的音变产生在音节内部：因鼻音声母而增生了一个鼻音韵尾的缘故。李蓝关于复数词尾从"每"到"懑、们"的音变是受鼻音声母的类化的解释颇有新意，但他并未解释"辈"与"弭"韵母间的关系，也未解释"辈"与"伟"声母间的语音关系，缺少这一环，声母由 b- 变 m- 说的可信度就大打折扣。

"辈"源说是迄今赞同者最多的一说，但其疑点除了声母由 b- 变 m- 难以确信外，还令人不解的是：既然"辈"字的音、义、功能皆与复数词尾相合，为什么古人要刻意把它改为音义不同、有的字形还很生僻的"弭、伟、每、懑、满、瞒、门"等字？这从情理上难以说通。冯著举了大量同一著作或同一段话中"名+辈"等同"名+们"的例句，如"我辈、汝辈"与"我们、你们"，"蔡京辈"与"蔡京们"，"先生辈"与"先生每"等，以此说明"们"与"辈"关系密切，"辈"正处于向"们"变化的过程中。我们认为，上述用例只能说明类别词"辈"与"们"（也包括"等"）在一定历史阶段同时都能表示复数或类别，"等、辈、们"是同义类别词，同一义类的词有相同的组合、相同的语义，并不一定有语源关系。

1.2 "门"源说

太田辰夫（1958/2003：316）认为"们"来源于"门"，本来是指同一族的人。俞敏（1989）解释说，在小农经济的封建社会，"家"是人们生产、生活的单位，所以一提多数，人们便说"我门"，后来加人旁，就成了"们"。张惠英（1995）、李艳惠、石毓智（2000）都认为"们"来源于"门"。

"门（門）"源说浅显好懂，表面上有一定道理，但是此说无法解释文献中为什么放着现成的一眼可知的"门"不用，而选择比它笔画多又冷僻的"懑"？而且"懑、瞒、满"的常用音跟"门"并不同韵。"名+门"的语义和组合与跟"名+辈/等"相同，说明"门"的语源应同样是个表示类别义的词，而不是"家门"的"门"，"门"虽可指学术思想流派、书籍的类别，但不能用于人。再者，"门"源说如何解释"门"与"弭"的音变关系？刘勋宁（1998）指出陕西清涧话的复数词尾读 mi，与唐代文献中出现的"我弭"的"弭"音合；而"门"中古音为臻摄一等字，没有变读为 -i 的条件，因此"门"源说在语音上也有问题。

1.3 "物"源说

江蓝生（1995）"说'麼'与'们'同源"（以下简称"同源"）认为"什么"的"么"（包括"这/那么"的"么"）与复数词尾"们"都源于古汉语表示类别的实词"物"（本文略去论"么"的部分）。该文先从语义的相宜性方面说明"物"表示复数的可能性。"物"本义"杂色牛",后转指牛畜的毛色种类,引申为"等类、色样"义(又从指万物的形色种类转指形形色色的万有之物),可泛指人或事物的类别。[②]"何物"与"何等"、"此物"与"此等"平行对应,"物"和"等"是同义词。由于"物"在先秦两汉时主要指事物的类别,因此古代还没有"吾物""尔物"那样的用法,但根据同义词类同引申的规律,既然"公等""尔等"能表示某一类人的复数,那么跟"何等"的"等"意义相同的"物"原则上也应该可以有这样的用法。从实词"物"虚化为复数词尾是词义本身引申的结果,即意义为"等类、色样"的"物"用在指人名词、人称代词之后,表示某一类人(跟"侪、等、辈、曹、属"一样),进而虚化为复数词尾。接着,该文从文白异读的角度,以某些现代方言为佐证,解释了唐代以来的复数词尾标记"弭"与"每"、"每"与"们"的音变关系。这篇文章论证不够充分,但提出的观点有两点新意:一是认为历代文献中的不同复数词尾标记并不是反映一个音系自身的演变,而是文白异读的叠置;二是初步论证了疑问词"什么"的"么"、样态词尾"这么、那么"的"么"以及复数词尾"们"这三个语法标记同出一源,都是由表示类别的实词"物"虚化而来的。

1.4 存疑待考

自"同源"一文发表以来,20多年过去了,同行学者对"什么"的"么"、"这/那么"的"么"源自"物"没有提出什么异议,但对于"们"也源自"物"则有所怀疑。如李艳惠、石毓智(2000)质疑:"物"主要表示无生命的类属,"们"只表示有生命的人的复数,何以有这样大的跨越?如果"们"源自中古汉语的"物",那么"物"应该有与"们"相似的分布,即也应该常用于代词和表人名词之后,可是"物"没有这种用法。袁宾等(2001:308—312)基本认可拙文的观点,但也指出拙说"最大的问题是,在历史资料中我们尚未发现有'我物''你物'或指人的名词后用'物'表示同一类或复数用法的实例,因此,'物'源说尽管比'辈'源说似乎要更好些,但目前为止,它仍同样只是一种假设,还不能算作定论。"

几位先生的质疑很有道理,虽然我一直相信"们"的语源是"物",但也不得不承认当初的论证不够充分绵密,缺乏直接有力的确证。其次关于从"每"到"懑、门"的音变,拙文以晋南方言、山东博山方言存在着"门、煤"同读 mei 为据,从而认为"每"读"懑、门"是另一层次的文白叠置。但方言学界同人认为由白读 mei 逆向转为文读 mən 的解释未中肯綮,还隔着一层。这些年来,我一直时断时续地思考、搜集资料,包括吸收同行学者的有关研究成果和思路,略有所得,遂旧话重提,撰成此文,着重从多种语音演变途径和现代汉语方言的直接证据两方面对"们"源于"物"的旧说做进一步的阐述和修正。

2. 文献用字

根据吕叔湘(1940、1949、1985)、太田辰夫(1958)以及时贤们的考察与描写,从唐至清,历代文献中跟复数词尾有关的用字情况可用下表直观地展示(楷体字表示少见):

唐五代	宋 金	元	明	清
弭	懑 滿 瞒 門 們	每	們	們
偉	偉、每	門、們	每	

2.1 唐五代:"弭(弥)"和"伟"

唐五代的例子为数有限,离源头最近,对考求语源格外重要,故重引于下:

（1）卢尚书……不知皮是遐叔姓，谓是宗人，低头久之曰："我弭当家没处得卢皮遐来。"（赵璘《因话录》卷四，"弭"《唐语林》卷六引作"弥"）

此例透露出公元9世纪关中方言"我弭"的"弭"用如复数词尾。

（2）今抛向南衙，被公措大伟龀邓邓把将官职去。（《嘉话录》，《太平广记》卷二六〇引）

"措大"是唐人对爱掉书袋的读书人的谑称，"措大伟"即"措大们"，此言被你们这些酸措大硬生生夺得了官职。

（3）儿郎伟，重重祝愿，一一夸张。（《障车文》，《司空表圣文集》卷十）

"儿郎伟"犹言"儿郎们，男儿们"。除了《障车文》之外，唐五代《上梁文》中也多用"儿郎伟"，都是在重大群体活动中的呼语。关于这个"伟"字，南宋楼钥解释道：

> 上梁文必言"儿郎伟"，旧不晓其义，或以为唯诺之"唯"，或以为奇伟之"伟"，皆所未安。在敕局时，见元丰中获盗推赏，刑部例皆节元案，不改俗语。有陈棘云："我部领你懑厮逐去"；深州边吉云："我随你懑去"；"懑"本音闷，俗音门，犹言辈也。独秦州李德一案云："自家伟不如今夜去"云。余哑然笑曰：得之矣，所谓"儿郎伟"者，犹言"儿郎懑"，盖呼而告之，此关中方言也。（《攻媿集》卷七十二）

楼钥（1137—1213）为南宋大臣，明州鄞县（今浙江宁波）人。"敕局"是宋时内廷承旨撰制法律条例的机构。楼钥在敕局看到元丰年间（1078—1086）奖赏抓到盗贼者的案例的原始口语记录，其中有二人话中说"你懣"（其中一人是深州人，即今河北衡水地区），独有一秦州人（即今甘肃天水）说"自家伟"（犹咱们），从而知道所谓"儿郎伟"者，犹言"儿郎懣"（儿郎们），是关中方言。据此材料可知河北用"懣"，秦地用"伟"，楼钥是江南吴地人，不懂"伟"是关中方言的复数词尾。而楼钥所说关中方言，其区域应包括今甘肃、青海、宁夏等在内的广大西北地区，不限于今所指陕西中部地区。甘肃敦煌文献"儿郎伟"的用例见黄征（1992）的考论，此不赘引。祖生利（2005）在《续资治通鉴长编》卷444中发现一例："汉家有力量时，自家伟投汉去；没力量时，倘父子一就取上将青唐城去。"此话出自邈川（今青海乐都）西番之口，也属西北方言。这样看来，唐五代时期，西北方言中用作复数词尾的有两个读音：一为"弭"，一为"伟"。

2.2 宋金："懣、满、瞒、门、们"和"伟、每"

跟唐代所用字"弭、伟"为开音节不同，宋代绝大多数文献用"懣、满、瞒、门、们"，诸字皆为鼻音韵尾-n。上引楼钥《攻媿集》释"懣"，云："懣，本音闷，俗音门，犹言辈也。"《集韵》平声二十三魂韵，"门、瞒、闷"皆谟奔切（释"瞒"："瞒然，惭貌"）。《集韵》去声二十七恨韵，"闷、懣、满、们"皆莫困切（释"们"："们浑，肥满貌"）。"懣、满、瞒、们"或为平声，或为去声，或有平去两读，但借作复数词尾则"俗音门"。也就是说，宋代文献中标写复数词尾的"懣、满、瞒、门、们"等字应同表一音，同出一源。

值得注意的是，唐五代时期的"伟"也见于宋金时期，如楼钥《攻媿集》举元丰中秦州人说"自家伟"，《资治通鉴长编》卷444中有"自家伟"例。南北宋时，以汴洛等地为中心的中原官话和江浙等地的南方话不用"伟"而用"懑、门"等，显示出明显的地域特点。金刊本《刘知远诸宫调》只用"懑"（畜生懑），但金代《董西厢》多用"每"，仅一处作"懑"。太田氏（1988∶228/1991∶159）统计南戏《张协状元》(《永乐大典戏文三种》排印本）中门27例、们1例、每9例。上述情况表明：宋金时期多用-n尾字，但也有少数文献多用或兼用"每"字。③

2.3 元明："每"和"们"

元代可靠文献中，复数词尾多作"每"，如官员每（元代白话碑）、军人每（元典章）。明初仍用"每"，如：百姓每（洪武四年户部安民帖）、你每家里（刘仲憬遇恩录）、久后他每做帝王（元朝秘史）、我每奏讨物件（正统临戎录）、这厮每说谎（北征事迹）等。明代中叶以后基本用"们"，正如崔世珍在《单字解》（推定刊行于朝鲜中宗二年，时当明朝正德十二年，公元1517年）"每"字条下所释："本音上声，频也：每年，每一个。又平声，等辈也：我每，咱每，俺每，恁每，你每，今俗习用'们'字。"元刊本《老乞大》中的复数词尾用"每"，而在明刊本《老乞大谚解》中悉数改为"们"，清刊本《老乞大新释》和《重刊老乞大》中也一律用"们"。

3. "弭、伟/每、门"的语源为"物"

以上历代用字虽说纷繁多样，却可以据韵母带不带鼻音韵尾-n分为A、B两类：

A. 不带鼻音韵尾：弭、伟、每（下文以"弭、每"为代表）

B. 带鼻音韵尾[-n]：懑、满、瞒、门、们（下文以"门"为代表）

今谓：历史文献中出现的上述复数词尾标记尽管用字纷繁不同，但却是来源相同的同一语法成分，其语源为"物"。为了论证这一观点，本文须一一解释"物"与"弭"、"弭"与"每"、"每"与"门"的音变关系，其中还须说明"物"与"伟"声母间的关系（即"伟""每"的关系）。

3.1 从"物"到"弭"的音变

"物"上古明母物部，由于中古时"物"类为合口字，故郭锡良《汉字古音手册》将其上古音构拟为合口（以下上古、中古拟音凡未注明者，皆引自该手册）：

物（古）明物　mĭwət　（广）文弗切明物合三入臻 mĭwət
（147—148 页）

其他开口的上古明母物部字"魅、袜、寐"中古音拟为 mi（215 页）：

魅（古）明物　miət　（广）明祕切明至开三去止 mi
袜（古）明物　miət　（集）明祕切明至开三去止 mi
寐（古）明物　miət　（广）弥二切明至开三去止 mi

这样，上古明母物部字包括 miət 和 mĭwət 开合两读。到了中古，开口的明母物部字音变为 mi，而合口的明母物部字"物"读 mĭwət。唐代复数词尾"弭"与开口的明母物部字中古音 mi 相同。从"物" mĭwət 到"弭" mi 的音变过程可推测为：

mĭwət > miət > mi? > mi

也就是说，复数词尾"物"为了与名词"物"相区别，从而选择了丢失 u 介音，变合口为开口，然后像"魅"等开口物部字一样音变为中古音

mi。古代"物"特指鬼魅精怪。汉魏六朝文献中多见。如汉应劭《风俗通·怪神·世间多有精物妖怪百端》："汝南有许季山者,素善卜卦,言家当有老青狗物。"吴树平校释引孙诒让《札迻》："按古书多谓鬼魅为'物'。《汉书·郊祀志》云:'有物曰蛇。'颜注云:'物谓鬼神也。'《春秋繁露·王道》篇云:'乾溪有物女。'此云'狗物',犹言'狗魅'也。"晋干宝《搜神记》卷十七:"'向者物何如?乃令君怖惧耶?'对曰:'其身如兔,两眼如镜,形甚可恶。'"杨树达《汉书窥管·宣元六王传》"或明鬼神,信物怪":"物当读为魁。《说文九篇上·鬼部》云:魅,老物精也。或作魅……魅字从鬼,而与人死为鬼者不同。颜云物亦鬼,非也。"上引文献中古人释"物"为"魅","精物妖怪"犹言"精魅妖怪","狗物,犹言狗魅",近人杨树达进而指出"物当读为魁(魅)",而非颜师古所说"物谓鬼神",此释独具慧眼。这说明"物"确有mi一读(方言中也有"物"音为mi的,见下),这就在语音上扫除了复数词尾标记"弭"源于"物"的障碍。

实词演变为虚词往往会产生音变,如动词"唤"演变为连介词后,在北京等北方多地方言中丢失u介音,变读为xan或xai。变读音乃是实词义虚化引致的,变读音起了区别词义或功能的作用,提高了语言的识别效用。"物"是个多义常用词,如有名词"东西"义,"等、类"义,还可指人;做疑问代词"何物、是物"的构词成分;"物"单用作疑问代词时,敦煌文献中作"没、莽"或"阿没、阿莽",现代西北方言记作"阿蒙"(或"阿们")"没、莽、蒙"都是"物"的变读音,变音使虚词与原来的实词区分开来,不会产生歧义。唐时复数词尾选读明母物部开口音mi,也起到了标记分明,避免歧义的作用("我弭"优于"我物","我物"易理解为"我的东西")。

"物"音变为mi,有现代闽、粤语方言为证,"同源"列下表说明:

厦门	潮州	阳江	海口
sim miʔ	miʔ kai	mi	mi
甚物	乜个	□	物

海口话"什么东西"说 mi˧ mi˧（物物）或 mi˧ mi˧ si˧˩（物物事），疑问代词和名词同用"物"字，同为 mi 音，颇能说明疑问代词 mi 的语源是"物"，由此也可判定粤语阳江话 mi 的语源也是"物"。厦门话和潮州话还保持入声，但读音跟"弭"非常接近。另据许宝华等（1999），闽语建瓯话"物事"音 mi ti，"物"音 mi；闽语海康话"物食（食物）、物配（下饭菜）、物候"的"物"都读 mi。阳江话、海口话、建瓯话、海康话中"物"音为 mi，与"弭"相同，有助于从语音上支持复数词尾"弭"的本字是"物"的假设。

古代文献中"弭"用作复数词尾的目前仅见前举唐《因话录》一例，但是现代陕晋宁等西北方言中仍存其迹。刘勋宁（1994）记录陕北清涧话里的复数词尾读·mi；邢向东（2002：555—556、2006：30—31）记录陕北神木（万镇、贺家川）、佳县、清涧复数词尾读如"弭 mi"。侯精一、温端政（1993）、史秀菊（2010）记录山西吕梁片复数词尾读 mi 或 m̩（临县 mi，离石读 m̩）。另，《银川方言词典》记录："你们"ni·m（20 页）、"卬们"（我们）aŋ·m（274 页），"谁们"ʂei·m、"谁密"（谁们）ʂuei mi˧（198 页），"啥密"（什么）ʂa˧ mi˧（91 页）。作者说 m f v 三个声母的轻声字，在语流中韵母往往脱落，声母自成音节，词典中记作·m·f·v。从银川话"谁们"ʂei·m 又读"谁密"ʂuei mi 可知"们"·m 如不轻读应为 mi（"谁密"跟"啥密"的"密"用同一个字，这也是"么"与"们"同源的佐证）。银川话中的"密"用如复数词尾，与"弭"是同源字。这说明唐代《因话录》所记录的"我弭"一词是彼时真实存在的语言事实，而且复数词尾 mi 这一读音并未完全消失，至今仍存活在一些西北方言中。

3.2 "弭"与"伟"和"每"

3.2.1 "物"与"伟"声母间的语音关系

"物"与"伟"的声母在唐五代有可能同读v-。"物"上古为明母（古无轻重唇之分），中古开始分化为微母v-。"伟"上古为匣母，中古为云母（喻三）ɣiwəi。据邵荣芬（1963）考察，敦煌俗文学作品中喻母云、以不分，《敦煌变文集》中微母和云、以代用共有4例（微、云代用3例，微、以代用1例）。其中微、云代用的3例都是"亡、王"二字混用（"亡"，上古明母，中古入微母；"王"，上古为匣母，中古入云母）。敦煌地区微与云、以代用，说明微喻两母有些字已开始合流，是故"物"与"伟"（云）在西北某些方言里有可能声母同读 [v-]。④

王曦（2016）《玄应音义》梵汉对音材料中以下记录对说明"弭"（源自"物"）与"伟"声母的关系至关重要：

梵音m：弭、弥

梵音v：门、弭 [2明]/维 [1以]/卫、越 [2云]

这份梵汉对音材料中有两点可注意：其一，"弭"的声母分别对应梵音m和v（半元音），同一个"弭"字声母有m、v两读，连明母的"门"字也与梵音v对应。这是因为明母合口三等分化为微母之初，其发音方法与m相同，发音部位与v相同，一头连着双唇音，一头连着唇齿音，故王力（1980：131）拟为ɱ(mv)。其二，梵音v和云母的"卫、越"对应，也反映出微云相混的事实。这个对音材料启发我们vei的背后应是mei，即元代用字"每"。

吕叔湘（1984：29）在解释"儿郎伟"的"伟"字时说："v-既多为m-所蜕变，则此vei字原来可能为mei。"我们推测，微母原从明母分化，但这种分化是通过词汇逐渐扩散的，"物"也如此，它在一部分地方还没有从明母分化出来，仍读 m-，而在另一些地方已分化出来，读微母 v-。也就是说"物"在口语中有 m- 和 v- 两读并存。邢向东（2013）指出微母的分化较非敷奉为晚，如"芒"为微母字，神木方言在"麦芒"中读 v-，在文读中读 m-。张崇（1990）记录陕西延川方言微母字"晚"读 mæ̃。"文革"期间，我在广州串联时曾听到有人把"伟大"的"伟"读为 mei（粤方言中微母字白读 m-），把这些现象联系起来，深感吕先生上述推测极有见地，即唐时"儿郎伟"的"伟"实即金元文献中的"每"。

今西北方言中尚未见读如"伟"的复数词尾，但陕北吴堡话、绥德县沿黄河乡镇话复数词尾读如"每 me"（邢向东，2006；黑维强书面告知）；付新军（2012）记录山西上党片高平话（每 mɛe）、屯留话（每家 mei tɕiɑ）、陵川（我每 uɛi）的复数形式都读如"每"。上面 3.1 节举陕北佳县、清涧等地复数词尾读如"弭"，银川读如"密"，这样，陕北、山西等晋语印证了近代汉语复数词尾"弭"和"每"的真实存在。至于读如微母的"伟"，只是局地某一时段的异读，作为常用形容词，其形音义都不适合长期借作复数词尾。

3.2.2 "弭"与"每"：同源音类的文白叠置

刘勋宁（1994）经与临近方言对比研究后"有把握地说"，陕北清涧话的人称复数词尾·mi 就是近代汉语白话文献中的复数词尾"每"，属于白读层。刘文的看法与"同源"不谋而合，只不过"同源"和本文着力于论证"弭"mi 的语源是"物"，具体解释"物"与"弭、每、们"的音变关系。

"弭"mi 的声母 m 与前高元音 i 相拼时容易在中间增加一个次高的元音 e 做过渡，所以方言中多有 mi 与 mei 文白异读的现象存在，如"糜子"的"糜 mi"白读 mei，"昧"一读 mei（去声"昧良心"），一读 mi（阴平"把人家东西昧了"）。"弭"与"每"是文白异读的音类叠置说得到了陕晋等地方言的印证。

在晋语和西北方言中，唇音蟹合一"每"、止开三"弭、弥、眉"、止合三"肥、尾"等读音（止合三限于韵母）多有纠葛或者合流。例如山西多数方言点"每"（蟹合一）读 mei（略去调值），但汾阳、和顺、闻喜等地读 mi，mei 是文读，mi 是白读。"眉"（止开三）白读 mi，北京话读 mei。"肥、尾"（止合三）文读 -ei，白读 -i。山西闻喜方言"倍佩妹"（蟹合一）白读 -i，文读 -ei（王洪君，1992）。北京话"披"（止开三）白读 pei，文读 pi，而洛阳只有白读 pei（贺巍，1996：12）。西宁"被辔眉"（止开三）只有白读 -i（张成材，1994：9—10），陕西神木话同此。张成材（2016：172—184）收有《丹凤方言同音字汇》，根据该文记录，北京话帮组 -ei 韵字在陕西丹凤、潼关、铜川等地皆读 -i（张成材，2016；邢向东，2002：95）：

陕西多地	北京话	例字
i	ei	卑、碑、被、备、眉

陕晋等西北方言唇音 -i 韵字与 -ei 韵字对应的现象反映了同源音类的文白叠置，可证文献中复数词尾"弭"与"每"的语音关系也是同一语素文白异读的音类叠置。其他方言也有类似情况，如赣语岳西话"被、备、眉"读 -i，而"谜、弥"读 -ei（储泽祥教授告知）。

3.2.3 鼻音声母 m 的顺向同化与"懣、门"等鼻音韵尾标记的出现

上面，我们解释了 A 类元音韵尾的复数词尾标记"弭"-i 与"每" -ei 之间为文白音类的叠置，也说明了"伟"与"弭"声母之间的音变关系；下面，我们需要解释 A 类元音韵尾的复数标记如何演变为 B 类带鼻音韵尾 -n 的复数标记的。

丁邦新（1988：234）在分析官话方言中古阴声韵如何产生鼻音韵

尾时指出:"这类字字数很少,但变读相当一致,相信是受到声母鼻音的影响。"丁文指出,高元音 u 容易产生鼻音韵尾:"u 和 ŋ 都是部位偏后的响亮音,加上双唇音声母的影响,产生新的韵尾-ŋ,造成目前的现象。"赵元任等(1948)、杨时逢(1974)记录了湖北、湖南等地把"木"读成阳平的 moŋ,有的读为 muŋ。杨永龙(2008:133—146)记录河南商城(南司)话里没有 mu 音节,中古模侯屋韵明母字大多今读鼻音 ŋ 韵尾,如"暮、慕、墓、募、穆、模(~子)、目、牧、亩、牡母拇、木"等。但他口头告诉笔者,他家乡河南信阳话"木、母"读前鼻音韵尾-n。以上现象使我们想到"懑、门"等 n 尾复数标记的产生或与此类音变有关。

最近十几年多位学者调查表明,晋语等西北方言中复数词尾除了"弭 mi"和"每 mei"外,还有不少地方读音为 mu,因不详其本字,学者多用同音字"木"或"唔"标记,有的用训读字"们"标记(笔者认为本字为"物",洪洞方言"什么"表示疑问时读 ʂʅ·mu,mu 的本字即为"物"。另详见 4.4 节)。这些地方与"*木 mu"叠置的复数词尾多数读 məŋ,少数读 mən。雒鹏(2016)记录的甘肃一些方言点的明母复数词尾读音有如下的共时差异:

   mu(木) 环县、华池、宕昌、镇原、甘州、广河
   məŋ(们) 靖远、景泰、舟曲、永靖、民勤、华亭、临夏、武都
   mən(们) 天祝、永昌、白银

这种差异可以用丁说解释,即高元音 u 在鼻音声母 m 的同化下,顺向衍生出一个鼻音韵尾来。也就是说,甘肃方言中读作 məŋ 或 mən 的复数词尾有可能是 mu 音节内部的音变:受鼻音声母同化而增生了一个鼻音韵尾,而不一定是现今普通话"们 mən"音的渗入。也就是说,甘肃方言复数词尾一读 mu,一读 məŋ 或 mən 是同源音类的叠置。

邢向东教授告诉笔者：他家乡"神木"这个地名，神木城关人"木"字读入声 məʔ，但神木高家堡镇和毗邻的山西临县人却叫"神门"，"门"读轻声鼻化韵·mə̃。这跟甘肃方言中复数词尾"*木（<物）"变读为鼻音韵尾的 məŋ / mən 之类正是平行的演变关系。神木话"这么、那么"的"么"读 məʔ，但也可以读·mə̃（门）；陕西户县指示代词词尾"么"（这么、兀么、奈么）读·mu，但又可读·mẽ（孙立新，2001：57）；北京人口语中把"这么、那么、多么"等说成"这们、那们、多们"，在清末社会小说《小额》和会话书《京语会话》中只见"这/那们"或"多们"，不见"这/那么"和"多么"。以上都是 m 声母影响韵母鼻化或增生鼻韵尾的同类现象。

张燕芬（2010）较系统全面归纳了中古阴声韵字现代方言读鼻尾的现象，例如：蟹摄明母：妹，湖南辰溪乡、溆浦读 men，福建大田、湖南江永读 muŋ；流摄明母：母，安徽、福建、广西、河南、湖北、湖南、江西、浙江等 24 处读 moŋ，湖南冷水江读 men。罗福腾（1997：166）记录山东牟平方言"昧"字一读 mei，一读 mən。张树铮（1995：32）记录山东寿光方言把"每天"的"每"读成鼻化音 mẽ。"妹、昧、每"中古都是蟹摄明母合口一等字，郭锡良（2010）拟音为 muɒi，它们在现代官话方言中变读为 mən 或 mẽ，应是鼻音声母 m- 顺同化的结果。上述变读现象正好可以用来解释复数词尾"懣、门"等鼻音韵尾字的出现。

3.3 根据上面的分析，我们可以大致猜测为什么唐宋人不避繁难把复数词尾写作本读去声的"懑"了，那是因为当时人知道其本字不是平声的"门"。最初多选择去声的"懑"，应是为了跟本字"物"的声调相谐，但作为词尾，声调发生弱化，故又赋予"懑"平声一读（楼钥《攻媿集》："懑"本音闷，俗音门，犹言辈也），声调弱化后又选用了同音字"门"和兼而表义的"们"字。

从"弭"到"门"发生了两个层次的叠置式音变，第一层是"弭 mi"

与"每mei"的叠置（单元音变复元音），发生在唐五代时期；第二层是"每mei"与"门mən"的叠置（元音韵尾变鼻音韵尾），发生在宋金时期。由mi到mei是发音省力原则促动下横向选择的结果，由mei到mən是鼻音声母顺向同化作用引起的。"每"在晋语中有白读mi与文读mei的音类叠置，在上举山东寿光方言中又有鼻化音mẽ一读，可以勾勒出：mi与mei、mei与mẽ两个历史层次的叠置式音变。从宋金时期开始，历元、明、清直至现代，方言中一直叠置着这三种复数词尾音类，只不过在地域上mi、mei的地盘日渐缩小，如今仅保留在陕晋宁等西北少数地方；而原通行于以汴洛方言为中心的中原官话的"门"在竞争中以压倒性的优势扩展到大江南北，终于在明代中期以后成为共同语的复数标记。下表反映出用字的时代与地域特征（楷体字表示用得较少，"-"号表示未见，"+"号表示文献未见，但实际方言中尚存）：

	唐五代	宋 金	元	明	清	现代
i	弭	＋	＋	＋	＋	（清涧、临县、银川）
ei	伟	每 㑴	每	每	＋	（吴堡、屯留）
ən	－	懑 門 們	門 們	門 們	們	们

上表清楚地表明：近代汉语白话文献中的各种复数词尾标记反映的不是历时性的连续音变，而是在不同的方言地域互相并存、因政治文化等因素而此消彼长的关系。

4. "物"源说的直接证据

4.1 语法意义

现代汉语复数词尾"们"主要有两个语法意义：其一，用在代词或普通指人名词后面，表示复数，如：我们|你们|同志们|叔叔阿姨们。其二，用在类别名词或专有名词后面，表示这一类别的人，即连类复

数。前者如:姑娘们哪个不爱美？｜老人们老有所养。"姑娘们"泛指年轻女性这一类人,"老人们"泛指岁数大的一类人。后者如:向身边的雷锋们学习｜二柱们插了一天的秧,晚上累得直不起腰。"物"源说能很好地解释复数词尾的这两个语法意义:"物"本身就是"种类"义,表示类别的应是其最基本的语义,表示复数是类别义的虚化。不过由于唐五代复数词尾的用例极其贫乏,直到南宋《朱子语类》中才看到"门"用于专名后的用法,如(引自吕叔湘,1985:71):

因说前辈如李泰伯门议论(朱子129)
胡五峰说性,多从东坡、子由门见识说去。(朱子5)
只看濂溪、二程、横渠门说话,无不斩截有力。(朱子121)

"们"的功能兼表连类复数和真性复数,与英语的复数语尾-s用法不完全对等。在现代汉语里,"们"所表示的复数严格来说是不确数的复数,即使是用在成双成对的称谓词后面也是如此,"兄弟们、姐妹们、叔叔阿姨们、大爷大娘们、老爷太太们"等都表示不确定的复数。但近代汉语文献中复数词尾有表双数的,如:"妯娌懑"(刘知远)｜夫妻每(元)｜师徒每(元)｜娘儿们(红35妈和我)｜爷儿们(儿16华忠父子)。(摘引自吕叔湘,1985:71)

4.2 江西安福话

在历史文献资料不足的情况下,"物"源说虽然有其理据,但很难从假说成为定论,除非有真实可靠的现代汉语方言的本证。十分幸运的是,雷冬平、胡丽珍(2007)一文提供了江西安福话中用"物"做复数词尾的活的证据。现摘要引用于下(据邱斌(2009)调查,安福复数词尾"物"音 vu^{31} 或 $vuə^{31}$)[⑤]:

1)普通名词+"物",表示某一类别。

老人物到哩冷天儿就难过。（老人们到了冷天就不好过。）

女崽儿物坐要有坐样，立有立样。（姑娘儿们坐要有坐样，站要有站样。）

2）人名+"物"，表示某人加上与他关系密切的相关的人，同时表达量的复数。

黎明物去哪里去哩？（黎明他们到哪里去了？）

黎明物呀？（黎明他们呢？）

3）称谓名词+"物"，表达复数概念。
A. 表达配偶双方的复数概念

爸爸物作咋去哩？（爸爸和妈妈干什么去了？）——

爸爸物去街上买东西去哩？（爸爸和妈妈去街上买东西去了。）

姆妈物做咋去哩？（妈妈和爸爸干什么去了？）

姆妈物呀？（妈妈和爸爸呢？）

舅舅物呀？（舅舅和舅妈呢？）

B. 表达"二"或"二"以上数量的复数概念

姐姐物去街上买布去哩。（姐姐们去街上买布了。）

舅舅物开车子出去哩。（舅舅们开车子出去了。）

这种用法表示复数，不表示类别，与A类不同。

4）人称代词+"物"，表示复数。

我物做得特别快,哪个敢跟我物比。

你物跟到我走,保证你物冇走错。

佢物捉到哩一只野猪。

人家物有的是钱,丢一些儿钱不要紧。

此外还有"我物三个人、你物几个、佢物四个"等在后面加数量值的用法。

安福方言复数词尾"物"的功能涵盖了现代汉语表类别和表复数的两种用法,唯独3)A用配偶之一方表示配偶双方的用法是普通话没有的。这种用法容易跟3)B相混,比如单说"舅舅物",不知是指舅舅和舅妈,还是指几个舅舅。这种用法应跟宋元以来在并列的成对称谓名词(夫妻、妯娌、师徒)后加复数词尾的用法有关,安福话加以简化,选择以一代双。

4.3 西北方言

江西安福话固然是"们"源自"物"的明证,但安福话属于赣语,如果不能考证出它与源自中原的客家话的渊源,作为直接论据终嫌不十分完满。于是,我们把注意力放到晋语和西北方言上来。西北方言复数词尾除了上文已列举的 mi(弭、密)、mei(每)外,还有 3.2.3 节已涉及的 mu(*木)以及尚未提到的 mə?、mə,如果我们能说明 mu 和 mə?、mə 同样是"物"的音变,那么,这些证据就更加直接、更加有说服力。

先看复数词尾 mu(*木)。林涛(1995:163)记录宁夏中卫方言复数词尾一读 mu,一读 mei,如"我们"读 a mu 或 a mei(mei 与"门 mẽi"不同音),mu 和 mei 是与 mi 和 mei 平行的文白读的叠置。孙立新(2010)记录陕西关中一些方言与"们"相应的复数词尾读 mu(记作"唔");徐丹(2011)记录甘肃唐汪话的复数标记有多个自由变体,其中之一是 mu;雒鹏(2016)记录甘肃多处方言的复数词尾音 mu(记作"木"),三身代词复数多为"我木、你木、他木"。对于mu的本字,以上作者或未涉及或无定论。我们认为,这个mu音字就是保留明母的"物"字。陕晋等地"物"字单字音多读vu或vo,复数词尾读mu是以音别义,而且只是明母与微母之别(微<明)。"物事"一词,闽语建瓯话读mi ti,而闽语顺昌洋口话读mu ti(许宝华等,1999),显示出mu与mi对应,都是"物"字。杨永龙(2014)详细描写了甘肃甘沟话复数标记mu的句法分布,它不仅能用在人称代词指人名词后表复数,也能用在动物、植物以及无生命的名物词后面表示复数,跟元代非直译体文献中"每"的用法惊人地相似。我们认为甘沟话复数词尾mu继承的是"每"的句法意义和功能,语源与"每"相同,都是"物",只不过"每mei"是"物mi"的叠置式音变,而mu是"物"的连续式音变:mǐwət > muət > muə/vuə > mu/vu > u。孙立新(2001:57)记录陕西户县指示代词词尾"么"(这么、卫么、奈么)读mu,这启示我们,西北方言里的复数词尾mu应与这个"么mu"有关联。江蓝生(1995)论证了样态指示词"这么/那么"的"么"跟疑问代词"什么"的"么"同源,都是"何物、是物"的"物",那么跟样态指示词尾"么·mu"同音(略去轻声因素)的复数词尾mu的语源也应是"物"。

再看复数词尾mə?(音同入声的"木")或mə。晋北、陕北等西北方言中多有复数词尾读mə?或mə(侯精一、温端政,1993:61;邢向东,2006:30—31)。关于这个mə?的本字,邢向东(2002:559)虽不能确定用什么字来记写,但是明确指出不是直接来自"们"。晋语,包括内蒙古的五台片、大包片、张呼片,这个复数词尾都读mə?,且与"这/那么"的"么"同音;周晨磊(2016)指出青海贵德周屯话复数词尾mə读音与"什么"的"么"相同。吴语上海、无锡、温岭等地"物事"读mə? zɿ,"物"音也为mə?(与上举闽语"物事"的"物"mi、mu同源异韵)。mə?、mə是"物"另一路径的连续式音变:

$$mĭwət > miət > mət > mə? > mə$$

上述现代方言的证据庶几可回应几位同行的质疑。雷冬平(2008：376)说："学术界对现代汉语复数词尾'们'的来源说法不一,自从江蓝生(1995)提出'们'来源于'物'以来,该论断还处于理论论证的阶段。我们认为,安福方言中复数词尾'物'可为江蓝生关于复数词尾'们'源于'物'这一论断提供一个方言上的证据。"本文认为,除了雷文所举江西安福话的直接证据外,现代晋语等西北方言中复数词尾mu、mə?、mə 的存在更是"物"源说的直接而有力的证据。

4.4 "尔物""汝物"

迄今为止,尚未在近代汉语文献中找到人称代词后加"物"的用例,这不能不说是一大缺憾。"同源"一文曾举与"此等"相当的"此物"一例：官岂少此物辈耶！(《太平御览》卷八一七引《魏文帝诏》),但语焉不详,难以为证。雷冬平(2008：376)一书中举出了唐宋文献中"尔物、汝物"各一例：

尔物："新姑车右及门柱,粉项韩凭双扇中。喜气自能成岁丰,农祥尔物来争功。"(温庭筠《会昌丙寅丰岁歌》,《全唐诗》卷五七六)

汝物："惟汝物之可憎,乃群飞而类聚,信端士之间生,嗟壬人之塞路。惟屈指于秋来,鼓西风于寰宇,纵汝类之伙多,终飘零于何处？"(宋洪适《恶蝇赋》,《四部丛刊》)

蒋绍愚先生认为：《全唐诗》"农祥尔物一作勿来争功"一句,明曾益《温飞卿诗集笺注》："尔物,一作勿。……农祥,房星也。"据此,则"农祥你们来争功"讲不通,而作"喜气自能成岁丰,农祥尔勿来争功"则文从字顺,语气贯通。雷书引此例误。另又指出洪适《恶蝇赋》前面指蝇都用"汝",如:"汝躯虽小,汝害实巨,汝量易足,汝多难拒。""汝"本身能指复数,此处无必要再加复数词尾。欧阳修《憎苍蝇赋》:"其在物也虽微,其为害也至要。"洪适"汝物"之"物",同欧阳修"在物"之"物"。"汝物"意为"你们这些东西"。蒋说(引自邮件)甚是。

5. 结语与余论

5.1 因声求字与因义求字

考本字、求源词必须音义结合,把因声求字与因义求字紧密地结合起来。如果是虚词,还要考虑其语法意义、语法功能是否匹配。只有这几方面都关照到且言之有据,才能成为确论。考求复数词尾"们"的语源,从语义相宜来看,"等、辈、物"都有"种类"义,而且都可指人或事物的种类,因此根据平行虚化的规律,它们都有虚化为复数词尾尤其是连类复数词尾的语义条件,事实上,它们在不同的历史阶段和一定的地域也不同程度地承担了上述功能(如:公等、我等、尔等、公辈、我辈)。从语音相似性上看,"辈"的韵母与"每"相同,"物"的声母(明母)与"门、每"相同,但都不是同音字。从一般音变规律也看不出"们"与"辈、物"的音变关系。我们所可入手的是充分发掘文献资料和现代汉语方言调查资料,从古今比较、方言比较入手。如上文所示,我们通过古今比较、方言比较逐一解释了"物"与"弭"、"物"与"伟"以及"每"与"门"韵母、声母的音变关系,并引用同行学者们的方言调查成果,提供了"们"源于"物"的直接方言证据。

5.2 连续式音变与叠置式音变

语音的演变既有连续式音变,也有叠置式音变,连续式音变反映的是时间维度上的纵向变化,而叠置式音变则是空间维度上不同地域方言间互相渗透影响而发生的横向音变,在考求语源时要注意区分连续式、扩散式和叠置式三种音变方式,善于鉴别共时各个方言和历代各种文献中蕴含的演变和层次。除此之外,语音的同化、异化等诸多因素也会影响音变的方式和结果。上述种种音变类型集中反映在"物"字的多种虚化过程中,这一个案对于揭示汉语语音演变的规律、特点很有意义,富有学术价值。

就"物"来说,它既有自身连续式音变(不止一种,呈扩散式),也有两个层次的叠置式音变,我们试图用下表来展示其较有代表性的三种语音演变路径(>表示连续式音变,用≥表示叠置式音变):

物:(i) mĭwət > muət > muə / vuə > mu / vu > u / ≥mən(物/们)
（ii）　　　　> miət > mət > məʔ > mə ≥mən(么/们)
（iii）　　　 > miət > mi(弭)≥mei(每)≥mən(们)

(i)式名词"物"既有从上古到现代的连续式音变,又有从mu到mən的叠置式音变,其中的mu(西北地区)、vu(江西安福话)和mən(各地)用作复数词尾。(ii)式是名词"物"从上古经中古语法化为疑问代词"什么"的"么"以及样态词指示词词尾"么"的连续音变过程,其中məʔ、mə在晋语中也用作复数词尾,而且也因鼻音声母m的同化作用而音变为mən,用作复数词尾;(iii)式是名词"物"从上古经中古演变为复数词尾"弭mi",又从"弭"经叠置式音变为"每mei",再经叠置式音变为"门mən"的过程。(iii)式中的mi在阳江、海口话中兼有名词"东西"义和疑问代词"什么"义。这三种音变路径都能说明"们"源自"物",其中的(ii)还能说明"么"与"们"同源。

可以看出,以上三种语音演变路径都有条件使"物"因m声母顺向同化而产生鼻尾韵:

（ⅰ） mu > mũ ≥ meŋ > məŋ / mən

（ⅱ） məʔ > mə ≥ mən

（ⅲ） mi ≥ mei ≥ meŋ > məŋ / mən

西北方言多读ŋ韵尾（记作"蒙、们"），中原官话则多读n韵尾，故明清时期n韵尾的"们"字在官话区一统天下。

5.3 原生性范畴与接触性演变

汉语的复数词尾功能局限较多：只用于指人名词、代词之后，而且只能表示人的不确定的复数。它能表示连类复数，这跟其来源有关。汉语早期本无专门的复数词尾，它是由类别义的名词"等、辈、物"虚化而来。由表示连类复数进而泛指真性复数，这完全符合汉语自身词汇语法化的规律，所以不能因为汉语复数词尾功能的局限性而怀疑它的原生性，认为汉语的复数范畴是个外来成分。

但是，历史上长期处于与阿尔泰语密切接触的华北、西北地区的汉语方言确实受到外族语言的影响，正如许多学者所考察记录的，这些地区的复数词尾的用法远远超出了汉语的功能范围，除了用在指人名词后面表复数外，还可以用于其他有生命的动物、植物以及无生命的指物名词后表示复数，甚至还能用在指物的"这/那"后面；此外还可以用在成对的关系名词或名词素后面（妯娌懑、夫妻每、师徒每），以及还能用在单数名词后面，只相当于一个音缀。总之，这些地区复数词尾的功能分布跟阿尔泰语的复数用法比较一致，更具有一般复数词尾的特点。正如祖生利（2002）所指出的："元代非直译体白话文献中出现的非指人名词后带复数词尾的现象，是蒙古语（可能还有女真语、畏兀儿语、朝鲜语）等阿尔泰语名词复数形式影响的结果，不是汉语本身所固有的。"直到今天，西北、华北仍有一些地区还保留着元代北方汉语的上述用法，成为阿尔泰语复数词尾用法在汉语方言中的遗留。

5.4　方言旁证与推理演绎

考察语言演变的历史，包括考证一些语法成分的来源，不得不利用历史文献数据。但是历史文献资料往往有很大的局限性：它们多数是零星的、不连贯不完整的，有的甚至是被扭曲的。在这种情况下，如何将溯源求本的工作进行下去？个人的体会是，可以尝试从以下两方面的紧密结合中求得突破：一是从现代汉语方言中去找线索、找旁证，通过方言比较寻绎古今语言演变的轨迹；另一方面，要在已掌握的各种语料（古代的、现代方言的）的基础上，根据语言演变的一般规律和特殊规律进行合理的假设和演绎。拙文"同源"正是尝试这样做的，只是没有将这两方面做到家而已。希望本文能多少弥补"同源"的不足，使20多年前的假设和推论向前迈进一步。

附　注

① 梅祖麟(1986)认为：阿尔泰语的复数词尾可以用在任何名词之后，元代"每"能用在指物名词及"这""那"之后，是受了阿尔泰语的影响。"'们'字是个双料货的词尾，-n 属于阿尔泰语，məi（每）的部分属于汉语，都表复数。"蒋绍愚、曹广顺(2005：136)指出这一说法正好跟事实矛盾：南方系官话用"懑、们"-n，受阿尔泰语影响较深的北系方言反而用"每"məi。梅先生对语音的解释只是推测，跟宋元时代的语言事实不相符合，但他指出元代复数词尾可用在任何名词之后的用法是受了阿尔泰语的影响却是正确的。

② 以"物"指人，先秦至中古多见，如《左传·昭公十一年》："不能救陈，又不能救蔡，物以无亲。"杨伯峻注引顾炎武曰："物，人也。"南朝宋刘义庆《世说新语·方正》："卢志于众坐问陆士衡：'陆逊、陆抗是君何物？'""何物"犹"何人"。"物"又可指他人、众人，如"杜预心贱，好豪侠，不为物所许"。（《世说新语·方正》）"物议咸相推许。"（《南齐书·王俭传》）。当然，与指物相比，"物"指人是次要用法。

③ 金刊《刘知远诸宫调》中用"懑"字，但同为金代作品董解元《西厢记诸宫调》中多用"每"字，吕先生(1985)推测这或许是元代或明代传抄或翻刻时所改，改之未尽，还留下一个"懑"字（101页注③）。笔者认为《董西厢》里的"每"也可能反映的是当时北方话的实况，否则不好解释唐代的"伟"（vei/mei）

的去向，也不好解释元代怎么一下子统统用起"每"来。日本京都大学所藏抄本《三朝北盟会编》中有一处"你每"（太田辰夫 1988：226/1991：157），很可注意。

④ 今晋语、西北官话中，古微母字与云母字相混是通例（同读 v-），存在于广大地区，如"胃"（匣物）和"味"（明物）同读 vei。现代客赣方言也有同类情况。刘纶鑫（1999）记述，今客赣方言中微母字有 17 个点读 v-（239 页），云母字"雨、芋"在有些方言点也读 v-，显示出"微、云"相混的现象（见 231 页）。其中龙南、全南、定南三地微母字"望"有 voŋ 和 moŋ 两读，其文读 voŋ 跟云母字"王"voŋ 相同。于都也有类似情况。（见 199 页）

⑤ 邱斌（2009）认为雷、胡此文对安福话"物"表复数描写十分细致，对"物"与"们"的关系也做了很好说明，但是雷文对安福话表复数的"物"的记音不妥。雷记为 muət^{31}，据邱调查，表复数的"物"一般读 vu^{31}，也可带一个很弱的 ə，发成 vuə^{31}，但一般情况下不带 ə 音。安福话动物的"物"读 væ^{44}。

参考文献

丁邦新　1998　《丁邦新语言学论文集》，商务印书馆。
冯春田　2000　《近代汉语语法研究》，山东教育出版社。
付新军　2012　《近代汉语复数词尾的反复变化与共同语之关系》，《古汉语研究》第 2 期。
郭锡良　2010　《汉字古音手册》（增订本），商务印书馆。
贺　巍　1996　《洛阳方言词典》，江苏教育出版社。
黑维强　2016　《绥德方言调查研究》，北京师范大学出版社。
侯精一　温端政　1993　《山西方言调查研究报告》，山西高校联合出版社。
黄丁华　1963　《闽南方言里的疑问代词》，《中国语文》第 4 期。
黄　征　1992　《敦煌愿文〈儿郎伟〉考论》，《文学论丛》，杭州大学出版社。
江蓝生　1995　《说"麽"与"们"同源》，《中国语文》第 3 期。
蒋绍愚　曹广顺（主编）　2005　《近代汉语语法史研究综述》，商务印书馆。
雷冬平　2008　《近代汉语常用双音虚词演变研究及认知分析》，中国社会科学出版社。
雷冬平　胡丽珍　2007　《江西安福方言表复数的"物"》，《中国语文》第 3 期。
李　蓝　2013　《再论"们"的来源》，《语言暨语言学》专刊系列之五十，《综古述今，钩深取极》，中研院语言学研究所。
李泰洙　2003　《〈老乞大〉四种版本语言研究》，语文出版社。
李艳惠　石毓智　2000　《汉语量词系统的建立与复数标记"们"的发展》，

《当代语言学》,第 1 期。

  林　涛　1995　《中卫方言志》,宁夏人民出版社。
  刘纶鑫　1999　《客赣方言比较研究》,中国社会科学出版社。
  刘勋宁　1994　《陕北清涧话人称代词和指人名词语尾[·mi]探源》,台北:《中国境内语言暨语言学》第二辑。又载《现代汉语研究》,北京语言文化大学出版社,1998 年。
  吕叔湘　1940/1984　《释您,案,咱,喒,附论们字》,《汉语语法论文集》(增订本),商务印书馆。
  吕叔湘　1949　《说"们"》,《国文月刊》第 79 期。
  吕叔湘(著)　江蓝生(补)　1985　《近代汉语指代词》,学林出版社。
  罗福腾　1997　《牟平方言词典》,江苏教育出版社。
  雒　鹏　2016　《甘肃汉语方言人称代词》,《中国方言学报》第 6 期。
  梅祖麟　1986　《关于近代汉语指代词》,《中国语文》第 6 期。
  邱　斌　2009　《〈江西安福方言表复数的"物"〉记音献疑》,《中国语文》第 1 期。
  邵荣芬　1963　《敦煌俗文学中的别字异文和唐五代西北方音》,《中国语文》第 3 期。
  史秀菊　2010　《山西方言人称代词复数的表现形式》,《方言》第 4 期。
  孙立新　2001　《户县方言研究》,东方出版社。
  孙立新　2010　《关中方言代词研究》,三秦出版社。
  太田辰夫　1958/2003　《中国语历史文法》,蒋绍愚、徐昌华翻译,北京大学出版社。
  太田辰夫　1988/1991　《中国语史通考》,白帝社(日本东京)。中译本《汉语史通考》江蓝生、白维国译,重庆出版社。
  王洪君　1992　《文白异读与叠置式音变》,《语言学论丛》第十七辑。
  王　力　1980　《汉语史稿》(上册),中华书局。
  王　曦　2016　《玄应〈一切经音义〉唇音声母考察》,《中国语文》第 6 期。
  邢向东　2002　《神木方言研究》,中华书局。
  邢向东　2006　《陕北晋语语法比较研究》,商务印书馆。
  邢向东　2013　《陕西关中方言古帮组声母的唇齿化与汉语史上的重唇变轻唇》,《中国语文》第 2 期。
  徐　丹　2011　《汉语河州话及周边地区非指人名词的复数标记"们"》,《民族语文》第 6 期。
  徐通锵　王洪君　1986　《说"变异"——山西祁县方言音系的特点及其

对音变理论研究的启示》,《语言研究》第 1 期。

许宝华　宫田一郎　1999　《汉语方言大词典》,中华书局。

杨时逢　1974　《湖南方言调查报告》,"中研院"历史语言研究所。

杨炎华　2015　《复数标记"们"和集合标记"们"》,《语言教学与研究》第 6 期。

杨永龙　2008　《河南商城(南司)方言音系》,《方言》第 2 期。

杨永龙　2014　《青海甘沟话复数标记"们[mu]"的类型特征及历史比较》,《历史语言学研究》第 2 期。

俞　敏　1989　《古汉语的人称代词》,《俞敏语言学论文集》,黑龙江人民出版社。

袁　宾　徐时仪　史佩信　陈年高(编著)　2001　《二十世纪的近代汉语研究》,书海出版社。

张成材　1994　《西宁方言词典》,江苏教育出版社。

张成材　2016　《陕甘宁青方言论集》,青海人民出版社。

张　崇　1990　《延川县方言志》,语文出版社。

张惠英　1995　《复数人称代词词尾"家、们、俚"》,《中国语言学报》第 5 期。

张俊阁　2012　《语言接触与复数词尾"们"》,《聊城大学学报》(社会科学版)第 1 期。

张树铮　1995　《寿光方言志》,语文出版社。

张维佳　2002　《演化与竞争:关中方言音韵结构的变迁》,陕西人民出版社。

张燕芬　2010　《现代方言中读鼻尾的古阴声韵字》,《方言》第 3 期。

赵元任　丁声树　杨时逢　吴宗济　董同龢　1948　《湖北方言调查报告》,商务印书馆。

周长楫　1993　《厦门方言词典》,江苏教育出版社。

周晨磊　2016　《青海贵德周屯话的"们"》,《方言》第 2 期。

祖生利　2002　《元代白话碑文中复数词尾"每"的特殊用法》,《语言研究》第 6 期。

祖生利　2005　《近代汉语"们"缀研究综述》,《古汉语研究》第 4 期。

原载《中国语文》2018 年第 3 期

语法化程度的语音表现

0 语法化包含两方面的内容，一是指实词逐渐虚化为没有实在意义的语法成分的过程，二是指短语或词组逐渐凝结为一个单词的过程，可分别简称为词汇的虚化和短语的词汇化。这两种现象各有其产生的原因和演变规律，需要分别加以研究，本文讨论的范围只限于实词的虚化。

1 语法化是个连续的渐变的过程，每个实词的虚化都有它们各自的诱因，各自的历程。观察一个实词虚化的过程，大体可以通过考察这个实词由于句法位置、组合功能的变化而引起的词义变化；也可以反过来从某个实词意义的引申变化来观察它的句法位置、组合功能的改变，以及由此引起的词义的进一步变化等等。也就是说，实词虚化的过程是可以通过句法位置、组合功能以及词义的引申演变等方面观察到的。（详见刘坚等1995）

语法化往往伴随着音变，这已有古今大量的语言事实为证；那么由语法化而引起的音变是不是也是个连续的渐变的过程呢？实词由实变虚是语法化，由虚变得更加空灵也是语法化，那么伴随着语法化而产生的音变是否也具有这种阶段性的特点呢？由于汉字不是拼音文字，要回答这个问题是比较困难的。本文拟以"V+X+NL"（V：动词；X：介词；NL：处所名词）句型中处所补语的介词为例，来探讨音变与语法化程度之间的对应关系。

2 "V+X+NL"句型是指"坐在椅子上""送到门外边"一类句子，

X成分是引出处所补语的介词,通常用"在""到"充当。但是在北京话口语中,X成分不说"在/到",而说"的"(·de),陈刚《北京方言词典》里著录了这种用法的"的",举例为:站～地上|靠～树上(59页)。清末社会小说《小额》中也写作"的",例如:

> 我们傻瓜是的,还坐的那儿听呢。(44页)
> 接三的那天,大这们一闹丧,躺的月台头啦。(74页)
> 说的这儿,大夥儿也都乐啦。(9页)
> 你先把这封信给送的府里去吧。(18页)

前两例"的"相当于介词"在";后两例相当于介词"到",释作"在"还是释作"到"主要由"的"字前面动词的词义决定,如果动词是静态的,如:"坐""躺"等,介词"的"相当于"在";如果动词是表动态的,如"说、送"等,介词"的"就相当于"到"。

再往上追,发现元明时代的白话文献里X成分有写作"底""的"的,例如:

> 住(往)常时汉儿皇帝手里有两个将军来,杀底这达达剩下七个,走底山洞里去了。(元典章·刑部·谋反,1644页)
> 请将范太医来看,太医来这里,请的屋里来。(朴通事谚解,166页)
> 跳东瓜,跳西瓜,跳的河里仰不搽。(同上,249页)
> 赵宣子齐整穿了朝服要出朝去,看天色尚早,端坐的堂上,十分恭敬。(皇明昭令)
> 头里进门,到是我叫他抱的房里去,恐怕晚了。(金瓶梅词话)

关于介词"的"有人认为是"在"或"到"的轻读音变,拙文(1994)则认为是"著"的轻读音变。那篇文章虽然也涉及到现代方言的情况,但主要材料是六朝以来的文献。"著"本是个动词,其义为"附着",当它出现在"V+X+NL"句型中时,一方面充当动词的补语,一方面介绍出动作的处所,根据动词的语义和上下文语境,或相当于"在",或相当于"到"。例如

A "著"相当于介词"在":

坐著膝前(世说·德行)|安著屋中(百喻经,上)|挂著屏风上(俗说)|埋着地中(李陵变文)|坐着南厅里(王梵志诗)|串(穿)着身上(舜子变)|戴著顶上。(董西厢)

B "著"相当于介词"到":

刻木做班鸠,有翅不能飞,摇著帆樯上,望见千里矶(欢闻变歌)|玄怒,使人曳著泥中(世说·文学)|送著门外(世说·简傲)|将我儿去,原卖著我本国中。(变文补编,124页)

下面我们再以山西方言为材料,进一步论证介词"的"是"著"的轻声音变。

3.0 汉语持续态助词"著"由动词"著"(附着)虚化而来,这已成定论。在山西省各个方言点上,持续态助词的读音纷杂不一,但可以看出它们都是"著"的轻声音变。下面是从北到南十四个点持续态助词的读音:

大同 tʂə² 　广灵·tsə 　山阴·tiə² 　忻州 tʂə/tiə

阳曲 təʔ　　文水 tiəʔ　　孝义 tiəʔ　　和顺·lei　　武乡·tə

沁县 ləʔ　　汾西·tə　　临汾·ti　　运城·tʂɤ　　永济·tʂuo

把这十四处的读音加以排列，可以看出"著"字轻读音变的主要特点：一是韵母央化，二是声母由舌上变舌头，少数地方由舌上或舌头音变读为边音。

	tʂəʔ	·tə
	·tʂə　　tiəʔ	·ti
·tʂuo	·tʂɤ　　·tiə	·ləʔ
	tsə	lei

3.1　山西有些方言点处所补语的介词用"在"，但有些点用"的"（或"得""哩"），跟持续态助词音同，从系统上看，二者同样来源于动词"著"。下面五点的情况能说明问题（介词用字及标音据各方言志）：

	持续态助词	介词X成分
文　水	的 tiəʔ˧ 在墙上挂的哩	的 tiəʔ˧ 挂的墙儿上
孝　义	得 tiəʔ˥˩ 门圪落里放得块杌子	得 tiəʔ˥˩ 锁得箱子里
阳　曲	的 təʔ˧ 门子开的嘞	的 təʔ˧ 坐的椅子上
武　乡	的·tə 坐的喝水	的·tə 花儿摆的桌子上咧
和　顺	哩 lei˧ 坐哩吃比站哩吃强些	哩 lei 豆腐跌哩灰窝里——吹不得，打不得

从上面山西方言的情况更可以推断明清白话资料中写作"的"的X成分来源于"著"，是"著"的轻读音变。清代蒲松龄《聊斋俚曲》是用山东淄川话写的，其中X成分写作"着"。例如：放着外头不大好，放着里头闷腾腾。(《增补幸云曲》十二回) 淄川话现在仍可以这么说，如"趴着床上睡"(《淄川方言志》)，介词"着"相当于"在"。

在"V+着+NL"句型中，"著"已完成了由动词向介词的虚化，其语音表现是读轻声,声调弱化,失去原有的调形和音高。然后进一步发生轻读音变,山西方言中从·tʂuo→·tə 的一系列音变可以看作是词义连续渐变的语音表现。从动词到介词,是"著"由实到虚的变化,这种虚化是否到此就停止了呢?山东某些方言的事实告诉我们,这种虚化还在继续前进。

3.2 钱曾怡(1993)记录山东博山方言中持续态助词读·ə,如:你拽ə他走|你坐ə说|他帮ə我干活|争ə不足,让ə有余。(钱书说ə也可改用"着"tʂuə·|)同时,博山方言"V+X+NL"中的 X 成分也读ə,例如:拴ə树上再说|跑ə北京去|别撂ə道上。跟山西方言相比,"著"音变得更加厉害,已脱落了声母,只剩下一个央元音。更值得注意的是,博山方言中"ə"有多种语法功能,类似于一个词缀,现据钱著摘述于下:

(1)名词后缀,相当于"子":麦ə|狮ə|桌ə|鼻ə|姑ə|妮ə|钻空ə|后脑勺ə

(2)用在名词和指代词的后面,表示里面:家ə|心ə|大楼ə|这ə|哪ə

(3)用在动词后面,表示动作完成,带宾语或数量补语(也可用轻声"了 liɔ·|")吃ə饭就来|去ə三回|睡ə觉喽

(4)相当于结构助词"得":扫ə干净|改ə对|哭ə死去活来

(5)相当于结构助词"的":我ə|吃ə|教书ə|要饭ə

(6)用在副词后面,相当于结构助词"地":慢慢ə吃|老实实ə说|赶快ə走

(7)用在数词后,相当于"个":四ə|一百三十ə

同一系统里的诸多语法成分同用一种语音形式表示,这是诸多语法成分在语法化过程中都发生了类似的轻读音变,即元音央化,声母脱落。由于这些语法成分出现的场合是互补状态,所以不至于影响交际。比如"请把我的书轻轻地放在桌子上"一句,说成"请把我ə书轻轻ə放ə

桌ə上"并无大的妨碍。

语音和语义层面的结构关联在于区别性,而博山话里一个语音形式能够对应那么多的语法成分这说明在博山方言语法系统中,这些语法成分的词义虚化的程度极高,虚化到只须占据一个音节位置就行。

3.3 即使到了这个地步,词汇的虚化还没有停止,据于克仁(1992)知道,在山东平度方言中,处所补语前的介词经常被省略,处所补语直接在动词后面,不过这时动词说得较重、较长,例如:

把饭端:哪来|把鸡蛋打:碗来|把车开:操场上|抹:我身上了。

这就是说平度话的X成分被融合到前面的动词里,通过加重和延长动词的读音来表示其语法意义,很像是一种屈折形态。在现代北京话中,有时可以直接说:把书搁ø桌子上吧|他把油抹ø我身上了。动词不必重读或延长,成为一种零形式。我们可以把这种零形式看作是屈折形态后X成分的进一步虚化。

3.4 如果把山西、山东以及北京话的情况放在一起考虑,我们可以看出X成分"著"词义虚化的轨迹及其在语音形式上的表现:

(一)	(二)	(三)	(四)
tʂuʔ tʂəʔ	tiəʔ təʔ		
·tʂuə ·tʂə ·tsə	·tiə ·tə	ə	:ø
·tʂɤ	·ləʔ lei		

"著"的音变过程可以分成四个阶段。第一阶段,"著"字在"V+著+NL"句型中做动词V的补语,同时引出动作的处所,开始虚化为介词。"著"字读轻声是其语音上的表现。书面上仍用"著"字标示。在第一阶段的后期,"著"字由于轻读弱化,韵母央元音化,有些地方声母也开始由舌上向舌尖前移。在第二阶段,主要表现在声母由舌上变为舌头(少数地方变为边音),书面上改用"的、得、底"(少数地方用"嘞、哩")标示。当然,把舌头音看作是古音的保留也是一种见解,如

果这样看,第二阶段就须跟第一阶段进行调换。但是,从北方方言的普遍情况来看,"著"已不读舌头音;而且以上读作舌头音的都出现在轻读的位置上,因此我们倾向于把这里的舌头音看作是舌上音的轻读音变。我们知道,当一个音节读轻声时很容易发生跟历史音变方向相左的逆向音变现象,如清音浊化、舒声促化等,我们认为舌上倒回舌头也属于逆向音变现象之一。第三阶段,X 成分对动词的附着性增强,其介词性大大减弱,发展到后来更像是动词的后缀。其语音形式简化到只剩下一个央元音,不仅跟其本字的读音面目全非,而且跟同一系统中的异源语法成分完全混同,在语音上没有任何区别性,只靠分布的互补区别语法作用,只相当于一个后缀。到了第四个阶段,X 成分虚化的程度更深,在形式上跟动词融为一体,已经失去了独立的音节位置,只靠动词加重加长读音来表示,进一步发展,连读重音和长音也不必要,出现了零形式。

西方语言学家曾提出过语法化单向循环性原则,即一个成分虚化到极限后就跟实词融合在一起,自身变成了零形式(沈家煊1994)。汉语"V+X+NL"句型中 X 成分的语法化过程完全证明了这一原则,而且如上所述,这种不断虚化的过程都有其相应的语音形式来体现。即:

动词(著)→介词(着/的)→词缀(ə)→零形式(ː/ø)

动词"著"语法化的过程很好地说明了语法化是一个连续的渐变的过程,伴随着语法化而产生的音变现象也是一个连续的渐变的过程。相邻地区方言点共时平面上的读音差异,可以显示这个语法词历时演变的轨迹。实词由实变虚后往往还会继续虚化,与此相应,音变也不会在完成实词虚化后就停止。它随着虚化程度的逐步加深而继续变化,总的趋势是不断简化,离本字的读音越来越远。这种持续不断的音变受到两方面的推动力。一是词义虚化程度的加深,意义变化了,要求形式相应地变化。语音层面与语义层面的结构关联是区别性,语音线性结构中的每一个变化原则上总是与语义的区别相对应的。另一个推动力是句法结构。"V+X+NL"这个结构在长期使用中具有很强的凝固性,在这个结构中,前面的动词和后面的处所名词是主要成分,X成分是次要成分。由于结构的凝固性,人们只要听清动词后面有处所词,就会习惯地把这个处所词理解为处所补语,不仅X成分是"在"义还是"到"义不重要,甚至连有没有X成分作为中介也无关紧要。当一个成分在结构中变得越来越不重要时,它就会不断虚化,发展到极端变为一个零形式,从结构中消失。它的语音形式也相应地越来越弱化、简化、含糊化,以至逐渐消失。由此可以看出,音变不是在语音层面孤立地发生的,它跟语义层面和语法层面密切相关。

X成分"著"六朝时期在"V+著+NL"句型中先由动词虚化为介词,在这个阶段它跟前面动词的关系要比同时期并存的"VO+著+NL"句型紧密得多。"VO+著+NL"的例子如:

埋玉树箸土中(世说·伤逝)|负桓箸背上(异苑)|倒盐百斛著江水中(笑林)|援两手著舫户外(俗说)

在这个句型中,动词后面有宾语,"著"跟动词的关系隔了一层,"著"跟处所名词结合得比较紧,在这个结构中,"著"的动词性还较强。而在"V+著+NL"句型中,"著"直接跟在动词后面做补语,同时引出处所补语,它的介词性加强了。入唐以后,"VO+著+NL"句型很少见,这也说明唐代前后,"著"的介词性质已经成熟。

"著"由介词进一步虚化为词缀,是由于它在"V+著+NL"句型中,跟动词结合得越来越紧密,对动词的依附性加强,与此同时,它的独立的中介作用越来越减弱,结构的语法意义不依赖它也无大妨碍。再发展下去,语言的经济原则一起作用,就促使它在结构中隐没。我们可以把 X 成分的虚化过程用以下四个句型表示:

VO+X+NL → V+X+NL → VX+NL → V+NL

4.0 由词缀向零形式的转变,这在印欧语中有许多实例,汉语是分析型语言,一般情况下,实词虚化到一定程度后似乎不再继续下去,不像屈折型语言那样虚化为屈折形态。但是处所补语介词在某些方言最终虚化为零形式的事实,说明即使是分析型语言的汉语,也遵循着语法化的单向循环原则,尽管这样的例子比较少。

4.1 汉语的"儿"尾跟前面词根的韵母融合在一起,复合为一个儿化音节,是经常引用的这类实例。"子"尾也有类似情况。

在山西和顺方言中,子尾已经消失,舒声字采用增加音长的办法来表示,例如:

茬(子)tsʻaː˧ 柜(子)kuːei˧ 靴(子)ɕyː˩ 炉(子)luː˧ 入声字脱落闭韵尾,另加-ʁu,如:栗(子)liːʁu˥ 虱(子)sɿːʁu˥

山西原平方言的子尾分三种情况:① 一般情况子尾读轻声,词根要随之变调(阴平变 24,去声变 51,入声变 24,韵母变开韵尾);② 前字为鼻韵尾的·ə 变 ŋ,如疯(子)fəŋ;③ 前字韵母为 a ia ua 及入声 aʔ iaʔ uaʔ 的用延长主要元音表示,入声塞尾变开尾。例如:疤(子)paː˧ 爪(子)tsuaː˩ 傻(子)ʂaː˩ 刷(子)suaː˧˥ 这第三种情况是一种屈折形态,可以看作零形式。

山西晋城方言中的子尾可分两种情况:① 子变韵母:ʅːʁ、iːʁ、uːʁ、yːʁ、ɑː、iː、uː。前四个子变韵母中的 ʁ 可以看作是子尾脱落了声母的变音,还保留着词缀的残余;后三个子变韵母只用长音表示,应视为屈折形态,零形式。② 子尾在阴平、阳平、上声调的多数字中可以不改变韵母,只用变调[ʁ] 35 表示。例如:

钉（子）tiẽˀ　　房（子）fɔ̃ˀ　　钳（子）tɕ'ieˀ

在这里词缀与词根已完全融合为一体，只用变调表示，由黏着形态变为屈折形态，完成了由双音节到单音节的变化。

4.2　名词"子"由实词到词缀再到零形式的过程实质上也是"子"虚化程度不断加深的结果。徐通锵（1990）认为子尾音变动力是汉语一个词与一个音节相对应的结构关联在起作用，当复音词破坏了音节和词之间一对一的平衡和对应关系时，音节结构规则就通过变声、变韵、变调去改造、融化复音词的语音面貌，使之单音节化。这种解释就儿尾和子尾的屈折形态而言或许不无道理，但用来解释山东平度方言处所补语介词省略，动词重读、长读的屈折形态就不太合适。而且这种解释跟汉语不断把单音节词变为复音词的发展方向相左。所以我们认为还是用词义的虚化来解释更为合理。

参考文献

侯精一　1985　《晋东南地区的子变韵母》，《中国语文》第2期。
侯精一　温端政　1993　《山西方言调查研究报告》，山西高校联合出版社。
江蓝生　1994　《"动词+X+地点词"句型中介词"的"探源》，《古汉语研究》第4期。
刘　坚　曹广顺　吴福祥　1995　《论诱发汉语词汇语法化的若干因素》，《中国语文》第3期。
梅祖麟　1988　《汉语方言里虚词"著"字三种用法的来源》，《中国语言学报》第三期。
孟庆泰　罗福腾　1994　《淄川方言志》，《中国语言学报》第三期。
钱曾怡　1993　《博山方言研究》，社会科学文献出版社。
沈家煊　1994　《语法化研究综观》，《外语教学与研究》第4期。
温端政　1990　《山西省方言丛书》（包含吉县、汾县、沁县、山阴、绛县、永济、天镇、武乡、清徐共九册），山西高校联合出版社。
徐　丹　1994　《关于汉语里"动词+X+地点词"的句型》，《中国语文》第3期。

徐通锵　1990　《结构的不平衡性和语言演变的原因》,《中国语文》第1期。

于克仁　1992　《平度方言志》,语文出版社。

原载《中国语言学的新拓展：庆祝王士元教授六十五岁华诞》,
香港城市大学出版社1999

助词"似的"的语法意义及其来源

现代汉语北方话中有个表示比拟的助词念shì·de，但书面上通常写作"似的"，也有人按照实际口音写作"是的"。五十年代在讨论与此有关的问题时，有人认为"按口音说，还是写成'是的'对"（俞敏1953）。也有人主张写成"似的"，"因为'似'是像的意思（只是文一点儿），解释起来学生容易懂"（黄岳洲1955）。《现代汉语词典》把"似的"与"是的"并排作为词目，"似的"在前，"是的"在后，标音为shì·de，把"似的"与"是的"处理成同音、同义只是写法不同的一个词儿。也就是说，口语里的比拟助词shì·de在书面上有"似的""是的"两种书写形式。在《红楼梦》等某些用北方话写作的清代白话小说里，这个词儿或作"似的"，或作"是的"。在数量上"似的"居多，在用法上二者没有什么不同。一般认为，《红楼梦》里的"似的"实际上也念成shì·de。那么，人们要问：既然口语里念作shì·de，为什么书面上往往写作"似的"（sì·de）呢？这种言文不一致的现象是怎么形成的？"似的"作为"是的"的异写形式有什么历史背景呢？看来只有对这个词的来源作一番调查，弄清历史事实才能作出比较合乎实际的判断。问题是反映这个词儿的历史文献资料十分有限，而且其中有些资料或者写作年代不详，或者已经后人改动，难以为据。要依据十分有限的可靠资料作判断，就不能不十分小心。因此，本文对某些问题的看法还只是探讨性的，就是已有结论的观点，也还需要继续发掘资料来进一步验证。

一 "似的₁"与"似的₂"

1.0 关于现代汉语助词"似的"的意义,一般只提到表示比喻或相似,其实"似的"还可以表示不肯定的判断语气,这一点以前好像还没有明确提出似的。本文把表示比喻或相似的称为"似的₁",把表示不定判断(或曰推测)语气的称为"似的₂"。

1.1 似的₁ "似的₁"在使用中附在词或短语后边,构成"X似的"格式。X可以是名词性成分,可以是动词性成分,也可以是主谓短语。例如:

> 花儿似的|瘦猴儿似的|飞似的|杀猪似的|吃饱了似的|霜打了似的

"X似的"结构可以在句中作定语(花儿似的小脸总是红扑扑的)、状语(车子飞似的跑着)、补语(他乐得什么似的)等,而且经常跟动词"像"配合,构成"像X似的"格式。如:像亲儿子似的|像喝醉了酒似的。"似的₁"是结构助词。

1.2 似的₂ 跟"似的₁"既能出现在句子中间又能出现在句子末尾不同,"似的₂"总是出现在句尾。例如:

> 刚才有人往屋里探了一下头似的。
> 我像在哪儿见过他似的。
> 我没看清,样子好像是他哥哥似的。
> 他好像只通知了小王一个人似的。

以上四例中的"似的"并不表示比喻与相似,只表示一种不肯定的判断语气。句中的"像""好像"并不是相像的意思,而是表示测度,相当于副词"大概""可能"等;它们跟句末的"似的"搭配使用,共同表示不肯定的判断,但"像""好像"也不是必不可少的,去掉后句子的意思仍能维持。"似的$_2$"是语气助词。

在构造上,同是"像X似的"格式,其结构因"似的$_1$"和"似的$_2$"而不同。即:

似的$_1$　像X 似的　像猴子似的
似的$_2$　像X 似的　像在哪儿见过他似的

而且,"像X似的$_1$"格式后面可以再跟体词性成分或谓词性成分,如:像猴子似的小脸 | 像猴子似的满地爬;而"像X似的$_2$"格式后面则不能跟其他成分。此外,在"像X似的$_1$NP/VP"格式中,可以移动某些成分的位置而意思不变,如:像猴子似的小脸→小脸像猴子似的 | 像猴子似的满地爬→满地爬,像猴子似的;而句末使用"似的$_2$"的句子则不能移动句子成分的位置。下面的简表清楚地表明,除了读音之外,"似的$_1$"和"似的$_2$"在诸多方面都具有不同的特点。

	意义	读音	位置	语法功能	构造	词性
似的$_1$	比喻相似	shì·de	句中、句末	定、状、补、谓语	像X似的	结构助词
似的$_2$	推测	shì·de	句末	句尾语气	像X似的	语气助词

以上语义与结构上的特点说明,区分"似的$_1$"和"似的$_2$"是很有必要的。这样对于本文的命题也有实际意义,便于说明"似的$_1$"与"似的$_2$"的来历。

1.3 助词"似的"兼表比拟与推测是完全合乎词义引申的逻辑义理的。比拟基于甲乙两事之间有类似关系,实际上甲不等于乙;推测也基于两事有疑似之处,但又难以肯定,所以"似的"既表比拟又表推测是很自然的。

二 "也似"与"似"

2.0 就管见所及,字形写作"似的"(似的₁)的助词最早出现在明代万历刻本《金瓶梅词话》里,但十分少见;"似的"的普遍使用是在《红楼梦》等清代白话小说里,在此之前跟"似的"有关的形式是"也似"与"似"。

2.1 也似 比拟助词"也似"始见于金元戏曲作品及元代某些文献里。① 下面所举《刘知远诸宫调》系金刻本,很可靠;元人杂剧只从《元刊杂剧三十种》中取例;其他例子也都取自元代可靠资料之中。

(1)正熟睡,倾盆也似雨降。(刘知远,2〔正宫·锦缠道〕)

(2)回头来觑着白发将军喝一声爆雷也似喏。(董西厢,2〔般涉调·墙头花·尾〕)

(3)往常开怀常是笑呵呵,绛云也似丹脸若频婆,今日卧蚕眉瞅定面没罗。(西蜀梦,3〔石榴花〕)

(4)则我那血海也似相识不能面,花朵儿浑家不能恋。(铁拐李,2〔煞尾〕)

(5)俺哥哥山海也似恩未报,怎肯道善与人交。(替杀妻,3〔满庭芳〕)

(6)我量力求财,在家出外诸般快,涌进也似钱来,却怎还不了冤家债?(老生儿,1〔仙吕·点绛唇〕)

(7)不把我人也似觑,可将我谜也似猜。(老生儿,1〔么篇〕)

(8)捣蒜也似阶前拜则么?(竹叶舟,4〔倘秀才〕)

(9)不索你糕也似粗,谜也似猜,我运浆担水趓下资财。(薛仁贵,2〔醋葫芦〕)

(10)把个门儿关闭闭塞也似,便是樊哙也踏不开。(大宋宣

和遗事）

（11）阔里吉思戏言也似说来也者。依着在先体例者！钦此。（元典章·刑部,卷2）

（12）若不用心体验,便似一场闲话也似,这般说过去了便无益。（元·许衡,直说大学要略,鲁斋遗书,卷3）

（13）便如掩着那耳朵了去偷那铃的也似。（同上）

《水浒传》反映了元末明初的语言,其中也使用了"也似"。

（14）只见空地上一个后生,脱膊着,刺着一身青龙,银盘也似一个面皮。（水,2.25）

（15）便去腰里掣出那两口烂银也似戒刀来。（又,31.420）

（16）宋江探头看时,一只快船飞也似从上水头摇将下来。（又,37.503）

《金瓶梅词话》里"也似"仍可见：

（17）武大云飞也似去街上卖了一遭儿回来。（金,5.3b）

（18）一个猫儿碍着你,咮屎亡神也似走的来摔死了。（又,59.12b）

（19）脸唬的蜡查也似黄,跪着西门庆,再三哀告。（又,14.2a）

（20）你这花子,两耳朵似竹签儿也似,愁听不见。（又,61.16b）

到了清代以后,除"飞也似"等作为熟语沿用下来之外,已很少使用"也似"了,代替它的是"似的"与"是的"。

从以上所举二十例来看,"也似"在用法上有如下特点:

a."也似"用在名词、动词及其短语之后,构成"X也似"格式。"X也似"一般出现在句中作定语或状语,较少作为谓语出现在句末(例(13)(20))。

b."X也似"前面一般不使用"如、若、似"等,上举二十例中只有例(12)(13)(20)三例作"似X也似"或"如X也似"。

c.在金元时代的资料里尚未见到"X也似"后接形容词的例子,《金瓶梅词话》里有这种用法(例(19)"蜡查也似黄")。

2.2 似 单用"似"作比拟助词也始见于金元戏曲资料里,[②]例如:

(21)一对眼睁圆,龙颜尽改变,失却紫玉似颜色,叫一派。(刘知远,12〔大石调·玉翼蝉〕)

(22)把山海似深恩掉在脑后。(董西厢,2〔黄钟调·侍香金童·尾〕)

(23)我从二十一二上早驱军校,经到四五千场恶战讨……嗨,刮马似三十年过去了。(三夺槊,2〔隔尾〕)

(24)虎狼似恶公人,扑鲁推拥厅前跪。(魔合罗,4〔叫声〕)

这种单用的助词"似"只见有N_1+似+N_2(N_1为喻体,N_2为本体)的格式,很容易跟主谓结构的N_1+似+N_2(N_1为主语,N_2为宾语)相混淆,比如:

(A)紫玉似颜色 虎狼似恶公人

(B)俺那里水似蓝(七里滩,4〔挂玉钩〕)

性命似水上浮沤(霍光鬼谏,3〔滚绣球〕)

乍一看，(A)组与(B)组在形式上没有什么区别，"似"字前后都是名词或名词性短语，只有从语义上才能把它们加以区分。即：

(A)(N₁+似)+N₂   (B)N₁+(似+N₂)

(A)组的"似"为助词，(B)组的"似"为动词。在助词"似"前加上，"也"作"也似"，就能在形式上把它跟动词"似"区别开来，一目了然，这恐怕是单用的"似"远不如"也似"通行的原因所在。

2.3 "似"本为动词，义为相像、类似。按照汉语的语法惯例，在"N₁+似+N₂"格式中，"似"应该是谓语动词，它怎么会用作比拟助词的呢？"也似"一词的构成也很特别，是由动词"似"前加语助词"也"组成，这不合乎汉语构词法的通例。因此，始见于金元资料里的比拟助词"也似"和"似"的来历很可怀疑。根据我们的初步考察，"也似"和"似"的出现，很可能是受到阿尔泰语（主要是蒙古语）语法的影响所致（阿尔泰语在我国还包括达斡尔、土族、东乡、保安、裕固等族的语言）。

蒙古语的比拟表达方式是在名词或代词后面加上后置词metü，然后再接中心语。例如：③

　　ral　metü　ularan　tur（像火一样红的旗子）
　　火　　像　　红　　旗

　　mori　nisqu　metü　qaruluna（马像飞一样地跑）
　　马　　飞　　像　　跑

把这两句直译成汉语就成了：火似红旗子｜马飞似走。可见元代文献里用作比拟助词的"似"是生搬蒙古语比拟表达的词序而产生的新的语法成分。至于"也似"的"也"，在蒙古语中没有与之相当的东西，无法从蒙古语角度进行解释。我们推测这种用法的"也"是汉语在借用蒙语的比拟后置词时自己加进去的语助词,目的是便于把比拟助词"似"跟动词"似"从形式上区分开来。"也"用作语助衬词,汉语里早就有了,如疑问格式"VP 不?"到了唐五代又作"VP 也不?"就是其例。这种格式在现代西北某些方言(如清涧话)中仍然沿用。

三 "似的"与"是的"

3.1 也似的 比拟助词"也似"后面加上结构助词"的",在时代可靠的资料中以《金瓶梅词话》的例子为最早,不过很少见:

(25)我两个腰子落出也似的痛了。(金,53.16a)

元刊本杂剧中未见,但在明人臧晋叔编辑的《元曲选》里有,不过只见于宾白:

(26)那眼脑恰像个贼也似的。(合汗衫,1〔天下乐〕旦儿白)
(27)忽然见山坡前走将一个牛也似的大虫。(合汗衫,3 小末白)
(28)你看泼天也似的大浪,可不苦也!(楚昭公,3〔石榴花〕梢公白)
(29)老弟子说词因,两片嘴必溜不剌泻马屁眼也似的。(救孝子,2〔滚绣球〕令史白)

《水浒传》里未见"也似的"。《红楼梦》和《儿女英雄传》里有少数用例:

(30)只见那边山坡上两只小鹿箭也似的跑来,宝玉不解其意。(红,26.593)

（31）是一个"清如水，明如镜"的好官，真是金山也似的人！（儿，15.237）

（32）只是这位姑娘怎的又会这么知古今儿也似的呢？（儿，28.524）

鉴于元代可靠资料里未见"也似"后加"的"，稍后的《水浒传》里也没有，而明代《金瓶梅词话》里又不多见，所以可以认为"也似的"大体出现在明代。《元曲选》里的宾白大多出自明人手笔，那里出现的"也似的"如看成是明人的用法，可能更为妥当。

3.2 似的 "也似的"省去前助词"也"就成了"似的"，而且也始见于《金瓶梅词话》，例子很少：

（33）一个热突突人儿，指头儿似的，少了一个，如何不想不疼不题念的？（金，73.11a）

"似的"为双音节，比三音节的"也似的"稳定，所以后来能够站住脚。"似的"也可以看作是单用的比拟助词"似"后加"的"构成的，但是由于这种单用的助词"似"比较少见，远不如"也似"盛行，特别到了明代用得更少，所以我们宁可认为它是"也似的"省去"也"构成的。

按照蒙古语语法，"X也似/似"后面无须加"的"就可以直接修饰名词或动词，金元资料里正是这么用的。修饰语后面加上结构助词"的"，这是汉语的特点，"也似"后加"的"正是汉语按照自己的习惯对外来语成分进行再改造的反映。离借用时代越远，越容易走样，越容易加进本民族语言的特色。

3.3 是的 上举各种材料告诉我们，元代还没有出现"似的"，与"似的"相当的比拟助词为"似"或"也似"；明代开始出现"也似的"与

"似的"。这些形式都使用"似"字而不用"是"字,这使我们猜测:现代口语里读作shì·de的比拟助词跟"似""也似"可能不是一个来源。明代用北方话写成的白话小说《金瓶梅词话》为我们的假设提供了十分宝贵的线索。

《金瓶梅词话》里有一种在句尾使用"是的"的用法,"是的"所表达的语义可以分成四类:④

A组 (34)妇人道:"你这衣服少不得还对你大娘说声是的。"如意道:"小的前者也问大娘讨来。"(金,74.4a)

(35)姥姥你慌去怎的,再消住一日儿是的。(金,87.24b)

(36)贱奴才,还装憨儿,无故只在这屋里,你替我老实寻是的。(金,28.2b)

这组例子里的"是的"相当于"才是""为好",含有劝诱、商讨、使令的语气,"是的"的"是"还有实义。

B组 (37)若是饶了这个淫妇,自除非饶了蝎子娘是的。(金,12.7a)

(38)李娇儿道:"俺家没半门子,也没竹枪篱。"金莲道:"只怕你不知道,你家新安的半门子是的。"(金,59.9a)

这组例子里的"是的"表示肯定的语气。

C组 (39)西门庆道:"只怕你家里的嗔是的。"老婆道:"那忘八,七个头八个胆,他敢嗔!"(金,61.6b)

(40)西门庆道:"怪奴才,我平白的怎的哭?"金莲道:

"只怕你一时想起甚心上人儿来是的。"（金，67.17b）

（41）王姑子道："我的菩萨，你老人家忒多虑了。天可怜见，到明日假若好是的。你好心人，龙天自有加护。"（金，62.6a）

跟B组例子不同，C组的"是的"表示不肯定的推断语气。例（41）"到明日假若好是的"意思是以后或许会好，"是的"也表示不肯定的推断。

D组（42）李瓶儿道："贼囚，你平白好好的，怎么孝顺我是的？你不说明白，我也不吃。"（金，34.10a）

（43）他和小厮两个，在书房里把门插着，捏杀蝇子儿是的。（金35.3b）

（44）（爱姐）搽得浓浓的脸儿，又一点小小嘴儿，鬼精灵是的。（金37.1b）

例（42）的"是的"可以看作表示推断，但它跟C组的不同在于这种推断是依据两种事物之间有某些相似，因而也可以看作表示相似。例（43）（44）的"是的"表示相似与比喻。这组例子的动词前面都可以加"像"，这是跟C组不同的。从例（42）这种作两种分析皆可的句子，可以看出"是的"有一个表判断——不肯定的推断——相似、比喻的引申过程。

如前所说，在汉语里，表示比拟与表示推测可以用一个载体，比如同是一个"好像"就兼有这两个功能：

姑娘好像花儿一样。（比拟）
姑娘好像病了。（推测）

这是因为推测是根据常理或经验所作的判断，所论事物跟常理或经验有某种共同性，可比性；而被比拟的事物跟所比事物之间也有某种共同性，可比性。因此我们可以判断，今天某些北方话口语里读作 shì·de 兼表示比拟与推断的助词（通常写作"似的"，有时写作"是的"），就是源自始见于《金瓶梅词话》里的句末助词"是的"。对《金瓶梅词话》里的句末助词"是的"的考察使我们看到，"是的"用在句末本来是为加强肯定的语气，这跟作为判断词的"是"的功能有关；但是在一定的语境中"是的"又可以表示不肯定的判断语气，当这种判断是基于两事物之间有相似之处时，就很自然地引申出表示相似或比拟的意义。

3.4 尽管比拟助词"也似"的出现早于"是的"，但口语里选择了"是的"（shì·de），而没有沿用搬用蒙古语语序而产生的"也似""似"，以及由此而产生的"似的"（shì·de）。在《金瓶梅词话》里，"是的"表比拟只有用于句末的例子，不像"也似""似"主要用于句中（"似"只用于句中），到了《红楼梦》里，"是的"表示比拟才既可用于句中，又可用于句末。如此看来，口语里虽然不再使用"也似""似"与"似的"，但却由"是的"把它们的用法继承过来了。

3.5 也是 《金瓶梅词话》里还出现了与"也似"相当的"也是"，⑤例如：

（45）须臾把丫头拶起来，拶的杀猪也是叫。（金，44.5b）
（46）那些通问的书柬流水也是往来。（金，56.7b）

此外，《古今小说》卷二十一《临安里钱婆留发迹》里也有一例：

（47）众人仍分作两队，下了小船，飞也是摇去了。（21.304）

这些例子里的"也是"意义用法跟"也似"完全一样,可看作"也似"的异形。"是"在意义上可通"似",自古已然。例如:⑥

（48）千里而一士,是比肩而立；百世而一圣,若随踵而至也。（战国策·齐策）
（49）是有琴高者,陵波去水仙。（吴均,登寿阳八公山）
（50）窈窕深明阁,晴寒是去年。（陈师道,宿深明阁）
（51）觉得今年只似去年,前日只是今日。（朱子语类,卷121）
（52）杨雄道:"是此怎生罢休得!"（水浒传,47.761）

"是"不仅跟作动词的"似"义通,而且跟作比较介词的"似"也可通用:

（53）段五见妹子劝他,又见妹子奢遮是我,也是输了。（水浒传,104回）
（54）道我每须胜是别媒婆。（琵琶记,十二出）

可见把"也是"看作"也似"的异写形式不是没有依据的。

那么,能不能依据"是"与"似"意义有相通的一面,就认为助词"是的"是从"似的"类推出来的呢？如果没有《金瓶梅词话》里表示推测的句末语气词"是的"的存在,我们很可能也要作此推想,但是《金瓶梅词话》明明白白地告诉我们:"是的"最初跟"似的"是来路和用法都不相同的两个词儿。

《金瓶梅词话》是考察比拟助词来源的最重要材料。在这部小说中,与现代比拟助词"似的"有关的各种形式几乎一应俱全:"似的₁"既有从金元时代继承下来的"也似",又有明代新出现的"也似的""似的""是的",还有"也似"的异形"也是";"似的₂"——"是的"始见于该书。

3.6 在《红楼梦》里,"似的"与"是的"并用,数量上"似的"居多,用法上二者相同,例如:

> 如今来了这们一个神仙似的妹妹也没有(3.69)|把银子都花的淌海水似的(16.333)|今年比往年反觉又重了些似的(45.1040)|我也和你是的独出(28.631)|你们奶奶就是这么急脚鬼是的(11.248)

《红楼梦》里的"是的"[7]反映的是当时口语里的实际读音,这是没有问题的;至于"似的",它是从"也似""也似的""似的"一脉沿用下来的呢,还是因为考虑到用字的表义性而特意写作"似的"呢?一时还不好判定。但今人在书面上确有选用"似的"而不用"是的"的倾向,其根本原因在于我们民族的文化心理注重文字的表义性。具体地说,比拟助词"是的"大体通行于山东、河北、东北等一些地区,南方和北方许多地方似不用这个词儿,那些地方的人自然容易选择表义性强的"似的"。即使是口语里说"是的"的人,也往往受表义心理的作用而在书面上写作"似的"。其次,"是的"在现代汉语里主要表示肯定或同意,使用频繁,人们对这个词形已产生固定的意义反应,这无形中也妨碍人们在书面上用"是的"标写比拟助词。

四 结论

(一)现代汉语比拟助词"似的"(shì·de)除了表示比喻与相似之外,还能表示不肯定的判断语气,这是由它最初的来源决定的。

（二）金元时代白话资料里的比拟助词"似"是汉语搬用蒙古语比拟表达语序时新产生的语法成分。另一比拟助词"也似"的"也"，可能是汉语在借用蒙语比拟后置词"似"时，为把比拟助词"似"跟动词"似"从形式上区别开来而添加的衬词。

（三）现代汉语北方话里的比拟助词 shì·de（写作"似的"或"是的"）不是来自于似/也似→似的/也似的（sì·de）系统，而是来自于明代用于句末的助词"是的"。其引申途径大体为：表示判断语气→表示不定判断语气→表示相似、比喻。

（四）现代汉语口语里只说 shì·de（是的）不说 sì·de，但实际上存在着口读"是的"手写"似的"的倾向，这主要是由于"似的"在字面上的表义性强。

附　　注

① 传世宋元话本中也出现"也似"，但这些作品的确切时代不易考定，又多经后人改动，只能作为参考资料。下面略举几例。《简帖和尚》："殿直从里面叫出二十四岁花枝也似浑家出来。"又："摔得妮子杀猪也似叫。"（见《清平山堂话本》）《宋四公大闹禁魂张》："只见一个汉，浑身赤膊，一身锦片也似文字。"又："教捉笊篱的做眼，飞也似跑到禁魂张员外家。"（见《古今小说》第 36 卷）

② 在宋人话本基础上修定的《史弘肇龙虎君臣会》中也有一例："名标青史，直到如今，做几回花锦似话说。"（见《古今小说》第 15 卷）

③ 关于蒙古语的比拟表达，承蒙照那斯图先生赐教。另，道布（1983）举例有：

　　tʃam ʃωωxã margɔ̃ xũ（像你这样的明白人）
　　你　像　明智　人
　　tʃωlωω ʃωωxa gatωω xωrωωd bɛɛnaa
　　石头　像　硬　奶豆腐　有
　　（像石头一样硬的奶豆腐）

直译成汉语就是：你似明智人｜石头似硬豆腐。

④ A 组的"是的"，明代白话小说里又作"是得"。例如："大伯子许多年

纪,如今说亲,说什么人是得?"(警世通言,第16卷)《平妖传》:"今番我出去,见兀谁是得?"(18回)吴承恩《西游记》里单用一个"是",例如:"你可脱了衣服睡是。"(18回)"师父,这娘子告诵你话,你怎么佯佯不睬?好道也做个理会是。"(23回)"是的"用在句末,表示确认语气的例子又如《二刻拍案惊奇》:"今逢目见本妇,身在临清乐户魏鸨倚门卖奸。本妇称系市棍郁盛略卖在彼是的。"(38回)

⑤ 还有从"也似"类推出来的"也一般"。如"黑油也一般好头发"。(金 12.15b)"似尿也一般流起来"。(金 61.18b)

⑥ 例(48)—(50)引自徐仁甫《广释词》(四川人民出版社,1981,457页);例(51)(52)引自胡竹安《水浒词典》(汉语大词典出版社,1989);例(53)(54)引自顾学颉、王学奇《元曲释词》(三)(中国社会科学出版社,1988)

⑦ 转引《红楼梦》之外的"是的"的用例(见香坂顺一1983)。《醒世姻缘传》:"吃的像个肥贼是的。"(51回)又:"他娘儿两个喜的像什么是的。"(49回)蒲松龄《富贵神仙》:"年纪三十四五,只像二十四五呀是的。"("呀是的"应为"也是的"的异写)

参考文献

陈　刚　1985　《北京方言词典》,商务印书馆,251页。

道　布　1983　《蒙古语简志》,民族出版社。

黄岳洲　1955　《试谈"一样""像……一样""似(是)的"》,《语文学习》第5期。

陆俭明　1982　《析"像……似的"》,《语文月刊》第1期。

吕叔湘等　1980　《现代汉语八百词》,商务印书馆,507—508页。

吕叔湘　1982　《中国文法要略》第十九章,商务印书馆8月新一版,353—358页。

太田辰夫　1987　《中国语历史文法》,蒋绍愚、徐昌华译本,北京大学出版社,183—185页、322—323页。

香坂顺一　1983　《白语语彙の研究》,光生馆,91—92页。

俞　敏　1953　《语法札记》,《语文学习》第5期。

赵元任　1979　《汉语口语语法》,吕叔湘译本,商务印书馆,364页。

朱德熙　1982　《说"跟……一样"》,《汉语学习》第1期。

引用书目

《刘知远诸宫调》：文物出版社，1958年影印金刻本。
《董解元西厢》：商务印书馆万有文库本。
《新校元刊杂剧三十种》：中华书局，1980年徐沁君校点本。
《大宋宣和遗事》：涵芬楼排印金陵王氏洛川校正重刊本。
《大元圣政国朝典章》：影印元刊本。
《鲁斋遗书》：四库全书本。
《水浒传》：人民文学出版社，1975。
《元曲选》：中华书局，1979。
《金瓶梅词话》：文学古籍刊行社，1955年影印明刊本。
《清平山堂话本》：文学古籍刊行社，1987。
《古今小说》：人民文学出版社，1979。
《脂砚斋重评石头记》（简称《红》）：人民文学出版社，1975。
《儿女英雄传》：人民文学出版社，1983。

原载《中国语文》1992年第6期

从语言渗透看汉语比拟式的发展

汉语的比拟式是表达两物或两事之间有相似关系的结构,前面一般有像义动词如"如、似、像"之类,本文用D表示;像义动词后面的成分是喻体,可以是名词、动词、短语、句子等,本文用X表示;X成分后面有时附上比拟助词,如"然、似的"等,本文用Z表示,有时不用比拟助词。本文只讨论后附比拟助词的比拟式,把前面有像义动词的"D+X+Z"式称为全式,把前面没有像义动词的"X+Z"式称为简式。以现代汉语为例:

全式:D+X+Z　像花儿似的|像飞似的

简式:X+Z　花儿似的|飞似的

现代汉语中用法跟"似的"相似的"一样",以及在近代汉语中常用的"一般",尽管出现在比拟式中比拟助词的位置上,但它们跟"似的"不太相同,其实词义并未消失净尽,故本文除连类而及之外,暂不讨论"一般、一样"之类。

1　先秦

1.0　据考察,先秦的比拟式都是全式,比拟助词常见的有"然"和"者"。[①]

1.1　A:D+X+然

(1)人之视己,如见其肺肝然。(礼记·大学)

（2）夫道若大路然,岂难知哉？人病不求耳。（孟子·告子下）

（3）善养生者若牧羊然,视其后者而鞭之。（庄子·达生）

（4）夫子若有不豫色然。（孟子·公孙丑下）

（5）木若以美然。（同上）

1.2　B：D+X+者

（6）子之哭也,一似重有忧者。（礼记·檀弓）

（7）孔子于乡党,恂恂如也,似不能言者。（论语·乡党）

从句法功能来看,先秦的比拟式在句中一律充当谓语。从语法意义上看,用"然"和用"者"似不完全等同。"D+X+然"式主要表示比喻和比拟,如例（1）—（3）；但同时又有表示一种疑似判断语气的,如例（4）"夫子若有不豫色然"（夫子好像有不快的表情似的）、例（5）"木若以美然"（棺木好像太华美了似的）。再看"D+X+者"式,例（6）"一似重有忧者"（好像有深重的伤悲似的）、例（7）"似不能言者"（像是不会说话似的）,其语义虽然也有比拟成分,但其侧重点却在不肯定的判断语气,像义动词略相当于副词"似乎"。

2　两汉

2.0　两汉的比拟式跟先秦基本相同,但已出现了简式。

2.1　全式A：D+X+然

（1）秦王闻若说,必若刺心然。（史记·苏秦传）

（2）其视杀人若艾草菅然。（汉书·贾谊传）

偶然见"D+X+焉"式：

（3）长安东北有神气，成五采，若人冠冕焉。（史记·封禅书）

有人认为"焉"实为"然"字之音借。

2.2.1 全式B：D+X+者

（4）旁若无人者。（史记·刺客传）
（5）於是公子自责，似若无所容者。（又，信陵君传）

2.2.2 简式：X+者

（6）吾视郭解状貌不及中人，言语不足采者。（史记·游侠传赞）
（7）玄成素有名声，士大夫多疑其欲让爵辟兄者。（汉书·韦玄成传）

简式二例皆可补出像义动词，例（6）"言语不足采者"犹言"言语似不足采者"，例（7）"士大夫多疑其欲让爵辟兄者"犹言"士大夫多疑其似欲让爵辟兄者"，因此把"X+者"看作是"D+X+者"简略了像义动词是合适的。

两汉时期的比拟助词"然"和"者"的语法意义似有分别，"然"表示比喻和比拟（例1—例3），"者"表示不定判断语气（例4—例7），而在先秦文献中"然"可以兼表比拟与判断。

两汉的比拟式不论是全式还是简式，均在句中充当谓语，与先秦同。

3 魏晋南北朝

魏晋南北朝出现了新的比拟助词"馨",只有全式,做谓语:

(1)冷如鬼手馨。(世说·忿狷)

(2)顾看两王掾,辄翣如生母狗馨。(又,文学)

馨,段玉裁考证其为"叧"字之音借。《说文》:"叧,声也。从只,甹声。读若馨。"段注云:"谓语声也,晋宋人多用馨字,馨行而叧废矣。"所谓"语声",即语助词。"馨"在南北朝时期多做指代词词缀,如:正自尔馨(世说·品藻)|田舍儿强学人作尔馨语(又,文学)|使君如馨地宁可斗战求胜(又,方正)|王文开那生如馨儿(又,容止刘注引《语林》),"尔馨、如馨"义犹如此,为样态指示词。词缀"馨"用在短语后进入比拟式而成为比拟助词。不过"D+X+馨"的用例很少,X 成分目前也只见 NP 而未见 VP,这说明比拟助词"馨"的使用范围和语法功能很有限。

4 唐、宋

4.0 唐宋时期出现了新的比拟助词"相似",以全式为主,偶见简式。唐五代用例取自《敦煌变文集》和《祖堂集》,宋代的例子取自《五灯会元》和《朱子语类》。

4.1.1 全式: D+X+ 相似

(1)坚牢树神,状如豹雷相似。(变文集·庐山远公话)

(2)犹如不打相似。(变文集·舜子变)

(3)他各各气宇如王相似。(祖,2.60)

（4）寒暑兀兀,如愚如聋相似。（祖,6.62）

（5）犹如云开日出相似。（祖,4.61）

（6）一似十七八岁状元相似。（五灯,1188页）

（7）如生脱龟壳相似,大苦。（五灯,395页）

（8）便是屎上青蝇相似。（五灯,925页）

（9）如昼夜相似。（朱语,597页）

（10）恰似个狮子跳跃相似。（朱语,1796页）

4.1.2 简式：X+相似

（11）师上堂云："此事似个什摩？闪电相似,石火相似,火焰相似,霹雳相似。是你诸人著力须得趁著始得,若不趁著,丧身失命。"（祖,3.88）

（12）尽黑漫漫地,墨汁相似。（五灯,393页）

（13）这边那边飞走,野鹿相似,但求衣食。（五灯,395页）

（14）烂冬瓜相似变将去,土里埋将去。（五灯,395页）

4.2 附带说及,唐宋时期还出现了另一个新的比拟助词"一般",以全式为主,偶见简式：

4.2.1 全式：D+X+一般

（15）沙细人间莫比,恰如粉面一般,和水浑流不止。（变文集·妙法莲花经讲经文）

（16）若拨无因果,便同谤于般若,出佛身血一般。（祖,3.125）

（17）兜率独尊,超乎群品,亦如树果一般,方为称断。（祖,3.127）

（18）自生而熟，正如写字一般。（朱语，968页）

（19）便是杀人底人一般。（朱语，1227页）

4.2.2 简式：X+一般

（20）大人才见两僧，生佛一般礼拜。（祖，4.38）

（21）师云："者个事军国事一般，官家若判不得，须唤村公断。"（祖，5.45）

其中例（20）"生佛一般"在句中做状语。

4.3 小结

（一）先秦两汉时期的比拟助词"然"和"者"早已不在口语中使用，六朝时候的"馨"只用在名词性短语之后，且当时也不多见，更没有沿用到唐宋。唐宋时期出现了新的比拟助词"相似"和"一般"。"相似"本是动词"似"前加副词"相"，其意义是动词"像""类同"，用在前面已有像义动词"如、似"等的比拟结构末尾，致使其词义虚化，从而用如比拟助词。"一般"本是形容词，进入比拟结构后词义虚化，用如比拟助词。据李思明（1998）统计，《敦煌变文集》中"相似"只有三例；《祖堂集》中增多，"相似"与"一般"之比为19∶2；《五灯会元》只用"相似"，《朱子语类》中"相似"和"一般"数量均大增，其比例为282∶107。总的来看，唐宋时期的比拟助词基本上用"相似"，到了南宋"一般"的用例才骤见增加。

（二）唐宋时期比拟式主要是全式，简式很少见，其语法功能也主要做谓语，偶见有做状语的，如例（7）（13）（14）（20）。简式是全式省略了像义动词。比拟式做状语，有的是复句中分句的层次，如例（7）（13）；有的是单句中短语的层次，如例（14）（20）。

总之，从先秦到唐宋这段漫长的岁月里，汉语的比拟式基本上都是全式，其语法功能几乎清一色做谓语，只是从五代开始，才见到为数有限的做状语的例子。可以说，在12、13世纪以前，汉语的比拟式在形式和语法功能上都是比较单一的。

5 金元

5.0 我们用《刘知远诸宫调》和《董西厢》作为金代的材料，用《元刊杂剧三十种》《元典章》等作为元代的可靠资料。这一时期出现了新的比拟助词"似、也似"，由"似"和"也似"构成的比拟式前面不用像义动词，但后面一定要有NP或VP，也就是说，"X+似/也似"比拟结构的语法功能是做修饰语，或修饰NP做定语，或修饰VP做状语，这一点跟以前的比拟式有着根本的不同。

5.1 X+似+NP/VP

（1）璧玉似牙嚼欲将破。（刘知远，11〔般涉调·苏幕遮〕）

（2）龙颜尽变改，失却紫玉似颜色。（刘知远，12〔大石调·玉翼蝉〕）

（3）把山海似深恩掉在脑后。（董西厢，2〔黄钟调·侍香金童，尾〕）

（4）虎狼似恶公人，扑鲁推拥厅前跪。（魔合罗，4〔叫声〕）

（5）做娘的剜心似痛杀杀刀攒腹，做爷的滴血似扑簌簌泪满腮。（看钱奴，2〔滚绣球〕）

例（1）（2）"X+似"修饰名词"牙、颜色"做定语；例（5）"X+似"修饰谓词性成分"痛杀杀""扑簌簌"做状语。例（3）（4）如把"深恩""恶公人"看作一个词，则"X+似"是定语，如把"深恩""恶公人"看作短语，则"X+似"是状语。总之，"X+似"结构的功能是做修饰语，不能独立做谓语。

5.2　X+也似+NP/VP

（6）喝一声爆雷也似喏。（董西厢，2〔般涉调·墙头花·尾〕）
（7）绛云也似丹脸若频婆。（西蜀梦，3〔石榴花〕）
（8）俺哥哥山海也似恩未报（替杀妻，3〔满庭芳〕）
（9）正熟睡，倾盆也似雨降。（刘知远，2〔正宫·锦缠道〕）
（10）不把我人也似觑，可将我谜也似猜。（老生儿，1〔么篇〕）
（11）我量力求财……涌进也似钱来。（同上，1〔仙吕·点绛唇〕）
（12）捣蒜也似阶前拜则么？（竹叶舟，4〔倘秀才〕）
（13）阔里吉思戏言也似说来也者。（元典章·刑部，2）

例（6）—（9）"X+也似"修饰NP做定语，例（10）—（13）修饰VP做状语。"似"和"也似"的语法意义和功能完全相同。拙文（1992）认为由于单用的比拟助词"似"容易跟动词"似"相混，为了区别起见，就在助词"似"前面加上语助词"也"作"也似"，也就是说"也似"实为"似"的变体。[②] 助词"似"的用例比较少，但从考源的角度看，这些例子十分重要，它出现得早，更能反映出这种比拟式初期的面貌，我们正应该由此入手，寻考其出现的原因。

5.3　回顾一下自先秦至唐宋的比拟式，可以清楚地看出金元白话资料里的比拟式跟前代明显不同，主要有二：

（一）句式结构不同

金元以前的比拟式基本上都是"D+X+Z"（全式，如/若X然/者、如X馨、似X相似、如X一般），而金元时期的比拟式为"X+似+NP/

VP",前面不用像义动词,后面必须有中心语 NP 或 VP。虽然唐宋白话文献中有少数"X+Z+VP"的用例("生佛一般礼拜"|"烂冬瓜相似变将去"),但从历史传承可以看出"X+Z"是"D+X+Z"的省略,"X+Z"跟后面的 VP 结构关系比较松散,其中间可以有停顿,可以添加成分(如:似见了生佛一般,叉手深深礼拜|如烂冬瓜相似,一日日渐渐变将去)。而"X+似+VP"的结构关系紧密,"X+似"跟 VP 之间不能有停顿(如"剜心似痛杀杀刀攒腹")。特别要注意的是,在早期可靠文献里,"X+似"结构的特点就是前面不用像义动词,从根本上说,它没有一个前加像义动词的对应式,因而它不是简式,尽管它跟金元以前的简式"X+相似/一般"表面上相类同。

(二)语法功能不同

金元以前的比拟式尽管比拟助词有兴替,但它们的语法功能相同,都是在句中充当谓语成分。五代前后有少数简式做状语,但如前所述,这种简式做状语用法的本质可以看作是复句的紧缩。金元的比拟结构"X+似"是个修饰成分,它的后面一定要有中心语,当中心语为 NP 时,"X+似"充当定语,当中心语是 VP 时,"X+似"充当状语,"X+似"不能独立使用,因而它不能充当谓语。以上特点跟唐宋及唐宋以前的比拟式迥然而异。

5.4 是什么原因促使金元白话中出现了这种形式和功能全新的比拟式呢?拙文(1992)认为应是汉语受到阿尔泰语(主要是蒙古语)语法影响所致,下面再缀数语重申这一看法。

蒙古语的比拟表达方式是在名词、代词或少数动词后面加上后置词 metü,然后再接中心语,蒙语专家照那斯图先生提供了如下例子:

  ral metü ularan tur
  火 似 红 旗 (像火一样红的旗子)

228　近代汉语探源

>
> mori　nisqu　metü　qaruluna
> 马　　飞　　似　　跑　　（马像飞一样地跑）

可以看出金元时期的"X+似+NP/VP"式跟蒙古语比拟表达的直译体的词序相一致。

下面两例引自道布（1983）97页和109页：

> tʃam　ʃɷɷxã　dʒalxɷɷ　xũ　bɛɛxgɷe
> 你　　好像　　懒　　　人　有无　（没有像你这么懒的人了）
>
> mœs　ʃɷɷxã　jim
> 马　　如同　　东西　（像马似的东西）

如果直译，这两句就成了"你似懒人没有""马似东西"。显然，这样直译容易有歧解。"马似东西"会歧解为主谓句，如果"似"前加上助词"也"作"马也似东西"就不会有这种误会了。

5.5　在学界公认的传世宋元话本中，比拟助词只见"似、也似"，未见"似的、也似的"，比拟结构"X+似/也似"前面也不用像义动词，可以直接做定语或状语，情况跟金元可靠资料一致，例如：

（14）名标青史，直到如今，做几回花锦似话说。（古今小说·史弘肇龙虎君臣会）

（15）只见一个汉，浑身赤膊，一身锦片也似文字。（又，宋四公大闹禁魂张）

（16）教捉笊篱的做眼，飞也似跑到禁魂张员外家。（同上）

（17）殿直从里面叫出二十四岁花枝也似浑家出来。（清平山堂话本·简帖和尚）

（18）摔得妮子杀猪也似叫。（同上）

如此看来，金元比拟助词的形式和语法功能可以作为一项标志，用作鉴定作品语言时代的参考。

5.6　我们注意到，在元代可靠语言资料中也有少数例外。比如许衡《直说大学要略》(《鲁斋遗书》卷三）里有两例"D+X+也似"做谓语的例子：

（19）若不用心体验，便似一场闲话也似，这般说过去了便无益。（"似+X+也似"也可看作状语）

（20）便如掩着那耳朵了去偷那铃的也似。

另外在《大宋宣和遗事》里有"X+也似"在复句中做状语的一例：

（21）把个门儿关闭闭塞也似，便是樊哙也踏不开。

这三例跟前举金元资料诸例形式和用法都有异，倒是跟唐宋比拟句全式"D+X+相似"和简式"X+相似"相同。我们认为，这三例不是金元时期的典型用法，而是用金元时代的比拟助词"也似"替代了唐宋旧格式中的"相似"，是旧瓶装新酒，并没有产生新的语法格式和语法功能。

现代汉语的比拟助词用"似的"或"也似的"，但通过上面的考察可以知道，在元代可靠的资料里还没有出现"似的"和"也似的"，虽然明人臧晋叔所编《元曲选》宾白中已有"也似的"，但是其曲文中未见，而且元刊本杂剧中也未见，所以毋宁把它看作明人的手笔为宜。

6 明代

6.0 我们以万历本《金瓶梅词话》作为明代的可靠资料。这本书中的比拟式种类繁多，不仅有唐宋金元各代的积淀，同时还有明代新生的形式，以下各举一二用例说明。

6.1 （A）D+X+相似:(那贲四)如坐针毡相似。(35回)

（B）X+相似:肐脾儿瘦的银条儿相似。(62回)

（C）D+X+也似:两耳朵似竹签儿也似。(61回)

（D）X+也似:生的灯人儿也似。(78回)

A 式始见于唐代，B 式是 A 式的简式，五代及宋时有少量用例。C、D 二式是金元的"也似"替换唐宋的"相似"，不是新格式。但是由于这种词汇上的替换使得金元时代原本只做定语和状语的"X 也似"结构出现了可以在句末做谓语的新功能。

（E）X+Z+VP（Z 为"似、也似、也是"）:逗猴儿似汤那几棍儿去(73回)|插烛也似磕下头去(58回)|流水也是往来(56回)

E 式有两点可以注意:一是出现了新的比拟助词"也是"，不过"是"与"似"义通，自古已然（详见拙文1992，450页）；二是 E 式比拟结构都做状语，这类用例的数量大大多于做定语的，跟金元资料中定语用法更为常见形成反差。我们认为这种功能上的反差是金元时代的比拟式被逐渐汉语化的一个反映。

（F）D+X+也似+NP:真个是布机也似针线。(3回)

此例"X+也似"做定语,是金元用法的体现,但前面加像义动词"是",却是汉语比拟式的特点。所以,F式是金元比拟式被汉化而产生的新句式,不过这种句式的用例很少见。

(G)X+似+VP+的+NP:油似滑的言语(张竹坡评本1回)

按金元比拟式的功能,"X+似+VP"后面无须加结构助词"的"就可以直接修饰名词,如前举"山海似深恩""虎狼似恶公人",而万历本此句正作"油似滑言语"。G式在后面加"的",也是使金元比拟式在功能上汉化的表现。这类例子在《水浒传》中也能见到:这般火似热的天气(16回)。

(H)X+Z+的(Z为"似、是、也似、也是"):如何狗挞了脸似的(46回)|指头儿似的少了一个(73回)|捏杀蝇子儿是的(35回)|鬼精灵是的(37回)|把汉子调唆的生根也似的(58回)|怎的号啕痛也是的。(76回)

H式在形式上的特点是比拟助词后面加上了助词"的",在功能上H式主要做谓语,少数做状语、补语,未见做定语的。H式无论形式还是功能都跟金元时期的比拟式很不一样,其功能可以说又回到了唐宋比拟式。

6.2 《金瓶梅词话》所见A—H八个格式是汉语的比拟式在特定历史背景下与阿尔泰语的比拟表达相渗透、相融合的过程的反映。这种渗透和融合经历了从照搬蒙古语词序,到逐步调整、改造,使之融入汉语固有的语法体系的过程。其步骤大致为:

(a)词汇替换,用金元时期的"也似"替换唐宋时期的"相似"(似

竹签儿也似);

（b）模仿全式，前加像义动词(是布机也似针线);

（c）削弱、减少"X 似/也似"的定语功能，因为这是汉语比拟结构以前所从未有的功能；

（d）在做定语的比拟结构"X 似 VP"后加结构助词"的"（油似滑的言语);

（e）在比拟助词"似、也似"后加结构助词"的"（狗挺了脸似的/生根也似的)。

在以上一系列的调整措施中，最关键、最具实质性的步骤是在比拟助词"似、也似"后面加上结构助词"的"，使得比拟助词"似的"增加了结构助词的功能，这样比拟结构"X 似的"就可以比较自由地充当谓语、状语、定语、补语等各种句子成分了。形式上的调整，达到了功能上的融合。

7　结语

在汉语历史语法研究中，要想认识一种语法格式的由来和特征，就不得不追溯它的历史，理清它的发展轨迹和脉络。中华民族有着极其悠久的历史，在漫长的历史发展过程中，汉民族和其他各民族密切交往，长期杂居乃至通婚，汉语和外族语言的接触是非常密切的。《颜氏家训·音辞篇》说当时的汉语是"南染吴越,北杂夷虏"，唐太宗一反历代"贵中华、贱夷狄"的偏见，大大促进了各民族的交往与融合。宋代以后，契丹、女真、蒙古各族先后入主中华，13 世纪蒙古统一了中国，推进了在语言、文化等方面对汉语、汉文化的影响。因此我们在考察和分析历史语言现象时，应该跳出历史比较法的框框，从语言接触、语言融合的角度去把握。也就是说，语言不是一种同质系统，共时语言中的有些差异不一定都是其自身单线条历时层次的反映，而可能是由于不同语言之间相互渗透、相互融合造成的。我们认为元明时期的比拟式正应该这样解释。下面把本文的主要内容和观点归纳如次：

（一）从先秦到唐宋，汉语比拟式的典型句式为"D+X·Z"，其简式为"X·Z"。先秦两汉的比拟助词Z为"然、者"；唐宋时期的比拟助词Z为"相似"或"一般"。无论全式或简式，其语法功能都是在句中做谓语，直到五代以后才有少量简式做状语的例子。

（二）在金元白话资料里出现了与以往迥然不同的新的比拟式"X·Z+NP/VP"，前面不用像义动词，Z为"似、也似"，"X似/也似"只能做修饰成分——定语或状语，不能做谓语。这种比拟式不是汉语原有的比拟式的继承与发展，而是模仿阿尔泰语（主要是蒙古语）比拟表达词序而产生的新兴的比拟式，是在特定历史社会条件下语言接触和融合的产物。

（三）汉语在接受阿尔泰语比拟式影响时，经过了从模仿照搬到逐步调整、改造，使之纳入汉语语法体系的过程。拙文1998关于后置词"行"的考辨也是一例。即汉语原为"动/介+NP行(+VP)"式（向谁行宿），而蒙古语前面不用"动/介"，直接在NP后加后置助词表示动作的对象等，故元代白话文献中常见"NP行+VP"式（皇帝行奏），但明代以后这种句式就很少见了，渐被"动/介+NP行(+VP)"（向皇帝行奏）所替代。这说明汉语一般不会原样照搬外族语言的语法格式，即使一时接受了，其后也会"回潮"，这就是为什么汉语不断吸收其他民族的语言成分却始终保持其基本结构特点的原因。

（四）现代汉语的比拟式为"像+X似的(+NP/VP)"，从形式上可以分解为a"像+X似的"和b"X似的+NP/VP"两式，a式是汉语固有的"D+X·Z"式，b式来自阿尔泰语的"X似+NP/VP"的变体（变在"似"后加了结构助词"的"）。从功能上汉语的比拟式主要做谓语，阿尔泰语的比拟式主要做修饰语(定语、状语)。语言渗透的结果,使得两种比拟式的形式融为一体,功能也兼容了。真所谓"你中有我,我中有你"。

(五)拙文(1992)认为现代汉语北方话中念作 shì·de(是的)的比拟助词不是来自似/也似→似的/也似的(sì·de)系统,而是来自明代表示判断语气的句末助词"是的",本文重申这一观点。不过另加说明的是:

(1)"是的"与"似的"是来源不同的两个比拟助词,由于"是"与"似"词义本有相通的一面,二者读音也相近,再加之"是的"与"似的"又有共同的语法意义——表示比拟,所以其功能迅速相互渗透,以至除了读音以外,二者没有什么不同。在竞争中"是的"战胜了"似的",成为北方话口语中通行的比拟助词。由于"似"的表义性强,所以至今仍残存在书面语中,南方人更习惯于使用"似的"。

(2)《现代汉语词典》把"似的"与"是的"立为两个词目的做法是对的,但把"似的"也注作"shì·de"似可商量。我们主张依其字标作 sì·de。因为历史上毕竟有从"似"到"似的"的比拟助词存在,而且它现在仍在书面上和相当广泛的方言区里使用。

附 注

① 本文的参考文献及有关白话资料的引书目录同拙文(1992),补充的书目见下。先秦两汉例句多采自杨树达《词诠》,唐宋例句有一部分引自李思明(1998),恕不一一指出。

② 晋葛洪《抱朴子》中有"也"和"似"相邻出现的例子,如:其利口谀辞也似辨,其道听途说也似学,其心险貌柔也似仁,其行污言洁也似廉,其好说人短也似忠,其不知忌讳也似直(卷二十)。"也"在句中为表示停顿的语气词,"似"为谓语动词。《抱朴子》中另有不用"似"而用"如""犹"的例子:烈士之爱国也如家,奉君也如亲,则不忠之事不为其罪矣。仁人之视人也如己,待疏也犹密,则不怨之怨不为其责矣(卷三九)。总之《抱朴子》中的"也"与

"似"或"也"与"如"、"也"与"犹"跟金元资料中的比拟助词"也似"在结构和语义上都不相干。

参考文献

江蓝生　1992　《助词"似的"的语法意义及其来源》,《中国语文》第 6 期。

江蓝生　1998　《后置词"行"考辨》,《语文研究》第 1 期。

李思明　1998　《晚唐以来的比拟助词体系》,《语言研究》第 2 期,总第 35 期。

引用书目

《敦煌变文集》:人民文学出版社,1957。
《祖堂集》:中文出版社影印本(日)。
《朱子语类》:中华书局,1986。
张竹坡评本《金瓶梅》:齐鲁书社,1987。

原载《中国社会科学》1999 年第 4 期

后置词"行"考辨

后置词"行"很早就引起了中外学者的注意。张相(1953)卷六"行"字条举宋元明词曲众多用例释作"这/那里、这/那边"。蔡美彪(1955)注云,"行"一般与"根底"同,在《元朝秘史》译文里常以"行"字对译蒙古语的与格助词,在元代碑文中很少用。日本汉学家入矢义高(1956)针对此注指出,蔡氏实际上把"行"解释成蒙古语的译词,但"行"在欧阳修、柳永、周邦彦等北宋人的词里就已经出现了(218页左下)。另外,小林高四郎(1954)详细考察了《元朝秘史》旁译(即对译)和总译文中的情况,指出"行"分别与蒙古语的场所格、与格、宾格等助词相对应,并且推测使用"行"字对译,"并非完全不相干,可能有某种根据",至于根据什么,他没有深究。此后,山川英彦(1967)对"N行"在《元朝秘史》里的用法进行了更为细致、全面的描写,并且指出"～行"具有把应置于动词之后的宾语提到前面的积极功能。80年代以来,余志鸿(1983、1987、1992)几篇文章都是讨论阿尔泰语与汉语相互影响、相互融合的问题,其中谈得最多最详的就是后置词"行"。余氏吸收了山川氏的研究成果,并扩而大之,举出元曲中的许多用例,明确地认为后置词"行"是汉语从阿尔泰语引进的语言现象。笔者近年对这个问题也很有兴趣,读书思考,渐有一得,现写出向汉语史、蒙古语专家及各位读者请教。

一

宋元明白话文献里有一种用在代词、身份名词后面的"行"（音读如"杭"），如："我行、你行、伊行、咱行、谁行"，"郎行、娘行、爹行、贱妾行、君王行"等；偶尔也用在指事或指物的名词之后，如"我去那酒色财气行取一纸儿重招；我去那生老病死行告一纸儿赦书。"（元曲《来生债》二折［煞尾］）宋代和明代比较少见，主要用于元代，下面分两类三种句式来介绍"N 行"的用法和语法意义。①

1.1 A 式："N 行"前面有动词或介词

（一）动/介+N 行 "～行"有的相当于"这/那里"，有的词义虚化，去掉也不影响句意。

（1）若言无意向咱行，为甚梦中频梦见？（柳永，木兰花词；无意到我这里）

（2）最苦梦魂，今宵不到伊行。（周邦彦，风流子词；不到他那边）

（3）你晓夜兼程来探访，都只为我行。（伍员吹箫，一折〔天下乐〕；都只因为我的缘故）

（4）衷肠说与谁行！（巾箱本琵琶记，二十三出；说给谁，对谁说）

（二）动/介+N 行+VP "～行"有的相当于"这/那里"，有的词义虚化，去掉也不妨。

（5）低声问向谁行宿，城上已三更。（周邦彦，少年游词；在哪里过夜的。)

(6)离魂暗逐郎行远。(姜夔,踏莎行词;跟随着情郎越走越远)

(7)他怎肯去汉王行保奏。(气英布,三折〔滚绣球〕;到汉王那里保奏)

(8)你在我行口强。(西厢记,一本二折〔朝天子〕;你在我面前嘴硬)

(9)这烦恼待向谁行诉。(潇湘雨,三折)

(10)新挑的手帕儿在谁行放?(金瓶梅词话,73.15b;.前为回数,.后为页数,a、b分别表示正反面,下同;手帕放在谁那里)

1.2 B式:"N行"前面没有动词或介词

(三)N行+VP "～行"虽无实义,但却不可少。

(11)动不动君王行奏。(金钱记,三折〔耍孩儿〕;向君王奏)

(12)云:我官人行说了。(魔合罗,三折;我对官人说了)

(13)嫂嫂母亲行更加十分孝。(替杀妻,二折〔滚绣球〕;嫂嫂对母亲更加孝顺)

(14)又道是丈夫行亲热,耶娘行特地心别。(拜月亭;对丈夫亲热,对爷娘有二心)

(15)大师行深深的拜了。(西厢记,一本二折;对着大师深深地拜了)

(16)云:但较些呵,郎中行别有酬劳。(拜月亭,二折;只要病好些,对郎中另有酬谢)

(17)床头金尽谁行借?(元·乔吉,山坡羊·冬日写怀曲;向

谁借）

（18）我如今修一封平安家书，差人岳母行报知。（倩女离魂，三折；向岳母报知）

（19）你这等贼心贼肝，我行须使不得。（水浒传，14回；对我可使不得）

（20）知道你夫人行应难离，倒等的我寸心如醉。（金瓶梅词话，61.4a；难离夫人）

B类的"～行"不可缺少，如果去掉，就使得"N行"的N由受事变为施事，与原句意思不相符合。张相《诗词曲语辞汇释》卷六"行"条没有注意到B类的特殊性，统统把"～行"释作"这/那里、这/那边"。余志鸿（1983、1987）认为，元代的"～行"并不能全用"这/那边、这/那里"来解释，其中有一部分作为后置词，"起着提前宾语或补语的作用"。他以《蒙古秘史》汉语对译和总译为材料，证明这个后置词"～行""可能是从蒙古语引进的语言现象"，是汉语"与阿尔泰语言交融的产物"。现引余文（1987）中的三例，以窥一斑。上一行为蒙语音译，下一行为汉语白话对译（例子后括号内的数字，前为句节数，后为页码）：

① 豁罗合札　刺　亦列牙（224—628）
　　远　　　地　行　教去（发往远处；"～行"对译蒙语与格助词）

② 成吉思　合罕　亦秃儿坚　突儿　兀禄　客列列勒敦（184—432）
　　太祖　　皇帝　人名　　　行　　不　　说话（成吉思汗不跟亦秃儿坚说话，"～行"对译蒙语位格助词）

③ 帖那　答忽　宜　帖木真　哈撒儿　别勒古台　忽儿班　阿卜抽翰惕抽
　　（96—129）
　　那　　袄子　行　人名　　人名　　人名　　　三　　　将着　　去着

（帖木真、哈撒儿、别勒古台三人拿着那袄子送去；"～行"对译蒙语宾格助词）

上举《秘史》对译文中显示："～行"与蒙古语中的格助词对应，是一个后置的语法标记单位。拿前举 B 类例句与《秘史》总译文相对照，可以看出 B 类各例中的"～行"确实以看作语法标记为宜。试对照：

我回去金国皇帝行奏知。（秘史，134—966）
动不动君王行奏。（元曲·金钱记）

余志鸿先生敏锐地发现了元曲中跟汉语原有语序不相符合的语言现象，并用语言类型学的观点，从语言接触与语言融合的角度加以解释，这不仅有助于研究者正确分析元曲等白话文献中的同类语法现象，而且对于了解历史上阿尔泰语对北方汉语的影响和渗透，探索汉语在吸收外来语语法格式时的包容性方面都很有启发，这是余文的一个贡献。但是毋庸讳言，余文也并非无懈可击，比如关于"～行"的历史来源问题、关于能否把 A 类和 B 类同等看待的问题，我们跟余先生都有或大或小的分歧，题目谓之"考辨"，主要是就这两个问题进行讨论。

二

2.1 后置词"～行"读如"杭"（屡见臧晋叔《元曲选》注），跟蒙古语里相对应的格助词读音不同，因此，它不是一个音译用字。余志鸿（1987）在追溯这个词的历史时，以《汉书》六例为证，认为"～行"字虚化的用法，大概始于汉代。现照引六例于下，然后略陈己见。

（1）天汉元年，且鞮侯单于初立，恐汉袭之，乃曰："汉天子我

丈人行也。"（苏武传）[②]

（2）单于乃自谓："我儿子，安敢望汉天子！汉天子，我丈人行。"（匈奴传）

（3）遂囚建行在所。（卫青霍去病传）

（4）使译谓曰："汉使者持黄金锦绣行赐诸国，王不来受，我去之西国矣。"（傅常郑甘陈段传）

（5）浞野侯行捕首虏数千人。（匈奴传）

（6）获单于父行及嫂、居次、名王、犁汙都尉、千长、将以下三万九千余级。（同上）

余文认为以上各例的"行"都不宜作"排行、班辈"讲，还根据这些例子多见于与匈奴交战的文章进而推测："也许这个'～行'一开始就是非汉语的。"他1992年的文章仍持这一观点。

今按，上面（3）（4）（5）三例中的"行"均应读xíng。例（3）"行在所"为一词，也称"行在"，指天子所在的地方，后专指天子巡行所到之处。此例《史记·卫将军骠骑列传》作："遂囚建诣行在所。"明示"行"字属下不属上。建，苏建。裴骃集解引蔡邕曰："天子自谓所居曰'行在所'，言今虽在京师，行所至耳。"《汉书·武帝纪》"征诣行在所"颜师古注："天子或在京师，或出巡狩，不可豫定，故言行在所耳，不得亦谓京师为行在也。"例（4）"行赐"为一词，颜师古注："遍往赐之。"犹言到各地赏赐。例（5）"行捕"为一词，犹言巡行捕捉。《水浒》二十三回有此词："为景阳冈上，新有一只大虫，伤害人命，见今杖限各乡里正并猎户人等行捕未获。"因此上面三例中的"行"（xíng）均与后置词"～行"无涉。另三例中，例（1）（2）的"丈人行"颜师古注："丈人，尊老之称。行者胡浪反。"故"丈人行"即指尊长之辈。例（6）的"父行"应指父辈，这从"大父"指祖父可以推知。《韩非子·五蠹》:"今人有五子不为多,子又有五子,大父未死而有二十五孙。"《史记·留侯世家》"大父开地"裴骃集解引应劭曰:"大父,祖父。"也可指外祖父,如《史记·刘敬叔孙通列传》:"冒顿在,固为子婿;死,则外孙为单于。岂尝闻外孙敢与大父抗礼者哉!""大父行"指祖父一辈的人。如《史记·汲郑列传》:"[郑庄]年少官薄,然其游知交皆其大父行,天下有名之士也。"后来"大父游"成为忘年之交的典故,清王士禛《池北偶谈·谈异六·老僧》:"[张翁]自言与雍丘、孟调之、曾（céng）大父游,历历能道其平生游猎处。孟氏兄弟严事之,如曾（zēng）大父行。""曾（zēng）大父行"即指曾祖父一辈的人。由上来看,《史记》《汉书》中"丈人行""父行"的"行"解释为"行辈"有充足的根据,而把它看作虚化的、非汉语的成分则有些唐突。

2.2 须要注意的是,"行辈"义的"行"后来引申出"类别"义,用在名词后边,表示这一类的人。例如唐张鷟《朝野佥载》卷六:"时张文成见之,谓曰:'观法师即是菩萨行人也。'鼎曰:'菩萨得之不喜,失之不悲,打之不怒,骂之不嗔,此乃菩萨行人也。'"菩萨行人,犹言菩萨一类的人,菩萨之流的人。再后,"行"又由类别义进而表示复数,跟古代"等、曹、侪、辈、属"之类的类别词曾表示复数为同一道理。例如《大唐三藏取经诗话》第三:"行者教令僧行闭目。"《董解元西厢记》卷八:"怕贤不信,试问普救里僧行。"僧行,犹言僧人们。明贾仲名《金安寿》二折:"便那女娘行心思十分巧,其实的刺不成、绣不到。"明冯惟敏《僧尼共犯》一折:"俺行常想着跳人家墙头。"《红莲债》一折:"料他行都去参禅入定。"以上这类"行"（háng）都表示复数,跟元代表示"这/那边"或单纯作语法标记的"行"是同形（也同音）异词,切不可把二者混为一谈。

2.3 如同入矢(1956)所说,后置词"～行"始见于宋词。但我们注意到宋代只有A式"动/介+N行(+VP)"没有B式"N行+VP",B

式是元代才出现的。我们认为可以认定B式是汉语受蒙古语语序的影响而产生的新兴句型,至于A式能否同样看待,还需要做一番考察。

从"N行"的"行"大多可以释为"这/那边、这/那里"来看,"行"很像个方位词(或称位置词),余志鸿(1987)也认为"后置词'～行'确实与汉语的位置词有相类之处"。因此,从句型的角度来看,如果在汉语的历史上曾有某个方位词出现在A式"N行"的"～行"的位置上,并且有着相同的语法意义,那么我们就不能简单地把A式跟B式同样看作是受蒙古语语序影响而新产生的句式。我们注意到,方位词"上""下"用在名词、代词之后,跟"N行"有相同的语法意义,有时也出现在跟A式相类的"动/介+N上/下(+VP)"句型中。

2.4 N下

方位词"下"跟在名词、代词之后,意义虚化,不表示方位上下之"下",只表示处所、范围,相当于"这/那里"。

2.4.1 处所名词+下

(1)遂破骑劫于即墨下。(史记·乐毅列传;即墨,地名;即墨下,犹言即墨那地方,即墨那里)

(2)从领军门至庙下,十步安一人。(搜神记,卷16;庙下,即庙屋那里)

(3)王孝伯起事,王东亭殊忧惧,时住在募士桥下,持药酒,置左侧。(俗说,古小说钩沉引太平御览,卷469;募士桥下,犹言募士桥那里,募士桥近旁)

(4)庾仲初作《扬都赋》,……人人竞写,都下纸为之贵。谢太傅云:"不得尔,此是屋下架屋耳。事事拟学,而不免俭狭。"(世说新语·文学;屋下架屋,义为在屋子那里又架屋子,犹今言

屋上架屋,言其重复。"下"如以实解之,义不可通)

(5)王陵先到标下,灌婴不来。(敦煌变文集·王陵变文,39页;标下,指此前做了标记的地方)

2.4.2 人名+下

(6)时崔湜亦为吏部侍郎掌选,有铨人引过,分疏云:"某能翘关负米。"曰:"君壮,何不兵部选?"答曰:"外边人皆云崔侍郎下,有气力者即存。"(朝野佥载,卷1;太平广记,卷185末字"存"作"得"。"崔侍郎下",犹言崔侍郎那里;"有气力"实指门路硬)

(7)战由(犹)未息,追取左贤王下兵马数十万人,四面围之,一时搦取。|陵下散者,可有千人。(敦煌变文集·李陵变文,85页、93页)

(8)羽下精兵六十万(敦煌变文集·汉将王陵变)

例(7)(8)中的"左贤王下、陵下、羽下"的"~下"虽然可以释为"手下",但实际上"~下"的语法意义是指示某人那边、某人方面。

2.4.3 指示代词+下

(9)裴郎在此,虽不治事,然识量弘淹,此下人士,大敬附之。(王旷,与东海王越书,全晋文,1579页;此下,犹此处、这里)

(10)东边见不得,西边须见得;这下见不得,那下须见得。(朱子语类辑略·总训门人,7.200;这下、那下,犹这里、那里)

(11)这下人全不读书。(同上,7.213)

"～行"与"～下"都能跟代词结合,但在分布上"～行"只见跟人称代词(包括"谁")结合,而"～下"只见跟指示代词结合。跟"N行"A式相同的句式只见于"处所名词+下"的(1)(2)(3)三例:"于即墨下、至庙下、住在募士桥下"。

2.5　N上

方位词"上"用在名词后面本来表示物体的表面或上方,后来它的意义虚化,泛指处所、范围或方面。多可释作"这/那边,这/那里"。

(1)某郡张甲者,与司徒蔡谟上有亲,侨住谟家。(幽明录,钩沉引御览,卷743,又948,广记,276;蔡谟上,犹言蔡谟那边,蔡谟方面)

(2)(路敬潜)授睦州遂安县令。遂至州,去县水路数百里上,寝堂两间有三殡坑,皆埋县令,潜命坊夫填之。(朝野佥载,卷1;去县水路数百里上,犹言离县城水路数百里的地方)

(3)甚愧丈人厚,甚知丈人真。每于百僚上,猥诵佳句新。(杜甫,奉赠韦左丞丈二十二韵诗;"每于百僚上"二句,言经常在众同僚那里诵读杜甫的新佳句)

(4)仆射闻吐浑王反乱,即乃点兵,鏊凶门而出,取西南上把疾路进军。(敦煌变文集·张义潮变文,114页;"取西南上"句:往西南方向从小路进军,"～上"相当于"那边")

(5)过失推向将军上,汉家兵法任交房。(变文集·李陵变文,95页;此言把过失推到将军(李陵)身上。将军上,指将军方面)

唐时还有在人姓后加上"上""下"的用法。

（6）有钱石上好，无钱刘下好，士大夫张下好。（全唐诗，卷867选人语）

这是候选官职者总结仕途捷径的谑语。《朝野佥载》卷一有"当今之选，非钱不行"之句。从2.4.2例（6）所举该书"崔侍郎下，有气力者即存"句可知，"石上、刘下、张下"分别指称姓石、姓刘、姓张的掌选官，"～上""～下"均相当于"那里"。

（7）正如撑上水船，方平稳处，尽行不妨。及到滩脊急流之中，舟人来这上，一篙不可放缓，直须着力撑上，不得一步不紧。（朱子语类辑略，卷2；这上，犹此处）

以上诸例除了例（6），大多跟"N行"A式十分相像，试比较这一节所举三例与元曲的异同：

过失推向将军上（例5）　　衷肠说与谁行（琵琶记，二十三出）
于司徒蔡谟上有亲（例1）　向哥哥行有句言（窦娥冤，三折）
于百像上诵佳句（例3）　　向贱妾行告耽饶（㑇梅香，二折）

可以说这几例"动/介+N上（+VP）"跟元曲、《元朝秘史》的"动/介+N行（+VP）"在句式上是同一类型，"～上"与"～行"的语法意义也相同。再联系2.4节所举"动/介+N下（+VP）"的用例，我们认为"N行"的A式从句式上是汉语早已有的，不宜把它跟元代才出现的B式"N行+VP"同样看待。[③]

2.6　N上+VP

尤其值得注意的是，"N上"也有跟"N行"相同的B式，不过比较少见，就管见所及，仅在早期供朝鲜人学习汉语的教科书《老乞大谚解》《朴通事谚解》以及明代杨铭《正统临戎录》中发现数例。《老乞大》《朴通事》均成书于元末，明代（16世纪时）由崔世珍作谚解，谚解本对原书作了些改动，但仍保存着一些元代语言的风貌。试看以下几例：

（1）"你是高丽人，却怎么汉儿言语说的好？""我汉儿人上学文书，因此上些少汉儿言语省的。""你谁根底学文书来？""我在汉儿学堂里学文书来。"（老乞大谚解，上，2a）

"我汉儿人上学文书"意即"我在汉人那里学文书"，或曰"我跟着汉人学文书"。这段问答在后出的《老乞大新释》（18世纪中叶刊本）中被修改得更符合汉语语法：

"你却是朝鲜人，怎么能说我们的官话呢？""我在中国人根前学书来着，所以些须知道官话。""你跟着谁学书来着？""我在中国人学堂里学书来着。"（1a）

从词汇上看，把"高丽人""汉儿人""汉儿言语"分别改为"朝鲜人""中国人""官话"；从语法上看，把"我汉儿人上学文书""你谁根底学文书来"分别改为"我在中国人根前学书来着""你跟着谁学书来着"，亦即把"N 上+VP"（B 式）改为"介+N 上+VP"（A 式），这也说明 B 式是外来的，A 式是汉语本有的。

（2）到学里，师傅上受了文书。（老乞大谚解，上，2b；在师傅那里受了文书，向师傅受了文书）

（3）将那顽学生师傅上禀了。(同上，6b；向师傅禀告了)

（4）明日病痊疴了时，太医上重重的酬谢。(同上，下，37a；对太医重谢)

（5）做满月，老娘上赏银子段匹。(朴通事谚解，105页；赏给老娘银子段匹)

把这些例子跟元曲中的B式相比较，用法及语法意义完全相同：

将那顽学生师傅上禀了（老）～将俊名双渐行且权除，把俏字儿冯魁行且暂时与。(元·周仲彬，斗鹌鹑，套咏小卿)

明日病痊疴了时，太医上重重的酬谢（老）～但较些呵，郎中行别有酬劳（拜月亭，二折；较，痊可、轻可）

因为你上，就那日回到状元桥（水浒传，4回）～你晓夜兼程来探访，都只为我行。(伍员吹箫，一折)

经过对名词后的方位词"～下""～上"的句型考察，我们看到"N上"与"N行"有着惊人的相似，请看下表（X代表N后面的方位词）：

句式 \ NX	N下	N上	N行
A式：动/介+NX（+VP）	+ 先秦以降	+ 六朝以降	+ 宋元明
B式：NX+VP	−	+ 元明	+ 元明

"N上"与"N行"的A式呈先后相续的关系，B式同现于元明时代，"行"字本不是方位词，它的读音跟蒙语格助词无关，却跟"上"有相近之处，凡此种种，使我们怀疑"～行"源自"～上"，"～行"是"～上"的变音。

三

按照正常的语音演变规律很难解释"上"[ʂaŋ]怎么会变为"行"[xaŋ]，但是山东、山西的许多方言点为我们提供了这种音变的活的证据。

3.1 山东寿光、茌平、聊城等方言"～上"轻读[xaŋ]

董遵章(1957)介绍山东寿光方言"上"表示方位时有两个读音：a. 单纯的方位词，如"往上看"读[xaŋ]；跟别的词组成名词或方位结构，如"晚上、身上、锅台上"，也读[xaŋ]。b. 跟"以、之、边、面、头"组合成的方位词，都读[ʂaŋ]。另外，表示动作也有两个读音：a. 单独作谓语，如"上车、上了堤"读[ʂaŋ]；b. 附着在主要动词后边表示动作的趋向，如"装上、塞上去"读[xaŋ]。

张树铮(1995)介绍寿光方言一些字读轻声时发生特殊音变，其中举了"上"字：ʂaŋ>xaŋ 如：屋～/摆～/拿～（55页）。此外在"天上地下、道上、道儿上"等短语中"上"读[xaŋ]（87—88页）。

张鹤泉(1995)介绍鲁西聊城方言"上"读去声[saŋ]，但读轻声时音变为[xaŋ]。如"街上、春上、年头儿上"等，"上"字均读[xaŋ]。

山东某些方言"上"音变为[xaŋ]的语言现象在文学作品中也有反映，太田辰夫(1988)举了《儿女英雄传》第十四回的例子。安老爷在山东茌平附近坐小推车坐不稳，总是往下溜。"那推小车子的先说道：'这不行啊。不，我把你老萨杭罢。'老爷不懂这句话，问：'怎么叫萨杭？'戴勤说：'拢住点儿，他们就叫煞上。'老爷说：'很好，你就把我萨杭试试。'"可见茌平县也把"上"轻读为"杭"[xaŋ]（"杭"与"行"音同）

"上"为禅母，"行"为匣母，二字声母本不相同，由于"上"字轻读而音变为匣母，人们就用"行、杭"来标记[xaŋ]音；在元曲等白话资料中,"N 行"的"行"表达的都是"上"字虚化了的意义,久而久之,人们就逐渐淡忘了"上"[ʂaŋ]与"行"[xaŋ]之间的来源关系。《儿女英雄传》中安老爷的男仆知道"萨杭"就是"煞上",但他恐怕未必能分辨"向官人行奏知"的"行"也是"上"。④

3.2　晋中某些方言"上"的声母变读为[x-]

侯精一、温端政(1993)介绍了山西晋中某些方言"上"的变音现象,"上"作动词与作方位词的读音不同,例如(见 12—13 页):

	太谷	孝义	文水	平遥
动　词	sD	ʂE	su	suə(上学、上车)
方位词	xD	xE	xu	xɔ(房上、街上)

笔者曾在山西省孝义县工作过两年多,知道"上"除了作方位词变读为[xE]外,跟在动词后面作助词时也变读为[xE],如:荷上、跟上。进一步说,决定"上"是否变读为[xE],一方面跟它是否作动词有关,另一方面如下表所示,取决于它在词或短语中的位置,当"上"作动词或在短语的前一音节时读本音,当它处在词或短语的末音节轻读时读变音。⑤

	上～[ʂE]		～上[xE]	
	动词	方位词	助词	方位词
	上学　上课	上房儿　上栅 (正房)(地名)	荷上　跟上	桌子上　岭儿上 　　　　(地名)

3.3　晋中方言中的后置词"～行"与"～合"

山西晋中地区某些方言中不同程度地保留着与宋元时期 A 式后置词"～行"用法相似的后置成分,近几年出版的山西方言志或发表的论文多把这个成分标写为"～行",个别方言写作"～合"。我们认为,"～行"为"～上"的变音,"～合"为"～下"的变音,试分述于下。

3.3.1 温端政(1985)详细记录了忻州方言后置词"～行"[xɛ]的三种用法(见127—128页):

(一)用在人称代词单复数之后①"～行"或读[xɛ³¹³],或读[xɛ³¹],意义为"家"。如:俺行有五口人|他行来咯一个客人。②"～行"读[xɛ³¹],相当于"这里/那里"。如:你的铅笔在我行|你行放的我的一本书|他行你占不上便宜。

(二)用在"谁"或指人名词之后①"～行"读[xɛ⁵³],"家行"相当于"家里"。如:夜来谁家行嚷架来|我在俺舅家行吃咯一顿饭。②"～行"读[xɛ³¹],相当于"这里/那里"。如:我的铅笔在谁行|他在姥姥行拿咯十块钱。

(三)用在指物名词后,"～行"读[xɛ³¹³],相当于"这里/那里"。如:墙行有一间小房|笤头在猪圈行放的哩。

忻州方言里的"～行"多为"这里/那里"义,至于在一定的语境中相当于"家",是由"这里、那里"引申出来的一种特指义。温书(24页)指出忻州话"上"字文读[ṣã⁵³],如"上海";白读[ṣɛ⁵³],如"上学"。我们认为写作"～行"的[xɛ]就是[ṣɛ]的变音,这从前举太谷(sɒ xɒ)、孝义(ṣɛ xɛ)、文水(su xu)、平遥(suə xuə)等地"上"字的本音与变音的对应关系上可以看得很清楚。宋元以来人们用"行"字标写"上"字的变音,这不仅因为"行"字与变读音相合,而且还由于"上"是一个常用词,它的实词义跟它的虚化义相差较大,如果用本字"上"标写虚化义,就容易产生歧义,妨碍表达的明确性。比如"墙行有一间小房"(墙那里有一间小房),如把"～行"换成"～上"就不通了。因此在事实上就形成用本字表达实词义,用与变音同音的字(～行)表达虚化义或语法标记单位的倾向。

前面说过孝义话中"上"[ʂE]变读为[xE],变音"～上"[xE]跟忻州话的"～行"[xɛ]语法意义相似,一是表示位置、处所,相当于"这/那里",如"这跟上们"(这些地方)"兀跟上们"(那些地方);二是用在人称代词后面,其义为"家",如"俺上"(我们家),"偺(人家)上"(人家家,别人家),"偺们家上"(同前)。把忻州话的"～行"[xɛ]跟孝义话的"～上"[xE]加以比较,我们可以看出在语音、用法、语法意义等方面都既对应又相类,因此可以说《忻州方言志》所记录的"～行"其本字应为"～上"。

3.3.2 孟庆海(1991)记录了山西阳曲方言里的后置词"～合"。"～合"用在代词、疑问代词(谁)、指人名词、指物名词之后,或相当于"这里、那里"(读[xAʔ²]或[xAʔ²¹²]),或相当于"家"(读[xAʔ²]),其用法和语法意义跟忻州方言的"～行"完全相当。例如:你合有钱没有|我合有七口人|谁合来客人嘞|我的铅笔在谁合|门子合有个笤帚。此外阳曲话还有指示代词"这/那"加"合"的用法(读[xAʔ²¹²]):这合有人。"这合"犹言"这里"。

据孟书知道,阳曲方言里"下"字文读为[ɕia³⁵³],如"下葬"(84页);白读为[xa³⁵³],如"下降"(34页)、"下头"(90页)、"坐下"(86页)。但"下"字在某些地名和短语中又读入声[xAʔ²],如"东下庄"(100页)"看一下"(96页)。据此我们认为阳曲话的后置词"～合"[xAʔ²]实际上是"下"的白读音[xa³⁵³]的促化变音。⑥如我们在2.4节里所介绍的,方位词"下"很早就有跟在处所名词、指人名词、指物名词、指示代词后面表示处所、范围,相当于"这里、那里"的用法,如屋下架屋(《世说新语》)、崔侍郎下(《朝野佥载》)、这下见不得,那下须见得(《朱子语类辑略》)等。古今相对照,也可印证"～合"实为"～下"的变音。"上"与"下"是一对反义方位词,汉语的同义词或反义词往往有类同的用法,阳曲话里后置词"～合"源自"～下"的事实也有助于证明忻州等晋中方言中的后置词"～行"源自"～上"。⑦

3.3.3　山西方言中,"上"通过改变声母、"下"通过舒声促化来表示词义虚化后的语法意义,这种语言现象十分有趣,也很富于启发性。它表明,变音与本音之间不是文白异读的关系,白读与文读相对,变音与本音相对,就山西方言的"上"和"下"来说,变音是白读音的变体。其次,注意考察语言中的特殊音变现象,不被通常的音韵演变规律所局限,对于考求方言的本字有很重要的意义。关于方言本字的研究,梅祖麟(1995)发表了十分精到的见解,本文考证后置词"行"的本字是"上",就是在摆脱了一条鞭式的音韵演变观的束缚后才萌发的新思路。

四

最后,把上面的论考做一小结:

(一)宋元明的白话文献中出现的后置词"～行"有两种句式:A式"动/介+N行(+VP)"(向咱行、向谁行宿),B式"N行+VP"(君王行奏)。从句型的角度看,A式是汉语自古以来就有的,B式是元代汉语受蒙古语语序影响而产生的新兴句式。B式"～行"的语法功能是提前宾语或补语,只是一个语法标记单位。B式产生于元代,在元代文献中不算少见,但随着元朝统治的结束,这一用法就衰落以至消失了。山西方言中"N行"多用于A式和存在句,不见B式,这说明在通常情况下汉语吸收外族语言的语序时可容性较小。⑧明代杨铭(蒙古人)《正统临戎录》记述了明英宗被蒙古族瓦剌部俘获的事件,其中常见B式"N上+VP"的例子,如"我如今回去爷爷上奏""我有个比喻皇帝上说""叫铭皇帝上奏"等,这正好说明了B式是从蒙古语来的,也证明后置词"行"的本字是"上"。

（二）从现代山东、山西一些方言来看，"～行"是"～上"的变读音。正好可以解释"N 行"多可释作表示处所、位置的"这/那里""这/那边"。变音是由于该字位于音节末尾读轻声而引起的。用变音表示该字词义虚化后的语法意义，起到了与本音所表示的词汇意义相区别的作用。

（三）在考证方言本字时，不仅要运用古今音韵演变的一般规律，同时也要注意考察并运用音韵演变的特殊规律。当我们遇到问题，用正常的音变规律无法解释时，不妨打开思路，设法另辟蹊径去探幽访胜。

附　注

① 有关"～行"的用例多采自张相《诗词曲语辞汇释》卷六"行"条及余志鸿（1983、1987），此外也参考了最近几年出版的有关辞书，恕不一一指出。

② 此例和下例的"丈人行"，余文误排为"丈夫行"。

③ "行"用在名词后表处所，《太子成道变文》已见："皇宫行有诸伎女，免得交人别猜疑。"（《敦煌变文集》318 页，伯 3496）"皇宫行"即皇宫里。另方位词"边"用在人名后也有跟 A 式同样的用法。如："宁昌乡人卜老师，于高参军家人未丰边举取钱拾文。"（《吐鲁番文书·麟德二年卜老师借钱契》；举，弄也，义为借贷）

④ 今东北人把"干啥"说成"干哈"也是同类例子。但"啥人儿"不说成"哈人儿"，可见音变的原因是轻读。

⑤ 关于孝义方言"上"的音变，参考了郭建荣（1989）的有关记录。

⑥ 同样，阳曲话"家合里、书合里"的"合里"实际是"下里"的变音。"下里"为方位词连用。

⑦ 元无名氏杂剧《村乐堂》一折［梁州］："半片席斜铺在地下，两块砖掇在头行。"此处"地下"与"头行"对举，也可窥见"～行"与"～上"的内在关系。

⑧ 新疆、甘肃、青海等西北地区由于长期以来汉族与其他少数民族杂居，那里的汉语受他民族语言的影响根深蒂固，出现了一些跟内地汉语语序不大相同的语法现象，应当别论。

参考文献

蔡美彪　1955　《元代白话碑集录》,科学出版社。
陈茂山　1985　《定襄话的非动作后置"行"——兼与余志鸿同志商榷》,《语文研究》第 2 期。
顾学颉　王学奇　1984　《元曲释词》(二),中国社会科学出版社。
郭建荣　1989　《孝义方言志》,语文出版社。
侯精一　温端政　1993　《山西方言调查研究报告》,山西高校联合出版社。
胡竹安　1989　《水浒词典》,汉语大词典出版社。
江蓝生　1988　《魏晋南北朝小说词语汇释》,语文出版社 216—218 页。
江蓝生　白维国　1991　《中国语史通考》中译本《汉语史通考》,重庆出版社。
刘镜芙　1989　《水浒语词词典》,上海辞书出版社。
龙潜安　1985　《宋元语言词典》,上海辞书出版社。
梅祖麟　1995　《方言本字研究的两种方法》,《吴语和闽语的比较研究》,上海教育出版社。
桥本万太郎　1983　《北方汉语的结构发展》,《语言研究》第 1 期。
入矢义高　1956　《读蔡美彪氏编〈元代白话碑集录〉》,《东方学报》(日)第二十六册 186—228 页。
山川英彦　1967　《元朝秘史总译语法札记》,《名古屋大学文学部研究论文集》(日)。
太田辰夫　1988　《中国语史通考》15《〈儿女英雄传〉の言语》,白帝社(日)。
小林高四郎　1954　《元朝秘史の研究》第十一章,《元朝秘史の汉译》381—417 页。
余志鸿　1983　《元代汉语中的后置词"行"》,《语文研究》第 3 期。
余志鸿　1987　《元代汉语"～行"的语法意义》,《语文研究》第 2 期。
余志鸿　1992　《元代汉语的后置词系统》,《民族语文》第 2 期。
张　相　1953　《诗词曲语辞汇释》,中华书局。
《蒙古秘史》:内蒙古人民出版社,1980。
《正统临戎录》:《丛书集成初编》。

【附记】

此文第三、四节中认为"行"[xaŋ]是"上"[ʂaŋ]的轻读音变

[xaŋ]的表音字,这一观点应该修正。因为方位词"上"和表示处所的后置词"行"都能在名词或代词后面表示处所,属于平行现象。不能因为一些北方方言方位词"上"的轻读音为[xaŋ]就认为"行"的本字为"上"。

2021 年 10 月记于听雨斋

原载《语文研究》1998 年第 1 期

汉语使役与被动兼用探源

一

1.0 使役动词"叫、让"在现代汉语里既表示使役,又表示被动。所谓使役,是指动词有使令、致使、容许、任凭等意义,例如:

> 叫/让他早点儿回家|叫/让您久等了|不叫/让咱去,咱就不去|别理他,叫/让他闹去

"叫、让"还可以表示被动,是个被动标志词,例如:

> 弟弟叫/让爸爸揍了一顿|衣裳叫/让雨水淋得精湿|那本书叫/让小王借走了。

1.1 使役和被动是不同的语法范畴,在一些语言里被区分得泾渭分明,为什么汉语的"叫、让"却可以使役、被动兼用呢?罗杰瑞(1982)的解释是:现在的北京话最初是以满族统治东北之后南迁中原的各民族共同使用的一种汉语方言为基础而发展来的,满语的被动是用使役标志来表示的,因此北方汉语里用使役标志来表达被动,很可能有阿尔泰语句法的背景。桥本万太郎(1987)指出,不仅通古

斯——满族语、锡伯语、土族语、东乡语等阿尔泰语系里某些蒙古族语言也有使动标志兼表被动的特征,这种使动与被动的兼用是整个北方各族语言共有的一种区域特征。与此相对,汉语南方方言是用给予动词作被动标志的。他十分肯定地说:"在现代汉语里只限于北方方言的这种使动、被动共用标志的现象会有阿尔泰语系的背景更为无疑。"(46页)

1.2 罗先生、桥本先生的推断引起我们很大的兴趣,但是遗憾的是,他们的文章没有对一些基本前提加以论证。比如,如果罗先生的结论不错,那么应该证明在清代以前汉语不曾有过"叫、让"兼表被动的用法;如果桥本先生的推断不错,那么应该拿出事实证明,古代北方少数民族语言存在着使役、被动兼用的现象;而且他们两位都应该说明:除非受到外族语言的影响,汉语自身不可能自发地产生使役与被动兼用的现象。因为如果没有这些前提,我们完全可以作出相反的推论,说阿尔泰语受到汉语的影响才产生了使役与被动的兼用,或者说使役、被动兼用是汉语和阿尔泰语系共有的特征。本文对汉语使动、被动兼用的历史进行了初步的考察,对使动、被动兼用的条件、原因进行了归纳和分析,结论是这种兼用完全是汉语语法本质特征的表现,与阿尔泰语的影响应无关系。

二

2.0 历史上汉语的使役动词主要有"教、遣、使、令"等,现代主要有"叫、让"。历史上"教"最常用,"教"作使役动词读平声,这从唐代以来的文献中"教"常写作"交"可以知道。"叫"本为呼喊义动词,后来(明代以后)才用作使役动词,并逐渐取代了"教"。"让"本为谦让、把好处给别人之义,直到清代的文献里还没有见到用作使役义的例子,

"让"表示使役是很晚近的事。

2.1 虽然表示被动的"叫"是在清代的文献中才开始见到的(如《红楼梦》第 8 回:"叫雪滑倒了。"第 25 回:"这一分家私要不都叫他搬了娘家去,我也不是个人。"),但是太田辰夫(1958)指出使役动词"教"(又作"交")早在唐五代的文献中就已有被动用法了。他认为"教"在以下三种情况下可以表示被动:

(1)兼语动词的宾语是不具有意志的东西:

见说上林无此树,只教桃李占年芳。(白居易诗)
刚被太阳收拾去,却教明月送将来。(苏轼诗)

(2)表达造成了某种结果的感觉:

春思翻教阿母疑。(和凝词)
教那西门庆听了,赶着孙寡嘴只顾打。(金,15)

(3)和禁止相配合:

第一莫教渔父见。(李远诗)
莫教人见。(历代法宝记,伯 2125)
莫教人笑汝。(寒山诗)

太田先生对汉语使役兼表被动的解释是:二者在意义上有难以区别的场合。使役与被动的区别不在于客观事物本身,而是基于主观判断。他说"被他打"或许就是做了"使他打"那样的事情,如果是这样,自然也能说成"使他打"。(247—248 页)也就是说,太田先生认为汉语使役、被动的兼用主要是这两个范畴在意义上有关联,在一定条件下(比如上举三类情况)不好区分,从而由使役转而表示被动。

2.2 蒋绍愚(1994)不完全同意太田氏的看法,他对使役动词"教、叫、让"用来表示被动作了进一步的说明。他说:"'教'作为使役动词,词汇意义很薄弱,其语法意义是表示甲使得乙发出某一动作。对于这个动作来说,'乙'就是施事者。'被'字的作用是在被动句中引出施事者。但在汉语中动词的主动和被动没有形态的区别,所以当具备两个条件时,'教'的语法意义就和'被'相同。"蒋先生举出的两个条件是:

(1)"教"前面的名词不出现,或者根本说不清是什么使得乙发出某一动作。

(2)"教"后面的动词或动词词组可以表示被动,即必须是及物的,并且表示某一情况已经实现。

蒋先生认为太田氏所举各例都符合以上条件。至于"教"的宾语是否具有意志并不成为"教"由表示使役转为被动的必要条件。因为太田氏所举的例子中"教"的宾语就有不少是人。(见230—232页)蒋先生的这个意见是对的,而且他对于上述问题的观察和分析大大深入了一步,更加贴近现象的本质。下面,我们对汉语使役动词兼表被动的原因再作一些补充和说明。

2.3.1 前面蒋先生提到"汉语中动词的主动和被动没有形态的区别",太田氏提到"使役与被动的区别不在于客观事物本身,而是基于主观判断"。二位先生的话,指出了汉语跟印欧语等有严格形态标志的语言的本质不同,这就是传统语言学所谓"施受同辞"和汉语语法的意合性。

所谓施受同辞,是指汉语在词法上不区别施动和受动,施受可用同一词形表示。比如:

(1)宋人伐郑,围长葛。(左传·隐公五年)

（2）鲁酒薄而邯郸围。（庄子·胠箧）

同一个"围"字，例（1）为施动，例（2）为被动，没有词形上的区别，人们是根据语境，通过逻辑思维来判定它是表示施动还是表示被动的。这种词法上的施受同辞，表现在句法上就是主动句和被动句表层结构相同。例如：

（3）蜚鸟尽，良弓藏；狡兔死，走狗烹。（史记·越王勾践世家）
（4）屈原放逐，乃赋《离骚》；左丘失明，厥有《国语》。（司马迁，报任安书）

例（3）和例（4）有六句主谓句，如下所示，其中A组是主动句，B组是被动句。

A：主动句　　　　B：被动句
　蜚鸟尽　　　　　良弓藏
　狡兔死　　　　　走狗烹
　左丘失明　　　　屈原放逐

A、B两组主谓句的表层结构相同，都是"名+动"，但其深层结构则很不相同。A组主语是施事，动词为内动词，句子是叙述句。B组主语为受事，动词是外动词，表示被动，可以看作是主动者不出现的被动句。B类语法现象，黎锦熙（1986）称之为"反宾为主"，在古代汉语十分普遍，谢质彬（1996）对此进行了详细的说明。所谓"反宾为主"，实质上就是受事宾语转化为受事主语。"良弓藏、走狗烹、屈原放逐"实际上就是由"藏良弓、烹走狗、放逐屈原"之类的述宾结构通过反宾为主的方法变换而成的,这从例(1)的"围长葛"和例(2)的"邯郸围"可以得知。我们认为,汉语使役动词转而表示被动的根本原因就在于汉语语法的上述特点。下面再作进一步说明。

2.3.2 我们把使役句分成两大类。甲类是无主句,即蒋先生所说"教"前面的名词不出现,或补不出的(包括有禁止词的句子):

只教桃李占年芳(白居易)|却教明月送将来(苏轼)|教那西门庆听了,……(金)|第一莫教渔父见(李远)|莫教人笑汝(寒山)

这类句子的表层结构跟被动句一样:

教+兼语+VP

被+兼语+VP

其中的VP都是及物的,所不同在于使役句的VP表示施动,被动句的VP表示被动,由于汉语施受同辞的原因,这一区别在形式上得不到反映;当这类使役句在表示某一情况已实现或表示禁止(未实现)时就转而表示被动。因为被动句里的情况一般都是已实现的;禁止句无论使役句、被动句都是未实现的。

乙类使役句是受事主语句,"被"前面的名词出现,或虽未出现但可以补出。这类用例在早期比较少见,所以太田先生和蒋先生都未提及。我们在敦煌写本《燕子赋》(甲)中检得二例:

(1)但雀儿之名脑子,交被老乌趁急。("雀"为雀子自称之词;"儿",儿子。句义为:我儿名叫脑子,被老乌追得很急。一说"急"也为追赶义)

此处"交被"连用仍为"被"义，可知"交(教)"也同表被动。

（2）阿你浦（逋）逃落藉，不曾见你膺王役，终遭官人杖脊，流向儋、崖、象、白。(终归会被官人杖打脊背)

这两例分别使用了使役动词"交(教)、遣"，使役动词前或有名词，或可补出。例(1)为麻雀之子"脑子"，例(2)为"阿你——燕子"。由于"脑子"和"阿你"分别是谓语动词"趁急"和"杖脊"的受事，在句中充当隐现的受事主语，所以句子就由使役转变为被动。①

使役句和被动句都是兼语句，二者表层结构相同，即：

N+教+兼语+VP

N+被+兼语+VP

但其内部语义关系却很不相同：

N(施事)+教+兼语+VP(施动)

N(受事)+被+兼语+VP(受动)

很显然，当使役句的主语为受事时，使役句就转化为被动句。

使役句的主语一般都是施事，但是现代汉语里有一类使役句的主语是受事，例如：

桌子叫人搬回家|水龙头叫水暖工修好|孩子叫家长领走

这类句子中使役动词后的情况都是未实现的，一旦成为已实现的，使役句就具备了转变为被动句的条件：

桌子叫人搬回家了|水龙头叫水暖工修好了|孩子叫家长领走了

由此我们知道使役句转化为被动句的条件主要有三：① 主语为受事；② 使役动词后的情况是已实现的；③ 谓语动词是及物的。上举《燕子赋》例（2）"终遣官人杖脊"一句虽然"官人杖脊"是未实现的，但使役动词"遣"前面有副词"终"，"终遣"表示最终会实现，是预言事情的实现的，所以此句可转化为被动句。

三

3.0 现代汉语确实存在着桥本先生所指出的北方用使役动词"叫、让"兼表被动、南方方言用给予动词作被动标志的地域上的分别，但从历史上看，给予动词兼表被动是南北通行的（详见3.1.1/3.1.2），就是在清代文康所著《儿女英雄传》里也有其例：

就是天也是给气运使唤着，定数所关，天也无从为力。（3回）

文康是满人，《儿女英雄传》的语言是早期北京话的代表，这说明北方汉语也能用给予动词表被动。其次不容忽视的是，文献表明，给予动词自古以来就是兼表使役和被动的（详见3.1、3.2、3.3）。换言之，汉语使役、被动兼用的特点也表现在给予动词的语法功能上。下面分别介绍给予动词的使动、被动用法。

3.1.1 "与"表示使役义

在"给"作给予动词之前，汉语历史上使用最早、最普遍的给予动词是"与"，直到今天它在书面语中还没有彻底销声匿迹。"与"自先秦就从给予义引申出容许、许可义，又由容许义引申为让、使义，从而用如一个使役义动词。

a. 容许、许可

　　歼厥渠魁，胁从罔治。旧染污俗，咸与维新。(书·胤征；惩办祸首，胁从者不治罪。过去有劣迹者，都允许其悔过自新)

　　曷为大之？不与夷狄之执中国也。(公羊传·隐公七年；陈立义疏："与者，许也。"不许夷狄控制中国)

　　见有上柱国勋，请与收赎罪价。(变文集·燕子赋；请允许用勋功抵罪)

b. 使、让

　　故忠臣也者，能纳善于君，不能与君陷于难。(晏子春秋·问上十九；不能使君王陷于危难之中)

　　数日，号令召三老、豪杰与皆来会计事。(史记·陈涉世家；下令召三老、豪杰，让他们来商量事情)

　　有顷，沛公起如厕，招樊哙出，置车官属，独骑，与樊哙、靳强、滕公、纪成步从间道走军，使张良谢羽。(汉书·高帝纪；沛公……独自骑马，让樊哙等人从小道逃走，让张良留下辞谢项羽)

唐宋白话文献中"与"表使动的用法十分常见：

　　净能曰：必被岳神取也！欲与张令妻再活。(变文集·叶净能诗，217页；打算使张令之妻死而复活)

　　老人答曰："……知和尚看一部《法华经义》，回施功德，与我等水族眷属例皆同沾福利。"(同上，韩擒虎话本，196页；让我等同沾福利)

　　彼王早知如是次第，何妨与他修行？(祖堂集，卷14，江西马

祖；让他修行何妨）

露花烟叶与人愁。（晏几道浣溪沙，词；使人愁）

老氏便要常把住这气，不肯与他散，便会长生久视。（朱子语类，中华书局标点本137页；不愿使气分散）

敦煌变文中有"交与"连用之例，"交与"实即"教与"：

后母一女把著阿耶："杀却前家哥子，交与甚处出坎！"（舜子变，133页；后母的女儿拽住父亲说："这样做会杀死前房哥哥，让他从什么地方爬上井来"）

又有"与教"连用者：

君到嵩阳吟此句，与教三十六峰知。（白居易，送嵩客诗）

"教与""与教"的意思都是"教"，应视为同义连用，"与"也是使役义[②]。

3.1.2 "给"表示使役义

《现代汉语八百词》记录了普通话用"给"表示使役义的用法，举例为：

给他多休息几天|你那本书给看不给看？|酒可是不给喝|看着小鸟儿，别给飞了。

鲁迅作品里也有其例：

我很想借此算是竦身一摇，将悲哀摆脱，给自己轻松一下。（为了忘却的记念）

3.2 "与"在先秦文献已有表示被动的用例,不过比较少见。例如:

(夫差)无礼于宋,遂与勾践所禽也。(战国策·秦策)

王念孙《读书杂志》注:"言为勾践所禽也。"可见"与"表示被动。

到了唐代以后,"与"表被动的用法就很常见了。如:

世间一等流,诚堪与人笑。(寒山诗)

鬼识人与料,客辨羊肉厄。(王梵志诗;鬼精明则人被捉弄,客聪明则羊儿遭殃)

和尚是高人,莫与他所使。(祖堂集,卷2,慧可禅师)

明清小说中也很常见,各举一例:

老王八,依你说起来,我的孩儿应该与这杀材骗的!(醒世恒言,卷8)

(众人)虽想二姐儿实在温和怜下,如今死去,谁不伤心落泪?只不敢与凤姐看见。(红楼梦,69回)

3.3 以上事实表明,汉语古今通用的给予动词"与"自古以来就是兼表使动与被动的。这一节将进一步说明不仅"与",南方方言如闽南话中的给予动词也是使动、被动兼用的。下面以台湾定静堂丛书所收明刊本闽南戏文为例:

a. "乞"为使动义:容许、致使、让

(生)娘仔共小人断约一声,乞你入去。(嘉靖本,荔镜记,

二十六出"五娘刺绣",61b）

（旦）且慢,父也是亲,母也是亲,你咒誓着,咒乞伊明白。（同上）

（旦）请阿兄乞我拜辞一下。（万历本,金花女,10a）

b."乞"为被动义

共君出外乞人做骂名。（荔镜记,三十三出,"计议归宁",73b）
总是乞人骗。（金花女,14a）
我为谁乞人打,为着陈三。（万历本,荔镜记·代捧盆水,35b）

3.4 以上事实表明,给予动词无论在南方还是北方,自古以来都是使役和被动兼用的,可以说汉语使役、被动兼用的特点集中体现在给予动词身上。现代汉语北方用使役标志兼表被动反映的是唐代以来的历史层次,而南方方言用给予动词兼表使役和被动反映的是上古的历史层次。桥本氏（1987）注意到南方方言用给予动词作被动标志,但他没有注意到汉语的给予动词自上古以来就是兼表使役和被动的事实,因而他所概括出来的北方使动、被动兼用,南方用给予动词表示被动的"区域特征"不反映语法类型上的差异,而只是词汇选择上的不同。

3.5 这一节解释一下为什么给予动词能够兼表使役和被动。给予动词的基本词义是施与,也即是使对方获得。当给予动词后面带的不是体词而是谓词（与+VP）,或处于给予动词直接宾语位置的不是体词而是谓词时（与+N+VP）,给予动词的词义就发生了变化,"给去"就是允许去,"给他去"就是让他去,"给他难堪"就是使他难堪,"给"的原义虚化,引申为"许可、让、使",从而用如使役动词。前举"咸与维新"作"都允许（他们）悔过自新"解、"不能与君陷于难"作"不能使君王陷于危难"解，都是因为"与"的后面有谓词性成分，而且表示施动的缘故。

当"与+VP"式或"与+N+VP"结构中的VP是及物性的、并且表示受动时，就转为被动结构；当这两式前面有名词、并且表示受事时，就转为被动句。可以看出，给予动词兼表使动与被动的根本原因也在于谓语动词施受同辞。

四

4.0 如上所述，使役动词和给予动词都能兼表使动与被动，这是它们的共同点；不同的是，给予动词还能兼表处置。关于这一点讲的人比较少，而这又跟探讨汉语使役、被动兼用的原因有关，因此下面略用一些笔墨加以说明。

4.1 早期处置式的标记有引出工具的"以"（相当于"用"）；隋唐以来又出现了"将"字句和"把"字句，此外还有少数"捉"字句；现代汉语通常只用"把"，方言有用"拿"（吴语）、ka²（闽南话）的，总之，近现代汉语处置式的标志都源自跟手持义有关的一系动词。给予动词表示处置是一种转用，唐宋白话文献里已见其例③：

燕若入来，把棒撩脚，……更被唇口喏嚅，**与**你到头尿却。（变文集·燕子赋，249页；燕子如果再纠缠不休，就把你的窝全都尿湿）

争得大裘长万丈，**与**君都盖洛阳城。（白居易，新制绫袄成感而有咏诗；用君盖庇全洛阳城的人。君指大裘）

不须乞米供高士，但**与**开轩作胜游。（王安石，题正堂相上人箨龙轩诗；把开封作为胜游）

也拟**与**愁排遣，奈江山遮拦不断。（宋·莫苍，水龙吟词）

譬如捉贼，"克己"便是开门赶出去，索性**与**他打杀了，便是一

头事了。(朱子语类,1118 页)

现代汉语的给予动词"给"也可表示处置,较早的例子见于《儿女英雄传》:

接了人家两三吊钱,给人搁下,人家依吗?(4 回)| 老爷待要不接,又怕给他掉在地下惹出事来。(38 回)

朱景松(1995)举出王朔等当代作家的作品中用"给"引进受事成分(即作处置式标记)的十几个例子,现转录四例于下:

要不给那老师找来,安慰安慰她(冯小刚)| 哎,东宝,你不是说你能扛二百斤么?怎么几个萝卜就给你治成这样?(王朔)| 求求你们了,想个法儿给他弄走吧!(魏人)| 凭什么给我们老王扣下不让回家?(苏雷)

由上来看,给予动词真是个"万能"成分,能兼表使动、被动和处置,集三任于一身[④],这到底是什么原因呢?请看下面三个例句:
  a. 使役句:他|给我打(球)了　　(他同意我打(球)了)
     (施)(兼)
  b. 被动句:他|给我打了　　(他被我打了)
     (受)(兼)
  c. 处置句:他|给我打了　　(他把我打了)
     (施)(受)

我们可以清楚地看到:① 使役句和被动句的差别在于一个主语是施事,一个主语是受事;② 处置句与使动句、被动句的结构不同,处置句是连动式,使动句、被动句是兼语式;③处置式的主语为施事,跟使动句相同,但处置句的第二个名词成分是第二个动词成分的受事,而使动句的第二个名词成分是第二个动词成分的施事;④处置句与被动句中两个名词成分的施受关系完全不同。由上可知,给予动词之所以能兼表使动、被动与处置,就在于变换句中两个名词性成分和谓语动词的施受关系,而施受关系可以变换的原因又要归结到非形态语言的汉语在词法上施受同辞这一本质特点。

五 结语

5.0 本文第一节介绍了罗杰瑞、桥本万太郎两位先生关于汉语使动、被动兼用有阿尔泰语背景的推论。第二节引用太田(1958)的研究成果,指出使役动词"教"早在唐代文献中就已有表示被动的用法。并详细讨论了使役动词转表被动的条件、原因;第三节考察了给予动词兼表使役和被动的历史及其原因;第四节从给予动词又兼表处置的事实进一步论证了汉语使役动词、给予动词具有多重语法功能的根本原因在于汉语是非形态语言,词法上主动与被动没有形态上的区别。

5.1 在探索一种语言的某一语法现象的来源时,一般应先从这个语言自身去寻找原因,如果从该语言的内部找不到合理、圆满的解释时,就须从外部——语言接触、语言渗透等因素去寻找答案。如上所述,汉语使役、被动的兼用完全能用汉语的历史文献、汉语的本质特征作出合理的解释,所以本文对阿尔泰语背景说持怀疑和否定的态度。

5.2 那么,怎么看待满语和蒙古语族里一些语言使动、被动的兼用呢?笔者不懂满语和蒙语,对于它们的历史面貌更是一无所知,这里仅借助桥本(1987)注㉛提供的信息作一点推测。桥本先生在注㉛里说土族语和东乡语里使动、被动兼用"也可能是这些语言里的创新现象（innovation），不一定是蒙古族原来的用法，因为1. 不只在现代蒙古语，连在中期蒙古语里也没有这个用法，而且2. 东乡语、土族语（特别是互助方言）受汉语影响很深，汉语借词也相当多"。据此我们知道蒙古语中期和现代都没有使动、被动兼用现象，这恰好可以证明汉语的使动、被动兼用跟蒙古语无关。其次，诚如桥本先生所说，东乡语、土族语"受汉语影响很深"，因此，与其把东乡语、土族语的使动、被动兼用看作是一种"创新现象"，似乎不如看作是汉语的影响更合乎情理一些。至于满语使动、被动兼用应该怎么看，我们不清楚，无非有两种可能：一种是汉语的影响；一种是满语和汉语共有的特点。不同的人种、不同的民族会有不同类型的语言，不同的思维特点，但人类的思维逻辑毕竟有很大的共同性，从使动与被动在逻辑上的联系来看，或许使动、被动的兼用不应是汉语的专利。

附　注

① "使"表被动的例子如白居易《新丰折臂翁》诗："夜深不敢使人知，偷将大石锤折臂。"《红楼梦》里的例子如："谁知他贼人胆虚，只当鸳鸯已看见他的首尾了，生恐叫喊起来使众人知觉更不好。"（71回）

② 宋元文献中"与"还相当于"请"，"请"也是使役，不过是一种委婉恭敬的使役罢了。以下二例录自张相《诗词曲辞汇释》：与君不用叹飘零，待结子成阴归去。（张孝祥《鹊桥仙·落梅》词）｜当初他要嫁我来，如今却嫁了周舍。他有八拜交的姐姐，是赵盼儿，我去与他劝一劝，有何不可。（元曲《救风尘》一折；请赵盼儿解劝）

③ 唐宋资料里还有"与将""与把"连用的，例如：长怕嵇康乏仙骨，与将仙籍再寻看。（唐·曹唐《小游仙》诗）｜便与将丝分付了，都来只要两间房。（《董永变》）｜使君才气卷波澜，与把新诗判断。（苏轼《西江月》词）｜香虬烟断，是谁与把重衾整。（柳永《过涧歇近》词）张相云："与字与把字同义，故与、把二字，又往往联用之。""凡云与把，犹云把也。"今谓"与将"也应同样看待。但张相释曹唐诗云："言为嵇康在仙籍上检查之也。"把"与"释作"为"，疑非是。

④ 其实，给予动词的语法功能还不止这些，它还能作介词，相当于"对、

向、跟"、"为、替",以及作连词,相当于"和"等。

参考文献

龚千炎　1980　《现代汉语里的受事主语句》,《中国语文》第 5 期。
蒋绍愚　1994　《近代汉语研究概况》230—237 页,北京大学出版社。
黎锦熙　1986　《比较文法》44 页,中华书局。
吕叔湘　1987　《说"胜"和"败"》,《中国语文》第 1 期。
罗杰瑞　1982　《汉语和阿尔泰语互相影响的四项例证》,台湾新竹《清华学报》新 14 : 1/2。
梅祖麟　1990　《唐宋处置式的来源》,《中国语文》第 3 期。
桥本万太郎　1983　《北方汉语的结构发展》,《语言研究》第 1 期。
桥本万太郎　1987　《汉语被动式的历史・区域发展》,《中国语文》第 1 期。
饶长溶　1990　《把字句・被字句》,人民教育出版社。
太田辰夫　1958　《中国语历史文法》247—248 页,江南书院(日)。
王希杰　1988　《施受・词序・主宾语》,《语法研究与探索》(4),北京大学出版社。
吴启主　1990　《连动句・兼语句》,人民教育出版社。
香坂顺一　1983　《白话语彙の研究》6、7、87、93—95 页,光生馆(日)。
谢质彬　1996　《古代汉语反宾为主的句法及外动词的被动用法》,《古汉语研究》第 2 期。
徐　丹　1990a　《关于给予式的历史发展——读贝罗贝〈汉语历时句法——公元前 14 世纪至公元 18 世纪给予式的演变〉》,《中国语文》第 3 期。
徐　丹　1990b　《评介〈介词问题及汉语的解决方法〉》,《中国语文》第 6 期。
朱德熙　1979　《与动词"给"相关的句法问题》,《方言》第 2 期。
朱景松　1995　《介词"给"可以引进受事成分》,《中国语文》第 1 期。

原载 *In Honor of Mei Tsu-Lin: Studies on Chinese Historical Syntax and Morphology*(《祝贺梅祖麟先生:汉语历史句法及构词法论文集》),巴黎 1999

处所词的领格用法与结构助词"底"的由来[*]

现代汉语的结构助词"的"最初的形式是"底",这个词是现代汉语中使用频率最高的一个语法词,它的来源是汉语史研究必须要回答的问题。从章太炎的《新方言》开始,关于"底"的来源已经讨论了好几十年了,这期间有许多进展和突破,但至今仍有一些疑点,也未能取得共识。本文在吸收前贤研究成果的基础上,进一步挖掘有关资料,从新的角度做出了解释,现提出与同行切磋。

一 诸说举要

1.0 关于"底"的来源,讨论者主要有六家:章太炎、吕叔湘、王力、冯春田、梅祖麟以及石毓智和李讷。

1.1 章太炎的观点主要有二:① "底"是"之"的音变("今凡言之者,音变如丁兹切,俗或作的");② 位置在"的(底)"字结构中间的源自"之",在末尾的源自"者"("在语中者,'的'即'之'字;在语末者,若有所指,如云冷的、热的,'的'即'者'字")。

1.2 王力(1980)认为"底"源自"之","之"在文言中音变为

---

[*] 五十多年前吕叔湘先生考证了助词"底"的由来,睿见卓识,开启后学。今步先生后尘,续加考求,所恨已不能再聆教诲了。谨以此文纪念先生逝世周年。

［tʂʅ］(tĭə→tɕĭə→tɕi→tʂʅ)，在白话中音变为［ti］(tĭə→ti)。他不同意章氏的第二点意见，并从三方面提出质疑。一是"底"与"者"语音不合("者"在上古音属鱼部，在中古音属麻韵上声)；二是"冷的水"和"冷的"中的"的"显然是同一性质的，说一个源自"之"、一个源自"者"缺乏说服力；三是"你底""谁底"不能译成古文的汝者、谁者。

王先生对章氏的驳难是很有道理的。

1.3 跟章、王二家不同，吕叔湘(1955)认为用音变很难圆满解释，而且也无法得到确证。他从语法功能的对应性、继承性上考察，认为"底"源于"者"，在材料的发掘和分析论证方面有许多创获。具体如：

(一)以现代汉语结构助词"的"的六种格式为参照点来观察其前身"底"的用法：

  a 名·的·名(哥哥的书) a′ 名·的(哥哥的)

  b 形·的·名(浅近的书) b′ 形·的(浅近的)

  c 动·的·名(我看的书) c′ 动·的(我看的)

(以上名、形、动均兼指其短语，名又兼指代词)

吕先生发现唐宋时期"底"已具备以上六种用法：

  a 我底学问(陆语) a′ 和尚底(灯录)

  b 真实底事(灯录) b′ 好底(灯录)

  c 疗万病底药(灯录) c′ 碾损老僧脚底(灯录)

"灯录"即《景德传灯录》，是北宋人编的禅宗语录集，反映唐宋口语。吕先生的文章写于1943年，未能看到五代人编辑的《祖堂集》。据太田辰夫(1988)的考察，《祖堂集》中"底"字已具备上述六种用法：

  a 大业底人(2.121) a′ 汝底(2.10)背后底(1.171)

  b 不安底上座(2.54) b′ 虚底(1.118)

  c 不辨生死底人(2.123) c′ 问底(5.34)有踪迹底(2.120)

（二）在用法上，"者"字自先秦已有兼并"之"的趋势，继唐钺《国故新探·白话字音考源》之后，吕先生又发现了为数不少的"者"用如"之"的用例，尤以修饰语为动词性短语多见。例如（句末标*者为唐文所举）：

　　a 闻弦者音烈而高飞（战国策*；弦的声音）|亡身及家长者家口没奚官（南齐书；叛逃者及其家长的奴仆）

　　b 是殆见吾善者机也（庄子·德充符*）

　　c 是乃所谓冰解冻释者能乎？（庄子·庚桑楚，王先谦集解："者犹之，言是特所谓解释胸中凝滞之能乎？"）|以梦中阴自求推者郎（史记·邓通传；推（自己）的郎官）|问去者处士第几（唐·虬髯客传）|昨日来者太师官（宋·乙卯入国奏请）[①]

（三）文言里"之"只有 a b c 三种用法，"者"只有 b′ c′ 两种用法，不具备 a′ 式用法，直到唐代白话材料里"者"才出现 a′ 式。如：麦地占他家，竹园皆我者（寒山诗）|（荔枝）南海所生，尤胜蜀者（国史补，上）。

吕先生的文章在资料和方法上都为探求"底"的来源打下了基础，成为后人继续探讨这一问题时必须利用的重要成果。吕先生关于"底"源于"者"的看法较之源于"之"说有较大的合理性。

1.4　冯春田（1991）列举唐宋白话资料中大量用例说明"者"字结构与"底"字结构相对应，"底"字结构应来源于"者"字结构，"底"的前任是"者"。冯文论述了"底"字结构与"之"字结构有着性质上的根本区别（马底性～马底；而"马之性"没有相对应的"马之"），因而"底"不源于"之"。这些论述和结论跟吕说有许多共同处，但二说不同之处在于，吕说虽然是从用法上考察的，但并未完全排除"者"与"底"或有音变关系的可能性，而冯说则用大量例子说明"底"与"者"不仅形异,并且读音也不相同,"底"取代"者"不是语音变化的结果,而是词汇替代现象。这样就在吕文的基础上又前进了一步。那么这个替代"者"字的"底"又源于什么呢?冯文根据"个"既是指代词("个是谁家子"寒山诗)又有结构助词用法("好个一镬羹"《祖堂集》2.73;"妙个出身,古今罕有"同左4.48)推测结构助词"底"应该源于代词的"底"。但冯文没有对这个推测进行具体论证。

1.5 梅祖麟(1988)认为从语音上看,"之"有可能演变为"底";从功能上看,"者"在语中的用法(VO者+S、V者O、N者N)与"之"相当,因此当"之"音变为"底"后,受"者"用于语末用法的沾染,也出现了语末的用法。简言之就是:"底"是"之"的音变,它在功能上又吸收了"者"的语末用法。可图示为:

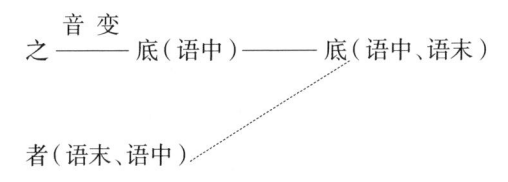

$$
\begin{array}{c}
\text{音变} \\
之 \longrightarrow 底(语中) \longrightarrow 底(语中、语末) \\
\nearrow \\
者(语末、语中)
\end{array}
$$

但是,令人不放心的是,"底"实际上是否就是"之"的音变呢?可能性跟实际情况往往不一定是一回事。

1.6 石毓智、李讷(1998)认为,虽然"底(的)"与"之""者"在功能上有相同之处,但他们之间并无来源关系,"底"是由其疑问代词和指示代词的用法引申发展而来的。石、李二位基本上同意冯春田"底"源自指示代词的推测,并对这个推测进行了一些阐述,其中对量词"个"充任结构助词的论证比较充分,也是可信的。但是,量词跟指示代词、疑问代词是不同的语法概念,对于助词"个"源于量词"个"的说明并不能代替助词"底"源自指代词"底"这一观点的论证;尽管石、李二位论证了现代汉语(包括《红楼梦》)指示代词、疑问代词与结构助词在功能上有共性,但是并不是功能上有共性的成分就一定有来源关系,正如"底"与"者"功能相同,"底"却不一定来源于"者"一样,何况,现代汉语的情况不能代替唐宋时候的情况,要论证唐五代出现的助词"底"源于指示代词、疑问代词的"底",还必须要用历史文献资料做具体证明。其次,文献中"底"作指示代词的例句过于稀少,且多为宋代用例。冯书中所举四例,两例出自宋代的《五灯会元》,唐代二例中庞蕴诗一例可疑:"焰水无鱼下底钩,觅鱼无处笑君愁","底"似应作"何"解。剩下来只有寒山诗中的"怜底众生病,餐尝略不厌"一例是应作指代词讲的。石、李文中所举李商隐《柳》诗"柳映江潭底有情"虽然可以释为"如此有情",但不如释作"何有情"更贴切。如此来看,"底"作指代词唐以前未见,唐五代时极少见,而与此相对,唐五代时助词"底"已频频使用,从时间和使用频率上看,助词"底"也不大可能源自指示代词"底"。

1.7 以上六说的视角或侧重于语音演变,或侧重于功能对应,或两者兼顾,归纳起来是两派,一派主张源自古汉语的结构助词"之、者",一派主张源自唐宋时期的指代词"底"。如前所述,这两种解释都存在不少疑点,还须进一步探讨。笔者根据对魏晋南北朝小说及东汉至唐以前译经材料的考察,发现那个时期的口语中有用如结构助词的"所"和"许",以此为突破点,经过考察,现提出助词"底"源自处所方位词"底"的看法,试陈述于下。

二 "所、许"的领格用法

2.0 太田(1988)、拙作(1988)同时发现魏晋南北朝小说中"许"的领格用法,太田先生的材料还包括东汉以后的汉译佛经,举例范围超出拙作,而且还举出"所"的领格用法。[②] 此后,梁晓虹(1994)、曹广顺(1998)更广其例,又举出为数众多的译经用例,使得今天对"所、许"

领格用法的观察和认识有了比较充足的材料基础。下面把各家搜集到的有关例句分类列举,鉴于目前对这一现象注意者很少,特不避繁琐,广列其例于下。

2.1 所

2.1.1 代+所(我所)

(1)佛言是汝物持去,其余一切皆非我所。(骂意经,后汉安世高译大正藏,17.533下;其他一切都不是我的)

(2)心持非我所是我所。(遗日摩尼宝经,后汉迦谶译,大正藏,12.192上;心中把不是自己的东西看作自己的)

(3)此果我所,汝等勿取。(生经,西晋竺法护译,大正藏,3.73下;这果子是我的)

2.1.2 代/名+所+名

(4)谁能救济我所寿命,我当终身善好奉事。(撰集百缘经·菩萨授记品一·婆持加因病缘)

(5)身所恶露众恶,悉当随水而去。(文殊师利问菩萨置经,后汉迦谶译,大正藏,14.440下;身体内的各种污秽分泌物)

2.2 许

2.2.1 代/名+许

(6)身不我有,财物非我许。(成具光明定意经,后汉支曜译,大正藏,15.453上;财物不是我的)

(7)中夜有一鬼,担死人来著前,后有一鬼逐来嗔骂前鬼:"是死人是我许,汝何以担来?"(众杂经撰杂譬喻经,上;这死人是我的)

(8)此诸宫殿、玉女营从,尽是我许。(出曜经·观品)

(9)(僧)因问期云:"识杯渡道人不?"答言:"甚识。"因指北壁有一囊挂锡及钵云:"此是杯渡许,今因君以钵与之。"并作书著函中,别有一青竹杖。(高僧传·杯渡;这是杯渡的)

(10)(向靖女数岁病亡,始病时曾玩一小刀,靖妻后又生一女,四岁时索要先时刀子)靖曰:"可更觅数个刀子,合置一处,令女自择。"女见大喜,即取先者,曰:"此是儿许。"(古小说钩沉·冥祥记;后女取亡女以前玩过的刀子说:这是我的)

(11)(鬼)属云:"此袍是市西门丁与许,君可自著,勿卖也。"(钩沉·幽明录;市,买也。这袍子买的是西门丁与的)

(12)此象谁许,欲将何处?(佛本行集经,隋阇那崛多译;这象是谁的)

(13)此一封是汝释种摩那摩许,遣我送来。此一封是尼娄驮许,此一封是难提伽许,此一封是拔提迦许,此一封是难陀许,此一封是阿难陀许,自外诸书各各是彼释种子寄与汝来。(同上;此例皆为"专名+许",表示某人的书信)

(14)又时夜渴,见他澡盥,谓言自许,遂取而饮。(同上;以为是自己的)

2.2.2 代+许+名

(15)彼等谁最在前出者,即取上衣自恣著而已,随意而去,亦不专求自许本衣。(起世因本经;自己原来的衣服)

（16）（罗）君章云："不审公谓谢尚何似人？"桓公曰："仁祖是胜我许人。"君章云："岂有胜公人而行非者？"故一无所问。（世说新语·规箴，谢尚，字仁祖。仁祖是比我强的人）

（17）若无因缘，自许眷属，③犹不亲近，况复他人！（佛本行集经；自己的眷属）

（18）我等亦为此朋友故，亦复各为自许物，来此林内，求彼淫女。（同上）

2.3 "所""许"源自处所名词

2.3.1 太田（1988）认为领格用法的"所"是"所有"的省略，即"我所"为"我所有"之略。梁晓虹（1994）也持同样看法。周法高（PP.396—397）说"我所""为佛教术语，乃梵文 ma ma-kā ra 之译（ma ma 乃第一人称单数之领格，解作'我的'；kāra 为名词），义为'我之所有''我之所属'。因汉语中颇有省略'所'之例，绝无省略'所'后面的述语者，于此可见佛教文学用语之特别处"。周氏对"我所"的解释恰好可以否定"我所"是"我所有"的省略的看法，因为不管佛经文学用语多么特别，它一定要让当时的人看得懂听得明白，也就是说它应该符合当时的口语语法。从我们上面举的众多例子来看，"N+所"表示"N的"（领有）是当时普遍的表达方式，六朝小说中的用例尤能说明这一点。更重要的是省略说无法解释同时出现的与"我所"完全相当的"我许"。

"许"的处所义最早见于《墨子·非乐上》："古者圣王亦尝厚措敛乎万民，以为舟车。既以成矣，曰：'吾将恶许用之？'"孙诒让间诂："毕云：'恶许，犹言何许。'王引之云：'言吾将何所用之也。'"恶许，即何许，也即何所。"许"与"所"义同，一般认为"许"跟"所"在语音上有关系。"许"的处所义在魏晋南北朝文献中极为普通，如陶渊明云

"先生不知何许人也","何许"即何处。从"我所""我许"的意义都是"我的"来看,领格的"所""许"应是同义词,而这最可能源自处所词。

2.3.2 处所义的"所"和"许"用在名词、代词后面,有时意义会虚化。例如:

(一)指示处所,可对译为"那里、那儿"。

  书及玺皆在赵高所。(史记·李斯列传)
  刘尹至王长史许清言。(世说新语·品鉴)

(二)失去词汇意义,N 所/许=N

  午言之赵王张敖所。(史记·田叔列传;午把此事对赵王张敖说了。"赵王张敖所"即"赵王张敖")
  于父母所,少作供养,获福无量。(杂宝藏经,1;稍稍供养父母,就会获无量福。"父母所"即"父母")
  (龙王)语王:"王有大恩在我许……"(旧杂譬喻经;王对我有大恩。"我许"即"我")

我们认为领格用法的"所/许"应跟这种失去词汇意义的用法有关,下面略加说明。④

前例(16)有"仁祖是胜我许人"和"岂有胜公人而行非者"两句,"胜我许人"与"胜公人"相对应,"我许"即"我","许"不为义;但"许"又处于领格位置,有可能重新分析为领格助词。

魏晋南北朝时期"如+N+比"式盛用,例如:"佳婿难得,但如峤比如何?"(《世说·假谲》)此式又作"如+N+之+比",比如"如臣之比,车载斗量,不可胜数。"(《三国志·吴书·吴主传》注引《吴书》)

《世说·汰侈》中有"（珊瑚树）如恺许比甚众"句，如把"如恺许比"的"恺许"理解为"恺"，"许"字不为义，则此句结构为"如+恺许+比"，与"如+N+比"为一式；但失去实义的"许"位于领格位置，如重新分析为领格助词，则此句结构为"如+恺+许+比"，与"如+N+之+比"为一式，"许"相当于"之"。我们推想"N+所/许+N"格式中的"所/许"就是通过重新分析才充任为领格助词的。

那么"N+所/许"式怎么会表示领属的呢？在古汉语中，"VP+者"与"VP+者+N"相对应，"推者郎"就是"推者"，或许受此影响，人们就把"N+所/许"看作是"N+所/许+N"的简略式，因而后边不加中心语，单用"N+所/许"也可以表示领属了。这个推断在后代的白话文献中得到了一定的证明。

2.3.3《元代白话碑》里有方位词"根底"用如领格助词的例子，方位词可看作广义的处所词。

a N+根底+N

（1）和尚根底寺，也立乔大师根底胡木剌，先生根底观院，达失蛮根底密昔吉，那的每引头儿拜天底人，不得俗人搔扰，不拣什么差发休交出者。（元代白话碑，5；和尚的寺庙，景教大师的寺院，道士的观院，回教徒的寺院，那些率众拜天的人，不许俗人骚扰，一切差役尽免）

此例中连用了四个"N根底N"式，"根底"都相当于领格助词。⑤

a' N+根底

（2）但属寺家的水土、园林、磨房、店舍、铺席、解典库、浴堂、竹园，不拣甚么他每根底，休夺要者。（同上，48；任何属于他们的

（财产）都不可夺要）

"不拣甚么他每根底"一句在内容、句式相同的其他白话碑文中又作"不拣甚么他每的"（38、39、57、61、69、73、76 等）或"不拣什么他的"（44、53、55、56、58、62、64、72 等），"N+根底"也表示领属，跟汉魏六朝时期的"N+所/许"表示领属情况相似。除了白话碑外，元明时期的其他材料里也能找到类似的例子：

（3）我这里配了歹人，儿子每行面皮如何见得！（元朝秘史；有什么脸面见儿子们）

"儿子每行面皮"即"儿子们的面皮"，"行"本指处所、方位。

（4）谁是舅舅上孩儿，谁是姑姑上孩儿？（老乞大谚解）

《老乞大谚解》反映的是元末明初的语言，后来，成书于清代乾隆年间的《老乞大新释》将此句改作"谁是舅舅的孩儿，谁是姑姑上孩儿"，由此也可以看出方位词"上"与结构助词"的"的对应关系，以及由方位词充任结构助词的可能性。

2.4 由上所述可知，在唐代以前，汉语的结构助词是由"之、者"和"所/许"三者共同承当的，三者的功能大体呈互补之势：

	a	b	c	a'	b'	c'
之	+	+	+	−	−	−
者	(+)	(+)	(+)	−	+	+
所/许	+	−	−	+	−	−

到了唐代,"者"的用法扩大到a′(也许受到"N所/许"表示领属用法的影响),新的结构助词"底"又出现,"所/许"被排挤出结构助词系统,成为汉语史上昙花一现的领格助词。"所/许"虽然衰亡了,但用处所词充任结构助词的道路却被方位词"底"继承并拓展开了。

三 助词"底"源自方位词"底"

3.1 助词"底"的最早用例

由实词虚化而成的语法标记,其最初的用例往往最能透露出它的本来身份。助词"底"最早见于唐代,但唐代的用例很罕见,目前只找到两例,都是a′式(代/名+底):

(1)周静乐县主,河内王懿宗妹。懿妹短丑,武氏最长,时号大哥。县主与则天并马行,命元一咏。曰:"马带桃花锦,裙衔绿草罗。定知帻帽底,仪容似大哥。"则天大笑,县主极惭。(朝野佥载,见太平广记,卷254"张元一"条)

(2)崔湜之为中书令,河东公张嘉贞为舍人,湜轻之,常呼为"张底"。后商量数事,意皆出人右,湜惊美久之,谓同官曰:"知无?张底乃我辈一般人,此终是其坐处。"死十余载,河东公竟为中书焉。(刘悚,隋唐嘉话,下,谈刻初印本太平广记引作异纂)

崔湜对同僚们说:"知道吗?姓张的跟我们是一类人,中书令的位置迟早是他的。"

这两例中的"N底",按现代的观点前面似省略了动词("帻帽底"即戴帻帽,"张底"即姓张),但也许在当时是正常的表达方式。同样的情况在五代禅录《祖堂集》中也有:

大业底人为什摩阎罗天子觅不得？（2.121）

"大业底人"实指作大业底人。

在元明戏曲小说中仍可见介绍姓名、身份时前面不加动词的用法，例如：

自家李山儿的便是。（元曲·李逵负荆，二折）
这位便是东京八十万禁军枪棒教头林武师林冲的便是。（水浒传，9回）
自家不是别，乃是万俟丞相府中堂候官的是也。（明·荆钗记，十九出）

据此，似不必把"帏帽底""张底"看作省略式。那么，这两例"N+底"中的"底"的来历是什么呢？

3.2 "张底"的"底"是方位词

《全唐诗》卷八七六《选人语》："有钱石上好，无钱刘下好，士大夫张下好。"这是候选官职者总结仕途捷径的谐谑语，"石上、刘下、张下"分别指称姓石的、姓刘的、姓张的掌选官。在姓氏后面加上方位词表示某姓的人，这跟"张底"的用法相同，"底"本来表示物体的最下部，是跟"上、下"同类的方位词。"张底"和"张下"之别，只是所选用的方位词不同而已。

按说"上、下"也有可能演化为结构助词的，拙文（1998）曾经提到"N上、N下"的"上、下"不指示具体的方位，而是泛指某处、某人那里、某人方面，甚至N上、N下就等于N，这情况跟2.3.2节中谈到的"所"字的虚化完全相应。请看下面三例：

追取左贤王下兵马数十万人(李陵变文)
陵下散者,可有千人(同上)
羽下精兵六十万(汉将王陵变)

其中专有名词后边的"下"指示某人方面,它处于结构助词的位置,如果进一步虚化,就有可能变为结构助词。但语言选择了"底"而不是"上、下"充任结构助词,我们推想应是"上、下"的方位词身份太明确、太常用了,不适合转作他用。

3.3 在"名词+方位词+名词"结构中,方位词正处在结构助词"之"的位置,在一定的语境中会产生歧义,提供了重新分析的机会,促发了方位词向结构助词的转变。现以王武子《朝中措》词"闲看枕屏风上,不如画底鸳鸯"句为例说明。此句的意思是慨叹自己独守空房,不如画里的鸳鸯夫妻长相守也。但"画底鸳鸯"既可理解为"画里鸳鸯"("底"为方位词),也可歧解为"画的鸳鸯"("画"为动词,"底"为助词),从这里我们可以看出方位词"底"转用为助词的可能性。前面所举元代白话碑中"N+根底+N"的"根底"用如结构助词也是一个明证。

总之,从结构助词"底"的最早用例是a′式的"N底"来看,它不可能源自指示代词;"N底"跟唐以前的"N所、N许"(a′式)相承接也有助于说明"底"应是跟"所/许"同类的处所方位词;方位词所处的句法位置提供了它演变为结构助词的语境。

四 助词"底"功能的扩大化

4.1 在唐代较早时候的文献里,助词"底"的用例极其罕见,且只见到用在代词和名词后面的,如"张底、帩帽底",但在晚唐五代的白话文献中,助词"底"的用例骤然上升,其功能也迅速扩大,除了"名词+底"(a'式)外,又出现了"形容词+底"(b'式)、"动词+底"(c'式)以及与这些形式相对的"名+底+名"(a)、"形+底+名"(b)、"动+底+名"(c)等格式,正如冯春田(1991)所详论的,"底"的这些功能与同时期的结构助词"者"完全对应,"底"与"者"是词汇替代关系。吕先生早已指出,"者"在先秦文献中就有兼并"之"的趋势,使它的功能扩大到a、b、c三式;到了唐代,"者"又扩大到a'式,从而一身兼具六项功能。但我们注意到,"者"除了b'、c'式之外,其他四式的使用都不普遍。与此形成鲜明对比的是,结构助词"底"虽然到唐代才出现,但却显现出强劲的势头,功能迅速扩大,最终取代了"者",这其中的原因是什么呢?

如前所述,汉魏六朝时期"所/许"用在代词、名词之后表示领属,开了处所词进入结构助词领域的先河,因为语言自我调节和类化的作用,方位词"底"取代"所、许"在唐时充任结构助词,虽然它最初只有a'式的用法,但一旦进入了结构助词领域,其功能就迅速向该领域的其他成员如"之""者"看齐。"之"和"者"是上古沿用下来的文言词,到了中古,文言和口语加速分离,文言词日渐走向衰落,口语词则充满了活力,正是这种语言背景使得助词"底"后来居上,在竞争中取得了胜利。

4.2 "底"兼具"之、者"的功能,但在《祖堂集》中"底"又有一些"之""者"所不具备的功能,例如:

甲 "形/动+底"单独做谓语,描写状态。

(1)举措悉皆索索底,时长恬恬底。(2.91)|云岩云:"湛湛底。"(4.42)|雪峰告众云:"当当密密底。"(3.47)|南风吹来饱鞠鞠底。(5.94)

（2）师兄见洞山沉吟底。（2.15）

乙 "形/副+底"做状语，修饰动词。

（3）呵呵底笑（2.15）| 微微底不安（4.136）
（4）和尚蓦底失声便唾（4.59）| 忽底睡着（3.66）

这两种用法在吕先生文章所涉及的材料中只用"地"不用"底"，但在《祖堂集》里却是"地、底"兼用。而且据曹广顺（1995）考察，虽然《朱子语类》中"底、地"的功能是分开的，但仍有一些例外，如：是道理活泼泼底发出在面前（卷60）| 自愧地塌塌底去（卷72）| 显然底做（卷76）。更值得注意的是，不仅"底"用如"地"，也有"地"用如"底"做定语的：玄，只是深远而至于黑窣窣地处（朱子语类，卷125）| 要扣玄关，须是……硬剥剥地汉始得（五灯会元，卷16）。如何看待这种现象呢？我们认为这是同一系统内的成员之间功能相互沾染所致。"底"和"地"都是活跃在口语中的结构助词，它们在语法性质和功能上的共同点（"形+底"和"形+地"都可以做谓语）引发了相互间功能的沾染，这从先秦的结构助词"者"和"之"之间功能的互相沾染更可以说明。"者"侵入"之"的比较常见，前面已经谈过；"之"侵入"者"的也偶有其例（引自周法高418页）：

且有损而后益者，若疟病之之于疟。（墨子·经说下；章太炎云：上"之"字训"者"）

古小之名卑地削，大之国亡身危。（韩非子·说林；古书虚字集释云：管子·五辅篇："是以小者兵挫而地削，大者身死而国亡"，文例同此。）

所以，结构助词系统内部成员间功能的互相沾染古已有之，不自"底、地"始。也就是说，在晚唐五代时候，"底"不仅吸收了"之、者"的结构助词功能，同时也不同程度地沾染上了另一个结构助词"地"的功能。

我们还注意到，甲、乙两类例子中的形容词多为XX、XXYY、XYY等重叠式，先秦两汉文献中这类形容词常跟"者"结合，可做主语、定语、谓语。例如：

滔滔者天下皆是也（论语·微子）| 菁菁者莪（诗·小雅）| 丘何为是栖栖者与？（论语·宪问）| 颗颐，涉之为王沈沈者。（史记·陈涉世家）

由此来看，"底"在形容词重叠式后的用法或者也可以看作是"者"的影响。

4.3 小结

上面我们对结构助词"底"来源于方位词"底"做了论证，如果把"底"用如"地"的功能（做状语）用d表示，那么"底"的由来可以图示如下（虚线表示沾染，浪线表示类化）：

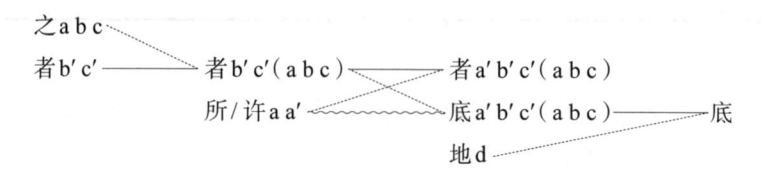

```
之 a b c
者 b' c' ————— 者 b' c'(a b c) ————— 者 a' b' c'(a b c)
             所/许 a a'      底 a' b' c'(a b c) ————— 底
                            地 d
```

我们说结构助词"底"源自方位词是从词汇上说的；从功能上，"底"集合了"之、者、所/许"乃至"地"，是一个集大成者。在由"之、者"到"底"的发展过程中，有以下几种因素在起作用：

（一）功能的沾染　"者"先是沾染了"之"的功能（a、b、c），继而又沾染上了"所/许"的功能（a'）；后来"底"出现后又沾染上"地"的功能（d）。这种沾染是不平衡的双向运动，即"之"对"者"、"地"对"底"的沾染少于"者"对"之"、"底"对"地"的沾染。促发沾染的机制是同一语法系统内部成员间的相互影响。

（二）实词的语法化　"所、许"由处所词而产生领格用法是由它的句法位置决定的。在"N+所/许"结构中，"所/许"的处所义虚化，"N+所/许"就相当于"N"；在"名+所/许+名"结构中，虚化了的"所/许"处在领格助词"之"的位置，提供了重新分析的契机，从而促使"所/许"充任了领格助词。

（三）语言的类化作用　方位词"底"受处所词"所/许"的类化进入领格助词领域，然后受同一系统中的助词"者"和"地"的影响而扩大了自己的功能。

（四）口语词与文言词的竞争　"底"比"者"后出，它迅速沾染吸收了"之"和"者"的全部功能，而且最终替代了"者"，"底"替代"者"不是语音的演变，而是词汇的兴替，其本质是口语词在竞争中战胜了文言词。"底"的胜利，使得汉语的结构助词由源自古代汉语的指代词（之、者）转而变为源自处所词（方位词是广义的处所词）。

不过，处所词并不是近代汉语结构助词的唯一来源，近代汉语结构助词的另一个来源是量词"个"，这两个结构助词开始似无明显的地域分别，但在现代汉语里"个"只保留在粤方言、吴方言、部分客闽方言及西南官话中，有明显的区域特征。

（五）西方学者提出了语法化的单向性原则，认为从历史的角度看，语法化是一种单向现象，即语言的演变几乎毫无例外的是从实词向虚词的转移，或从不太虚的成分向更虚的成分转移。本文对处所词"所"的语法化过程的考察，一半符合这一原则：所→N所（那里）→N

所(词缀);如果把结构助词看作是等级高于词缀的语法成分,那么另一半则提出了反例:N 所(词缀)+名→N+所(结构助词)+名。当然,这种逆向转移是由于重新分析造成的。

五 余论

为了申说处所词演变为结构助词的可能性,这里再补充介绍金元明白话文献中处所词"处"、方位词"里"用在谓词性成分后,相当于结构助词的情况。

5.1 VP 处

"处"本是个空间概念,通过词义虚化从空间认知域转入时间认知域,即不表处所,表时间。最著名的例子是岳飞《满江红》词"怒发冲冠凭栏处"的"处"应作"时"讲。但在金刊本《刘知远诸宫调》里有几例则既不能作处所讲,也不能作时间解:

堪伤处,便是荆山美玉,泥土里沉埋。(卷 2;便是:便似。令人伤心的是,刘知远就像美玉被深埋在泥土里)

虽得身荣,一事不全处:兄嫂堪恨如狼虎,把青丝剪了尽皆污(兀)。(卷 12;兀,剃除。虽然得到荣华,但有一样不圆满的,就是头发被凶狠的兄嫂剪去)

交人难忘处,把俺夫妇薄贱。(卷 12;让人难忘的是,兄嫂把我们夫妻侮辱。)

以上三例中"VP 处"的"处"用在复合句前一分句之末,上一分句举出一种情况,下一分句申述其原由或具体情况,"～处"相当于文言的

"者",可对译为"……的"或"……的是"。跟结构助词"的"b′c′式相对应。元明其他文献中还有用在反问句中的用例:

（郓哥）:"这几时不见你,怎么吃得肥了?"
（武大）:"我只是这般模样,有甚么吃得肥处?"（水浒传,25回）

"主人家哥,休怪,小人们这里定害。""有什么定害处?吃了些淡饭,又没什么好茶饭。"（老乞大谚解,77）

把这生分忤逆呆种杀了有什么多处!（朴通事谚解,中219）

"有什么吃得肥处"犹言"有什么吃得肥的","有什么定害处"犹言"有什么打扰的","有什么多处"犹言"有什么多的"（也即"多什么"）,其中"处"都相当于助词"的"。

5.2 "怕里"

宋词中有"怕里"一词,其义相当于怕的是（例引自张相书）。

怕里流芳暗水,啼烟细雨带愁去。（周密,扫花游词）
还怕里,帘外笼莺,笑人醉语。（又,一枝春词）
心里恨,莫结丁香;琴上曲,休弹秋思。怕里,又悲来老却兰台公子。（马庄父,月清华词）

"怕里"的"里"跟方位词"底"同义。"底"在唐宋时候常用如"里",比如杜甫《哀王孙》诗"屋底达官走避胡","屋底"即屋里;前举王武子《朝中措》词"不如画底鸳鸯"句,"画底"即画里。是知"怕里"义同"怕底",由此也可以看出"底"与方位词的关系。

附 注

① 曹广顺(1998)又举出三例 C 式的"者":于是平原君乃斩笑躄者美人头。(《史记·平原君虞卿列传》)| 后卓故部曲收所烧者灰,并以一棺棺之,葬于鄘。(《三国志·魏书·袁刘传》注引《英雄记》)| 时净饭王为王太子,造三时殿……拟冬坐者殿一向暖,拟夏坐者殿一向凉,拟于春秋二时坐者,其殿调适,温和处平,不寒不热。(《佛本行集经》12)

② 《史记》中有"名+所+ VP"格式中"所"相当助词"之"的用例:《禹贡》九州,各因其土地所宜,人民所多少而纳职焉。(《平准书论》)| 或曰:"东方物所始生,西方物之成熟。"(《六国年表》)

③ 与"自许"相对应,《朱子语类》中有"自底"。如:"只守著自底便了。"(卷38)

④ 《敦煌变文集·庐山远公话》:"善庆闻语,转为高声,摇(遥)指道安许……""遥指道安许"实即遥指道安,"许"又已虚。

⑤ 蔡美彪(1955)注:根底"实蒙古语助词之意译,一般用于名词或代名词的与格(第三格),略相当于汉语副动词的'对''对于'或'给……'。《元秘史》旁译中每以'行'字译之。有时根底亦用来译蒙古语领格(第二格)的语助词,略与汉语的'属于'相当。"(6页注③)

参考文献

蔡美彪　1955　《元代白话碑》,科学出版社。
曹广顺　1995　《近代汉语助词》,语文出版社。
曹广顺　1999　《〈佛本行集经〉中的"许"和"者"》,《中国语文》第6期。
董秀芳　1998　《古汉语中的后置词"所"——兼论古汉语中表方位的后置词系统》,《四川大学学报》第2期。
冯春田　1991　《近代汉语语法问题研究》,山东教育出版社。
冯春田　1992　《隋唐五代汉语研究·唐五代某些语法现象浅析》,山东教育出版社。
江蓝生　1988　《魏晋南北朝小说词语汇释》,语文出版社。
江蓝生　1998　《后置词"行"考辨》,《语文研究》第1期。
梁晓虹　1994　《佛教词语的构造与汉语词汇的发展》,北京语言学院出版社。
吕叔湘　1984　《汉语语法论文集·论底、地之辨及底字的由来》,商务印书馆。

梅祖麟　1988　《词尾"底"、"的"的来源》,《史语所集刊》。

石毓智　李讷　1988　《汉语发展史上结构助词的兴替——论"的"的语法化历程》,《中国社会科学》第5期。

太田辰夫　1988　《中国语史通考》,白帝社(日),中译本《汉语史通考》,重庆出版社,1991。

王　力　1980　《汉语史稿》中册,中华书局。

袁毓林　1997　《"者"的语法功能及其历史演变》,《中国社会科学》第3期。

章炳麟　1915　《新方言》,章氏丛书。

周法高　1959　《中国古代语法·称代编》第七章,"中研院"历史语言研究所。

祝敏彻　1982　《〈朱子语类〉中"地"、"底"的语法作用》,《中国语文》第3期。

原载《中国语文》1999年第2期

"影响"释义

《敦煌变文集》里"影响"一词凡六见,均出现于韵文之中;下字或作"向",或作"晌",均为"响"之音借。揣其义,难用现代汉语的常义诠释。今将六例引录于下:

(1)如今世上多颠倒,莫便准承他幼小;他缘寿命各差殊,影向于身先自夭。(无常经讲经文,668页)

(2)富贵奢华未是好,财多害己招烦恼;影晌因兹堕却身,只为贪求心不了。(同上,669页)

(3)等闲屋里高声喊,影向人前乱发言。(父母恩重经讲经文,692页)

(4)三三五五等闲去,影响经旬舍不归。(同上,695页)

(5)妾虽禁闭在深闺,与君影响微相识。(伍子胥变文,9页)

(6)青提夫人欲似有,影向不能全指的。(大目乾连冥间救母变文,729页。"向",《敦煌变文集》误录为"响")

例(1)例(2),蒋礼鸿先生释作"表示因果感应的必然,好像影之随形,响之随身。"(按:"身"似为笔误,应为"声")例(3)例(4)蒋先生释作"没来由,不应这样而这样。"(见《敦煌变文字义通释》,上海古籍出版社,1981,下简称《通释》)蒋先生对上面的解释尚无十分把握,故于释文末注明"并存待质"。例(5)例(6)《通释》未收。最近,乐东甫同志《词语商兑》一文(《中国语文》1984年第1期,下简称《商兑》)对蒋先生的解释提出不同意见,认为变文六例均应释作"不料"。我们则觉得蒋先生对前四例的解释是对的,只是未加必要的例证;而《商兑》对六个例子的解释却似不妥。在这篇短文里,我们谨提出自己不够成熟的看法,向蒋、乐二先生及读者请教。

"影响"一词,先秦典籍中已多见,很早就成为一个复合名词,本义如字,指形影声响。这个词在古代和近代文献中的用法很可注意,人们根据形与影、声与响之间的关系,以及影和响的特征,在使用中赋予"影响"一词以特定的意义。比较常见的是:(一)以影之随形、响之应声比喻某些事物之间相随、相应的关系,多指因果感应的必然性;(二)以影随形、响应声之迅速,比喻人或事物反应的敏捷;(三)以影和形、响和声的相像,比喻事物的相近、类似。(一)(二)两项意义不能截然分开,在许多情况下,"影响"同时兼表反应的必然和反应的迅速,只不过视场合之不同而有所侧重。(三)项意义出现较晚,大约在六朝前后。我们认为敦煌变文里的"影响"与上面各项意义和用法有关,下面分别加以说明。

(一)以"影响"比喻事物间相随、相应的关系,多指因果感应的必然性。

(7)上恤其下,下赴其难;恶出乎己,害及其身,如影响自然也。(孟子正义·梁惠王章句下·章指,94页)

(8)福仁祸淫,景响而应。(后汉书·张衡传,59.1910;"景"为"影"之本字)①

(9)夫信谤之徵,有如影响,耳闻眼见,其事已多。(颜氏家训·归心,354页)

(10)凡人但见仁夭暴寿、逆吉义凶,便谓亡因果、虚罪福。殊

不知影响相随,毫氂靡忒,纵经百千万劫亦不磨灭。(景德传灯录,2.5a)

(11)作善作恶,报如影响,可不畏哉!(宋·刘斧,青琐高议,263页)

上面诸例,不管"影响"前有无"如"字,"影响"均用来比喻善恶福祸之报的信而不虚。宋岑象求有笔记《吉凶影响录》一种(《丛书集成》第二七一八册),仅存故事八条,均言善恶报应之事,也可知"影响"表因果报应乃为常义。变文前两例里的"影响"用法和意义与此相类。例(1)"他缘寿命各差殊,影向于身先自夭"是说人的寿命长短各(依业道而)不相同,如影响相随相应,年幼者也可能夭亡在先。例(2)"影响因兹堕却身,只为贪求心不了"是说贪欲心盛的人获报应而丧身。

(二)以"影响"比喻人或事物反应的敏捷。

(12)三德者诚乎上,则下应之如景响。(荀子·富国,123页)

(13)且下之化上,疾于景响,举措不可不审也。(史记·张释之传,102.2752)

(14)纪渻子为周宣王养斗鸡。十日而问:"鸡可斗乎?"曰:"未也;方虚骄而恃气。"十日又问。曰:"未也;犹应影响。"〔注〕接悟之速。(列子·黄帝,28页)

(15)天之应人,敏于景响。(后汉书·郎颢传,30下·1058)

(16)人生处一世,去若朝露晞。年在桑榆间,影响不能追。(曹植,赠白马王彪七章之五,全汉三国晋南北朝诗·全三国诗,2.168)

这组例子里"影响"的涵义主要是"快""迅速"。有的例子里还明白出现了"疾""敏""速"等词加以说明，更可看出"影响"的意义侧重点。当然，在上面的例子里，"迅速"只是作为"影响"这一事物的特征而被用在比喻的场合，"影响"一词本身还不相当于形容词"迅速"。

到了唐代，情况有了变化，"影响"本身可直接作"反应迅速"讲，如：

（17）逡巡日渐高，影响人将寤；鹦鹉饥乱鸣，娇娃睡犹怒。（才调集，5.16，元稹，梦游春诗；"怒"，浓也。）[②]

（18）寺大殿后画迦毗罗王及毗沙门天王二像，若有僧侣失仪、童竖亵慢者，无不影响表异，使其恭肃。（法苑珠林，52.13a）

例（17）前两句意为：顷刻之间日头渐渐升高，睡着的人很快就要醒来。"逡巡"的基本意思是"迅速"，随文可释作"顷刻""少顷""转瞬"等，张相《诗词曲语辞汇释》及蒋先生《通释·释情貌》释之甚详。"影响"与"逡巡"为对举互文，义应相近。例（18）说若有人失礼不敬，佛便反应迅速地现出异象以示警告。二例中的"影响"均可直接表示相随、相应的快速。我们认为变文例（3）例（4）都应训以此义，只不过应随上下文而释以相宜的词语罢了。例（3）"影向人前乱发言"是说在人前说话仓猝，轻率，"影响"犹言"随便"。例（4）"影响经旬舍不归"也是说行动轻率，动辄十天半个月地不回家，"影响"也可释以"随便"。例（3）说忤逆子不懂礼仪，例（4）说不孝儿抛家远游。两句"影响"均与"等闲"对言，说明二者词义有相近之处。"等闲"正有"随便"义，当从它的"平常"义引申而来；"影响"的"随便"义是从"迅速""仓猝"之义引申而来。《通释》将例（3）（4）的"影响"释为"没来由"，其义与"随意""随便"相近。《商兑》释作"不料"，跟上句语气不相贯。如例（3）"等闲屋里高声喊，影向人前乱发言"，上下两句互文同义，是并列关系，并无"不料"的转折义。

（三）以"影响"比喻事物的相近，类似。

（19）吾昔初看《说文》，蚩薄世字。从正则惧人不识，随俗则意嫌其非，略是不得下笔也。所见渐广，更知变通，救前之执，将欲半焉。若文章著述，犹择微相影响者行之；官曹文书，世间尺牍，幸不违俗也。（颜氏家训·书证，463页）

后两句说：文章著述还是选择与正体类似的字使用，而一般的应用文书之类则从俗字。"微相影响"即"稍稍相似、相仿佛"的意思，"影响"应释为形容词"类似""仿佛"。变文例（5）"与君影响微相识"的"影响"与此同义，只是词性转了，应释作副词"似乎""仿佛"（今语"仿佛"也兼此两种词性）。

《颜氏家训》之例表明"影响"可用如"仿佛"，而"仿佛"除了表示"相似"之外，还有"看得不太清楚"的一层意思。《说文·人部》："仿，相似也"；"佛，见不审也"。玄应《一切经音义》卷二："仿佛，谓相似见不谛也。""影响"也承继了"仿佛""见不审"的意义，引申作"不清楚""不确切"讲。变文例（6）的"影响"正应释作此。"青提夫人欲似有，影向不能全指的"意谓：好像是有青提夫人这么个人，但是不能十分清楚、确切地指出她的下落来。"影响"的这个用法唐宋资料中不多见，但明清时候却不乏其例。

（20）又，周，江右人，率多土音，去中原甚远，未必字字订过。是欲凭影响之见，以著为不刊之典，安保其无离而叶于正音哉！（明·王骥德，曲律，2.10a；"周"，指周德清）

（21）但凡老师宿儒，经旨必然十分透彻；后生家专攻四书，经义必然不精。如今到不要取四经整齐，但是有些笔资的，不妨题旨

影响,这定是少年之辈了。(警世通言·老门生三世报恩,18.254)

(22)(袭人)头里虽也听得些风声,到底影响;只不见宝钗过来,却也有些信真。(红楼梦,96回,1131页)

(23)诸书载此,皆讹"柷"为"抚"义,以致义遂不明也。升菴谓若佛书沙语,亦影响。(清·黄生,字诂,36a"柷尘"条)

现在也偶或用之,如说"影响之见""影响之谈"等。

"影响"在近代汉语文献中还有一些与今义不同的特殊意义,顺便简述于下。

1. 迹象,动静,消息

(24)及夜,果失隐娘所向。锋大惊骇,令人搜寻,曾无影响。(太平广记,194.1457)

(25)先人罢信漠,暂寓法曹廨房。室间忽地陷尺许,微露棺。和丞迁避他宇。扣于州之耆旧,皆言下乃古冢,素多影响。(宋·周辉,清波杂志,12.1a)

(26)倱家尚未来,去了迭时饷,交人候夜深,全然无影响。(刘知远诸宫调,2.7b;"倱家",疑即"浑家",《广韵》去声慁韵:倱,胡困切。与"浑"音近)

(27)善长老吏,负罪而心悸,惟恐人知其影响,尚敢攘臂怒目切切然谋为人报必不可报之仇也哉!(牧斋初学集·李善长狱词,105.20b)

此义新版《辞源》虽收,但引例为清代黄宗羲《万里寻兄记》文,实则唐时早已盛用。

2. 相随,相应,为基本义的活用

（28）北受幽州刺史刘灵助节度，共为影响。（北齐书·高乾传，21.290）

（29）突厥与宇文男来女往，必当相与影响，南北寇边。（北齐书·王纮传，25.366）

（30）初突厥屯兵浮图城，与高昌为影响。（太平广记，189.1415引《谭宾录》）

此三例"影响"特指军事上的盟友关系，可释作"呼应""接应"。新版《辞源》收有例(28)，但释为"指对人或事所起的作用"，此以今义释古义，于文义难通。

（31）古来占滂沱，说者类恢诡。……不如老农谚，影响捷于鬼。（宋·罗大经，鹤林玉露引范成大诗，说郛 5.7a，《丛书集成》2873 册 3.23）③

此处"影响"犹言"应验"。

3. 从"相随,相应"义引申为"依据,来源"

（32）而乃字字剽窃，万首一律，不从事于其本，而影响于其末，读之令人厌。（宋·吴萃，视听钞，说郛，20.10b）

（33）古戏不论事实，亦不论理之有无可否，于古人事多损益缘饰为之，然尚存梗概。后稍就实，多本古史传杂说，略施丹垩，不欲脱空杜撰。迩始有捏造无影响之事，以欺妇人小儿者。（明·王骥德，曲律，3.15a）

（34）今所传文穆传奇，似影响于此。且以母事为妻事，大可喷饭矣。（清·焦循，剧说，2.40）

附　注

① 59.1910，前为卷数，后为页数，下同。

② 此诗《元氏长庆集》（六十卷本）未收。汪辟疆《唐人小说·莺莺传》后附宋王铚所录该诗（上海古典文学出版社，143页）"娇娃"作"娇狉"。按"狉"为"猧"之异体，狗也。据诗内容，似以作"娇狉"为是。

③ 诗又见于《石湖居士诗集》（四部丛刊本）卷十六，题为"晓发飞鸟"，"影响"作"响应"。按，范集为清人刻本，罗大经所见应较可信。

引用书目

《孟子》《荀子》《列子》：诸子集成本。
《史记》《后汉书》《北齐书》：中华书局标点本。
《全汉三国晋南北朝诗》：中华书局，1959。
《颜氏家训》：上海古籍出版社，1980，王利器集解本。
《太平广记》：中华书局，1981。
《法苑珠林》《才调集》《景德传灯录》《清波杂志》《牧斋初学集》：四部丛刊本。
《青琐高议》：上海古籍出版社，1983。
《刘知远诸宫调》：文物出版社影印本，1958。
《说郛》：涵芬楼一百卷本，1925。
《警世通言》：人民文学出版社，1980。
《曲律》：诵芬室读曲丛刊本。
《剧说》：古典文学出版社，1957。
《红楼梦》：人民文学出版社，1957。
《字诂》：《增注字诂义府合按》，光绪丁丑黄氏刊本。

原载《中国语文》1985年第2期

"举似"补说

在唐宋诗词、禅宗语录、宋儒语录里，常见动词后加"似"构成一短语的现象[①]，如"举似、说似、指似、呈似、把似、送似、寄似、分似"等等。其中，"举似、说似"最为多见，因此本文以"举似"代称此类用法。

张相《诗词曲语辞汇释》卷三"似（一）"条云："似，犹与也；向也；用于动词之后，特于动作影响及他处时用之。"张氏的解释是对的，但稍嫌笼统，因为动词后边的"似"并非在任何场合下都能以"与、向"释之，且"似"字何以能释为"与也，向也"，也未加说明，本文拟就以上两点谈些补充意见。

1.1 动词的意义类别

并不是所有的动词都可以任意跟"似"组成复合词，这类动词为数有限，从意义上大体可分为三类：

A. 动词为"给与"义、"交付"义。如"送似、寄似、委似"；或者动作的目的是"给与、交付"，如"分似、把似"等，以下各举一例：[②]

谁其友亲能哀怜，写吾此诗持送似。（韩愈，谁氏子诗）
小诗苦雨当雪片，寄似南风一问天。（杨万里，四月一日三衢阻雨诗）
此话有谁堪委似，几回无语向青青。（葛天民，竹诗）
子来问讯维摩诘，分似家风一瓣香。（杨万里，赠王墫时可诗）

十年磨一剑,霜刃未曾试。今日把似君,谁为不平事?(贾岛,剑客诗)

B. 动词为"言说"义。如"举似、说似、话似"等。"举"本为"擎"义,引申为"说",如:

彼有何言句,汝举似看,吾与汝证明。(五灯会元,卷2,信州智常禅师)

今日因和尚举似,得见马祖大机之用,然且不识马祖。(又,卷300,丈怀海禅师)

今语"提"也作"说"用,如"这话别提它了","提起来话长"。"举"作"说"用跟"提"是同类现象。以下是"举似、说似、话似"的用例:

(和尚)又教侍者问法,侍者去彼问:"如何是解脱?"师曰:"阿谁缚汝?""如何是净土?"师曰:"阿谁垢汝?""如何是涅般?"师曰:"谁将生死与汝?"侍者却来举似和尚,和尚便合掌顶戴。(祖堂集,卷4,石头和尚)

今日分明说似君,总教各各除疑虑。(敦煌变文集·维摩诘经讲经文,526页)

师云:"还得宝也无?"答曰:"委曲话似人即得。"(祖堂集,卷11,保福和尚)

C. 动词为"指点、展示"义。如"指似、呈似、见似"等。

年来马上浑无力,望见飞鸿指似人。(窦巩,赠阿史那都尉诗)

便上沩山具陈前事,并发明偈子呈似。和尚便上堂,令堂维那呈似大众,大众总贺。(祖堂集,卷19,香严和尚)

仰山归后,沩山向仰山说前件因缘,兼把偈子见似仰山。仰山见了,贺。(同上)

当"举似"的"举"用其本义,作"持、拿"用时,"举似"之义与"呈似"同。如:

夜来八万四千偈,他日如何举似人。(苏轼,赠东林总长老诗)
公尝举似所作绝句示学者云……(罗大经,鹤林玉露,卷6)

根据以上所举动词的三种意义类别,"V似"的意义大致为:(一)表示"给与""交付";(二)表示"说给听"或"拿/指给看"。

1.2 "V似"的语法功能

"V似"可以带两种宾语,即通常所说的间接宾语和直接宾语,但一般不能在一个句子中同时带这两种宾语。

A. "V似"+N_1 N_1是动词的间接宾语,是由"似"引出的行为动作的接受者。

有僧问:"髻中珠,谁人得?"师曰:"不赏玩者得。"僧曰:"安著何处?"师曰:"待有所在即说似汝。"(祖堂集,卷5,龙潭和尚)

先生一日看《大学》有所得,欲举似伊川。(河南程氏遗书,卷17)

师曰:"见后道甚么?"峰曰:"却来说似和尚。"(五灯会元,卷300,丈怀海和尚)

B. "V 似"+N₂ N₂ 是动词的直接宾语,这种用法大大少于 A。

　　师乃往曹溪而依六祖。六祖问:"子近离何方?"对曰:"离高山特来礼拜和尚。"祖曰:"什摩物与摩来?"对曰:"说似一物即不中。"(祖堂集,卷3,怀让和尚)
　　师示众云:"明镜相似,胡来胡现,汉来汉现。"有人举似玄沙。玄沙云:"明镜来时作摩生?"其僧却归雪峰,举似玄沙语。(又,卷7,雪峰和尚)

C. 把/持+N₂+"V 似"+N₁ 在两个宾语同时出现时,用"把/持"将直接宾语提到句子的前部。

　　把相思说似谁?浅情人不知。(晏几道,长相思诗)
　　有人持此语举似师。(祖堂集,卷10,玄沙和尚)

D. "V 似"+N+V N 为兼语,既是"V 似"的宾语,又是 V 的主语。

　　若将来,则呈似老僧看。(祖堂集,卷7,雪峰和尚)
　　宗门事,宜说似我看。(又,卷18,仰山和尚;"看",犹"听"也)

E. "V 似"单用

　　若到诸方,一任举似。(庞居士语录)[③]
　　然虽如是,安晚欲就渠热炉熬上再打一枚,足成大衍之数,却仍前送似。(无门关,安晚跋)
　　我初学挥染,见物皆画似。(倪瓒诗)

1.3 "～似"的语法意义

在 1.1、1.2 节里,我们分别考察了动词 V 的意义类别及"V 似"在句中的各种用法,在此基础上,这一节进一步讨论"～似"的语法意义。

"～似"大体可以释作介词"与,向",但由于它前面的动词的意义不同,也由于"V 似"在句中的用法不同,"～似"的语法意义是有差异的。

A."～似"可释为介词"与"。1.1 节 A 类属于此。即"～似"前边的动词有"给与、交付"之义,如"送似、寄似、委似"等,或当动作的目的是"给与、交付"时,如"分似、把似"等。这类动词后边的"似"虽为介词,但它还保留有较实的"给与"义。

B."～似"可释为介词"向、对"。1.1 节的 B、C 两类即"举似、说似、指似、呈似"等属于此。"举似师"即"对师说","指似人"即"向人指点"。这类"～似"虽然也不妨直译为"与",但跟 A 类的情况相比,"似"的"给与"义已虚化殆尽,它不表示"给与"而只引出行为动作的接受者。

C."～似"为语助,相当于动词后缀。

a ｛与摩,则终不错举似於人。(祖堂集,卷 12,招庆和尚)
　 说似与君君不会,烂红如火雪中开。(苏轼,邵伯梵行寺山茶诗)

a' ｛老去相如倦,向文君说似,而今怎生消遣。(刘过,贺新郎词)
　　向人欲举似,有舌不能吐。(罗与之,虎溪诗)

a 组两例"V 似"后又出现介词"於""与",a' 组两例句首已有介词"向"引出动作的接受者,因此,"V 似"的"似"已不起介词作用,更像是个词缀。

b { 赵季仁举似谓余曰:"此非论脉,乃是论学。"(鹤林玉露,卷2)
    公尝举似所作绝句示学者云……(又,卷6)

b组二例在"V似"后分别又用了动词"谓""示"。我们知道"谓"义为"对……说","示"义为"给……看",这两个动词本身已含有介词"於、与"的作用,所以例中"举似"的"似"也失去了它的介词功能。

c { 说似一物即不中。(祖堂集,卷3,怀让和尚)
    我初学挥染,见物皆画似。(倪瓒诗)

"说似一物",即"说一物"。佛家认为万物皆空,所以只要说一物就不合佛理。末例"见物皆画似"即"见物皆画","似"也没有介词的作用,相当于动词的词尾。

须要一提的是,当"V似"的"～似"纯作词尾时,它前面的动词就宽泛多了,完全不受1.1节里归纳的三种类别的限制,如:

今日偶题题似着,不知题后更谁题。(杜荀鹤,题瓦棺寺真上人院矮桧诗)

空檐知与阶何故,须把青苔滴似穿。(杨万里,三月三日雨作遣闷十绝句之三)

"题似着"即"题着","滴似穿"即"滴穿","似"均无意义(此二例引自蒋礼鸿《敦煌变文字义通释》379页)[④]。

总之,"V似"的"似"多数可释作介词"与""向",也有一部分已虚化为词缀。比较本节A、B、C三类用法,可以看出"～似"虚化程度从A—C呈递增的趋势。

2.1 "似"不仅能在"V似"短语中充当介词,而且也可以在一定条件下单独作介词用

> 过数日果见天龙和尚来,俱胝遂举前话似之。(大慧普说)
>
> 汝不见他向汝道:"撒手似君无一物,徒劳漫说数千般。"(传心法要)

"举前话似之"是直接宾语和间接宾语同时出现在一个句子时采取的把"举似"拆开来的表达方式。"撒手似君"的"似"仍是引出动作的接受者。有人把这一类"似"径释作"示",这在串通句义时未尝不可,但为了避免随文释义的弊端,还是应从把握"V似"的"似"的基本意义出发,把这种单用的"似"释作介词"与、向"为宜。

2.2 "似"单用作动词"与"

这种例子很少见,我们在敦煌写本S 2630号卷子中见到一例。该卷记述唐太宗入冥府,生魂被推勘之事。其中有一个情节是:冥府判官勒令太宗回答为什么杀兄弟囚父亲,太宗无法回答,请判官崔子玉代为作答。

> 崔子玉□□与皇帝答问头,此时只用六字便答了,云:"大圣灭族□□"。崔子玉书了似帝,欢喜倍常。(敦煌变文集·唐太宗入冥记,214页;□为阙字)

"书了似帝",即"写完后交给皇帝"之意,"似"作动词"与"解。

又,敦煌写本P2621号《孝子传》中有一则郭巨埋子的故事。说的是：郭巨为养老母，欲活埋亲生儿子，天悯其孝，赐黄金一釜。

　　诗曰：郭巨专行孝养心，时年饥险苦来侵。每被孩儿夺母食，生埋天感似黄金。（又，孝子传，906 页）

"似"，《变文集》校改为"赐"。据上文有"赐黄金一釜"之语，校为"赐"不无道理；但据"似"可单用作动词"与"来看，此处作"似"也可通。

"似"字单用作动词"与"，应是从"V 似"的"似"作介词"与"的用法而来。这是一种逆向转用，就是说，通常是从动词虚化为介词，而此处给与义动词"似"却是从它的介词用法逆转而来的。

2.3　"似"何以会有"与"义

"似"本义为"像"（见《说文》），《广雅·释诂》又释为"类也"，"若也"，何以会有"与"义呢？孙雍长先生曾用词义渗透的理论来解释这类问题，甚中肯綮。他说："如果甲词与乙词核心意义相同或相近，那么，甲词（或乙词）的某一其他意义就有可能渗透到乙词（或甲词）的涵义范围，从而使乙词（或甲词）也具有这一意义。"由于"似"有"如"义，"与"也有"如"义（《广雅·释诂》：与，如也），所以"与"的"给与"义就渗透给了"似"，这是因义同而发生的词义渗透现象（见《中国语文》1985 年第 3 期）。

我们认为，"与"的"给与"义并不是一开始就渗透给了"似"，而是经历了漫长的词义发展过程，约在唐代才发生的。最初"与"作"如"解，多用在"孰与"一词中，如《荀子·王论》："从天而颂之，孰与制天命而用之？"由于"若、如"义同于"与"，故跟"孰与"并用的又有"孰若，孰如"，如《后汉书·逸民传》："夫保全一身，孰若保全天下乎？"《晋书·王豹传》："今明公自视功德孰如周公？"当时，尽管"似"跟"与、若、如"义同，但却未见"孰似"的用法。到了唐代，才看到从"何与、何如、何若"类推出来的"何似"。这是一组意义、结构均相同的询问比较的疑问词,其中以"何似"出现最迟。以下各举一二例:

> 楚王之猎何与寡人?(史记·司马相如列传)
> 即情而恒实,取之而无惭,何与诡事而托伪,开乱于将来者?(晋书·习凿齿传)
> 阮籍何如司马相如?(世说新语·任诞)
> 公德于櫰,何若李敷之德于公?(北史·李䜣传)
> 君看我才能,何似鲁仲尼?(李白,书怀赠南陵常赞府诗)
> 师乃指一柴橛曰:"马师何似这个?"(祖堂集,卷4,石头和尚)

由上面各例可知,意义相同的词,往往可以分别跟另一个词组合成结构相同的同义复合词,而且可以在一定时期内并行使用。正是由于这些复合词在意义、结构、功能上的等同性,其中语素的可相互替代性,促使了那些同义语素在意义上的互相影响,从而发生词义的横向渗透。"与"正是在跟"似"密切联系的语境中逐渐把它的"给与"义渗透给了"似"。不过,"似"从"与"那里获得的"给与"义不够牢固,这不仅反映在"似"很少单独作"与"用,也反映在它的这个渗透义通行的时间也不算长,元代以后口语里就几乎不用了。

附　注

① 金元白话资料里犹可见,但不多。如《董西厢》三折〔仙吕调·赏花时·尾〕:"欲问自家心头事,愿听我说似,这心头,横觥个海猴儿。"《新编五代史平话·唐史》下:"'臣记得进士聂夷中有一诗伤田家,说得最好。'明宗曰:'试举似其诗如何?'"作为惯用词,明清人仍时或用之,例如明袁宗道《白苏斋类集》卷16《简友人》:"举似足下,以为何如?"袁宏道《解脱集》卷4

《(与)王百谷》:"吴越佳山水,登览略尽,恨不能一一举似百谷。"清初洪之则(洪昇女)《吴人三妇评〈牡丹亭〉跋》:"一日论《牡丹亭》剧,以陈谈两夫人评语,引证禅理,举似大人,大人叹异而已。"

② 本文所举唐宋诗词之例多引自张相之书,容不一一注出。

③ 以下三例及2.1二例转引自中村信幸《关于"说似"》一文,见日本《中国俗文学研究》第二号1984年。

④ 蒋先生该书《释虚字》"似"字条还列举了"似"在副词后边作语助词的大量用例,如"稍似、已似、犹似、方似、还似、翻似、便似、颇似、渐似、初似"等等,说明唐宋时候"似"作语助词的现象非常普遍。

原载《古汉语研究》1988年第1期(创刊号)

语词探源笔记选录

【乘凉】

"乘凉"之义,尽人皆知,但"乘凉"的"乘"(chéng)究竟以何为义呢?数年前整理敦煌写卷《燕子赋》时,读到"使人远来衝热,且向窟里逐凉"(《敦煌变文集》卷三250页)一句,与白居易《晚凉偶咏》"日下西墙西,风来北窗北,中有逐凉人,单床独栖息"相参较,知"逐凉"就是追逐凉爽之意。当时我便萌发了一个想法:"乘凉"最初的意思应与"逐凉"相关,早期可能有"趁凉"一词,其理由是,"趁"跟"逐"是同义词,也有"追赶"义,根据汉语构词可用同义词替换的特点,既然有"逐凉"的说法,也就可能有"趁凉"的说法。此后这个问题一直留存于心,现在来看,我当初的想法不是没有道理的,试分疏于下。

"趁"与"逐"义同,唐五代文献中常见。《太平广记》卷一百二十七"僧昙畅"条引《逸史》:"生乃惊走。初尚乘驴,行数十步,已见紫衣人趁在后。弃驴并靴,驰十数步。紫衣逐及,以刀刺倒。"前言"趁在后",后言"逐及",可见"趁""逐"二词义同。玄应《一切经音义》卷一《大威德陀罗尼经》第十五卷音义:"趁,逐,丑刃反,谓相追趁也。关西以逐物为趁也。"这里说的更加清楚。正因为"趁""逐"义同,所以唐代既有"逐凉"的说法,也有"趁凉"的说法。例如白居易《晚亭逐凉》诗:"送客出门后,移床下砌初。趁凉行绕竹,引睡卧看书。"

此诗题目作"逐凉",诗句内作"趁凉",是一个很好的证明。问题是"乘凉"跟"逐凉""趁凉"是什么关系呢?今谓"乘"也有"趁"(追逐)义,且看白居易《寻春题诸家园林》诗:"闻健朝朝出,乘春处处寻。""闻健"意为"趁着强健"。"闻"作"趁"讲,唐宋诗文中屡见不鲜(说详张相《诗词曲语辞汇释》卷五及蒋礼鸿《敦煌变文字义通释》第六篇《释虚字》)。此诗"闻健"与"乘春"对举,系同义互文,从诗的内容来看,"乘春"是追逐春光之意。又如王建《冬至后招于秀才》诗:"闻闲立马重来此",一作"乘闲立马",也可证"乘"与"闻"义同,也有"趁"义。正因为"乘"有"趁"义,故"逐凉""趁凉"也可以说成"乘凉",而且自唐代已见用例。如唐佚名《听张立本女吟》诗:"危冠广袖楚宫妆,独步闲庭逐夜凉。""逐夜凉"在孟浩然《夏日南亭怀辛大》诗里作"乘夜凉":"山光忽西落,池月渐东上。散发乘夜凉,开轩卧闲敞。"至此我们可以说,"逐凉""趁凉""乘凉"是意义结构完全相同的词,在词汇系统自身调节的过程中,"逐凉""趁凉"渐被淘汰,只有"乘凉"的说法沿用至今。此外,今语"乘机""乘虚而入""乘兴而来"的"乘"(chéng),在口语里多说"趁"(chèn),也反映了古代"乘"与"趁"音近义同的关系。

【不待见】

"不待见"是流行于北方各省的俗语,其义为不喜欢,讨厌。宋孝才、马欣华编著的《北京话词语例释》把"待见"列为词目,释作"喜欢",举例为:"这孩子真招人待见","这块布的颜色我一点儿也不待见"。其实在日常口语中"不待见"比"待见"更常说;从历史资料来看,也是先有的"不待见",而"待见"的使用是比较晚近的事情。何以"不待见"的意思为"不喜欢"呢?这还得从"待"的特殊意义说起。

大约自宋代始,"待"除了常用的"等候"义外,还有拟欲义,可释作"打算","将要"。例如柳永《菊花新》词:"留取帐前灯,时时待看伊娇面。"《三朝北盟会编·燕云奉使录》:"粘罕云:'……所要系官钱物,曾思量来,也是不好,便待除去。'"《挥麈录》"余话"卷之二:"张太尉道:'我待做,你安排着。待我交你下手做时,你便听我言语。'""我待做",意为"我将要起兵造反"。又有"欲待"同义连用者,如《董解元西厢》卷一黄钟调:"欲待散心没处去。""待"的否定式"不待"是"不欲""不愿"的意思。例如元曲《燕青博鱼》三,白:"我心中不待与他吃酒,我则想着衙内。"《西厢记》三本楔子〔仙吕赏花时〕:"俺姐姐针线无心不待拈,脂粉香消懒去添。"《金瓶梅词话》三十四回:"你老人家自饮,我心里本不待吃。""懒"有"不愿"义,故上举《西厢记》例中以"不待拈"跟"懒去添"相对。明代以后还有"懒待"合用的,意思跟"不待"相同,如《金瓶梅词话》三十四回:"我才睡起来,心里恶拉拉懒待吃。""不待见"最初是"不愿见""不爱见"的意思,后来引申为"不喜欢""讨厌"的意思。元曲《鲁斋郎》一折白:"自从徐州招了李四的浑家,起初时性命也似爱他,如今两个眼里不待见他。"又《㑇梅香》四折〔驻马听〕白:"我一生不待见妇人面,但与妇人相见,脑裂三分。"以上二例"不待见"都是"不愿见""不爱见"之意,"待"为助动词,"见"为及物动词,有实义,后面都带有宾语,从结构上是"不待+见"。再看下面三例。脉望馆钞校本《曲江池》一,白:"我的生性不待见这村厮每。"实言讨厌这村厮们,"见"无实义。《金瓶梅词话》十一回:"弄得汉子乌眼鸡一般,见了俺们便不待见。"此例前面已有动词"见",更可知"不待见"的"见"已经虚化。又八十回:"贼小奴才儿,你别要慌,你主子不待见我,连你这奴才们也欺负我起来了。"以上三例的"不待见"都是"不喜欢""讨厌"的意思。在结构上是"不+待见",这是由于"见"已失去实义,渐渐跟"待"凝固为一个词。也就是说,"不待见"一语意义的引申,引起了结构上的变化。从元明资料中未见"待见"的用例来看,这个词最初可能只用在否定的场合,后来,当"待见"结合为一个词以后,才出现了前加否定词"不"的用法。但直到《红楼梦》里,仍未见只用"待见"的例子。顺便说一下,1932年刊《徐水县新志》卷六在解释"不待见"一词时说:"不待见是不喜爱也,待当为爱讹为待。"根据上文对"待"义的考证可以断定,说"待"为"爱"之讹是不正确的。

【隐脚】

脚底触到凸起物而引起的不舒服的感觉,北京话叫"硌(gè)脚",有些方言,如四川成都话、广东兴宁话叫隐脚。早在唐初王梵志的白话诗里就出现了"隐脚"的说法,例如:"梵志翻着袜,人皆道是错。乍可刺你眼,不可隐我脚。"当时"隐"的"硌"义可泛用于身体的各个部位,不限于脚。比如,唐尉迟偓《中朝故事》:"日昼寝于驿厅内,睡中转身,为弹子所隐,胁下极痛。"(丛书集成本)《宋朝事实类苑》卷六十五引《倦游录》:"曹琰郎中,滑稽之雄者。一日因食落一牙,戏作诗曰:'昨朝饭里有粗砂,隐落翁翁一个牙。为报妻儿莫惆怅,见存足以养浑家。'"宋释元照《四分律行事钞资持记》下二《释钵器篇》:"若手下六明带持,口外向者,律因比丘钵口向胁,道行遇雨,脚跌倒地,隐胁成患,佛言不应尔。"此言钵口硌伤肋骨。由以上几例可知,"隐"作"硌"讲,唐宋时候已很普遍,但新版《辞源》《辞海》均未收载此义。那么,"隐"怎么会有"硌"的意义呢?

"隐"有"凸出""隆起"之义,魏晋南北朝时已见,多与"起""出"等动词连用。例如,《汉武故事》:"上于是于宫外起神明殿九间。……椽亦以金,刻玳瑁为龙虎禽兽,以薄其上,状如隐起。"《西京杂记》卷五:"赵后有宝琴曰凤凰,皆以金玉隐起为龙凤螭鸾、古贤列女之象,亦善为归风送远之操。"至唐时,此义更为常见,也率以"隐起"

为词。如张鷟《朝野佥载》卷五:"景龙中,瀛州进一妇人,身上隐起浮图塔庙诸佛形象。"又卷六:"巧人张崇者,能作灰画,腰带铰具,每一胯大如钱。灰画烧之,见火即隐起。作龙鱼鸟兽之形,莫不悉备。"段成式《酉阳杂俎》卷十四:"荆州永丰县东乡里有卧石一,长九尺六寸,其形似人,而举体青黄,隐起状若雕刻。"又卷十六:"有渔人居水侧,常听鹅之声,众中有铃声甚清亮。候之,见一鹅咽颈极长,罗得之。项上有铜铃,缀以银锁,隐起'元鼎元年'字。"范摅《云溪友议》卷二:"傅咸,掌有卧蛇文,指甲上隐起花草如雕刻,是以文章过人。"又卷三:"送一歌姬,未当破瓜之年,亦以玉箫为号。观之,真姜氏之玉箫也。其中指有肉环隐出,不异留别之玉环也。"刘崇远《金华子杂编》下:"有一处地形微高,若小堆阜隐起。"综观以上诸例,"隐起""隐出"皆为"凸出""隆起"义。"隐"之"凸"义不见于字书、辞书,《辞源》《辞海》"隐"字条与此义有关联的义项是"矮墙",《左传》襄公二十三年:"踊隐而待之。"其实,"踊隐"的"隐"或许是矮墙,或许是隆起的土堆也未可知,总之"隐"做名词是指隆起物。这样解释,"隐"的词义就跟六朝和唐宋时候的用例系联起来了。另外,跟"隐"的"凸出""隆起"义相关联的还有连绵词"隐嶙",字又作"隐辚"。《文选·西征赋》:"裁岐屹以隐嶙",李善注:"隐嶙,绝起貌。"《汉书·司马相如传·上林赋》:"隐辚郁垒",郭璞曰:"隐辚郁垒,堆垒不平貌。"观上举《金华子杂编》"若小堆阜隐起"例,尤可见"隐"之"凸"义与"隐嶙"之"绝起""堆垒不平貌"之义的联系。《广韵》上声隐韵:"癮,癮胗,皮外小起。"是从"㥯"得声者多有凸起之义。回过来说,"隐"的"硌"义是从其"凸"义而生的,从"凸起"义转而指凸起不平之物对身体的妨碍或伤害。故明代李实《蜀语》云:"有所碍曰隐。"歇后语"肋底下插柴——自隐","隐"的表面意义是"硌",实际上用的是它的深层义——"忍"。《广雅·释言》:"隐,忍也"。一说方言"隐"与"忍"音同,此语借"隐"作

"忍",也可通。

【白雨】

"白雨"不能望文径释为"白色之雨"。银川方言称雨点大而稀的雨为"白雨"[piay]（见张盛裕《银川方言的声调》，载《方言》1984年第1期），然验之古代书面资料，似有不尽相合之处。

"白雨"最早见于南北朝时候的民歌《绵州巴歌》："豆子山，打瓦鼓，扬平山，撒白雨。下白雨，取龙女，织得绢，二丈五。一半属罗江，一半属玄武。"绵州即今四川省绵阳县。罗江、玄武为县名。据歌谣中"下白雨，取龙女"句来看，其雨当不在小。唐宋人每于诗文中以白雨之雨点描状鼓声，如唐代南卓《羯鼓录》："玄宗尤爱羯鼓玉笛。……开府谓上曰：'头如青山峰，手如白雨点，此即羯鼓之能事也。'山峰，取不动；雨点，取碎急。""青山"之"青"跟"白雨"之"白"在句中虽为颜色对，但"白雨"一词并不能因此就看作是白色的雨，观下例即可知。宋杨万里《正月五日以送伴借官侍宴集英殿十口号》（其七）："猛士缘竿亦壮哉，踏空舞阔四徘徊。一声白雨催花鼓，十二竿头总下来。"以上皆以白雨形容鼓点之碎急，鼓声之响促，看来白雨应是急猝的大雨、暴雨。苏轼又以跳珠形容白雨之势，如《六月二十七望湖楼醉书》："黑云翻墨未遮山，白雨跳珠乱入船。卷地风来忽吹散，望湖楼下水如天。"此诗写于熙宁五年，十五年后，他在《与莫同年雨中饮湖上》诗中写道："还来一醉西湖雨，不见跳珠十五年"，此言同是雨中游湖，而今番之雨，已非昔日之跳珠大雨了。此处的"跳珠"或指雨点大而急，落在地上如同跳珠一般，或许是指雨点中夹有冰雹，以跳珠形容落地之冰雹也未可知。陆游诗中也屡以白雨状声，比如《村居初夏》之一："压车麦穗黄云卷，食叶蚕声白雨来。"此以白雨状蚕吃桑叶时声音之急促碎密。又，《偶观旧诗书叹》："落笔过白雨，聚稿森束笋。"此言书写文稿时落笔之声过于白雨之急速。综观上述诸例，可以判断"白雨"在古代文献中皆指大雨、暴雨。近读清人李钟璧《燕喜堂诗文集》，卷三有题为《白雨》的诗："夏日山居多奇创，白雨乘风魄力壮。"其自注云："乡人呼暴雨为白雨。"至此得"白雨"之确诂。李钟璧为康熙三十五年举人，四十四年官平南知县，五十一年移疾归。其父李蕃为顺治四十年举人，四川通江人。然则李钟璧所言"乡人"不知是指任所广西平南县之民，抑或祖籍通江县之人。总之，从南北朝直至清代的资料中"白雨"都指大雨、暴雨。今银川方言把雨点大而稀的雨叫白雨，跟上举诸例中称雨点急猝之暴雨为白雨有所不同，这种不同可能反映了同一词语由于地域不同而在词义的侧重点上的差异。清张慎仪《方言别录》卷上之二引《广东新语》云："凡暴雨忽作，雨不避日，日不避雨，雨点大而疏，粤人谓之白撞雨。"广东所谓"白撞雨"当即上举各例之"白雨"，其中"雨点大而疏"的特点正跟银川方言相同。所言"雨不避日，日不避雨"的特点，在古代诗歌里也有反映。如王十朋注本引白乐天《悟真寺》诗有"赤日间白雨，阴晴同一川"之句，元代元好问《山居杂诗》也有"虹收仍白雨，云动忽青山"之句，这些都说明古人所谓"白雨"有不避日头的特点。此外，张慎仪《方言别录》卷上之二又引《表异录》云："关中谓雹曰白雨。"这同样反映了"白雨"一词的内涵有地域上的特点。前举唐宋人诗中形容白雨如"跳珠"，如击鼓，或许正是暗指暴雨夹有雹子呢。总之，白雨指暴雨，这种暴雨有时伴随着冰雹，有时不避赤日，雨点大而疏，因地域的不同，所指侧重点有差异。

至于为什么把暴雨、大雨称作白雨，我们的推测是，古人往往以白色描绘无色之水，这是一种对颜色的模糊描写。在文献中不仅有白雨、白波、白浪之类的词语，甚而还有"白汗"之说。《淮南子·修务》："絫一石之尊，则白汗交流。"王梵志诗："伺鬼把棒忽至，遍体白汗如浆。"岑参《卫节度赤骠马歌》："扬鞭骤急白汗流。"敦煌写本《大目乾连冥间救母变文》：" 白汗交流如雨湿，昏迷不觉自嘘嗟。"以上诸例的"白汗"皆指大汗，这跟"白雨"之指大雨、暴雨倒是同类现象。

【积粘】

《红楼梦》四十六回，邢夫人劝鸳鸯给贾赦做妾，鸳鸯低头不语。"邢夫人又道：'你这么个爽快人，怎么又这样积粘起来？有什么不称心之处，只管说与我。'""爽快"，脂评本作"响快"，"积粘"，程乙本作"积糁"，"糁"当为"粘"之俗字。关于"积粘"一词的音义，人民文学出版社1963年排印本注为："音zì niān。不爽直，不痛快。也说滞粘。"周汝昌先生主编的《红楼梦辞典》注音jī nián，释义为"扭捏不爽快"。

今谓"积粘"的"积"，应是"腤"的音借字。据《广韵》入声职韵，腤为之翼切，与"职"字同音。"腤"义为粘腻，《周礼·冬官·考工记》"相膠"注曰："脂膏腤败，腤，粘也。"疏："今人头发积有脂膏者则谓之腤，腤亦粘也。"周密《齐东野语》卷十"明真王真人"条，写一姓王的道姬善符咒之术，"一日至西陵桥茶肆少憩，适其邻有陈生隶职御酒库。其妻适见之，因扣以妇人头腤不可疏者，还可禳解否。姬曰：'此特细事。'"所说"头腤不可疏"即指头发粘腻不可梳通。江苏省诸县方志所录方言中大多记有"腤"字，如《苏州府志》（乾隆12年刊本）："谓发粘曰腤。"《吴县志》（乾隆刊本）："发久不梳而不通曰腤"江苏省许多方志中记有"腤腻"一词，如嘉庆二十二年刊本《东台县志》："作事不果决曰摸索，曰腤腻。"道光四年刊本《上元县志》云："作事不果决曰摸索，曰腤腻，曰乜斜，曰落索，曰偏偟。"显然"腤腻"正是不爽快之义。"腤"和"腻"都有"粘"义，"腤腻"是同义复合形容词。方言习以粘腻喻人性情不爽快。如1934年刊《大名县志》卷二十："性缓曰粘。""腤腻"一词正谓人性缓不爽快。由于"腤腻"一词的存在，又由于"粘"与"腻"是同义词，还由于"腤"与"积"同为入声，方言音近,我们有理由推断"积粘"应为"腒粘",这跟前面所述同义词逐凉、趁凉、乘凉的并用是同一道理。初步了解,"腒腻"是通行于江苏省,特别是江苏吴语中的一个俗语词,北方话里似未见用这个词儿。曹雪芹家祖居金陵(南京),对这个俗语词应不陌生,《红楼梦》四十六回里的"积粘"是"腒腻"的同义词,或许由于"腒"字比较生僻,他才选用了实际语音与之相近的"积"字。人民文学出版社1963年注本把"积粘"的"积"注为zì音,不知何据,但不注作jī,也就是说把"积"看作一个音借字,还是高明的。如果把"积"看作动词,这从构词法的角度也很难讲通。

原载《语文研究》1989年第4期

说"兀自"

"兀自"一词是宋元明俗文学作品中常见的口语词。旧版《辞源》未收此词,新版《辞源》收了,释义为"兀,无义",下有两个义项,一是"迳自,公然",所引例证为《敦煌变文集》所收《燕子赋》(甲种):"见他宅舍鲜净,便即兀自占着。"第二个义项是"还,尚",引例为诸宫调《董西厢》和元曲《汉宫秋》。《汉语大词典》"兀自"条的释义和书证跟新《辞源》大致相同。对于这两种辞书的释义,我有不同意见,拟加匡补。主要意见是:义项(一)的书证有误,不可为据;义项(二)的释义是正确的,但没有指出"兀自"何以有"还、尚"义,以及它跟几个相关词语间的关系。下面即就这两方面谈一点个人的看法以供参考。

一

敦煌写本《燕子赋》(甲)共有七个写本,《敦煌变文集》所收是以伯希和2653号卷子为原卷,参校其他六个写卷而迻录的。关于"兀自",《敦煌变文集》校记[四]云:"'兀自'二字原卷似'穴白',依启说迻录。启说是,乙卷'自'字尚分明。"笔者曾详细查对过《燕子赋》的各种写卷胶片,所见情况与校记所言相符。也就是说原卷(伯2653)不作"兀自"而作"穴白",乙卷(伯3666)作"穴自"。《变文集》校本仅据乙卷下字为"自",就不顾原卷作"穴白",乙卷上字作"穴"的事实,径改作"兀自",这是不慎重的。按照常例应照录"穴白",并在校记里说明乙卷作"穴自"。今按,作"穴白"不误,唐时本有"穴白"一词,义为钻空子,乘机。乙卷"穴自"的"自"应是"白"字之形讹。管见所及,除了《燕子赋》之外,敦煌写本伯3633号卷子《沙州百姓一万人上回鹘天可汗书》也出现了"穴白"一词。其云:"且太保弃蕃归化,当尔之时,见有吐蕃节儿镇守沙州,太保见南蕃离乱,乘势共沙州百姓同心同意,穴白趁却节儿,却着汉家衣冠,永抛蕃丑。"文中"太保"指张议潮,"节儿"是沙州城长官官名。"穴白趁却节儿",意思是乘机赶走了吐蕃的节儿官。即钻了"南蕃离乱"的空子。文中"穴白"跟"乘势"互文见义。"穴",名词做动词用,义为"穿透",唐代文献中时见。例如《李陵变文》:"打公孙敖兵马失利,左穿右穴。"(《敦煌变文集》93页)"穴"与"穿"互文,"穴"即"穿"义。"白"有"空无所有"义,故"穴白"可作"钻空子"解。《燕子赋》上文云:"睹燕不在,入来皎(剿)掠",这正是使用"穴白"一词的语境①。由上来看,新《辞源》和《汉语大词典》以《敦煌变文集·燕子赋》中有疑问的移录文字作为例证,释"兀自"为"迳自,公然"是不能成立的。从目前掌握的材料来看,"兀自"最早出现在宋金时代的文献里面,唐代尚未见使用。因此,为慎重起见,宜将"兀自"条的义项(一)删去。

二

"兀自"为"仍、尚"义,这有宋元明时期的许多资料为证,可以说是确诂。比如宋朱希真《采桑子·集句》词:"梅子青青又带黄,兀自未归来。"金董解元《西厢》卷四:"天色儿又待明也,不知做甚么,书帏里兀自点着灯火。"元马致远《汉宫秋》二折:"往常时翠轿香兜,兀自倦朱帘揭绣。"明冯梦龙《平妖传》第五回:"瘸子在好天好地兀自一步一颠,遇着恁般大雪,越发动掸不得。"有时为了强调或调整音节,在"兀自"之前又加上与之同义的副词"尚、犹",作"尚兀自""犹兀自"。比如元曲《裴度还带》一折:"忧愁的髭鬓斑白,尚兀自还不彻他这穷途债。"又《庄周梦》一折:"我着你半霎抢入迷魂洞,犹兀自一杯未尽笙歌送。"值得思考的是,"兀自"何以会有"仍、尚"义?"兀"字到底是个什么成分?要搞清这个问题,可以从跟"兀自"音近义同的一组副词入手。

跟"兀自"音近义同的词有"骨自、骨子","古自、古子","兀子","固自"等,其中的"子"字显然是"自"的音借字。这些词的前面也可以再加上"尚、犹",跟"尚兀自""犹兀自"的意义、用法完全相同。以下各举一例[②]:

骨自　一盏明灯照神道,买油骨自少三文。(张协状元,戏文白)

骨子　仆使阶前忙应喏,骨子气喘不迭,满面征尘。(董西厢,卷七)

古自　这一觉睡,早经了二十年兵火,觉来也依旧存活。瓢古自放在灶窝;驴古自映着树科。(元曲·黄粱梦,四折)

固自　老贼,你固自口硬,再过几时,饿得你口嗅屎哩!(琵琶记,十一出)

尚兀子　这早晚东方将亮了,还不梳妆完,尚兀子调嘴弄舌!(快嘴李翠莲记)

尚古自　武官每列在右厢,尚古自列金钗十二行。(元曲·霍光鬼谏,一折)

尚古子　浑如睡起,尚古子不曾梳裹(董西厢,卷三)

犹古自　妹子呵,你好不知福,犹古自不满意沙!(元曲·拜月亭,四折)

从以上诸例可以看出,"兀自"与"骨自(子)""古自(子)""固自"等词的意义和用法相同,读音也十分接近("骨"在北方宋元时已失去入声韵尾),应是同一语词的不同书写形式。张相《诗词曲语辞汇释》卷六把以上诸词皆附列在"兀自"条下,并说:"盖流行之俗语,文人于落笔时随声定字,各任自由也。"可谓一语中的。最能说明"骨自、古自"就是"兀自"的是张书所引明高则诚《琵琶记》第九出的一句异文。巾箱本该句作"犹骨自文骤骤的",其中的"骨自",凌刻臞仙本作"古自",陈眉公本作"兀自"。看来,"兀自"与"骨自""古自"实为一词已是可以认定的事实。在此前提下,我们有一个新的看法,即副词"兀自""骨自""古自"等的本字是"故自",而"故自"一词的结构应分析为副词"故"加上词尾"自"。

"故"做副词,义为"仍、尚、犹、还",唐以前就盛用[3],如《古诗为焦仲卿妻作》:"鸡鸣入机织,夜夜不得息。三日断五匹,大人故嫌迟。"干宝《搜神记》卷三:"火从箧簏中起,衣物尽烧,而箧簏故完。"刘义庆《幽明录》:"肌体虽朽老,故是悦人情。"唐以后的用例,张相《汇释》卷四"故(三)"条引证甚夥,可参看。"自"在副词后边,无义,仅起语缀作用,可看作副词词尾。这种用法六朝时候就很发达,唐宋时候沿用不衰,如"本自、已自、正自"等等[4]。与"故"意义相同的副词"仍、犹"等后面都可以加上词尾"自"作"仍自""犹自"等。比如《李陵变文》:"昔日汉家兴盛,……我祖仍自不拜。"《燕子赋》:"雀儿打硬,犹自落荒谩语。"同样,"故"也可加词尾"自"作"故自"。《全唐诗》卷八七二无名氏《嘲伛偻子》:"城门尔许高,故自匍匐入。"意思是:城门如此之高,伛偻人仍要爬着才能进来。此以夸大的手法,对腰背弯曲者极尽嘲弄之能事。"故自"在元曲中也时或可见,如王实甫《西厢记》四本二折:"夫人云:'自知罪么?'红跪云:'红娘不知罪。'夫人云:'你故自口强哩!'""故自"也有前加"尚"的用例,同上四本二折:"夫人云：'欢郎见你两个去来，尚故自推哩！'"这里的"故自""尚故自"就是前面举过的"骨自、古自""尚古自"，也就是"兀自""尚兀自"。"故"有"旧"义，引申出副词"仍旧"义，所以"兀自、骨自、古自"等的"仍、尚"义皆从"故自"而得，"兀、骨、古"等都是"故"的音近借字。"兀"不如"骨"和"古"跟"故"语音相近，但在"尚故自""犹故自"这种三字组形式中，由于连读，使得中间的音节发音容易模糊，听上去近似于"兀"，于是文人在落笔时就用"兀"字来描状其实际读音，这或许是"故自"何以变成"兀自"的原因之一吧。在俗文学作品中，"兀自、骨自、古自"等写法要大大多于"故自"，再加上"兀"与"故"在语音上的差异，使得后人忽略了它们原本是同一个词。一般辞书都未收"故自"，有的收了，但或是把"故自"与"兀自"看作两个词，或是把"兀自"作为正体，把"骨自、古自"等作为"兀自"的变体。实际上如前所说，"故自"是本体，"兀自、骨自、古自"等都是"故自"的变体，都从"故自"得。如果上面的看法不错的话，那么新版《辞源》所谓"兀，无义"的断语就应该更正。"兀自"的"兀"不同于做代词词头的"兀"，代词词头"兀"是宋代才使用的，在这之前，如六朝、唐五代都使用"阿"。在"兀自"即"故自"一词中，倒是"自"没有实义。

三

《董西厢》卷四有"兀然"一词："念兄以淫词，适来侍婢遗奴侧，解开遂披读，兀然心下疑猜。""兀然"，义犹"仍然"，是从"犹然、尚然"类推而来。"兀然"跟"兀自"结构也相仿，"然、自"都是词尾。即：

犹自　尚自　兀自（故自）
犹然　尚然　兀然

在"兀然"一词中，"兀"有"仍、尚"义是由于"兀自"有"仍、尚"义，而"兀自"又是从"故自"得义的。

  李莱老《倦寻芳》词:"绣压垂帘,骨有许多寒在。""骨有",即仍有,尚有。"骨"带上了"仍、尚"义,是因为"故自"有"仍、尚"义,而"骨自"又是从"故自"得义的。吴正仲《孟子》诗:"何妨举世嫌迂阔,故有斯人慰寂寥。"即作"故有",也可证"骨"是"故"的借字。

  "兀然""骨有"二词的意义和用法进一步证明了"兀、骨"的本字应是"故",从而也有助于证明上面所说"兀自、骨自、古自"等跟"故自"是同一语词的不同书写形式的看法。

附　注

  ①　见拙文《敦煌写本〈燕子赋〉二种校注》之一,载《关陇文学论丛》(敦煌文学专集),甘肃人民出版社1983年。

  ②　本文诸例多取自张相《诗词曲语辞汇释》、龙潜庵《宋元语言词典》、陆澹安《戏曲辞语汇释》,恕不一一注明。

  ③　参见拙著《魏晋南北朝小说词语汇释》"故"条。语文出版社1988年。

  ④　同③"自2"条,以及刘瑞明《〈世说新语〉中的词尾"自"和"复"》,载《中国语文》1989年第3期。

原载《辞书研究》1990年第1期

说"措大"

"措大"又作"醋大",是唐人调侃读书人的谑称。这个口语词的生命力很强,唐代以后,宋元明清各代一直沿用,甚至在现代作家的作品里也偶或可见[①]。辞书对这个词的解释大同小异。新《辞海》"措大"条云:"亦作'醋大'。旧称贫寒的读书人,含有轻慢意。"新《辞源》"醋大"条云:"唐人称贫寒失意的读书人,也作'措大'。""措大"条云:"旧指贫寒失意的读书人。"《汉语大词典》综合二家的释义,没有什么不同。把上述辞书的释义加以归纳,包含三项内容:a)指称贫寒失意的读书人;b)含有轻慢意;c)始自唐代。据我们考察,b)、c)两项释语是符合实际的。在唐以前的文献中还没有发现有"措大"一词;而且通观有唐以来的用例,这个词的感情色彩很鲜明,确实含有嘲谑、轻慢的意味,如唐·张鷟《朝野佥载》:"江陵号衣冠薮泽,人言琵琶多于饭甑,措大多于鲫鱼。"(见《类说》卷四〇)再如唐·李商隐《杂纂》:"鸦似措大,饥寒则吟。"(见涵芬楼本《说郛》)此二例,一个把措大比作鲫鱼,一个把措大比作乌鸦,确实含有轻慢不敬的意味。问题出在a)项,即措大是否一定指贫寒或失意的读书人?也就是说是否需要加上"贫寒失意"这一限定语?与此相关,"措大"与"醋大"的上字"措"与"醋"在音义上的关系如何?下字"大"应如何理解?其实际读音如何?凡此种种,都要从这个词的语源着手。

一

"措"与"醋"今音不同,"措"读 cuò,"醋"读 cù[②],但查《广韵》和《集韵》,二字同在去声暮韵仓故切小韵下,是同音字,所以"措大"与"醋大"实为同一语词的不同书写形式。唐代及此后各代文献中大都写作"措大",作"醋大"的比较少见,但是从语义上看,似应以"醋"为本字,"措"是"醋"的同音借字,这从后世又称读书人为"酸丁""酸侉""酸""酸子"等可以推定。例如[③]:

(1)秀才家那个不风魔,大抵这个酸丁忒劣角,风魔中占得个招讨。(董西厢,卷1,〔般涉调·哨遍缠令〕)

(2)哎,你个馋穷酸侉没意儿,卖弄你有家私,莫不图谋你的东西来到此?(王实甫,西厢记,三本一折)

(3)余方与君罢讲会稽山;下逢之,直前视,彼四人者嗔曰:"酸何知,敢视我!"(徐渭,赠吴宣府序)

(4)这酸子轻口薄舌,专会做诗。(二刻拍案惊奇,卷40)

"醋大"的"醋"就从"酸"得义。还有竟以"酸醋"指称读书人的:

(5)桂花摇影深沉,酸醋当归浸。(西厢记,三本四折;"酸醋"指张生)

汉语里有些名词可以用如形容词,如"木"用如"呆","铁"用如"硬"等,"醋"用如"酸"也是其类。如白居易《东院诗》:"老去齿衰嫌橘醋,病来肺渴觉茶香。"读书人身上有某种共同的特点,可以意会,难于言传,古人和今人都用"酸"这种嗅觉、味觉词来表达读书人身上特有的味儿、劲儿。具体说,读书人的酸大致包含以下特点:出言吐语,喜引经据典,之乎者也掉书袋;抬手举足,拿款作样,斯文有余;思想方法上,迂腐拘执,清高自恃,不合于时。连身为"措大"的苏轼也承认儒生身上的这种酸气:"而今太守老且寒,侠气不洗儒生酸。"(《答范淳甫》诗)这里的"酸"当指儒生清高自恃,不随世俗俯仰的特点,貌似贬抑,实则褒扬。文学作品中不乏对儒生的酸进行调侃的文字:

(6)一个笑哈哈解愁怀,一个酸溜溜卖诗才。(马致远,青衫泪,一折)

(7)酸溜溜《鲁论》《齐论》,醋滴滴《周南》《召南》。(贾仲明,萧淑兰,二折)

(8)素来就讲究个拿身份,好体面,爱闹个酸款儿。(儿女英雄传,卷40)

今山东博山方言形容人自恃清高、不随和为酸,也可证明"酸"的部分具体含义(见钱曾怡《博山方言研究》)。唐以来各代文献多用"措"字少用"醋"字,大概因为"醋"字太直白,太卑俗,故用同音字"措"替代之。

二

尽管"措大"是唐代新出现的口语词,但即使是唐人也对它的来源语焉不详,流传着一些近乎荒诞的说法。唐人李匡乂《资暇集》卷下"措大"条列举了四种传说:

代称士流为醋大,言其峭醋而冠四人之首。一说衣冠俨然,黎庶望之有不可犯之色，犯必有验，比于醋而更验，故谓之焉。或云：往有士人，贫居新郑之郊，以驴负醋，巡邑而卖，复落魄不调，邑人指其醋驮而号之，新郑多衣冠所居，因总被斯号。亦云：郑有醋沟，士流多居其州，沟之东尤多甲族，以甲乙叙之，故曰醋大。愚以为四说皆非也。"醋"，宜作"措"，正言其能举措大事而已。

唐·苏鹗《苏氏演义》卷上也记载了当时的传说：

醋大者，一云郑州东有醋沟，多士流所居，因谓之醋大。一云作此"措"字，言其举措之疏，谓之措大。此二说恐未当。醋大者，或有抬肩拱臂，攒眉蹙目以为姿态，如人食酸醋之貌，故谓之醋大。大者，广也，篆文大字，象人之形。

苏氏所举第一种说法跟李氏所举第四种同出一源，应是当时较为流行的说法。其二"举措之疏谓之措大"跟李氏"言其能举措大事"之说正相背反。二说把"措"都释作"举措"，把"大"都释作小大之"大"、粗大之"大"，同属望文生义。跟上述街谈巷义相比，苏氏自己的看法比较合理，但对"醋"的解释似嫌过实，对"大"的解释又嫌过泛。

关于"醋"的含义已在上文说明，现在谈谈"措大"的"大"。

"措（醋）大"跟元明时候的"酸丁"意思、结构相同，"大"跟"丁"应作同等看待。"丁"本指丁壮，后又指从事某种劳动的人或成年男子，如庖丁、壮丁；进而泛指人、人口，如人丁。"大"，《说文》云："天大、地大、人亦大，故大象人形。""大象人形"，故"大"用在名词、形容词后面，可以表示具有这类特点的人。"醋大"就表示言谈举止有酸气的一类人，即指文士儒流。现代吴语里有戆大、呆大、木大等词，指称愚呆迟钝的人,含有轻慢意,在词的感情色彩上跟"醋大"相同。古代也有其例。唐张鷟《朝野佥载补》:"敬宗时,高崔嵬善弄痴大。""痴大"即指装疯卖傻的人。宋黄庭坚《鼓笛令》词:"副靖传语木大,鼓儿里,且打一和。""木大"是在戏剧中扮演傻角的人。"～大"的"大"跟大小之"大"无关,它的语法意义是:跟在名词或形容词后面,表示具有某种特点的一类人,相当于表人的名词词尾,不过这种词尾的使用受到许多限制,缺乏能产性。跟"～大"相比,词尾"～老(佬)"使用比较自由,应用范围较广,比如:乡下老、庄稼老、山东老、阔老、外国老等。吴语舟山方言里有底佬(旧称徒弟)、户佬(丈夫的隐语)、大老(称富室)、大好佬(大人物、大官僚)、赤佬(骂人为鬼)等(见方松熹《舟山方言研究》)。以上这些带"～老(佬)"的名词也多有轻慢意或不庄重意。"老(佬)"和"大"是近义形容词,它们在不同的时期、不同的地域同样虚化为表示某一类人的名词词尾,这符合汉语同义词或近义词类同引申的规律。

现代吴语如上海话中,戆大、呆大、木大等的"～大"白读音为合口呼[du],不读[dɑ]。我们注意到唐五代文献中"措(醋)大"的"大"的读音有跟"驮""多"相近的痕迹。

其一,上举李匡乂《资暇集》有"邑人指其醋驮而号之"之语,此以"醋驮"跟"醋大"谐音,表明"大"应与"驮"读音相同或相近,这从"驮"的声旁为"大"可以说明,今上海话"大、驮"二字同读[du],也可作为旁证。《广韵》去声泰韵:"大,徒盖切。"另《广韵》去声简韵:"大,唐佐切。"与"驮"为同音字。这两个音应是文白之分,今西北方言和东南吴语中仍保存着其白读音。"措大"为口语谑词,"大"选择白读音是很自然的。

其二,五代禅宗语录《祖堂集》卷十一"齐云和尚"条下有把"措大"写作"措多"的异文:

"因措多入古寺,问僧:'此寺名什摩?'其僧不知名额,措多遂作一首诗曰……"。

同书卷八"疏山和尚"处作"措大":

"师因骑马行次,措大问:'既是骑马,为什么不踏蹬?'"

从"措大"又写作"措多"来看,"~大"字的读音应与"多"音近,为合口呼。今上海话中"多"读[tu^{53}],"大"读[du^{13}],语音十分相近,主要是清浊声母的差别。《祖堂集》的语言反映的是唐五代闽方言的特点,古代闽语跟吴语的关系密切,从东晋以来,吴地居民不断移居福建,使得吴语南移,"大"的读音跟"多"相近,也可能是受到了吴音的影响。④在现代西北方言中也存在着"大"和"多"的白读音相近的现象,如延川县方言中"多"和"大"的白读音都是[ti],只是声调不同;商县方言"大"的白读[tuo]跟"多"也只有声调上的差别。⑤

三

最后我们来看看"措大"有无"贫寒失意"的意义。先看一下"措大"的早期用例。

(1)李纾侍郎好谐戏,又服用华鲜。尝朝回,以同列入坊门,有负贩者呵不避。李骂云:"头钱价奴兵辄冲官长!"负者顾而言曰:"八钱价措大漫作威风!"(唐·赵璘,因话录,4)

侍郎在隋唐时候是中书、门下、尚书三省(即宰相官署)所属各部长官的副官,官位不低,且"服用华鲜",显非贫寒失意者。

（2）宣宗谓侍臣曰:"崔铉真贵人,裴休真措大。"(宋·计有功,唐诗纪事·崔铉)

裴休,新旧《唐书》有传,说他能文章,书楷遒媚有礼法。为人酝藉,进止雍闲。大中时,以兵部侍郎进同中书门下平章事。上举《唐诗纪事》所载唐宣宗语,在《新唐书·裴休传》里作:"宣宗尝曰:'休真儒者!'"由此可见"措大"指儒者。裴休官位尊高,也与贫寒失意不相干。

（3）(刘旻)号令东偏先进,王得中叩马谏曰:"南风甚急,非北军之利也,宜少待之。"旻怒曰:"老措大,毋妄沮吾军!"(新五代史·东汉世家)

王得中为五代后汉时枢密直学士,枢密院主管朝廷军政大事,直学士为文官名。据此也得不出"措大"有贫寒失意之义的结论。"老措大"犹言"老书呆子"。

（4）太祖曰:"安得宰相如桑维翰者,与之谋乎？"普对曰:"使维翰在,陛下亦不用,盖维翰爱钱。"太祖曰:"苟用其长,亦当护其短。措大眼孔小,赐与十万贯,则塞破屋子矣。"(宋·吴曾,能改斋漫录·议论)

桑维翰是五代后唐同光中进士,为石敬瑭掌书记,主谋引契丹兵灭后唐。石敬瑭建后晋王朝,桑累官中书侍郎平章事兼枢密使,喜收贿赂,积货巨万。桑氏既富又贵,仍被蔑称为措大,可见"措大"只指其儒士出身,跟贫贱与否无关。

唐·高彦休《阙史》卷上"吐突承璀地毛"条载左军中尉吐突承璀家地上生毛,"承璀大恶之,令其甥微行省闾之间,察有无知者。""方出安上门,逢二秀士自贡院回,笑相谓曰:'东广坤毳,可以为异矣。'甥驰告曰:'醋大知之久矣,且易其名呼矣。谓左军为东广,地毛为坤毳矣。'"原注云:"中官谓南班无贵贱皆呼醋大。"这条注很重要。注中所谓中官指太监,南班指宰相府。唐时宰相官署中书、门下、尚书三省共议国政,三省均在大内南面,故称南司、南衙或南班。注中说"醋大"是对三省官员文士的称呼,不分地位贵贱,我们上举各例都可以印证此注。李匡乂臆测"措大"的语源为"言其能举措大事",也透露出"措大"是参与政事的儒士。唐·方干《李主簿改令》诗云:"措大吃酒点盐,将军吃酒点酱"(今按,"盐"谐"言","酱"谐"将"),以"措大"与"将军"对举,也可知"措大"是指文官儒士的。总之,"措大"只是对儒士的谑称,在它产生之初并不含寒酸之义。当然,儒士中并不乏贫寒失意者,所以"措大"也可以用于称呼这一类人。前举《杂纂》"鸦似措大,饥寒则吟"就是指这一类饥寒交迫、穷困潦倒的读书人。另如五代·陈裕《咏大慈寺斋头鲜于阇梨》诗:"面折掇斋穷措大,笑迎搽粉阿尼师"(见《鉴戒录》卷十《攻杂咏》),意思是:当面羞辱前来赶斋蹭饭的穷读书人,却用笑脸迎接妖艳的尼姑。讽刺僧人势利、好色。

随着时代的推移,"措大"一词的使用范围发生了一些变化,一般不再指称朝廷里的文官谋臣,而是多用于指称没有入仕的读书人。元代杂剧和散曲中"措大"经常与"儒流"连用或对举,表明二者意思相近。例如:

(1)他本是措大儒流,少不的号令街头。(绯衣梦,二折〔感皇恩〕)

（2）则这客僧投寺宿，措大谒儒流。（荐福碑，一折楔子〔仙吕赏花时〕）

在另一些例子中，"措大"泛指未入仕、身为平民的读书人。例如：

（1）得志呵做高官，不得志呵为措大。（救孝子，一折〔天下乐〕）
（2）我两个本东庄措大。（太白云）我看你二位生得齐整，像个出仕的人。（正末唱）休认作名题科甲。（误入桃源，一折〔醉中天〕）
（3）更有那东庄里醋大，他们都捊着手歌丰稔。（词林摘艳，卷8，元孛罗御史散套〔一枝花·辞官〕）

以上三例中"措大"或指未入仕的读书人，或指辞官为民的读书人。

明·胡应麟《庄岳委谈》："世谓秀才为措大，元人以秀才为细酸。"又明·谢在杭《五杂俎·物》三："今人以秀才为醋大，醋，酸也，盖取寒酸之味。"明人的解释表明此时"措大"已跟贫寒失意联系在一起，"醋"的酸义已添加上寒酸的意义，这跟"措大"一词产生的初期有所不同。

综上所述，关于"措大"可作如下解释：

措大，也作"醋大"，谑称读书人，含轻慢意。唐宋时期可称在朝廷为官的儒士，也可泛指一般的读书人。元明以后一般指未入仕的贫寒书生。

附　注

①　郁达夫《她是一个弱女子》："还有天才、学问等也是空的，不过是穷措大在那里吓人的傲语。"

② "醋"本读在各切,义为"客酌主人",是"酬酢"的"酢"的本字,而"酢"(仓故切)才是"醋"的本字。不知何因,这两个字很早就互易而用了(参看《说文》段注)。

③ 本文元曲之例多引自顾学颉、王学奇《元曲释词》。

④ 参看张光宇《吴语在历史上的扩散运动》,《中国语文》1994年第6期。

⑤ 参看张崇《延川县方言志》;张成材《商县方言志》。二书均系语文出版社1990年出版。

引用书目

《因话录》:上海古籍出版社,1979。

《丛书集成》:阙史2839,资暇集0279,苏氏演义0279,鉴戒录2843。

《祖堂集》:中文出版社,1972。

《唐诗纪事》:中华书局,1965。

《能改斋漫录》:中华书局,1960。

《朝野佥载》:中华书局,1979。

原载《语言研究》1995年第1期

演绎法与近代汉语词语考释

考释词义，最基本、最常用的方法是归纳法。即把搜集到的有关语言材料加以排比，根据上下文推敲玩味，从而归纳出某一词语的意义。材料越丰富，对词语的意义、使用场合等了解得就越全面、越深刻。归纳法是十分有效的方法，也是考释词语时首先考虑使用的方法。但是，在有些情况下，单单使用归纳法有一定的局限性。比如，当被释词语只有孤例时，归纳法就失去了用武之地；有时尽管搜集到数个例子，但分属几个义项，也跟孤例差不多。其次，只根据上下文（或曰语境）归纳词义，有时不易捕捉一个词语的核心意义，弄不清是基本义还是派生义，理不清一个多义词各个义项之间的内部联系，容易犯随文释义的毛病。举个例子来说，唐代王梵志诗："巡来莫多饮，性少须自监，勿使闻狼狈，教他诸客嫌。"前两句说：酒席宴上依次斟酒时不要多喝，酒量不大应该自我约束。第三句的"闻狼狈"张锡厚先生注："闻狼狈，谓闻到呕吐物的气味出现的窘态。"① 郭在贻先生云："闻，模样也。'闻狼狈'犹言'样子狼狈'或一副狼狈相。"也就是说，张氏认为"闻"就是通常的"嗅"，郭氏认为"闻"是"模"的假借字。笔者认为此二说都不够妥帖，张说明显地增字而释，不切原诗本意；郭说以"闻"为"模"，二字在语音上难以互通，而且文献上的证据也嫌不足。那么"闻狼狈"的"闻"到底应作何解释呢？由于是孤例，用归纳法很难解决（详见下文（四））。

当归纳法不能奏效时，我们可以尝试用演绎的方法来另辟解决问题的蹊径。归纳法是从个别到一般,从具体到抽象,演绎法则相反,是运用一般规律来解决具体问题。演绎法的使用是以我们对于汉语发展史中的普遍规律和对纷繁复杂的语言现象的认识为前提的,我们认识的语言事实和普遍规律越多,运用演绎法的场所就越加广阔。实践证明,演绎法可以在一定场合弥补归纳法的某些不足,打破归纳法的某些局限,对于训释词义、考求本字和语源比较有效。下面从四个方面举例说明我们所进行的一点尝试。

(一)合成词中联合结构的同义复词居多

汉语很早就有从单音词向复音词发展变化的趋势。据统计,唐代韩愈、柳宗元文章中的复音词数量是先秦《左传》的 2.5 倍[②]。而在复音词中,联合式合成词所占比率最高。据祝敏彻先生统计,《朱子语类》中共有各类复音词 2493 个,其中联合式词有 1621 个,占 65%,[③]而且其中绝大多数是由同义或近义词素组成的同义复词。这一现象已被中古许多文献证实。根据近代汉语复音词的这一构词特点,当我们遇到一个疑难的复音词时,如果能在结构上认定它是联合式,就可以根据其中已知的一个词素来推测和论证另一个词素的意义。比如:

> 这汉子怎消洋这一口气,一直奔到西门庆生药店前,要寻西门庆厮打。(金瓶梅词话,9回)

"消洋",白维国《金瓶梅词典》[④]释作"平息;消除",李申《近代汉语语辞杂释》[⑤]释作"消除掉,按纳下去"。从上下文来看,白、李二位的解释都是正确的,但为什么"消洋"应作"消除"解,还须深究。白书限于体例,未释原由。李文认为"洋"是"漾"的借字,义为"抛掷、丢弃",举《金瓶梅词话》中"月洋水底"（12回）"洋奶"（32、33回）为内证,另举元明戏曲中"我为甚将几陌黄钱漾在水里"（元曲·青衫泪,二折）"漾却苦李,再寻甜桃"（明·琵琶记·书馆悲逢）等为外证。但是,李说有可疑之处:其一,《金瓶梅》中"月洋水底"的"洋"为"摇晃、晃动"义,"洋奶"之"洋"为"液体上涌"义,均非"抛掷、丢弃"义。其二,"消洋"一词在结构上如为同义并列,那么"消洋"的"洋"应跟"消"义近或义同,"洋"如果如李文所说为"抛掷、丢弃"义,那它跟"消"的"消化、消解"义既不相同又不相近。因此李说难以令人信服。今考,"消洋"的"洋"在古代韵书中作"烊"。《广韵》平声阳韵:"烊,洋,与章切,烊,焟烊。"《集韵》平声阳韵:"炀,烁金也。或作烊。"据此"消洋"实为"焟烊"的同音借字,其义为固体融化。古文献中有"烊铜"一词,或作"洋铜"（敦煌写本《大目乾连变文》）;今吴语方言有"烊雪"之语,即化雪。释藏中偶然也写作"消洋",如《毗耶娑问经》卷下:"极大愁苦,举体烝热,以烝热故,身则消洋。"（元魏·瞿昙般若流支译,频伽藏）此言身体因体温高融化为液体。俗体字有偏旁类化的倾向,从"火"则作"焟烊",从"水"则作"消洋"。在这个例子中,我们用演绎的方法推测了"洋"的意义,并用古代韵书和释典进行了考证,从而获得了对"消洋"一词的确诂。

（二）构词上的类化现象

汉语在构词法上有一种类化构词的倾向。所谓类化构词,是指甲、乙两个字（语素）以某一结构方式组合为合成词,那么跟甲或乙词性、意义相同的字（语素）,可以替换甲或乙进入这一结构,构成两个或两个以上跟原合成词同义的词。比如"乘凉"一词,唐代有"趁凉""追凉""逐凉"等同义词[⑥],其中"趁""追""逐"为同义词,都是追随、追赶的意思。现代"下雨"一词,在不同的方言里或说"落雨"（上海话），或说"遏雨"（福州话），或说"落水"（广州话）。其中上字"下""落""遏"（遏：踬，行失正。也即下跌义）为同义词，下字"雨"和"水"为近义词。根据类化构词的规律，可以帮助我们在考求词语的意义时确定一个合理的思路。比如：

（宝玉）笑道："你们吃体己茶呢！"二人都笑道："你又赶了来餐茶吃！这里并没你吃的。"（红楼梦，41回）

各家解释如下：

① 餐——这里音蹭（cèng），揩油沾光的意思。与北京方言"拿蹭儿"义近。（中国艺术研究院红楼梦研究所校注本，人民文学1988年版）

② 餐：此处"餐"应即"蹭"（cèng 层去声），有揩油、借光的意思。（冯其庸、李希凡主编《红楼梦大辞典》）

③ 餐 cī（读作 cèng）：北京一带方言。揩油沾光的意思，现多写作"蹭"。如说"蹭顿饭吃"，就是到别人那里讨便宜白吃饭。（旧行本作"撒"）⑦（周汝昌主编《红楼梦辞典》）

④ 周定一《〈红楼梦〉词汇中的标音问题》："餐（餐）茶吃"即沾人家的光去喝茶。但作者用的是哪里的方言？待考。（中国语文1989年第6期）

以上①②③均径释"餐"为 cèng（蹭），可疑的是《红楼梦》里有"蹭"字，如"刘姥姥只得蹭上来问"（6回）"宝玉只得前去，一步挪不了三寸，蹭到这边来"（23回）。以上三说无法解释为什么不写作"蹭茶吃"而写作"餐茶吃"，而且"餐"cī 和"蹭"cèng 的语音并不相同，所以很难令人信服。

《金瓶梅词话》里有跟"餐茶"相类的"雌饭"一词，从语音和语义两方面判断，"饕茶"的"饕"和"雌饭"的"雌"应该是同一个俗语动词。如：

A 你还在这屋里雌饭吃！（85回）
你是我老婆，不顾瞻我，反说我雌你家饭吃，我白吃你家饭来！（86回）

此外还有"雌汉（子）"和"雌着"的说法：

B 贼捱剌骨雌汉的淫妇，还强说什么嘴！（72回）
俺每这里还闲的声唤，你来雌汉子！（72回）
C 我去时还在厨房里雌着，等他慢条丝礼儿才和面儿。（11回）
我心里不耐烦，他爹要便进屋里推看孩子，雌着和我睡。（58回）

翻检各种解释《金瓶梅》的辞书，一般都据上下文释"雌饭"为混饭、白吃饭；释"雌汉（子）"为偷汉子，妇女与男子偷情或用手段讨好男子；释"雌着"为逗留、呆。由于没有找出"雌"的本字，所以上面的解释都未能完全切中要害，更看不出A、B、C三种用法在意义上的联系。李申上举文认为"雌"是"覗"的借音字，引清·恽敬《大云山房杂记》为证："江北呼覗如雌，伺也；今吴人以伺人食而食为覗饭。"我们认为恽敬的解释也不可信据。因为：a "雌" cī 与覗 sì 声母与声调均不相同，今吴语二字也不同音；b "覗"的窥伺义跟A组B组例子的意思不完全吻合，在C组例子里则完全讲不通。也就是说"雌"与"覗"在语音、语义上都不相吻合，"雌"不是"覗"的假借字。那么"覗"和"雌"的本字到底是什么呢？

根据类化构词的规律，我们不妨假设"饗茶""雌饭"的cī应跟北京话"蹭饭"的"蹭"为同义或近义动词，这个读音cī、意义与"蹭"相同的动词应该是"跐"。"跐"在北京话里为"脚下滑动"，如"脚一跐，摔倒了。"（见《现代汉语词典》）在今山东、杭州等地方言中，"跐"cī（不同于上声的cǐ，踩踏）义为用脚在地上摩擦，如：把鞋底的泥跐跐｜跐跐脚。显然北京话里的"脚下滑动"义也跟脚在地上摩擦有关。也就是说方言口语里确实有个跟"蹭"意义相同的念作cī的俗语动词存在。由今推古，既然现在北京话有"蹭饭"一词，那么在明清之时不说"蹭饭"而说"雌（跐）饭""饗（跐）茶"是完全可能的，这种可能性已被《金瓶梅词话》里的"雌饭"、《红楼梦》里的"饗茶"所证实，也就是说，"沾光吃饭、揩他人油"这一意思，明清时候说"跐饭"，现在选择了跟"跐"意义相同的"蹭"替代"跐"，说"蹭饭"。从"跐饭"改变为"蹭饭"是类化构词原则起了作用。实际上"揩油"跟"跐饭""蹭饭"的构词义理相同，"揩"为"擦"义，跟"跐、蹭"义近；"油"跟"饭"同属食物类名词。

找出"跐"为"饗""雌"的本字，推寻"跐"意义引申的线索，上举《金瓶梅》各例都可以得到合理的、准确的解释。"跐"的基本意义是"摩擦"，由此引申出下列各义：

跐：摩擦　　因摩擦而沾上：沾光，揩油（饗茶｜雌饭｜雌汉子）
　　　　　　缓慢移动：拖延，磨蹭（在厨房里雌着｜雌着和我睡）

（三）词义的类同引申

两个或两个以上的同义词互相影响，在各自原有意义的基础上，往往进行类同方向的引申，产生出相同的引申义。[⑧]比如上面说的"跐"和"蹭"是同义词，它们在共有的"摩擦"义的基础上，进行了类同方向的引申，都产生出了①沾光、揩油；②拖延、磨蹭这两个引申义。根据这一规律，当我们遇到一个难解词时，可以看看跟它意义相同或相近的一些词有哪些引申义，看看用那些引申义来解释这个难解词是否可通，如果语义吻合，就可以斟酌采纳。比如：

  秤锤落东海，到底始知休。（寒山诗）
  吴国大相，国之核首，王今伐吴，定知自损。（伍子胥变文）
  信心布施，直须欢喜；若人些些酸屑（攒眉），则知果报不遂。（丑女缘起）

以上各例中的"知"，蒋礼鸿先生均释为"语助词，没有意义"（见《敦煌变文字义通释·释虚字》）。我们认为蒋先生所举例中，有的可能确实是没有什么意义的语助词，但其中大多数难以用语助词解释，拿上面三例来说，就很可疑。我们认为上面三例中的"知"是表示"依情理可能出现某种情况"，是个表示将然的助动词，相当于现代汉语里"植物无水会死"的"会"。就是说"始知休"意为"才会停止"，"定知自损"意为"必将会使自己受到损害"，"则知果报不遂"意为"就会果报不如心愿"。我们做出这样的判断，依据的是同义词类同引申的规律。

"知"跟"解""会"在"理解、领会、知晓"义上是同义词，它们都引申出 a 有能力做某事；b 依情理可能出现某种情况的意义，例如：

  解 a：月既不解饮，影徒随我身。（李白，月下独酌）
  解 b：如吃饭相似，只管吃，自解饱。（朱子语类，卷3）
  会 a：锄禾刈麦，薄会些些，买卖交关，尽知去处。（庐山远公话）
  会 b：长风破浪会有时，直挂云帆济沧海。（李白，行路难之一）
  知 a：小儿知谈，卿可与语。（世说·排调）

知b：始知休｜定知自损｜则知果报不遂（上举各例）

"会b"出现的确切年代不详，但从《古诗为焦仲卿妻作》"吾已失恩义，会不相从许"句中"会"字表示对未来之拟测（相当于"将""应"）来看，它的出现要比"解b"和"知b"早。在现代汉语里，"解a解b"和"知a知b"已被"会a会b"替代了。由此可知，同义词的类同引申是个历时的现象，不一定发生在同一时期。

词义的发展变化不是单个地、孤立进行的，往往要受到相关词语的影响，因此，我们在考求一个词语的意义时，也不能孤立地就这个词去考证这个词，而应把它放到某一时期的词义系统中去观察。这就是我们依据类同引申规律考释词义的思路。

（四）词义通借现象

词义表示概念，概念是客观事物在人头脑中反映的产物。人们对客观事物的认识有时是明晰的，有时是模糊的，特别是由感官感知的各种性质更具有一定的模糊性，容易发生通感。词义通借就是由于各个感官活动之间存在的某种对应关系促成的。比如"深"本是表示空间的词，但在"年深日久"一词里它表示时间；"软"本来表示硬度，但在白居易《题郎之槐亭》"春风可惜无多日，家酝唯残软半瓶"诗里则表示数量；"怹"本来表示人的心理，但在"上岸稻得怹么好，下岸稻得怹么怹"（《景德传灯录》卷二十七）里却表示物品的性质，相当于不好、次。在唐宋以来的俗文学作品中最常见的是视觉动词跟听觉动词互相通用，比如：

不见念佛声，满街闻哭声。（王梵志诗）
看君话王室，感动几销忧。（杜甫诗）

老去心情随日减，远来书信隔年闻。（元稹诗）

前两例"见""看"用如"闻""听"，末例"闻"用如"见"。以上是韵文中的例子。散文中也时常可见：

酒为茶曰："岂不见古人才子，吟诗尽道：'渴来一盏，能生养命。'……"（敦煌本，茶酒论）

长者见说小时名字，即知是儿。（敦煌本，大目乾连冥间救母变文）

掌握了唐五代时期视觉、听觉动词可以通借的现象，那么本文开头所举王梵志诗"勿使闻狼狈，教他诸客嫌"句就迎刃而解了。即把"闻狼狈"释作"见狼狈"。这样解释不仅贴合诗意，而且也有同时期文献为证：

养子不经师，不及都亭鼠。何曾见好人，岂闻长者语。（寒山诗）

恨汝生迷智，不曾闻好人。（敦煌本，地狱变文）

"何曾见好人"与"不曾闻好人"的语义完全相同，都是"不曾听好人的话"的意思。在寒山诗"何曾见好人"中"见"用如"闻"，在王梵志诗"勿使闻狼狈"中"闻"用如"见"。

由上所述，可以看出演绎法对于考释近代汉语的疑难词义是十分有效的方法，它不仅能够弥补归纳法的某些不足，而且更有意义的是，它可以使我们对词义的理解上升到理性的阶段，不仅知其然，而且知其所以然。如上所说，运用演绎法需要有一定的汉语方言和汉语史知识背景，这种背景知识越丰富，就越能够提出合理的假设。假设，即使是极其合理的，不经过缜密的论证也无法成立，因此我们主张在使用演绎法时一定要贯彻合理推测，小心求证的原则，否则极易陷入主观臆测的泥坑。此外，任何方法都不是万能的，因此我们还主张把演绎法跟归纳法结合起来使用。

附　注

① 　张锡厚《王梵志诗较辑》第180首，中华书局，1983。
② 　赵克勤《古汉语词汇概要》第三章，浙江教育出版社，1987。
③ 　祝敏彻《朱子语类句法研究》第一章，长江文艺出版社，1991。
④ 　白维国《金瓶梅词话》中华书局，1991。
⑤ 　此文为提交给中国语言学会第七届年会的论文，可参看李申《金瓶梅方言俗语汇释》，北京师范学院出版社，1992。
⑥ 　例如：趁凉行绕竹，引睡卧看书。（白居易）忆昔好追凉，故绕池边树。（杜甫诗）使人远来冲热，且向窟里逐凉。（燕子赋）
⑦ 　撤茶，前人未释。今疑"撤"本字为"撦"chè，义为"极快地擦过去"，如"风驰电撦"。"撦"有"擦"义"抽"义，跟餐（趿）茶、雌（趿）饭以及今语"蹭饭""蹭车"构词心理一样。
⑧ 　反义词或意义相对的词有时也可能发生词义类同引申，限于篇幅，此文不述。可参看拙文《相关词语的类同引申》（Analogous Extension of Word Meaning，*Essays on the Chinese Language by Contem-Porary Chinese Scholars*，Editions Langages Croises，1993）。

原载《语言学论丛》第二十辑，商务印书馆1998

相关语词的类同引申

研究词义发展变化的规律是词汇研究的一个重要课题。如所周知，引起汉语词义繁衍发展的最主要途径是词义的引申。所谓引申，是一个词由其本义推衍出新的意义，它是基于联想作用而产生新义的一种方式。比如"贯"这个词，《说文》云："贯钱贝之贯。"也就是说，"贯"的本义是穿钱币的绳索，是一个名词。后来从这一意义陆续生发了四项引申义：

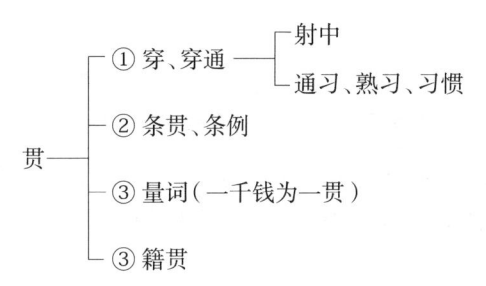

```
       ┌─ ① 穿、穿通 ┬─ 射中
       │            └─ 通习、熟习、习惯
贯 ────┼─ ② 条贯、条例
       ├─ ③ 量词（一千钱为一贯）
       └─ ③ 籍贯
```

引申义①是由穿钱之绳联想起穿的动作与结果；又由具体的动作联想到抽象的行为。义项②是由成串的钱联想到纵向排列成行的文字条文。义项③是把一串钱作为计量单位。义项④由以绳穿钱币联想到用绳索穿订的户籍册子。这四项引申义中，有的仍旧保留本义的词性（如②④），有的已经改变了原来的词性（如①③）。

词义的演变不是单个地、孤立地进行的，往往要受到多种因素的影响和作用。本文所要讨论的是在聚合关系中，某些词发生的类同方向的引申。我国语言学界有人称之为同步引申[①]，具体说，它指的是：两个或两个以上的同义（包括近义）词或反义（包括意义相对）词互相影响，在各自原有意义的基础上进行类同方向的引申，产生出相同或相反的引申义。我们称之为类同引申而不采用"同步引申"的说法，"同步"容易理解为同时，这跟词义类同引申有先有后的情况不完全符合。

在语言的词汇库里，口语词是最为活跃、变动最大的部分，上述类同引申现象在口语词中表现得也最充分。下面我们即以历代口语词为例，对类同引申现象进行说明。

（一）同义词、近义词的类同引申

喜～爱 "喜"有欢悦义，又有喜爱义，例如《诗·小雅·彤弓》："我有嘉宾，中心喜之。"魏晋南北朝时，"喜"又表示某种行为动作或现象经常发生，容易发生。例如：

> 有人问谢安石、王坦之优劣于桓公。桓公停欲言，中悔曰："卿喜传人语，不能复语卿。"（世说新语·品藻）
> 其国有水，……毒龙居之，多有灾异。夏喜暴雨，冬则积雪，行人由之多致难艰。（洛阳伽蓝记，卷5）

以上"喜"为"经常"义。

> 有人问婆罗门言："汝何故哭？"婆罗门言："今此小儿，七日当死，悯其夭殇，以是哭耳。"时人语言："人命难知，计算喜错，设七日头，或能不死，何为预哭？"（百喻经，上）
> 火盛喜破，微则难热，务令调适乃佳。（齐民要术·涂瓮）

以上"喜"为"容易"义。

自唐代始,"爱"也引申出"经常"义和"容易"义。如:

时时爱被翁婆怪,往往频遭伯叔嗔。(父母恩重经讲经文)
第一莫寻溪上路,可怜仙女爱迷人。(施肩吾,晚春送王秀才游剡川诗)

在现代汉语里,"爱"的上述引申义仍旧使用,如"爱开玩笑""铁爱生锈"等,而"喜"由于只是构词语素已不能单独表示上述意义了。

解～会 "解"和"会"都是通晓、理解、领悟之义,它们是一对同义动词。在此义基础上,二者都分别引申出表示:① 有能力做某事(下称解$_1$、会$_1$),② 有可能出现某种情况(下称解$_2$、会$_2$)。词性变为助动词。

解$_1$相当于"能""会",其例如[②]:

酒能祛百虑,菊解制颓龄。(陶潜,九日闲居诗)
月既不解饮,影徒随我身。(李白,月下独酌诗)

解$_2$大约出现在晚唐,南宋《朱子语类》里多见。例如:

大须归家着乡土,一朝儿郎偷得高皇号,还解捉你儿郎母!(汉将王陵变)
如吃饭相似,只管吃,自解饱;若不去吃,只想个饱,也无益。(朱子语类,卷3)
和氏璧也是赵国相传以此为宝,若当时骤然被人将去,则国势也解不振。(又,卷8)

解₂表示依情理将出现某种情况,在现代汉语里这个意义用"会"不用"解"。

会₁约出现于唐五代,其早期用例如:

> 但贱奴能知人家已前三百年富,又知人家向后二百年贫。……诸家书体,粗会数般。疋马单枪,任请比试。锄禾刈麦,薄会些些。买卖交关,尽知去处。(庐山远公话)
>
> 师弹指一声云:"会麽?"云:"不会。"(景德传灯录,卷12)

会₂预测可能、将能的例子如南朝宋鲍照《拟行路难》诗之六:"丈夫生世会几时,安能蹀躞垂羽翼?"《大唐三藏取经诗话·过长坑大蛇岭处第六》:"被猴行者化一团大石,在肚内渐渐会大。"

解₁解₂在现代汉语已经消失,只使用会₁会₂。

有些多义词,只要它们有其中一个义项相同,就能够以这个意义为基础发生类同引申。比如:"可"有①许可,②合适,③能、可以,④大约,⑤恰,⑥岂、哪等义;"肯"主要有①贴附骨上的肌肉,②许可、愿意二义。由于"可"与"肯"都有"许可"义,在这一意义基础上二者发生了类同引申。例如"肯"也引申出"能""可以"义:

> 东坡若肯三年住,亲与先生看药炉。(苏轼,赠黄山人诗)

此言如能在此停留三年。

> 几回笑口能开,少年不肯重来。(黄庭坚,清平乐词)

此言青春不可再来。

类同引申有时不是词义本身引申的结果,而是语境造成的。比如"可⑥"作疑问副词,相当于"岂""哪",这是由于"可"出现在反问句这一语言环境里造成的,例如:

　　　　潜夫自有孤云侣,可要王侯知姓名!(方干,山中言志)
　　　　梦里青春可得追,欲将诗句绊馀晖。(苏轼,送春诗)

"肯"在反问句里,也相当于疑问副词"岂""哪":

　　　　发少何劳白,颜衰肯更红!(杜甫,寄司马山人诗)
　　　　本持乡曲誉,肯料泥涂辱!(刘长卿,赠别于群投笔赴安西诗)

　　词义的类同引申不同于词义的沾染(contagion)。前者甲乙二词是在各自原有意义的基础上发生的类同引申;后者乙词的新义不是从它原有的意义引申出来的,而是从甲词沾染来的。发生词义沾染的前提是甲乙二词有其他共同的义项。我们仍以"可"与"肯"为例加以说明。
　　"可"有"适合"义,由此引申出"恰""正"义。例如:

　　　　吾亦澹荡人,拂衣可同调。(李白,古风之十)
　　　　可便似舞困三眠柳,端的是这春风恰破瓜。(元杂剧·金钱记,1)

"可同调"即恰同调,"可便似"即正如似。
　　"肯"本无"适合"义,它不能像"可"那样从"适合"义引申出"恰""正"义。但是由于"肯"有好几个义项都跟"可"相同(如许可、能、岂等),因此在类化作用下,沾染上了"可"的"恰""正"义。例如:

全家欲出岭云外,匹马肯寻山雨中。(王安石,寄子思以代别诗)

此言马儿正在雨中沿山而行。

思乡远,愁路贫,肯如十度谒侯门。(明·高则成,琵琶记,7)

"肯如"犹言恰似,正像。

有些近义词不仅能发生类同引申,而且还能互相引申,现以"弱"与"怯"为例说明。

"弱"义为柔,"怯"义为惧怕,惧怕即心理柔弱,故二词为近义词。"弱"引申为"恶",即不好,坏。例如:

有好男女,有弱男女。(父母恩重经讲经文)
今日眼前见这个弱事。(丑女缘起)
是是非非休辩,好弱到头自见。(何仙姑,望梅花词)
好也好教你回去,弱也弱教你回去。(董西厢,2 [尾])

以上"弱"多跟"好"对比而言,可知其义为"恶"。唐宋时候"怯"也引申为"不好":

上岸稻得怎么好,下岸稻得怎么怯。(景德传灯录,卷27)

"弱"与"怯"互为引申义的例子如:

肌肤怯,难当湿气。(戏文辑佚·王祥卧冰)
行不上,行不上,地生体怯。(崔君端,江天暮雪)

"肌肤怯"即身体弱；"地生体怯"即人地生疏，身体虚弱。

> 别人弱他官府，我却不弱他，便对一局，打甚紧！（古今小说，卷 21）

例中的"弱"均作"惧怕"讲。

（二）反义词的类同引申

反义词（包括意义相对的词）发生类同引申时，有的引申义相同，有的引申义仍旧相反。

好～恶　"好"与"恶"是一对反义形容词，晚唐以后"恶"引申为程度副词，表示程度深。例如：

> 早是自家无气力，更被你恶怜人。（张泌，江城子词）
> 公今贫贱庸非福，我更清愁恶似公。（杨万里，见周子充舍人叙怀诗）

"好"引申为程度副词比较晚：

> 说的好可怜见儿的，连我们也软了，饶了他罢。（红楼梦，42）

现代汉语不用"恶"只用"好"表示程度深。

行～坐　"行"义为行走，"坐"义为住止，是一对反义词，"行"很早就引申为副词"即将""将要"。例如：

> 十亩之间兮，桑者闲闲兮，行与子还兮。（诗·魏风）

汉兴兵诛郢,亦行以惊动南越。(史记·南越传)

自唐代始,"坐"也可表示将然,引申出跟"行"同样的意义来。例如:

坐弃三冬业,行观八阵图。(孟浩然,送莫甥兼诸昆弟入西军诗)

此处"坐"与"行"互文,均表示将然。上句言将弃文,下句言将从武。

寒英坐销落,何用慰远客?(柳宗元,早梅诗)

此言梅花将谢,何以抚慰远客。

红玉坐看花着子,青云行见叶成阴。(宋·彭汝砺,答同舍游凝祥池诗)

"花着子""叶成阴"都是将来之事,"坐"与"行"均为"即将""将要"之义。

以上是反义词类同引申后,新义为同义词的例子。

软~强 "软"有柔弱义,"强"有健壮义,二者为一对反义词。南北朝时,"强"用在表示数量的场合,引申为"略多""有余"的意义:

策勋十二转,赏赐百千强。(木兰诗)

到了唐代,这种用法更为普遍:

一夜水高二尺强,数日不可更禁当。(杜甫,春水生二绝之二)

> 跻攀分寸不可上,失势一落千丈强。(韩愈,听颖师弹琴诗)
> 十月苦长夜,百年强半时。(白居易,冬夜对酒寄皇甫十诗)

"强半"即多一半,一半有余。

唐时,与"强"意义相对的"软"由于类化作用,引申出"略少""不足"义:

> 春风可惜无多日,家酝唯残软半瓶。(白居易,题朗之槐亭诗)

"软半"即不足一半。这是反义词经过类同引申后,新义仍为反义词的例子。

(三)义类相关的形容词的类同引申

有些形容词不是同义词,也不是反义词,但它们在意义上有某种内在的联系,我们称之为义类相关,这些词有时也能发生类同引申。新产生的引申义往往表示程度之深。例如现代汉语里"死"和"坏"都是不及物动词,二者词义不同,但都表示不如意的后果,它们都可作程度副词:高兴死了|死不讲理;高兴坏了|气坏了。古代语词中这种现象也不少见。例如:

雅～奇 "雅"为高尚、文明、美好义,"奇"为特异、非凡之义,二者都是褒美之辞,都引申作程度副词,相当于"颇""甚"。

> 及见,雅以为美。(后汉书·窦后纪)
> 华见其总角风流,洁白如玉,举动容止,顾盼生姿,雅重之。(搜神记,卷18)
> 何晏七岁,明惠若神,魏武奇爱之。(世说新语·夙惠)

> 小竹细笋被于山渚，蒙茏茂密，奇为翳荟也。（水经注，卷9）

"奇"作程度副词，也可用于消极方面，这是跟"雅"不同之处：许允妇是阮卫尉女，德如妹，奇丑。（世说新语·贤媛）

可怜～可畏　这两个词虽不同义，但都表示人的情感心理活动，"可怜"本为可悯、可爱之义，在唐宋时代，引申为表示程度深的副词，相当于"甚""非常"。

> 此时秋月可怜明，此时秋风别有情。（刘希夷，捣衣篇）

"可怜明"言明亮得出奇，明亮得很。

> 碧户朱窗小洞房，玉醅新压嫩鹅黄，半青橙子可怜香。（毛滂，浣溪沙词）
>
> 两鬓可怜青，一夜相思老。（王观，生查子词）

"可怜香"犹云非常香，"可怜青"犹云颇黑。

"可畏"本为可怕义，引申用作夸赞之辞，相当于"了不起""惊人"。

> 十方贤圣尽歌扬，可畏释迦牟尼佛。（敦煌本，维摩碎金）
>
> 仙乐隐隐以引前，天女依依而后送，一道光明可畏。（佛说观弥勒菩萨上生兜率天经讲经文）

再进一步就引申为程度副词，相当于"甚""非常"。

> 我适离处，别却道场，甚生富贵端严，可畏光花（华）炽盛。

（维摩诘经讲经文）

　　世界非常可畏宽，容纳尘埃有甚难？五岳四渎皆总爱，不论江海及诸山。（金刚般若波罗密经讲经文）

　　而诏命既行，直废格不用，宰相可畏有权！（资治通鉴·唐纪，宣宗大中十二年）

以上例句中，"可畏"或与"甚生"互文，或与"非常"重言，可知皆用为甚辞。

跟"可怜""可畏"词义相关的"伤心"一词曾一度用作程度副词。"伤心"本为悲痛义，属于心理情感活动，故可跟"可怜""可畏"发生类同引申：

　　平林漠漠烟如织，寒山一带伤心碧。暝色入高楼，有人楼上愁。（李白，菩萨蛮词）

"伤心碧"犹言非常碧，跟"可怜香""可畏宽"等结构相仿。今安徽含山话"伤心"仍可作程度副词，不过只作补语，如：这人坏之伤心｜他家生活苦之伤心。"伤心"相当于"很"。"之"本字应为"著"，结构助词，相当于"得"。

研究语词的类同引申，不仅可以加深我们对词义演变特点的认识，而且在考释词义方面也有具体的指导作用。就是说，当我们不了解某个词的意思时，可以从与之词义相同、相反或相关的其他词的意义演变中推寻线索。实践证明，这是一种行之有效的途径。比如唐五代文献中有一种用法的"知"显然不能用"知道""通晓"来解释，蒋礼鸿《敦煌变文字义通释》认为是语助词，没有意义。现将蒋氏所举例子摘一部分分类录列于下：

a. 医药所不能至,必死矣,无知奈何|与君咫尺不相见,空知日夕泪沾巾。

b. 王今伐吴,定知自损|秤锤落东海,到底始知休|朕兵已到江南,宋之君臣必知恐畏。

c. 吾当不用弟语,远来就父同诛,奈何!奈何!更知何道|大事去矣,知复何言|得既在我,失亦在予,不及子孙,知复何恨!

我们认为上面三组例子里的"知"都并非没有意义的语助词。"知"义为通晓,了解,跟前文谈过的"解""会"是同义词。如上所述,"解"和"会"都引申出(1)有能力,(2)有可能二义,根据类同引申规律,"知"也可能引申出上面两个意义。事实正是如此,a组例句里的"知"可释为"能","无知奈何"即不能怎么样,也即"无可奈何"之义。③"空知"义为只能。b组例句里的"知"都表示将然,相当于"会"(会₂)或"将"。"定知自损"即定会自损,"始知休"即才会停止,"必知恐畏"即必将恐畏。c组例句里的"知"也表示将然,相当于"还""还能"。"更知何道"与"知复何言"即还能说些什么!"知复何恨"即还有什么遗憾的!根据上面的论述,我们认为以上例句中的"知"都不应释作语助词。由此可以看出,认识和运用类同引申规律在词汇研究中的重要作用。

附　注

① 见许嘉璐《论同步引申》(《中国语文》1987年第1期)。
② 本文所引诗词例句多转引自张相《诗词曲语辞汇释》。
③ 见辛征《谈"无可奈何"的无》(《中国语文》1983年第3期)。

英文稿原载游顺钊主编《语汇丛刊·汉语十论》,巴黎 1993

八卷本《搜神记》语言的时代

一

题名为《搜神记》的古代小说,目前看到有三种本子:二十卷本,旧题晋干宝撰;八卷本,也传为干宝所作;敦煌石室藏本,残存一卷,题勾道兴作。[①]据考证,二十卷本已非干宝原书,也非传世古本,可能是明代胡元瑞从《法苑珠林》及其他各种类书中辑录而成的,余嘉锡《四库提要辨证》称:"余谓此书似出后人缀辑,但十之八九出于干宝原书。"敦煌本的作者勾道兴,其生平无从考知,但此书既出自敦煌石室,书中语言又每有与变文相同之处,很有可能就是唐五代时期的作品。至于八卷本,出现于明代万历年间(收于商濬《稗海》等丛书中),与二十卷本几乎同时问世。范宁先生(1964)认为八卷本的内容与二十卷本"几乎完全不相同",唐宋各种类书中称引干宝《搜神记》之处很多,但一条也未见收于八卷本;且八卷本中有些地名、官名以及人物非晋时所有,可见不是干宝所撰。[②]范文并且认为,"这部书标题《搜神记》也有所本。唐释道宣撰《续高僧传》卷六《魏洛阳释道辩传》说:'释道辩有弟子曰昙永、亡名二人,永潜遁自守,隐黄龙山,撰《搜神论》。'今八卷本《搜神记》或即据昙永所撰的《搜神论》残卷而增补的。"概括地说,范文认为:(一)八卷本不是干宝所作;(二)八卷本是赵宋以后人的嫁名伪作;(三)八卷本应本自北魏昙永《搜神论》。

我们认为范说第（一）点比较有说服力，第（二）（三）两点均可商榷。即，八卷本诚非干宝所作，但敦煌本《搜神记》的出现，起码说明了八卷本固有所自，并非所谓"伪作"（见下文第三节）；本自昙永《搜神论》的推测，目前证据不足，只是一种假想。

范先生采用的方法，是小说史家考证作品撰述年代时通常所使用的方法，即主要从作品的故事内容及其渊源演变，作品中反映的典章制度、地理沿革、年号、人物，以及版本目录方面的记载等等来考定作品的撰述年代，这种方法无疑是行之有效的。这里，我们要说的是，在考定一部作品的撰述年代时，还有一个方面是不应忽视的，这就是作品的语言本身。语言是发展变化的，魏晋南北朝时期的语言不同于唐代的语言，而唐代的语言又跟宋代有区别，如果我们能掌握各个历史时期语言的特点，就可以利用这些特点鉴别作品的撰述时代。本文正是试图从语言的角度对八卷本《搜神记》的时代加以考证。题目叫"语言时代"而不叫"写作年代"，是因为依靠这种方法不能对作品的写作年代作出确切的判定，但是却可以借助汉语语法史、词汇史的知识判定这部作品的语言大致是什么时代的。具体做法是，通过对魏晋南北朝和唐五代时期含有口语成分较多的文献的观察，归纳出一些语言现象出现和通行的时期，再用这些语言现象反过来检查和考定八卷本《搜神记》的语言时代。我们利用的资料主要有魏晋南北朝时期的各种志怪小说和笔记小说（当然，由于六朝诸小说同样辑自唐宋类书，在使用时须十分小心，一定要以同时期的其他文献作参考），唐五代的变文和禅宗语录，以及唐人小说等等。用来担当鉴定标准的语言现象有语法和词汇两个方面，与词汇相比，语法方面的现象更具有规律性、普遍性，因而也更可靠些；词汇方面，由于我们毕竟不能遍览群书，见闻难免漏阙，所以词汇方面的现象难以与语法方面的同等对待，把它们作为参考鉴定词比较合适。语法方面的鉴定词是：1. 疑问副词"还"；2. 测度疑问副词"莫";3. 概数助词"以来、来";4. 助动词"要";5. 人称代词"你、某";6. 儿、儿家。词汇方面的参考鉴定词有:1. 遮莫;2. 伍伯;3. 关节;4. 心口思惟。以上十条又可分为两类情况,一类是唐以前未见,唐以后才出现的新兴成分,一类是虽然前代已见,但语义和用法已发生变化。

二

这一节,我们就用上述鉴定词对八卷本《搜神记》的语言实际,一一加以检查。

语法方面:

1. 还 "还"作疑问副词,用在"VP 不?"式问句中(VP 是动词短语,"不"通"否"),是晚唐五代新出现的疑问句格式,敦煌变文中时见,五代南唐时的禅宗语录《祖堂集》更屡见不鲜,宋代亦习见。如:

公还诵金刚经以否?(庐山远公话,敦煌变文集,186;以下简称"变")

如今者若见远公还相识已否?(又,190)

问言诸将:"还识此阵?"(韩擒虎话本,变,201)

和尚还曾佛法与人不?(祖堂集,2.58;以下简称"祖")

径山和尚还有妻不?(又,15.280)

"还 VP 不?"的"不"又演变为"无、摩、麽"等,各举一例:

有个爷年非八十,汝还知也无?(祖,2.12)

又问僧:"什么处来?"云:"游台山去来。""还见文殊摩?"

（又，5.106）

　　一日众僧参次，师口作患风势云："还有人医得吾口麼？"（景德传灯录，11.10a，下简称"景"）

《朱子语类》里仍作"否"：

　　此还是仁之体否？（朱子，6.19）
　　安，然后能虑，今人心中摇漾不定叠，还能处得事否？（又，14.26）

直到明人拟话本中仍偶或可见，如：

　　大官人你说，有宝的还是谁家？（古今小说，1.9）

疑问副词"还"在魏晋六朝小说和译经中均未出现，因此可以用它来鉴别作品的语言是唐代中期以前的，还是以后的。八卷本第二条出现了"还VP否？"句式：

　　子元不疑是鬼，又问曰："既无依倚，还善制衣否？"女子对："善制衣。"（1.74）

这样的句式是不会出自魏晋南北朝人之手的。

2. 莫　"莫"字作测度疑问副词，本义偏于肯定，约相当于"大概"的意思。这一现象最早见于唐代的文献，有"莫"字单用者，有"莫是、莫不"连用者，句末多数都带语气词"不（否）、无、摩"等，以下分别举例说明：

上谓宰臣曰:"有谏官疏来年御含元殿事,如何?莫须罢否?"(因话录,1.8)

夫人莫先疾病否?(叶净能诗,变,217)

项羽遂乃高喝:"帐前莫有当直使者无?"(汉将王陵变,变,37)

僧到参次,师便把住云:"莫屈着兄弟摩?"(祖,3.73)

至约之所,果见青衣立候,迎问曰:"莫是李十郎否?"(霍小玉传,广记,487.4007)

今日见此生口,莫是应我梦也?(庐山远公话,变,176)

师以手拔眉云:"莫不辜负摩?"(祖,3.141)

偶或也有"莫不是"连用者:

公曰:"诸葛所止令兵士独种蔓菁者何?"绚曰:"莫不是取其才出田者生啖,一也;叶舒可煮食,二也……。"(刘宾客嘉话录,8)

综观唐五代时期的用例,"莫"字单用较为普遍,"莫是"次之,"莫不"连用比较少见,"莫不是"更为少见。元明以后的情况正相反,"莫"字单用和"莫是"连用几乎不见,一般只用"莫不是、莫非、莫非是"。"莫"作测度疑问副词的时间比"还"作疑问副词的时间要早一些,但它在书面普遍使用,特别是"莫不"连用是在中晚唐以后。

八卷本中"莫"字单用、"莫是""莫不"连用的情况都有,共出现七次:

帝曰:"如何不食,呼又不来,莫是恨朕不赏乎?"(3.88)

汾问:"娘子莫是神仙乎?"(7.109)

莫是在政别有异能？不然雪冤之事方可获此果报。（5.98）

宾心口思惟："此鸟莫是妖魅？"（7.108）

鹊闻之，请入而吊。 吊讫出门，知太子有命，语左右曰："太子莫不要却生否？"左右闻之，奔告虢君，云："扁鹊出门，语臣云：'莫要太子生否？'"（1.76）

测度疑问副词"莫"这样频繁多样地使用，这是中晚唐以后白话文献的特点。

3. 以来、来 "以来"和"来"用作概数助词，是唐代新兴的语法成分。"来"是"以来"的省略形式，它的出现稍晚于"以来"，一般认为是在五代前后（详见拙文《概数词"来"的历史考察》，中国语文1984年第2期）。以下略举数例：

即唤香儿取酒。俄尔中间，擎一大钵，可受三升已来。（游仙窟，唐人小说，23）

其夕梦一少年，可二十已来。（广记352.2784引潇湘录）

吾本来此土传教救迷情，以经得二千来年真风不替。（祖，3.99）

瞻颜貌可二十来。（广记54.333引续仙传）

此去山中十里来，有一懒融。（景，4.4）

八卷本中，概数词"以来"和"来"各见一例：

此夜月明如昼，宾至二更以来乃出房门徐行。（7.108）

左右依言，送出都门。可十里来，果有大林。（6.102）

在六朝文献中，与概数词"以来、来"相对应的是"许"，未见用"以来或"来"表示概数。附带说,八卷本第三十五条"元范母至三更已,叫唤如被拷打相似"。(7.108)今疑"已"后脱一"来"字,应为"三更已来",而非"三更已"。"已"作时态助词,一般只出现在动词或动词短语之后。

4. 要 助动词"要"(yào),义为"须要""想要"。据日本太田辰夫氏考,助动词"要"唐代已经出现,如:

> 要语连夜语,须眠终日眠。(白居易,朝归书寄元八)

我们在唐人传奇中也已见到:

> 有老妪缉麻苎,航挥之,求浆。妪咄曰:"云英,擎一瓯浆来,郎君要饮。"(广记50.313引传奇)

可以说,最迟在中晚唐"要"字已单独作助动词。而在六朝时期未见单独用的,只见"要当、要须"连用作助动词的:

> 母曰:"诚是地也,自可贵,要当令我见之。"(郭子,古小说钩沉,165;下简称"钩沉")
>
> 案生录,当八十余,听我更生,要当有依马子乃得生活,又应为君妻。(搜神后记,4.24)
>
> 冰始合,车马不敢过,要须狐行。云此物善听,冰下无水乃过。(水经注·河水)

这样,助动词"要"是否可以单独使用,就能用来鉴别作品的语言是唐以前还是唐以后的。八卷本里,"要"字单独作助动词共出现四次:

太子莫不要却生否？（1.76）

扁鹊出门，语臣云："莫要太子生否？"（同上）

使人曰："适将谓女子哀怨别事，某不敢言，若要还乡，亦小事。……"（7.106）

宗仁曰："有可信矣，何疑焉！如要明之，便可立顷召致。"（8.112）

这说明八卷本不可能写在唐代以前。

5. 你，某 日本汉学家小川环树氏（1968）曾把唐宋传奇和六朝小说的人称代词进行统计比较，③结果表明：八卷本《搜神记》跟唐宋传奇的情况比较接近，而跟六朝小说的情况相差较远，其中比较显见的是"你"和"某"。下面是小川氏调查的结果（未按原表次序）：

人称代词＼资料	唐宋传奇集	搜八	搜后	搜二十	古小说钩沉
你	2	1	0	0	0
某	54	23	0	2？	2

表中搜八、搜二十分别指八卷本和二十卷本，搜后指陶潜《搜神后记》。

"你"字作为第二身代词出现较晚，到了唐代才普遍使用，唐以前的资料里没有见到可靠的例子。

"你"字最早见于《北齐书》：

武成因怒李后，骂绍德曰："你父打我时，竟不来救！"（12.156）

阳愚僧阿秃师于路中大叫，呼显祖姓名云："阿那瓌终破你国！"（50.692）

《北齐书》是唐初李百药撰，其中有取材于隋王劭《齐志》的内容，但据此就说六朝已经用"你",根据尚不足。如上表所示,《钩沉》《搜后》《搜二十》中均不见"你"字,《唐宋传奇集》里有二例,《搜八》有一例,这至少说明八卷本跟六朝小说的不同。

"某"字作第一人称代词,是从该字虚指或泛指的用法借用过来的。这种用法起于何时,尚不能肯定,但据小川氏的调查,在六朝的文献如《文选》《世说新语》中,一例也没有,而在唐代古文派大家韩、柳的散文集中,却能找出几个。因而他推测,"某"字的这一用法到了唐代(恐在中叶以后)才比较普及。在上表中,"某"字在《唐宋传奇集》中多达五十四例,《搜八》也不少,有二十三例,《搜后》未见,《搜二十》和《钩沉》各有二例,而且《搜二十》的二例还不可靠,故表中标有"？",这可疑的二例是:

女曰:"某三河人,父见为弋阳令……"(搜二十,15.180)

此条见于《太平御览》卷八八七,《太平广记》卷三八六,《类说》卷七,但《御览》"某"字作"我"。又:

无以相报,若有官事,某为君任之。(17.209)

此条见于《太平广记》卷三六〇,但查《广记》原文,"某"作"其"。退一步说,即使承认这两例,加上《钩沉》的两例,总共不过四例,而后三种资料的字数是《搜八》的六七十倍,"某"字仅占《搜八》的六分之一,这也很能说明问题。

6. 儿,儿家　"儿"作自称代词,并且限定女性使用,这是唐五代文献中才有的特殊现象,例如:

十娘答曰:"儿是清河崔公之末孙,适弘农杨府君之长子。……儿年十七,死守一夫;嫂年十九,誓不再醮……"(游仙窟,唐人小说,21)

[张]简遂持棒,见其妹从厕上出来,遂击之。妹号叫曰:"是儿!"简不信,因击杀之。(广记447.3658引朝野佥载)

女子答曰:"儿闻古人之语,盖不虚言……"(伍子胥变文,变,5)

君若有神,儿当接引。(孟姜女变文,变,34)

与"我家、你家、他家、自家"等相同,"儿"后也可加上代词词尾"家",意义不变:

[飞烟]仍令语象曰:"赖值儿家有小小篇咏,不然,君作几许大才面目?"(飞烟传,唐宋传奇选,174)

远道冥冥断寂寥,儿家不惯长欲别。(伍子胥变文,11)

这种女性自称的代词"儿",不同于表示人伦关系的身份名词作代词用,如:"识儿以不?儿是秋胡。"(变,158)这是应该区分清楚的。八卷本《搜神记》第三十五条出现了女性自称代词"儿":

汾问:"娘子莫是神仙乎?"女对曰:"非也,儿是此山中张家女。……"(7.109)

这种用法的"儿"字,魏晋六朝的文献中尚未见到。

词汇方面:

1. **遮莫** 宋罗大经《鹤林玉露》丙编卷一云:"诗家用'遮莫'字,

盖今俗语所谓'尽数'者是也。……而乃有用为禁止之辞者,误矣。"张相《诗词典语辞汇释》分"遮莫"为五个义项:a 尽教;b 不论、不问;c 假如;d 甚么;e 莫要。其实前三项实为一义,即今语"尽管、即使",可以归并。末后一义即罗大经所谓"禁止之辞",这在敦煌变文写本中均作"辄莫",可见它与释作"尽教"义的"遮莫"原本不是一词,因音近而混用。"遮莫"的基本意义是表示纵予,既可作副词,也可作连词,这是唐代开始习用的口语词:

五嫂咏曰:"他家解事在,未肯辄相嗔。径须刚捉著,遮莫造精神。"(游仙窟,唐人小说,30)

直饶堕却千金赏,遮莫高堆万挺银。(捉季布传文,变,59;"堕",应为"垛"之误)

遮莫高贵逞英豪,人生再会大难逢。(八相变,变,338)

在宋元词曲中,此词使用更为普遍,字形又作"折莫、折末、折么、折摸、者莫、者么、者磨"等等,详见张相所举诸例。

在"遮莫"的众多用例中,以张鷟《游仙窟》时代最早。张鷟生活在唐代武则天、中宗、睿宗三朝和玄宗前期,因此可以说"遮莫"最早见于7世纪末8世纪初的文献中,在魏晋南北朝的资料中还没有出现。八卷本《搜神记》第十七条有"遮莫":

狸曰:"我之才智,天地产之,反以为妖,以犬试我,遮莫千试万虑,其能为患乎?"(4.90)

二十卷本第四二一条后半部分跟八卷本该条文字大体相同,也有"遮莫"一词。但据汪绍楹先生考,本条非干宝《搜神记》原文,应移正。

汪说是。

2. 伍伯 八卷本卷四第二十条记叙蒋济亡儿托梦与母的故事,此条本事也见于二十卷本卷十六第三八〇条和《列异传》第二十三条(《钩沉》253 页)。二十卷本和《列异传》文字几乎全同,而八卷本却与之大异,仅举"伍伯"一词以窥全豹:

> 其妇梦见亡儿涕泣曰:"死生异路。我生时为卿相子孙,今在地下为泰山伍伯,憔悴困苦,不可复言……"(二十卷本 16.190)

《列异传》除"其妇"作"其妻","困苦"作"困辱"外,全同上文,但八卷本作:

> 夫人忽一夜梦见亡儿来,谓母曰:"某今差在泰山五百日驱使,苦无暂休……"(4.92)

把"伍伯"改为"五百日",意思迥异。"伍伯",字又作"五百",《后汉书·曹节传》:"越骑营五百妻有美色。"李贤注:"韦昭《辩释名》曰:'五百,字本为伍伯,伍,当也;伯,道也;使之导引,当道陌中,以驱除也。'按,今俗呼行杖人为五百。"看来,"伍伯(五百)"就是役卒一类。八卷本把这一古代专门名词改为数量词"五百日",可谓风马牛不相及也,其为后人改窜之笔,昭然若揭。

3. 关节 李肇《唐国史补》云:"造请权要,谓之关节。"(卷下 56 页)"关节"犹今语"门路、门子",是唐宋元时俗语:

> 高锴侍郎第一榜,裴思谦以仇中尉关节取状头,锴庭谴之。(唐摭言,9.100)

其兄中表,皆劝景让嘱于主司,景让终不用,曰:"朝廷取士,自有公论,岂敢效人求关节乎?……"(唐语林,7.244)

怀德应之曰:"我得打乳姥关节,秀才只消如此待之。"(梦溪笔谈,9.1b)

曾充之来问学,先生曰:"公且说为谁打关节来?只此是学。"(象山语录,35.304)

或行贿赂,或有转托他人关节。(元典章·刑部,6.205)

"打关节、求关节、转托关节"等,皆今语"走后门"之意。如上所举,"关节"最早见于唐代资料,六朝小说、史籍、译经中尚未见用,但八卷本中有其例:

令哀请恳切,仙官神色甚怒。俄尔,有使者赍缄而至,则金天王札也。仙官览书,笑曰:"关节即到,难为不应。"(6.104)

4. 心口思惟 敦煌变文在描写或点明人的心理活动之前,往往用"心口思惟"或"心口思量"一语提起:

王陵心口思惟:莫遭项羽独(毒)手?(汉将王陵变,变,39)

舜子当即知是父母小弟也,心口思惟,口亦不言。(舜子变,变,133)

崔子玉见皇帝不道与官,心口思惟,良久不语。(唐太宗入冥记,变,212)

子胥心口思量:我有冤仇,端心相灭;因他得活,岂得孤恩!(伍子胥变文,变,23)

一般说，思惟用心不用口，观上举"心口思惟，口亦不语"和"心口思惟，良久不语"二例可知。其所以加上"口"字，恐为凑成四字短语，便于上口，因此"心口思惟"只是一个习惯用语。一个作品的习惯用语或套话，往往带有时代特色，也跟文体有关（在变文和禅录之外的资料里少见）。宋代《五灯会元》里偶或见之："舍利弗心口思惟：此姊见佛，不知得忍不得忍否？"（2.114）但在六朝小说或译经中尚未发现。六朝译经中为凑成四字句，有各种各样的组合，如"心自思惟，又自思惟，作是思惟，便作是念，即自惟念，作如是念"等，唯独未见作"心口思惟"的。八卷本中有一例：

宾心口思惟："此鸟莫是妖魅？"（7.108）

这说明八卷本的语言与晚唐五代为近，与六朝不类。

至此，我们看到八卷本《搜神记》中出现的众多的唐以后的文献中才见到的语言现象，由此可以说明此书不是晋干宝所作，也不是六朝时期的作品是肯定无疑的。从语言特点来看，我们倾向于把它看作晚唐五代或北宋时期的作品，因为疑问副词"还、莫"，概数词"以来、来"，助动词"要"等都是在这个时期才普遍使用的。

三

这一节，主要从内容上讨论八卷本跟敦煌本、二十卷本的关系，结论是：二十卷本接近干宝原书，为一系统；敦煌本和八卷本内容相近，为另一系统。

八卷本与敦煌本在内容上的接近，已经引起小说史家们的重视。八卷本共四十条，敦煌本残存三十五条，二本故事内容相同的有十五条之多,也就是说,八卷本中有百分之三十七点五条见于敦煌本。由于敦煌本是个残本,可以推测,实际上八卷本见于敦煌本足本的条数还会多一些。下面是二本内容相同的条数的对照表:

	条 数										
敦煌本	1	5	6	7	8	9	13	15	16	18	19	20	21	22	34
八卷本	28	4	1	6	5	3	2	9	10	11	13	29	14	8	12

当然,这十五条相同的程度并不完全一样,但其中不乏故事情节、叙述顺序、遣词用句大体相同者。试比较以下内容:

敦煌本第 1 条

昔有樊寮至孝,内亲早亡,继事后母。后母乃患恶肿,内结成痛,楚毒难忍,风(凤)夜不寐。寮即愁烦,衣冠不解,一月余日,刑(形)体羸瘦,人皆不识。寮欲唤师针灸,恐痛,与口于母肿上吮之,即须小差。以脓血数口流出,其母至夜,便得眠卧安稳。夜中梦见儿来语母曰:"其疮上复得鲤鱼哺之,后得无病,寿命延长。若不得鲤鱼食之,即应死矣。"

八卷本第 28 条

昔楚僚至孝,内亲早亡,敬事后母,终身不失。忽母患一肿成痛,形容日悴,人皆不识。僚欲呼医师针灸,恐母痛难忍,自以口于母肿上徐吮之,其肿自熟,血流出,迫夜即得安寝。乃梦一小儿语母曰:"若得鲤鱼食之,其病即差,可以延寿;若不得鲤鱼,久死矣。"

敦煌本第 22 条

昔王子珍,太原人也。父母怜爱,叹曰:"我儿一身未得好学。"遂[遣]向定州博士边孝先

八卷本第 8 条

王子珍,太原人也。父母怜爱,叹曰:"我儿立身未曾学问,可往定州边孝先先

[先]生下入学。先生是陈留信义人也。其先生广涉稽古，问对无穷，自孔子殁后，唯有边先生一人，领徒三千，莫如归伏，天下之人，无有胜者，是以四海之内，皆就边先生学问。	生处习业。"孝先，陈留信义人也，广涉稽古，应对无穷，自孔子没后，惟孝先一人领徒三年（千），尽知归服，未有胜者。是以四海之内，皆往就之学习。

稍加对照便可看出二本文字之相近，其间有相沿、窜改关系，亦一目了然。我们初步认为，八卷本应比敦煌本晚出。比如上举第一组例子，敦煌本作"樊寮"，八卷本作"楚僚"，当以姓樊为是，楚乃形近而讹。敦煌本言樊寮因母病而烦恼，乃至"形体羸瘦，人皆不识"，这跟古人称扬孝子"哀毁骨立"之意相合。八卷本却写成其母"形容日悴，人皆不识"，两相比较，显然敦煌本更合情理。从语言上看，敦煌本文字风格相对比较一致，其中有些白话词语也跟敦煌变文相同。比如第六条引俗语"凡喫人一食，惭人一色；喫人两食，与人著力"。此语在《伍子胥变文》中凡两见，一作"得他一食，惭人一色；得人两食，为他著力"。（变，14）一作"得他一食，惭人一色；得他两食，谢他不足"。（变，23）因此，如果认为敦煌本《搜神记》和变文同时期，也是晚唐五代的作品，大概不会出多大差错。与敦煌本相比，八卷本各条的语言风格则很不一致，有的几全为文言，有的则白话程度颇高。全书语言的时代层次也不尽一样，有的像唐五代前后的语言（如上节所举），有的则袭抄南北朝时期的文字，如第七条所记后魏洛阳阜财里开善寺韦英之事，与北魏杨衒之《洛阳伽蓝记》卷四所记文字全同，显系照搬而来。但从总体上说，八卷本的白话词语要比敦煌本丰富，疑问副词"还""莫"，概数词"来"等在敦煌本中尚未见到。

综上所述，八卷本与敦煌本内容相同之处甚多，二本在语言上都分别呈现出早期白话的一些特点,其写作时代容有先后,但相距不会很远,这两个本子应属同一系统。正如日本内田道夫氏(1951)所说:"八卷本中多数故事同敦煌本有着一致之处,因而一直认为来历不明的八卷本乃是从敦煌本系统而来的,但不是直接出自敦煌本,至少可以假定,确有与敦煌本同一系统的《搜神记》存在,因此推测八卷本是在它们之后产生的也是可能的。"[4]

现在再谈八卷本和二十卷本的关系。前面说过,范宁先生认为八卷本和二十卷本的内容"几乎完全不相同";此外,汪绍楹先生校注的二十卷本(中华书局,1979,下称"汪注")也把敦煌本和二十卷本、八卷本和二十卷本,作为不同系统的本子处理。所以他对见于敦煌本或八卷本,而不见于二十卷本的条目一概不录;对二十卷本内见于敦煌本或八卷本而未见唐宋类书引用者,则主张删正。(笔者理解,这是出于二十卷本的辑录者有可能把另一系统的《搜神记》条目误录进来的考虑)与此相对,张锡厚先生(1982)认为敦煌本和八卷本的内容与二十卷本有许多相同之处,敦煌本"极有可能是从干宝《搜神记》原书择其所需,选编成册"的;"八卷本有不少条目(主要是前五卷)并见于二十卷本"。据张先生统计,八卷本全书收录的四十条中有十二条见于二十卷本,诚如是,则确乎不可断言二者"内容几乎完全不相同"。[5]但是,我们据汪注核查,这十二条中有九条皆未见唐宋类书引作《搜神记》,当非偶然;另外三条虽见引作《搜神记》,但情节、文句差异甚大。如"张茂先"条(二十卷本卷十八,八卷本卷四),《太平御览》卷九〇九引此条仅六十二字,而二十卷本有六百余字,显系后人据本事敷演改写的。汪注谓其"前半几全同唐人《集异记》(《太平广记》卷四四二引),后半则掺取《稗海》本《搜神记》(即八卷本,笔者注)为之",乃真知灼见。我们认为,虽同演一事,其情节有差异,语言文字又不同,不能率尔谓之相同。范文谓二十卷本和八卷本"所记录的人物故事几乎全不相同",是可以成立的;但说"这两部书必有一真一伪",则未免武断。敦煌本的出现,八卷本在内容上跟敦煌本的相近,说明八卷本自有所本,说明另有一个与二十卷本不同系统的《搜神记》的存在。也就是说,这三种本子的《搜神记》事实上是两个系统:二十卷本是一个系统,敦煌本和八卷本内容相近,是另一系统。从语言史的角度看,二十卷本文句古朴,与魏晋六朝时期的文献基本一致;敦煌本、八卷本具有早期白话的一些特点,其原书出世要远远晚于干宝原书。总之,分属于两个系统的《搜神记》,内容不同,语言的历史层次也不同,不可混为一谈。如果按张锡厚先生所说,把敦煌本或八卷本的条目"补入二十卷中",将会补出一个并非同一系统的、语言时代层次各异的杂凑本,那样做是不可取的。

附　　注

① 二十卷本《搜神记》据中华书局 1979 年汪绍楹校注本;敦煌本和八卷本(即《稗海》本)据《搜神后记》所附,中华书局,1981。

② 范宁《关于〈搜神记〉》,载《文学评论》1964 年第 1 期。

③ 小川环树《中国小说史的研究》第十章 274—292 页,岩波书店(日),1968。

④ 内田道夫《〈搜神记〉的世界》,日本《文化》1951,第 15 卷第 3 期。

⑤ 张锡厚《敦煌本〈搜神记〉考辨——兼论二十卷本、八卷本〈搜神记〉》,载《文学评论丛刊》16 辑,1982。

参考文献

梅祖麟　1984　《从语言史看几本元杂剧宾白的写作时期》,《语言学论丛》第 13 辑,商务印书馆。

刘　坚　1985　《略谈"话本"的语言年代问题》,《运城师专学报》第 1 期。

引用书目

《搜神后记》:中华书局,1981。

《古小说钩沉》：人民文学出版社，1973。
《敦煌变文集》：人民文学出版社，1957。
《祖堂集》：日本中文出版社，1972。
《唐人小说》：上海古典文学出版社，1956。
《唐宋传奇选》：人民文学出版社，1979。
《太平广记》：中华书局，1960。
《因话录》《唐国史补》：上海古籍出版社，1979。
《刘宾客嘉话录》《顾氏文房小说》《唐摭言》；古典文学出版社，1957。
《唐语林》：上海古籍出版社，1985。
《全唐诗》：中华书局，1960。
《景德传灯录》：四部丛刊。
《五灯会元》：中华书局，1984。
《梦溪笔谈》：四部丛刊。
《象山语录》：四部丛刊。
《朱子语类》：光绪二年刻本。
《鹤林玉露》：中华书局，1983。
《齐东野语》：中华书局，1983。
《宋人话本七种》：上海亚东图书馆发行所，1951。
《元典章》：日本京都大学人文科学研究所校定本，1964。
《古今小说》：人民文学出版社，1979。
《警世通言》：人民文学出版社，1980。

原载《中国语文》1987年第4期

《皇明诏令》里的白话敕令

研究近代汉语的语法和词汇，首先要熟悉这一历史时期的各种白话资料，刘坚先生编著的《近代汉语读本》（上海教育出版社，1985）为初学者提供了入门的教材，同时也给研究者提供了这一时期白话资料的主要线索，是一本很有参考价值的书。诚如编著者在《编后记》里所说，"这里所选的可以说只是举例的性质"，实际上近代汉语的资料是极其丰富的，至今尚未被发现或利用的也不在少数。这里所介绍的《皇明诏令》里的白话敕令，将收入刘坚先生等主编的《汉语语法史资料汇编》第三卷，目前尚不大见国内学者作为语言资料加以利用。

《皇明诏令》共二十一卷，收录自明太祖朱元璋登基直到嘉靖十八年明朝各代皇帝的敕书诏令。其中以洪武年间的各色诏令为最多，如《登极诏》《建北京诏》《大赦天下诏》《求贤诏》等，这些诏令系国家法典，率用文言公文体写成。但是，除了这些公文体的法令之外，也有一些谈话记录式的敕令，采用了当时生动活泼的口语，跟上述敕令风格迥异。其中以卷三洪武年间的《戒谕武臣敕》《谕武臣恤军敕》《戒谕管军官敕》《御制军人护身敕》，以及卷五永乐七年的《谕天下武臣敕》、卷二十一嘉靖十八年的《宣谕承天府百姓》等等口语程度为高。

我们见到的本子是明嘉靖二十七年浙江布政司刊本，该书藏于日本国立文书馆内阁文库，未著编纂人；台湾成文书局据此本影印的《皇明诏令》四册标明编纂者为明·傅凤翔。此外，我们还见到一朝鲜活字排印本，刊本年代不详，藏于日本京都大学人文科学研究所附属东洋学文献中心，内容与嘉靖本几全同，偶有可补正嘉靖本讹误之处，但标题有不少跟嘉靖本不同。比如嘉靖本卷三洪武二十一年六月的《戒谕武臣敕》，朝鲜本作《谕武臣保身敕》；嘉靖本的《谕武臣恤军敕》，朝鲜本作《谕武臣抚恤军人敕》；再有嘉靖本的《戒谕管军官敕》，朝鲜本作《武士训戒录》等。

这些敕令之所以通篇用白话写成，当与宣谕的对象和敕令的内容有关。从宣谕的对象来看，多是武臣和百姓，他们当中有的文化不高，有些则目不识丁，如用文言不易达到晓谕的目的。正如嘉靖皇帝所说："我也不能深文，这等与你每说，以便那不知文理者教他便省的。"从敕令的内容来看，绝大多数是告诫军官爱护士兵，尽忠为国的，用语录的形式作为敕令，更有警戒、震吓的作用。比如在《谕武臣恤军敕》里，朱元璋直陈军士们的苦难："使臣每从北平来，见军每十月里亲自手里拿着绳索似牛马一般拽车往山里去，与头目每打柴烧炭。身上穿的都是破衣，大风起，冷了行不得去。见使臣每过呵，那军每撇下绳头望着京师啼哭。"他反复晓谕军官："军是自己的威风"，应像"自家兄弟儿女一般爱惜他一些儿，不苦着"，否则，"害人若利害呵，朝廷也那治得你许多，那得不宥！神天看着，若不回心转意呵，这等不足道的，凶祸迟疾好歹有！"显然，记录皇帝原话的敕令更能直接、鲜明地传达皇上的旨意，使闻之者有亲受耳提面命之感。

《皇明诏令》里的白话部分计有一万余字，最早为洪武十五年（公元1382年）的《戒谕诸司修职敕》，最晚是嘉靖十八年（1539年）的《宣谕承天府百姓》，相隔一百五十多年。但嘉靖年间的白话敕令极少，篇幅也短，故难以看出它跟明初的几篇在语言上的差别。《皇明诏令》是明人编、明代刻，可以作为时代确定的可靠资料使用，从中我们可以窥见明初口语的一些真实面貌。把这本书跟其他明代的口语资料对照、比较使用，对于研究明代的语言无疑是十分有益的。下面大略介绍一下该书里的白话敕令在语言上的主要特点。

1 名词、代词复数词尾均用"每"字,未见"门、们"等其他字形。如"百姓每""军官每""老官人每""你每""他每"等。

2 "恁"表示第二人称复数,与"你每"并行使用。如:

> 军是恁武官的血脉,一声出征呵,也便与你做手足。向前厮杀要军辅助,恁有病呵,要军照应恁。恁平日能抚恤,有事时军也肯与恁尽心出气力。(5.12,卷数.页数,下同)。

但有时也用"每"表示第二人称复数,如:

> 不许恁每隐占在家作生活。(5.22b)

就是说,一般是以"恁"表示复数("恁"是"你"+"每"的合音),但使用中不十分严格,也有添加蛇足的现象。

3 假设语气助词用"呵"不用"时";句末语气词用"里"不用"哩""呢"。如:

> 军有苦呵,应当奏的奏。(3.14a)
> 你的本身儿男家眷看着军请俸禄里。(3.14a)

4 "喫"做被动介词用。如:

> 安从进见官军来的猛,料然不济事,自家把火烧死了,妻子都喫杀了。(3.44b)
> 他手下将是白奉进,便发军反,喫指挥使芦顺拿住,送到京城

里斩了。(同上)

下例的"讫"字难属上句,似也表被动:

> (王君廓)要反到达达地面里去,讫那种田的百姓认得是他,拏将来杀了。(3.43b)

"喫"做被动介词用,在元明时期的白话文献中多见,如《水浒传》《元曲选》《金瓶梅》等,字又作"吃、乞"。但是在这些资料里都是主要用"被"做被动介词,"喫(吃、乞)"虽与"被"平行使用,所占比例甚小。看来,"被"是通用词,而"喫"是更具方言和口语色彩的词。

《水浒传》和《金瓶梅》里的介词"喫"有时不能直接对译为"被",而是转用于表示原因,可对译为"因、因为",如:

> 自从嫁得你哥哥,吃他忒善了,被人欺负,清河县里住不得,搬来这里。(水浒传,24回)

> 此位小姐五官端正……必益夫而得禄,三九定然封赠。但乞了这左眼大,早年剋父;右眼小,周岁剋娘。(金瓶梅,29回)

《皇明诏令》里也有一例可以视为此种用法:

> 这等官人家父母妻子怎么知道他每家做官这等无人心凶恶?放出来这个,不有天灾必有人祸。他家吃的俸粮都是军身上来的,喫那般也消受不得。(3.17a)

"喫那般"即"因那般(凶恶无人心)"之意。

5　副词"都"用法丰富。

　　官将那苦楚的日期都忘了，没人情的害军，我都说了多少言语都叫不醒。(3.12b)

此句用了三个"都"字，第一个为"完全"义，表示程度之甚，较常见。后两个"都"互相呼应，"都……都……"表示达到极大限度仍然无效，相当于现代汉语的"都……还……"，这种用法在此以前的文献里很少见有。

6　反复问句的句中词为"也"。

　　便似种了田不耨锄一般，这等庄家要饱饭喫有也无？(3.13a)
　　似这等般呵，你长远得也长远不得(3.14a)

7　形容词做状语不用重叠式。

　　只见赵宣子齐整穿了朝服要出朝去。(3.39b)
　　连他家小房族及他的党，干净都杀了。(3.44a)

8　程度副词"十分"在动词之前，一般不直接放在被修饰的形容词之前。如：

　　爱惜军士，十分抚恤的好，众人肯与出气力。(3.45a)
　　都要十分与国尽心尽力。(5.21a)
　　守御边塞的十分要用心勤谨。(5.21b)

但也有直接置于形容词之前的，如：

窘高祖十分利害。(3.41b)

9　助词"得"="了",助词"了"="得"。

> 如那总旗做百户,百户做千户,也都离了军身有得几年。(3.12b)
> 身上穿的都是破衣,大风起,冷了行不得去。(3.17a)

第一例的"有得几年"相当于"有了几年",第二例的"冷了行不得去"相当于"冷得行不得去",可见当时助词"得"和"了"可通用。这种通用现象在现代南方(主要是江浙地区)作家的作品里仍然可见,先看"得"用如"了"的例子:

> 做和尚做得几年了?(郁达夫小说集,下册,768页)
> 到得下午,忽然睁开眼叫一了声"妈!"(鲁迅,药)

再看动词跟补语间不用"得"而用"了"的例子:

> 走了太远了,我们回去吧。(郁达夫小说集,上册,70页)
> 这一学期里看课外的书看了太多,把学校里的课本丢开……。(又,400页)

(以上四例引自上条纪昭《郁达夫小说语汇札记(1)》一文,载日本《中国语研究》杂志1987年春季号。)

10　"相"字类似动词前缀。

"相"字本为"两相"之辞,古代又有偏指一方的用法,可偏指第一、二、三身代词(以偏指第二身代词最为常见),此为文言之通例,吕叔湘先生《相字偏指释例》一文论之甚详（见《汉语语法论文集》增订本 103—115 页）。吕先生又指出宋元以来"相"字已渐失其指代作用。"仅为无特殊意义之动词前加成分"，如：

> 免不得买些酒相待他们。（京本通俗小说，12.7）
> 相烦押司便行此事。（水浒传，18.24）

今检《皇明诏令》，也有类似用法：

> 他的母亲说道："国家相待你的恩十分厚，你如何做这等的事！"（3.44a）

这种用法的"相"字几乎都出现在单音节动词的前边，只起把单音节调节为双音节的作用，可看作动词前缀。

11 "坐地（的）"意义不一。

通常把"坐地""立地""卧地"等词中的"～地"看作表示动态的助词"着"，事实上在不同的上下文中其语法意义并不完全相同，即以《皇明诏令》为例：

> 号令军士挑水满池作水阁，其耿良于内坐地。（3.16a）
> 盼望要一个热炕卧的，着过冬。（3.16b）
> 只见赵宣子齐整穿了朝服要出朝去，看天色尚早，端坐的堂上，十分恭敬。（3.39b）

第一例"坐地"的"～地"相当于助词"着"，表示动作的状态。第二例"卧的"的"～的"不能对译为"着"，"卧的"义同于"卧"，"～的"相当于动词词尾。第三例"端坐的堂上"的"～的"字后边有处所状语,它相当于介词"在、于"。这个"的"应是来源于古代的处所介词"著":

> 长文尚小,载著车中……文若亦小,坐著膝前。(世说新语·德行)

试比较"端坐的堂上"跟"坐著膝前",其句法词性皆同,可知"坐的"即"坐著","的(著)"为处所介词。

12 "才"字用作假设句或条件句的连词。

> 才有一等军受不过许多苦楚,迟慢不应答些儿,那不足道、无人心的指挥、千户、百户、卫所、镇抚,不知是军自己的威风气力,一个个把做仇人看了。(3.13b)

此言如果有军士怠慢些,当官的就以仇人相看。

> 一等有父母在堂者,才调出征,虽至孝不得奉养。(3.46a)

此例是条件句加纵予句,其连词相当于"只要……即使……也……"。"才调出征"犹言"只要被调出征"。类似的用法宋儒语录里已多见,如:

> 天地人只一道也,才通其一,则余皆通。(二程语录,卷11)
> 今人不知此理,才有水旱,便去庙中祈祷。(又,卷14)

13 表示劝止用"休",未见用"别"字。
明代中叶的白话小说《金瓶梅词话》中已多处出现表示劝止或禁

止的副词"别""别要":

> 且别教他往后边去。(42回)
> 爹也别要恼,我说与爹个门路儿。(68回)
> 李三,你且别要许他,等我门外讨银子出来和你说话去。(51回)

但是在《皇明诏令》里还没有出现劝止的"别"字。

以上对《皇明诏令》里白话敕令的语言特点作了简略的介绍,也只是举例性质的,不过想借此引起研究者们对这份资料的兴趣。

原载《语文研究》1988年第3期

《燕京妇语》所反映的清末北京话特色

一

《燕京妇语》是清末以日本女性为对象的汉语会话课本,日本早稻田大学的鳟泽彰夫先生架藏该书的抄本,1992年9月日本好文出版社出版了经鳟泽先生整理后的排印本,此书遂得以披布于世。[①] 排印本依次由扉页书影、汉语正文篇、日语译文篇、封面题记篇、解说和跋六个部分组成,其中的《解说》就是鳟泽先生发表在《中国文学研究》[②] 杂志第17期(1991年12月)上的"女性中国语教育和《燕京妇语》"一文修改后而成的。据《解说》和排印本扉页书影知道,原书抄本封面中央竖题"燕京妇语"四个大字,右边题"丙午岁在青原山",左下方题"总译北边白血";抄本共两册,66页,全用墨笔竖写;一页之内分上下两段,上段为汉语原文,下段为北边氏配上的日语译文。也就是说,排印本把抄本放在每页下半段的日语译文一并汇总,放在整个汉语原文的后边,这是跟原本体制不同的地方。

《燕京妇语》(以下简称《妇语》)的原著者不详,译者北边白血的生平也不得而知,鳟泽先生据北边氏所译日文的特点,推测他可能是日本富山、新潟、庄内一带的人。封面右方所题"丙午岁在青原山",应是抄本抄写的年代和地点。据第11课课文里记述了日军占领奉天、铁岭的事件(占领奉天在1905年3月10日,占领铁岭在同年3月16日),

鳟泽先生推定这个"丙午岁"应是翌年1906年。我们认为这个判断是可信的。也就是说，原书抄于1906年，其编著时间应早于或不晚于1906年。至于抄写地点青原山，鳟泽先生查《大清一统志》在江西省吉安市东南。[③]

《妇语》共有22课，分上下两册，上册为1—12课，下册为13—22课。第1—3课的内容是邻人妇女（或男子与妇女）早、午、晚相遇时互相问候、闲聊的对话；第4课、第7—11课是中外人士在初会、贺年、送行、接风、宴会等场合的对话（所谓"中"，指满族旗人；所谓"外"，限于日本人）；第5、12、13课是亲戚、朋友间探访、贺寿、贺升迁时的对话；第14—22课分别是买布、作衣、种花、买花、扫除、租房以及召裁缝匠、首饰匠、翠花匠等作衣、制簪钗、修理钿子时的对话。课文内容十分丰富、具体，包括了妇女日常生活的各个方面。每一课出场的人物不等，少则二人，多至十九人，通常为三四个人，五六个人。从出场人物的身份来看，无论男女，主要人物都是满族旗人（只有一部分下等人是非旗人），而且他们大多数都是跟清廷关系密切的贵族、官吏。因此可以说，《妇语》是以有一定身份地位的京城满族旗人妇女的日常生活为题材而编写的。而且，从书中出场的外国人都是日本人来看，它又是专为日本女性编写的。

二

《燕京妇语》在资料上的价值是多方面的，它不仅为了解清末北京的社会生活、风俗人情提供了一幅幅生动具体的画面，更为珍贵的是，它的语言十分生活化、口语化，是当时当地活生生的语言的真实记录，这对于研究北京话的历史提供了一份十分难得的资料。本文拟采取比较的方法，从语音、语法两方面观察和讨论《妇语》的语言特色。即，一是以《妇语》为基点，上跟比《妇语》早约四五十年的《儿女英雄传》[4]作对比，下跟距《妇语》八十多年的现在的北京话作对比，从三者的异同中观察北京话在最近一百二三十年中的发展和变化。二是拿跟《妇语》时代完全相同的用北京话写作的小说《小额》[5]作参照，用来印证《妇语》所记录的语言的真实性、可靠性，并从两书语言的某些不同来认识《妇语》语言的特殊性。

（一）语音

作为会话书的《妇语》，可以说比清代任何一部白话小说的口语化程度都高，虽然由于汉字不是拼音文字，我们不可能对当时的实际读音一目了然，但是仍能透过文字记录捕捉到当时口语中一些词语的实际读音和音变现象。

（1）满族旗人的特殊读音

克 满族旗人经常把"去"读成kè，《妇语》中用"克"字记录这个音，共出现九十二次。"克"既用作一般动词，也用作趋向动词，例如：

A 请安克（4.18.70）[6]｜上学克（1.9.6）｜瞧瞧克（14.81.158）

B 过克（12.61.187）｜回克（12.64.244）｜落下克（17.94.30）｜唱过头一个戏克（12.57.121）｜送了克了（12.50.9）

C 您家克了（22.120.121）

C式是一种特殊用法，"家"表示动作的目的地，现在北京话仍有类似说法："下雨了，快家走吧！"A式为连动式，第一动词（或动词短语）是"克"的目的，未见"克"做第一动词的例子。B式是动补式，"克"总是充当补语，也不做第一动词。以上无论哪种用法，"克"总是处在句尾，为弱读音节。在《妇语》中旗人"克""去"并用，据《解说》统计，旗人与旗人的对话中，"克"八十一次，"去"三十四次；旗人跟日本人的对话中,"克"四次,"去"十三次;旗人对非旗人的对话中,"克"六次,"去"九次;仆人的话语中,"去"二十四次,"克"仅一次,还是传达女主人的命令时使用的。这就表明,"克"是满族旗人的特殊读音,外国人和非旗人一般不把"去"读作"克"。《儿女英雄传》中未见"去"读作"克"音的记录,《小额》中只见九例(据太田氏《索引》)。

和 第12课《亲友男妇贺寿》甲:我记得武戏唱的是蟠桃会,您和记得唱什么戏不记得了?乙:啊,我想起来了,还唱三进士来着哪。(54页)甲句里的"和"字,据内容应是"还"字之误。这个别字透露出在当时旗人口语中"和"有一种读音跟"还"字相同或相近。据孙德金(1989)调查,现在北京西郊火器营满人读"和"为阳平的[xan](谁和谁呀)与去声的[xan](和臭豆腐似的),其中阳平一读跟副词"还"比较接近。从"还"字写作"和"字,我们可以推测《妇语》时代旗人口语里"和"已有阳平[xan]的读音。⑦在语言资料中,别字往往有其特别的价值,可以使我们窥见口语中的实际读音。

(2)弱读音变现象

《妇语》里有些词语的写法反映出当时口语里的弱读音变现象:

多儿钱 《妇语》中"多儿钱"凡八例,都是问"多少钱"的意思。如:您给多儿钱呢(14.73.24 丁)|一共多儿钱(18.101.59 乙)|要多儿钱房钱呢(22.117.59 丙)。《小额》中有两例:矇了多儿钱(82页)|配一料多儿钱(110页)。"多少钱"说快时,处于中间音节的"少"弱读,又由于其声母 sh- 有卷舌动作,所以就音变为 er。

知得 "您不知得,给偺们姑奶奶打的那一根扁方儿打的有多糙哇!"(19.104.39 丁)"知得"即"知道"。"道"之所以被写作"得",有可能是"道"[dau]字弱读后,韵尾-u 脱落,主要元音 a 变为ə,这样就跟"得"[də](轻音)同音了。但是,据孙德金(1989)对现在北京火器营满人轻声音节的调查（见 2.6.2 节）情况是：

  知道 tʂʅ^{55}dau^{20} → tʂʅ^{55}dəu^{20}

  认得 zən^{51}dɤ^{10} → zən^{51}dəu^{10}

就是说，"道"和"得"的弱读音都是dəu，所以可以用"得"代"道"。

（3）数词+个

 俩 现在北京话中"两个"合音为"俩"（liǎ），"三个"合音用"仨"（sā）。《妇语》在表示"两个"的场合大多用"俩"，如：我们俩（14.73.21）| 娘儿俩（15.87.49）| 哥儿俩（22.115.43）| 俩院（22.116.52），但也有写作"两"的，如：您多赏我两钱儿（16.89.16）| 丙：短了俩珠子。甲：给您，这两珠子在这儿哪（21.111.28.29），可以断定，上面写作"两"的地方，实际上的读音是 liǎ（俩），这从末例（21课）前用"俩"后用"两"看得很清楚。

 三（仨） 《妇语》中未见"仨"字，有些写作"三"的地方，实际是"三个"的意思。如：

  27 中：您这一荡回国得多喒回来呀？
  28 外：得去三月才能回来哪。（8.34）

翻排者注：原抄本在"三"字下抹去了"个"字。这个注很重要，它说明口语中不说"三个月"而只说两个音节，"三"的实际读音应为 sā，这从《小额》一书中可以得到印证：

  你别这们你我他三（萨平声）的（22页12行）

可见书面上的"三"，当它的意思是"三个"时，口语里读作 sā，当时还没有用"仨"来标写它。用"仨"标写"三个"要比用"俩"标写"两个"

晚。"俩",本有其字。《集韵》时代已见,只用在"伎俩"一词中,故被借来标记"两个"的合音 liǎ。"仨"字本无其字,恐是后来受"俩"字启发而仿造出来的字。"仨"字最早见于何处还不清楚。

十分有趣的是,《妇语》中"四个""五个""六个"分别用"四啊""五哇""六哇"来标写,不像"两个"和"三个"已合为一个音节。

四啊 第9课有"四啊月",第12课"四啊字"凡四见。"四啊"应是"四个"的连读音变,即"个"字弱读后发音跟"啊"相近,具体读什么音不得而知。现在北京话"四个"的合音为 sè,写作"䴛"(见陈刚《北京方言词典》)这是跟《妇语》时代不相同的。

"五个"连读音变为"五哇",《妇语》第14课凡两见:你再多给他五哇大罢(14.75.58)|合钱加底子是三拾二吊四百七拾五哇(14.80.147)。"五哇大"的"大"为大钱,大子儿,是当时流通的当二十文的铜钱。第二例"五哇"后面不带中心语。

"六个"连读音变为"六哇",《妇语》第11课有两例,34 戊:有几个缺呀? 35 乙:有六哇缺。(44 页)| 93 乙:有几位呀? 94 戊:六哇人。(48 页)

"五哇""六哇"的"哇"的实际读音,可以参考孙德金的调查,现在北京火器营满人口语里"五个"连读音变为:$u^{214}gə^{40} \rightarrow u^{214}uə^{40}$(见2.6.1)即"个"字弱读,声母 g- 脱落,其韵母 -ə 跟前一音节的单元音韵母结合(通常跟前一音节的韵尾结合),据此类推,"六哇"的"哇"的读音也是 $uə^{40}$($liu^{51}gə^{40} \rightarrow liu^{51}uə^{40}$)。

《儿女英雄传》第七回有"五哇"的例子:"他们爷儿五哇。"此外第三十三回有个"几呀",可能是"几个"的连读音变:

等着,偺多早晚置他两张机,几呀纺车子。

即：tɕi²¹⁴gə⁴⁰（几个）→tɕi²¹⁴iə⁴⁰（几呀）。有人把"几呀纺车子"的"呀"看作"架"的误字，我们认为"几架"的"架"不是轻声音节，跟"呀"的读音相差较大，字形也不相近，把它看作是"四啊""五哇"的"啊""哇"的同类更为合理。

（4）减音现象

两个音节缩合为一个音节时，容易发生脱音现象，如上面谈到的"俩""三""四啊""五哇""六哇"。"俩"和"三"不仅脱落了第二个音节gə，而且连第一个音节的韵尾-ŋ、-n也脱落了。"四啊""五哇""六哇"只脱落了后一音节的声母g-。

另一种减音现象是由于说话速度快，其中的弱读音节就脱落掉了。

也不是

我们姑娘他们去的那一天，也不是那一个大人宅里的太太们还去了哪。（6.26.20 乙）

啊，鏊的他们说是一副对字，也不是甚么字。（6.28.42 乙）

《小额》中有三例：您也不是吃饱啦没有（12 页）| 他手下的也不是那一个狗腿子，楞给人家堂客一个耳瓜子（16 页）| 也不是吃了早饭没有（53 页）。以上例子中的"也不是"应是"也不知是"脱落了"知"而成，"知"与"是"声母都是卷舌音，韵母又相同，在快速语流中容易脱落其一。《儿女英雄传》中未见"也不是"，却有"也不知是"：

叫做什么"汪芝麻胡同"也不知是"贺芝麻胡同"。（24 回）

可见"也不是"的完整形式是"也不知是"。

"也不是"说快了，进而又脱落了"是"字，变成"也不"，《妇语》里

未见,但《小额》里有三例:吃完了药,也不怎么就睡着啦(101页)|您大侄儿也不怎么给府里写的信(39页)|也不都是谁的钱,怎么挣来的(13页)。这个"也不"有可能是"也不是"的进一步减缩,即:也不知是→也不是→也不,但也有可能是从"也不知"减缩而来的。现在北京话中仍说"也不是"和"也不",而且"也不"可以儿化。此类音节脱落现象在北京话口语中比较常见,如把"可惜了儿"减音为"可了儿",《小额》中也有其例:

冯先生说可了儿你,唉,你还要吃这个呢。(60页12行)

哼,可了儿花啦这些钱,念了好几年的书,连个药味都写不上来。(99页)

陈刚《北京方言词典》里还记录了其他一些减音现象,如"不差么儿"是"不差什么"的减音,"回呆儿"是"回头呆一会儿"的减音等等。可以说,多音节词语快读时往往发生减音现象是北京话口语的一个特点。

(5)合音词的羡余成分

多喒晚儿 这喒晚儿 询问时间的"早晚"到了元代说"多早晚",表示时间的早晚自元代开始有"这早晚"的说法。"早晚"合音为"喒"(字又作"偺""咱"),故又有"多喒""这喒""那喒"等说法。但是,《金瓶梅词话》里除了上述形式外,又有"多咱晚""这咱晚",例如:爹去吃酒,到多咱晚来家?(44.1下)|这咱晚武大还未见出门,待老身往他家,推借瓢看一看。(4.3下)

《妇语》里"多喒"跟"多喒晚儿"并用,如:

他得多喒才能明白呢(5.21.40乙)

王爷得多喒晚儿回来呀(10.40.23)

"这早晚"跟"这喒晚儿"并用：

今儿个怎么这早晚还没回来呀（3.13.15）
你怎么这喒晚儿才来呀（11.46.73）

很显然"多喒晚儿"跟"多喒"同义，"这喒晚儿"跟"这早晚"同义。既然"喒"已经是"早晚"的合音，为什么又多出一个"晚"来呢？最初"多早晚""这早晚"连读发生了音变现象，即"早"的声母 ts- 跟后续音节"晚"的韵母 -an 缩合为一个新的音节 tsan。当人们心知 tsan 是"早晚"的合音时，就说"多喒"或"这喒"；当人们习惯于原词语的三音节时，口头上就说成"多喒晚""这喒晚"，"晚"就成了"多喒"和"这喒"在语音上的羡余成分。类似的情况并不少见，如北京话里"不用"合音为"甭"，但今天北京话同时使用"甭用"（见陈刚书 17 页上），"用"就是合音词"甭"的羡余成分。造成合音词羡余成分的原因主要是人们在音节上的习惯势力。现代又有了"如今晚儿"的说法（老舍《龙须沟》：如今晚儿姑娘们都自个儿找对象了），这也是由于习惯说三音节而仿造出来的。这个用在"多喒""这喒""如今"等时间词后面的"晚儿"，相当于时间词的后缀。

（二）语法

（1）您　您纳（您了）《妇语》中单数第二人称代词的敬称式有"您""您纳"，此外还有一个身份不明的"您了"，其中"您"使用最为普遍。下面各举一例：

二姐您喝了茶了？（1.9.1 甲）
唉，可真是难为您纳呀！（5.23.78 甲）
辰：您怎么不喫了？未：我偏您了。（16.63.215、216）

据吕叔湘先生考察,《红楼梦》《三侠五义》《儿女英雄传》这些书里边没有"您"字;直到《老残游记》(1906)才第一次著录这个字儿,可是不写作"您"而写作"儜"。(见《近代汉语指代词》1.4.2 节)例如:今日总算"他乡遇故知",儜也该做首诗,我们拜读拜读。(12.18)|墨得了,儜写罢。(12.18)跟《妇语》的"您纳"相对应,《老残游记》里写作"儜能",例如:"儜能这们高兴,想必抚台那里送信的人回头了吗?"(17.7)《老残游记》跟《燕京妇语》的时代完全相同,可是用字一作"儜",一作"您",说明在 20 世纪初这个词儿还没有固定的书写形式。吕先生说:"也许刘鹗根本不知道过去有过'您'字,也许他知道有这个字,但同时又知道这个字在现代方言里读 nen,这才造了个'儜'字。'儜'音 niŋ,标音不正确,但是音 nin 的汉字原来一个也没有,无可假借。"(同上,注⑩)南方人 -n-ŋ 不分,可北京人这两个韵尾绝不相混,因此,"儜"字不可能在北京使用开来。跟《妇语》时代相同的《小额》里也用"您"字作敬称词(但未见"您纳""您了"),这说明 20 世纪初,"您"字在北京地区已被选用为单数第二人称代词礼貌式的用字。《妇语》和《小额》是迄今所知"您"字用作敬称代词的最早资料,十分值得重视,它对探明这个词语的来源提供了新的线索。

《妇语》中"您"主要用于辈分、身份、地位等比说话人高的场合,也可以用于辈分、身份、地位等相同或相近的人之间,这跟现在的北京话相同;但是值得注意的是,《妇语》中"您"也可以用于长辈对下辈。比如第 5 课《戚属探望》,一个女孩子(甲)回姥姥家探望,她的姥姥(乙)和舅母(丙)跟她讲话时都称"您":

甲:舅母您吃啊!丙:您吃罢。(5.19)

甲:哦,姥姥喝茶呀! 乙:您喝罢。(5.19)

甲:我不坐着了。乙:您忙甚么的,多坐会儿(5.24)

第2课《邻人妇女夕遇》，出场的人物是两个妇女，其中一个（女）称另一个（妇）为"大大"（即伯母、大妈）：

妇：您上这院里来瞧来罢！女：哦，明儿去。
妇：您啊（阿）妈回来了么？女：没回来哪！（3.12）

由上来看，不仅非亲属关系的妇女之间长辈可对下辈用"您"，就连有亲属关系的长辈对下辈也可以用"您"，这是跟现代北京话不相同的地方。从敬称代词"您"的最初用法来看，"您"不大可能是"你老人家"的合音，更可能是"你们"的合音，用复数表敬，是许多语言共有的现象。

您纳 《妇语》中"您纳"共出现十六次，其用法是：

a. 用在句末，打招呼或应答时用，可称为后置呼语：好哇您纳（18.98.6）|我回去了您纳（18.101.62）|（谁呀？）我呀您纳（22.118.78）

b. 做宾语，出现在句末：可真难为您纳呀（5.23.78）|破费您纳（12.56.97）|给您纳（12.60.168）|谢谢您纳（12.60.169）|我告诉您纳（16.89.14）|我有件事情要求求您纳（22.113.3）

c. 做宾语，用在句中：给您纳担（掸）干净了（21.110.20）

未见"您纳"做主语的例子；而且也未见"您纳"用在长辈对下辈的场合。

您了 《妇语》中"您了"共出现五次，都用在动词"偏"（表示先用或已用过茶饭的客套话）的后面：辰：您怎么不喫了？未：我偏您了。（12.63.215、216）|丑：您就菜吃啊！辰：我偏您了。您慢慢儿吃。丑：我也偏您了。（12.63.220、221、222）|甲：啊，你们早吃了饭了？癸：早偏过您了。（14.76.81、82）

"偏您了""偏过您了"的"了"应为完成态助词，"您"为"偏了"

的插入语。但也有可能"您了"为后置呼语,"了"是语气助词,目前还不能肯定。

(2)傸 "傸"是跟"您"平行的单数第三人称代词礼貌式,《国音常用字表》(1930)里首次著录。《妇语》里"傸"字使用频繁,但《小额》里仍写作"他",只是在后边加注"音贪"。如:秃儿叫他(音贪,北京称尊长之声)也没理(10页)|他(音贪)的官事忙(23页)|他(音贪)没在家(28页)。比《妇语》晚出近三十年的《白话聊斋》(1932—1934北京实事白话报连载)里写作"他",注作音"摊"或"贪"。因此,就目前所知,《妇语》是最早用"傸"字标写单数第三人称礼貌式的资料。

《妇语》中"傸"主要用于敬称长辈,但也可以敬称平辈。例如:

甲(孙女):我姥爷傸这一程子倒硬朗啊?
乙(外婆):傸前几天有一点儿咳嗽,这两天好了。(5.23.80、81)

这里外婆称自己的老伴为"傸"。

乙:等着我大兄弟回来,您替我说,让傸听信儿。(22.114.26)

这里是平辈男子之间敬称"傸"。

在现代北京话里,"傸"的使用远不如"您"普通,农村比城市多用,老人比年轻人多用。另据陈刚《北京方言词典》记载,"傸"除做第三人称敬称之外,还可以表示复数,相当于"他们",但又注明只限于郊区。《妇语》里"傸"共出现四十三次,却没有一例是表示复数的。

傸纳 跟"您"又有"您纳"一样,"傸"也有"傸纳",但只见一例,出现在第5课:

乙：姑娘，连我劝您纳，您还不听哪！（5.23.86）

这里是外婆称外公为"您纳"。同一句话里既用"您纳"，又用"您"，"您纳"做宾语，"您"做主语。由于例子太少，我们无法断定"您"和"您纳"在用法上是否存在着分工，但参考"您纳"也未见做主语的情况来看，或许存在着"您""您"可兼做主语、宾语，而"您纳""您纳"一般只做宾语的倾向。

在《妇语》之外，目前我们还没有看到"您纳""您纳"的例子，这两个形式对于进一步考察"您"和"您"的来源提供了新的信息，仅从这一点也可以看出《妇语》对研究北京话历史的重要价值。

（3）V+的+N（方位、处所）

《妇语》中有动词后面跟一个"的"，再跟一表示方位或处所的名词补语的用法，这个"的"相当于介词"在"。例如：

第16课 ｛ 12乙：太太，今年这个江西腊可别种的树底下了。
　　　　 13甲：对了，种的树底下不爱长。（89页）

第20课 ｛ 19丙：您说要甚么样儿的，明儿我给您带来罢。
　　　　 20乙：我要丁香和海棠攒的一块儿大点儿的。（107页）

第6课 ｛ 07甲：他们住营子里他姨儿那儿了？
　　　 08乙：住的他姨儿那儿了。（25页）

第19课 ｛ 53乙：那么得了给送来，两样儿开一个账单儿罢。
　　　　 54丙：喳！我都给您开的一块儿罢。（105页）

第6课　48乙：他们洗衣裳洗得了就晒的那河边儿草地上。

第12课　42甲：搁的这儿罢！（52页）

以上"V的"的"的"都可以释作"在"。试比较：种在西南上

（16.88.7）|搁在西屋里（16.91.44）|收在那儿了（16.90.41）。从动词本身的意义和上下文看，"种、攒、住、开、晒、搁"等都没有移动义，是表示一种静止的状态。《小额》中也有"V+的+N"的格式，但动词有表静态和表动态两类。表静态一类跟《妇语》一样，"的"相当于介词"在"。如：

拉着孩子，跕（站）的门洞儿里头往外偷着瞧去啦（21—4）|小额才要交待两句，锁链已竟套的脖子上啦（37—13）|我们傻瓜是的，还坐的那儿听呢（44—5）

但是，当动词有移动义时，"V的"的"的"就相当于介词"到"。如：

送的车上去啦（121—13）|说的这儿，大夥儿也都乐啦（9—3）|我们不定闹的那儿去哪（30—4）|可卖的冈子上啦（82—1）

这个视动词的意义及语境而分别相当于介词"在"和"到"的"的"来历是什么呢？陈刚先生怀疑它源自"到"（见《北京方言词典》59页），我们则认为它是"著"的轻读音变，详见《"动词+X+地点词"句型中介词"的"探源》（《古汉语研究》1994年第4期）。

（4）这/那一个+N

现代北京话里，当数量名结构前有指代词、数词为"一"时，"一"通常都省略不用。但是《燕京妇语》通常不省略"一"，使我们在听觉上感到跟现在的北京话不一样。例如：

这一个武旦儿是朱四十儿（12.64.229乙）|那一个老旦是周长顺（同231乙）|这一位大姐，他们那儿是为甚么打起来了

（14.81.161 甲）| 这一个您交给我个人作罢（14.83.202 乙）| 韩妈，你把那一个凳子搬过来（21.110.18 甲）| 给你这一个钿盒（21.110.19 甲）| 这一个瓣的翠掉下来了（21.111.24 丙）| 这一个胜仗得了俄国的军署粮草很多了（11.45.44 戊）

以上诸例在现在北京话口语里都省去"一"，检查《小额》《儿女英雄传》以及更早的《红楼梦》诸书，通常也不加"一"字。为什么单单《妇语》特别呢？

现在北京话口语里，"这"有 zhè zhèi 两读；"那"有 nà nè nèi 三读。当"这""那"单用或后面直接跟名词时，"这"说 zhè，"那"说 nà 或 nè；但是当"这/那"后面跟量词、数量词时则说 zhèi/nèi。口语音 zhèi nèi 分别是"这一""那一"的合音。《小额》等书虽然省去了"一"，但其实际读音应为 zhèi 或 nèi。《妇语》不省略"一"应是作者认为 zhèi 与 zhè、nèi 与 nà 读音不同，不宜用 zhèi 标写"这"、用 nèi 标写"那"，所以就用"这一"和"那一"来表示合音之后的读音 zhèi 和 nèi。

（5）形+着的呢

《妇语》中常见形容词或类似形容词的短语后面加"着的呢"，表示程度深，含有夸张意味的用法。例如：

a. 单音节形容词+"着的呢"

闹着的呢（3.13.24）| 忙着的呢（5.23.75）| 省着的呢（5.23.77）| 费着的呢（5.23.77）| 慢着的呢（15.87.38）| 早着的呢（13.71.70）| 细着的呢（6.26.17）| 大着的呢（6.26.24）| 好着的呢（6.27.29）| 甜着的呢（6.27.31）| 多着的呢（6.28.45）

b. 双音节形容词+"着的呢"

糊涂着的呢（5.21.48）|凉快着的呢（6.27.39）|实诚着的呢（13.70.60）|可恶着的呢（17.95.49）

c. 短语+"着的呢"

是啊，我阿妈疼他着的呢（5.21.47）

《小额》跟《妇语》情况一致，只不过把"的"字换成"得"字，如：早着得呢（4—8）|灵着得呢（93—6）。现在北京人口语里有时也说"形+着的呢"，但更常说的是"形+着呢"。《现代汉语词典》和《现代汉语八百词》都只收了"着呢"，而未收"着的呢"。《儿女英雄传》里"着呢"与"着的呢"并见，如：降妖捉怪的多着呢（8.111）|古怪事儿多着咧（22.356）|听说着的呢（12.172）|解闷儿着的呢（22.396）|讨人嫌着的呢（29.520）。《红楼梦》里只用"着呢"，未见"着的呢"，通观从《红楼梦》到现在北京话这段历史，可以看出"形+着呢"是常式，"形+着的呢"是变式，后者是比前者更为口语化、俚俗化的表达方式。

《妇语》中有一例貌似上面的形式而实则不是："你瞧这个坐钟摆的歪着哪"（17.94.41），其中"歪着哪"表示状态而不表示程度深，其内部结构为<u>歪着</u>哪，跟表示程度的<u>歪着（的）</u>呢不同。

（6）句末语气词"呢"的特殊用法

语气词"呢"在《妇语》里有一种特殊的用法，即用在非疑问句句末表示提醒、请求的语气。例如：

{ 12 丙：哦，外甥女儿吃烟呢。
 13 甲：哦，姥姥您吃烟呢。（5.19）

$$\begin{cases}16\ 外：……您吃点心呢。\\ 17\ 中：您吃啊。（8.33）\end{cases}$$

$$\begin{cases}18\ 外：您喝罢，您吃点心呢。\\ 19\ 中：您吃啊。（7.30）\end{cases}$$

$$\begin{cases}25\ 甲：赶明儿个上庙你给买个五六把儿就得了。\\ 26\ 乙：喳！您给我钱呢。（6.89）\end{cases}$$

$$\begin{cases}47：丁：奶奶，喀们吃饭呢。\\ 48\ 甲：吃饭来罢……（16.91）\end{cases}$$

同样的用法，《小额》里有一例，是表示请求语气的：我抽完了这口就去，你先别走呢。（57—3）同时我们注意到，这种用法的"呢"，在《妇语》中更多的是由"啊""哇""呀"承担，例如：

$$\begin{cases}15\ 甲：舅母您吃啊。\\ 16\ 丙：您吃罢。（5.19）\end{cases}$$

$$\begin{cases}16\ 外：您喝酒哇。\\ 17\ 中：您喝呀。（7.29）\end{cases}$$

　　12 外：您喝茶呀！
　　13 中：您喝呀！（8.33）

现在北京话口语里已经不用"呢"而用"啊"（呀、哇）。

（7）不及　别及　别加

　　词尾"～价"主要用在数量词、四字词组、象声象貌词的后面。"价"字在明清小说里又作"家""假""咱"等。词尾"～价"用在动词否定式后面最早见于清代的《醒世姻缘传》，如：不肯家（99回）| 不会家（30回）| 不是价（71回）| 没的家（32回）。《儿女英雄传》里又有：

不用价（21.362）|没有价（7.112）。但是，像现在北京话那样直接用在否定副词、禁止词后边单独成句的例子，就目前所见，最早出现在《妇语》中，"价"写作"及"或"加"：

$\left\{\begin{array}{l}252\ 壬：您忙甚么的，大妹妹您等着晚上再走好不好。\\ 253\ 乙：不及了，还到我们亲戚那儿哪！（12.65）\end{array}\right.$

$\left\{\begin{array}{l}72\ 乙：别忙哪，等着吃完了饭再走罢！\\ 73\ 甲：不及，等您要走的时候儿，我们还给您送行来哪。\\ 74\ 乙：别及了，您再坐坐儿罢。（13.71）\end{array}\right.$

$\left\{\begin{array}{l}106\ 乙：大大您请坐，我给您拜拜寿。\\ 107\ 癸：别及，使不得。（12.56）\end{array}\right.$

$\left\{\begin{array}{l}183\ 乙：二姐，您先让别人罢，我不忙哪。\\ 184\ 壬：别加，您几位请过来罢。（12.61）\end{array}\right.$

《小额》中只有"别加"一例："额大奶奶一听，立刻慌啦，说别加呀，……"（102—5）"不及""别及"的"及"是词尾"价"由于弱读脱落了主要元音-a而发生的音变。在老舍的《骆驼样子》中又写作"际"，如"整天际""成天际"等，也是"价"弱读音变的反映。

（8）"这个"表示夸张

19 甲：给你这一个钿盒。你瞧瞧这个土，拿担（掸）子在院里担担（掸）克。（21.110）

"这个土"不表示指示，而是极言灰尘之多。现代北京话口语中一般只有动词或形容词可以跟在"这个"之后，表示夸张语气，如：你瞧他这个气人|屋里这个脏|你瞧他这个乐。名词一般不能这样用。

三

最后，谈谈对本书编写者背景的推测。

本书内容丰富，涉及到以旗人妇女为中心的社会生活的各个方面，而且描写细致、具体，语言纯正、流畅，是地道的北京话。由此推想此书的编写者应是对旗人的生活、风俗、语言都十分了解、十分熟悉的人。另外，书中多处涉及旗人王公贵族的家庭生活，以及他们跟外国人（日本人）交往的场面，如果是毫无这种经历的人，是很难写得那么具体真切的。鉴于以上两点，我们推测《妇语》的编写者应该是有一定身份的旗人。如果再作进一步的推测，则编写者很可能是懂得日语的、在清廷外务部充任翻译官一类职务的人。

以上看法是从全书整体来说的。由于《妇语》是为日本女性编写的教科书，因此编者在内容和形式上都很可能听取了日本方面从事女性中国语教育的人士的意见。另一方面，也不能排除日本人在教学过程中，根据当时的需要，对课文内容加以增删变动的可能性（尤其是涉及中外人士往来的几课）。我们注意到第 11 课《中外显贵男妇会宴》第二节的内容有点特别。这一课从 37 乙到 58 戊（44—45 页）谈到日本兵侵占奉天、铁岭的事件。从内容上说，这讲的是眼前发生的时事，跟语言教科书内容具有通用性、相对稳定性的编写原则不一致；而且这段内容跟上下文的衔接也显得很生硬，有临时插入的痕迹。从语言上看，这一段文字艰涩，有多处不通顺、不易懂的地方，这跟全书流畅、自然、纯正的语言风格有很大差别。下面列举一段，在有问题的句子右上角标上数号，以便说明。

44 戊（某公）：我听见说，这一个胜仗得了俄国的军署粮草很多了[1]。

45 甲（日本人）：实在的是很多了[2]。

46 乙（某王）：那么得了奉天,铁岭也得了罢？

47 甲：是。可是他们俄国兵在铁岭那儿豫备打仗的事情很用力[3]，差不多儿和辽阳似的。

48 乙：啊，要是这么著，我想后来就容易打了罢[4]？

49 甲：可是那么着[5]。俄国兵他们军器枪炮甚么的也是很便利[6]，并且他们兵也能打仗，可就是不如日本兵。他们那么些个人[7]都是一个心，不往后退，都是同心协力，所以常能打胜了[8]。……

55 乙：啊。我还听见说增将军叫俄国兵给裹了去了，这话实在么？

56 甲：可是听见说有那个事[9]，增将军又回了奉天了。

这段引文有9处有问题。1、2"很多了"应去掉"了"。3 这一句不像北京话，"的事情"可删去。4 48乙这句话跟上一句在逻辑上不相接。5 "可是那么着"应改为"那是那么着"。6 "便利"应改为"好使"。"便利"是日语表达方式。7 "他们那么些个人"应改为"他们那些个人"。8 "打胜了"应去掉"了"。9 应把"有那个事"放在"可是听见说"之前。这一段话中有那么多问题，很值得怀疑是日本侵略者为宣扬武功而后加进去的内容。

综上所述，关于本书的编写者，我们初步认为：（1）不是日本人，是中国人。（2）是有一定身份的满族旗人。（3）书中有少数段落经日本人增删改动过。

附　　注

①　排印本载于日本早稻田大学文学部编辑的学术刊物《开篇》单刊第4号（好文出版社1992年9月）。

②《中国文学研究》为早稻田大学中国文学会编辑。

③ 国家语委语言文字应用研究所龚千炎先生曾到过此处，据他说青原山是佛教胜地。

④《儿女英雄传》清代旗人文康作，据太田辰夫先生考证，大约成书于同治五年到同治十一年，即公元1866—1872年间。见《儿女英雄传杂考》，载《神户外大论丛》25—3 1974年。

⑤《小额》副题《社会小说》，清末松龄著，光绪三十四年七月（1908年）刊行。最初连载于北京进化报（1906年春创刊），后来合为一册出版。1992年4月日本汲古书院出版了太田辰夫、竹内诚整理编辑的该书。全书由前言、解说、《小额》正文、校订（附正误表）、语词注解、附录、索引七部分组成，使用方便。本文写作时利用了书后的索引。

⑥ 数字依次表示课数、页数、对话序数。下同。

⑦ 副词"还"是从动词"还"虚化来的。我们推测副词"还"在读音上经历了 xuan→xan→xai 的过程。

参考文献

陈　刚　1985　《北京方言词典》，商务印书馆。
胡明扬　1987　《北京话初探》，商务印书馆。
孙德金　1992　《京西火器营满人的北京话调查》，《北京话研究》，北京燕山出版社。
太田辰夫、竹内诚　1992　《小额·解说》，汲古书院（日）。
鳟泽彰夫　1992　《燕京妇语·解说》，好文出版社（日）。
佐藤晴彦　1993　《清末北京社会的语言和风物志》，《东方》，145号，第4期。

原载《语文研究》1994年第4期、1995年第1期

《游仙窟》漫笔

唐人张鷟（字文成）所著传奇小说《游仙窟》，骈散相间，文词绮丽浮艳，焕如文锦天成。跟六朝骈文不同，作者在叙事与对话文字中不避俚俗，大量使用口语，使今人得以窥见唐时口语的一些真实面貌，颇得治汉语词汇史、语法史的语言学者们的青睐。此书唐时就已流传日本，我国反而失传，直到近世才由国人抄录传回故土。长期以来，国内一般只能看到汪辟疆收在《唐人小说》中的校录本（以下称汪本），近年又能看到刘坚（1990）以日本醍醐寺本为底本、校以日本真福寺本和庆安五年本的校录本（以下称刘本）。刘本校记颇详，更适合研究之用，但考虑到汪本流传时间早，持有此本的读者多，故本文举例仍据汪本。国人以《游仙窟》为对象进行词汇和语法研究的论文中，有两篇比较重要，一是已故郭在贻氏于80年代初发表的《〈游仙窟〉释词》，郭文释疑解惑多所发明，是研究《游仙窟》俗语词的力作；另一篇是赵金铭去年发表的《〈游仙窟〉与唐代口语语法》，赵文分实词、虚词、句法及俗语句式等四方面，对《游仙窟》的语法现象进行了比较全面的描写和研究。笔者过去不曾对《游仙窟》作过系统的研究，只有一些零星的随感，现将有关札记攒为一文，名之曰"漫笔"。

一　是"负特"不是"负持"

《游仙窟》有"负持"一词，其义为"辜负"：

余更又赠诗一首,其词曰:"……莫言长有千金面,终归变作一抄尘。生前有日但为乐,死后无春更著人。祇可倘伴一生意,何须负持百年身?"(20—21页)

汪本、刘本均作"负持",且刘本于此句下未出校记,可知醍醐寺本、真福寺本、庆安本也无异文。这首诗的大意是说人生短促,终有一死,应该倘伴一生,及时行乐。"倘伴"同"倘佯""徜徉",本为徘徊、闲游义,引申为安闲自得貌。"祇可"二句的意思是:只应悠闲自在地度过一世,何必辜负这短促的人生。从上下文判断,"负持"应释作"辜负"。但是"负持"一词除此处之外未见作"辜负"讲。《诗·小雅·小宛》:"螟蛉有子,蜾蠃负之。"汉郑玄笺:"蒲卢取桑虫之子,负持而去,煦妪养之,以成其子。"可知"负持"为"抱持"义,"负、持"为同义语素。《游仙窟》里的"负持"不能释为"抱持",只宜释作"辜负",因疑"负持"的"持"字有误,应为"特"字形近而讹。"负特"一词之义正为"辜负",请看敦煌本《李陵变文》二例:

(1)岂谓将军失利,将士徒然,负特壮心,乖为(违)本愿。(敦煌变文集,89页)

(2)丈夫失制输狂虏,负特黄(皇)天孤傅(负)土,非但无面见天王,黄泉地下羞见祖。(同上,90页)

例(1)"负特"与"乖为(违)"互文对举,例(2)"负特"与"孤傅(负)"对举,而"乖违、孤负"都是违背、亏负之义,可见"负特"也应作同样的解释。"负特壮心",意即辜负了雄心壮志;"负特黄(皇)天孤傅(负)土",意即辜负了天地。下面试从训诂和词义学的角度说明"负特"何以有"辜负"义。

"辜负"的"辜"本作"孤","辜"为"孤"的后用字。《文选·李陵答苏武书》:"陵虽孤恩,汉亦负德。"毛曰:"凡孤负之孤,当作孤,俗作辜,非。"故《李陵变文》例(2)"孤傅"的"孤"字不误。孤,《说文》云"无父也",从"无父"引申为孤单无依,从孤而无依又引申为亏负,故《集韵》平声模韵云:"孤,负也。"再来说"特"。《尚书·舜典》:"格于艺祖用特"传:"特,一牛也。"《玉篇》径用"特"释"孤":"孤,特也。"上面已说,"孤"有"亏负"义,按照同义词类同引申的规律,"特"也产生出"亏负"义是合乎常理的。也就是说,"负特"是由同义语素构成的合成词,其义为"亏负、辜负"。"负特"与"孤负"是同义词,它们有一个共同的构词语素"负",而另一个构词语素"特"和"孤"是同义语素。在《李陵变文》例(2)"负特黄(皇)天孤傅(负)土"中,正是用"负特"与"孤傅(负)"同义互文的。

"负特"经常误作"负持"。王梵志诗《沉沦三恶道》前两句:"沉沦三恶道,负持愚痴鬼。""持"字一本作"特",项楚《王梵志诗校注》(〇〇八首)据此本改,甚是。

通过以上论证,我们认为《游仙窟》里的"何须负持百年身"的"负持"实为"负特"之形误,这不仅有同时期的可靠资料敦煌写本为证,而且也能从汉语词义学的角度得到合理的解释。

二 是"點儿"不是"便點"

《游仙窟》有一处各本标点有误:

十娘笑曰:"莫相弄!且取双六局来,共少府公赌酒。"仆答曰:"下官不能赌酒,共娘子赌宿。"十娘问曰:"若为赌宿?"余答曰:"十娘输筹,则共下官卧一宿;下官输筹,则共十娘卧一宿。"十

娘笑曰："汉骑驴则胡步行,胡步行则汉骑驴;总悉输他便點。儿递换作,少府公太能生。"(25页)

今谓不当于"便點"处断句,"點"字应属下句;"點儿"不是词,"點"实为"黠"字之讹,形近致误。"黠儿"指聪慧的人,狡黠的人,似无贬义,可指小孩、少年,也可指成年人。例如:

　　齐武成帝子琅玡王,太子母弟也,生而聪慧……帝每称之曰:"此黠儿也,当有所成。"(颜氏家训·教子)
　　黠儿苦读经,发愿离浊恶。(王梵志诗二七五首)
　　宅家今括客,特敕捉浮逃;黠儿别设诮,转急且抽头。(变文集·燕子赋,263页)

从《游仙窟》这段内容来看,校作"黠儿"方与文意相吻合。少府(即张郎)要十娘跟他下棋赌宿,说是:如果十娘输了,就跟我睡一觉,如果我输了,就跟十娘睡一觉。表面上按输赢定赏罚,实则是换汤不换药,都是自己得便宜。所以十娘讥讽他的手法跟"汉骑驴则胡步行,胡步行则汉骑驴"如出一辙,不过是"黠儿递换作"的把戏罢了。

《游仙窟》中另有一处有"便點"二字相连的文句,但细观上下文,知"便點"并非一词:

　　于时砚在床头,下官因咏笔砚曰:"摧毛任便點,爱色转须磨。所以研难竟,良由水太多。"(28页)

"摧毛"句应断为"摧毛—任便—點"。"任便"为一词,犹言任其方便、任意;"摧毛"形容着笔用力,"點",指點墨写画。由此益可证"便點"不词。前面断句误作"总悉输他便點",恐怕与此处把"摧毛任便點"误读作"摧毛—任—便點"有关,所谓连类而误也。

三　妇人自称为"儿"

唐时妇女不论婚嫁与否皆可自称为"儿"("儿"相当于第一身代词),《游仙窟》中十娘(已婚)及婢女桂心(未婚)皆以"儿"或"儿等"(复数)自称。

十娘答曰:"儿是清河崔公之末孙,适弘农杨府君之长子……儿年十七,死守一夫;嫂年十九,誓不再醮。……"(21页)

十娘问曰:"笑何事?"桂心曰:"笑儿等能作音声。"(28页)

但是比十娘仅大两岁的五嫂却不以"儿"自称,而是自称"新妇":

五嫂曰:"娘子不能,新妇自取。"(25页)

五嫂因起谢曰:"……娘子安稳,新妇向房卧去也。"(31页)

"新妇"一词最初应与其字面义相当,犹言新嫁娘也,如《战国策·卫策》:"卫人迎新妇。"但是后来渐与"新"字无关,《尔雅·释亲》:"女子谓兄之妻为嫂,弟之妻为妇。"晋郭璞注:"犹今言新妇是也。"由此可知,晋时称弟媳妇为"新妇"。在六朝和唐宋文献里,"新妇"一词使用面颇广,除了父母称儿子之妻、兄嫂称弟弟之妻外,丈夫也可以面称妻子为"新妇";已婚妇女也可自称为"新妇",乃至可以泛称妇人为"新妇"。所以《游仙窟》中五嫂以"新妇"自称本不足为怪。十娘与五嫂二人为姑嫂关系,从五嫂嫁给十娘之兄的角度来看,其自称为"新妇"不亦宜乎。

女子自称为"儿"会不会跟"儿子"的"儿"相混,造成交际中的障碍呢?且看白居易的两首诗:

> 由来才命相磨折,天遣无儿欲怨谁!(酬微之)
> 常忧到老都无子,何况新生又是儿。(予与微之老而无子)

"天遣无儿"的"儿"指男孩,而"新生又是儿"的"儿"却指女孩(借女子自称为"儿"的"儿"反指女子),由于有诗题和上下文提供的信息,并未引起混乱。

古今有些方言里用"儿"和"女"指称动物的性别,如《敦煌资料》第一辑《康富盈领羊凭据两件》:"白羊女羔子陆口,白羊儿羔子一口。"有些地方称母猫为女猫,公猫为儿猫。唐·郑棨《开天传信记》记录了一则讼状,读来令人失笑:

> 又有妇人投状争猫儿,状云:"若是儿猫,即是儿猫;若不是儿猫,即不是儿猫。"

其意为:如果是公猫,就是我的猫;如果不是公猫,就不是我的猫。"儿"一指雄性动物,一是妇人自称之词,只有在这种偶然的场合才引起一定程度的交际障碍。

四 "都卢"与"都来"

《游仙窟》里"都卢"凡两见,作"统统""全都"讲:

> 五嫂曰："张郎太贪生，一箭射两垛。"十娘则谓曰："遮三不得一，觅两都卢失。"（26页）
>
> 触处寻芳树，都卢少物华。试从香处觅，正值可怜花。（29页）

"都卢"在唐宋其他资料里还引申作"不过"讲：

> 王家山水画图中，意思都卢粉墨容。今日忽登虚境望，步摇冠翠一千峰。（薛涛，斛石山书事诗）

唐宋时期跟"都卢"意义相同的又有"都来"一词，张相《诗词曲语辞汇释》、蒋礼鸿《敦煌变文字义通释》举例甚夥，解说颇详，现转引二例于下：

> 五言五百篇，七字七十九，三字二十一：都来六百首。（寒山诗；都来：总共，统统）
>
> 都来五十有六字，写出山林无限奇。（戴复古，何处景诗；都来：统统；不过）

"都卢""都来"皆从"都"得义，"都"义为总计、统统、不过，下举三例：

> 身兼妻子都三口，鹤与琴书共一船。（白居易，解苏州自喜诗；都：总共）
>
> 问君都有几多愁，恰似一江春水向东流。（李煜，虞美人词；都：总共，统统）
>
> 青春都一饷，忍把浮名，换了浅斟低唱。（柳永，鹤冲天词；都：不过）

别看"都卢"与"都来"词义相同、形式相似,但二词的结构方式却大不一样。笔者认为"都卢"是"都"的嵌[1]分音词(跟合音词相对),通常也称作反切语或切脚语,古人常用这种方式把单音词变为双音词。宋·洪迈《容斋三笔》卷十六里介绍了当时切脚语的盛行:

> 世人语音有以切脚而称者,亦间见之于书史中。如以蓬为勃笼,盘为勃兰,铎为突落,叵为不可,团为突栾,钲为丁宁,顶为滴颔,角为矻落,蒲为勃卢,精为即零,螳为突郎,诸为之乎,旁为步廊,茨为茨藜,圈为屈挛,锢为骨露,窠为窟驼是也。

洪氏所举十七例切脚语中,有十二例的反切下字声母为[l],两例为[n],一例为[t'],也就是说有十五例反切下字声母为舌头音;另有两例为舌根音[k][x],而有两例,(叵为不可,诸为之乎)产生的年代很早。我们认为"都卢"正是"都"的切脚语,犹如洪迈所举"勃卢"为"蒲"的切脚语、"茨藜"为"茨"的切脚语一样,所以"都卢"的词义与"都"相同。这类切脚词的出现顺应了汉语词汇双音节化的总趋势,所以一时相当活跃,而且在现代晋语方言中仍广泛使用,被称作"嵌l词"(详见张崇1993文)。

至于"都来",则是词根"都"加后缀"来"构成的附加式双音词。"来"作后缀主要用在时间词后,如:今来、昨来、夜来、新来、朝来等等。用在副词后面的较少见,除了"都来"外另有"特来",如王实甫《西厢记》一本二折:"却怎睃趁着你头上放毫光,打扮的特来晃。"

五 谐音双关

《游仙窟》里写张郎与十娘、五嫂调情,多处采用了谐音双关的手法，其中尤多以水果名相谐音，"相知不在枣（早）"，"不忍即分梨（离）"已成为人们经久传诵的佳句。其他以果名谐音的诗句尚有：

> 芙蓉生于涧底，莲（怜）子实深｜忽遇深恩，一生有杏（幸）｜当此之时，谁能忍楺（耐）｜忽遇狂风，莲中失藕（偶）

唐宋人习以水果、药草等作谐音双关语。敦煌写本《伍子胥变文》中，子胥妻的药名诗一连用了数十种药草名，如以"柴胡"谐"豺狐"、"芒硝"谐"亡消"、"远志"谐"远至"、"莨菪"谐"浪荡"、"蓯蓉"谐"从容"等；还有不出药名，以底为面者，如以"逃人"谐"桃仁"、以"无怜"谐"吴莲"等，项楚《敦煌变文选注》释之甚详，可参阅。宋·阙名《朝野遗记》（涵芬楼本《说郛》卷二九）记录了用三种水果名和一种药草名互相对答的机警语：

> 刘贡父觞客，子瞻有事，欲先起。刘调之曰："幸早裏，且从容。"子瞻曰："奈这事，须当归。"各以三果一药对。

"幸早裏"分别谐水果"杏、枣、梨"，"从容"谐药草"蓯蓉"；"奈这事"分别谐水果"柰、蔗、柿"，"当归"谐中药"当归"。上下句对得甚巧，堪称一绝。谐音双关语是研究古音韵的宝贵材料，但是谐音字与被谐字有时声韵调并不完全相同，只是音近字，所以谐音字有时只能作为研究古代音韵的辅助资料。比如近指代词"这"在唐五代时多用"者"字，"者"本是上声字，吕叔湘先生判定它在宋代已读去声，其主要证据是杨万里《诚斋集》"只者天时过湖得，长年（今按，即船老大）报道不须愁"（卷三十五）"者"字下注"去声"。此外，辅助证据就是上举"奈这事"的"这"谐"蔗"，"蔗"为去声。

六　V 使 C

　　古屋昭弘（1985）曾以《朱子语类》为主要材料，通过跟"V 得（O）C"式的比较，对活跃于宋代的"V 教（O）C"式的结构特点及语法意义进行了考察研究。1995 年夏，古屋氏来敝所演讲时又补充了唐代白居易诗中的用例，使资料更加详备。《游仙窟》中未见"V 教 C"式，只有"V 使 C"一例：

　　　　酒巡到下官，饮乃不尽。五嫂曰："胡为不尽？"下官答曰："性饮不多，恐为颠沛。"五嫂骂曰："何由叵耐！女婿是妇家狗，打杀无文；终须倾使尽，莫漫造众诸！"（23—24 页）

"倾使尽"，是"倾杯饮尽"亦即把酒喝完的意思。张鷟于唐调露元年（679 年）登进士第，时代早于白居易，如果不计较"使"与"教"之别（二者均为使役义动词），则此例或可看作"V 教 C"式动补结构的滥觞。唐代"V 教 C"式较少，除白居易诗外，《全唐诗》李昌符《婢仆》诗："春娘爱上酒家楼，不怕归迟总不忧。推道那家娘子卧，且留教住待梳头"也是其例。五代偶见"V 教 OC"式，如张泌《蝴蝶儿》词："无端和泪拭燕脂，惹教双翅垂。"以上是宋代以前的少数例子。在敦煌俗文学作品中尚未见到"V 教（O）C"式，一般均作"VOC"式，例如：

　　　　列（烈）士抱石而行，遂即打其齿落。（变文集·伍子胥变文）
　　　　其时有往年败没将李叙（绪）教单于兵马法，打公孙遨（敖）兵马失利，左穿右穴。（同上，李陵变文）
　　　　何谓（为）夺他宅舍，仍更打他损伤？（同上，燕子赋）
　　　　宋王遂取其言，即打韩朋双板齿落。（同上，韩朋赋）

从古屋氏所举"V教（O）C"式诸例主要见于《三言》《朱子语类》来看，这种句式应在东南方言中更为流行。闽南话里的"V乞OC"式就是"V教OC"式的方言变体（"乞"是闽南话的授与动词，引申为"允许、让、教"，用如使役动词），下例引自定静堂丛书嘉靖本《荔镜记》第二十六出《五娘刺绣》：

（旦）且慢，父也是亲，母也是亲，你咒誓着，咒乞伊明白。

"咒乞伊明白"犹言"咒教伊明白"。

六朝时期动补式有"VC"式和"VOC"式两种，"VC"式中有些逐渐固定化，成为使成式复合动词，如"倾倒"（世说·巧艺）、"震动"（《世说·方正》）、"败坏"（《世说·贤媛》）等。"VOC"式可以分成甲乙两类（以下例子取自志村良治1984《使成复合动词の成立》）：

（甲）a 吹欢罗裳开（子夜四时歌）
　　　　风吹窗帘动（华山畿）
　　　　检书烧烛短（杜甫，夜宴左氏庄）
　　　b 寡妇哭城颓（懊恼曲）

a类的动词"吹、烧"不是人主观性的动作行为，补语"开、动、短"是动词的自然结果。b类动词"哭"虽然是人的主观性行为，但补语"颓"却是客观上导致的结果。总之甲类"VOC"的补语是一种客观结果。

（乙）当打汝口破（幽明录）
　　　　冷落若为留客住（白居易，寒亭留客）

乙类的动词"打、留"是人的主观性行为动作，其补语"破、住"是行为动作者主观上期望的。我们推想，"V 教（O）C"的"教"最初就是为了强调主观目的而首先在乙类句子中使用的，后来由于类推作用才同样施于甲类句子的。

参考文献

郭在贻　1981　《〈游仙窟〉释词》，《杭州大学学报》第 4 期。
古屋昭弘　1985　《宋代の动补构造"V 教（O）C"について》，早稻田大学中国文学会《中国文学研究》11。
蒋礼鸿　1988　《敦煌变文字义通释》，上海古籍出版社。
刘　坚等　1990　《近代汉语语法资料汇编·唐五代卷》，商务印书馆。
吕叔湘　1955　《汉语语法论文集·这那考原》，科学出版社。
汪辟疆　1955　《唐人小说·游仙窟》，上海古典文学出版社。
项　楚　1990　《敦煌变文选注》，巴蜀书社。
项　楚　1991　《王梵志诗校注》，上海古籍出版社。
张　崇　1993　《"嵌1词"探源》，《中国语文》第 3 期。
张　相　1991　《诗词曲语辞汇释》，中华书局。
赵金铭　1995　《〈游仙窟〉与唐代口语语法》，《语言研究》第 1 期（总第 28 期）。
志村良治　1984　《中国中世语法史研究》，三冬社（日）。

原载《开篇》VOL.14，日本好文出版社 1996

重读《刘知远诸宫调》

金刻本《刘知远诸宫调》残本一册是俄国柯兹洛夫（П.К.КОЗЛОВ）探险队于1907—1908年间（清光绪33—34年）发掘我国西北张掖黑水故城旧址时出土的，后藏于俄国。1958年4月，当时的苏联政府将它归还给我国，当年即由文物出版社影印出版。在影印本问世之前，1935年郑振铎先生对传抄本进行整理，收入《世界文库》第二册，题名为《刘知远传（诸宫调）》；1937年北京来薰阁据复制照片出版了石印本，题名《金本诸宫调刘知远》，使世人得以一览原书的面貌。《世界文库》本所据为传抄本，文字讹误及断句失当之处多见；来薰阁本有些地方描摹失真，不如文物出版社影印本《刘知远诸宫调》一存其真。由于石印本、影印本的问世，使得治文学史和汉语史的学者们得以方便地利用这部可靠而珍贵的资料，一时研究成果迭出。就语言文字校释方面来说，六十年代有张星逸、刘坚、蒋礼鸿、陈治文等先生的论文，日本内田道夫所著《校注刘知远诸宫调》发表较早，篇幅也较大。以上这些成果对扫除文字障碍、正确理解文义都做出了许多成绩，但总的来看这些校释是有选择的，零星的。进入八十年代以来，出了三个校注本，分别为：凌景埏、谢伯阳（1988）校注的《诸宫调两种》、蓝立蓂（1989）《刘知远诸宫调校注》、廖珣英（1993）《刘知远诸宫调校注》。笔者近年因研究课题所涉，重读了《刘知远诸宫调》，细心研读了各本的校注，获益甚多。总的感觉是，蓝、廖二本在前人研究的基础上又做了大量的校勘考释工作，对整部残卷进行了全面、细密的校注，例证丰富，有不少突破。

应该说,有了以上各校注本,《刘知远诸宫调》在语言文字上的障碍已绝大多数得以扫除。不过,笔者在阅读蓝、廖二本时发现有些校释不尽妥帖,有些是盲从前人而致误的;还有些应该出校、作注的地方缺如,遂不揣浅陋,逐条记下,拟求教于蓝、廖二先生及各位通家。文中内容大体按例句出现先后为序,引例注明卷数、曲调数(全书通排,共有七十九个曲调),同时也注上曲调名,以便通检。例如 2.22〔仙吕调·醉落托〕是指第二卷第二十二支曲子〔仙吕调·醉落托〕。最后是蓝本所在页数。

(1)凭不得

如何见得五代史雁乱相持?古贤有诗云:自从大驾去奔西,贵落深坑贱出泥。邑号尽封元亮牧,郡君却作庶人妻。扶犁黑手番成(承)笏,食肉朱唇强喫荠。只有一般凭不得,南山依旧与云齐。(1.2,〔商调·回戈乐·尾〕,2页)

末后两句大意,蓝本云是指"世事多变,只有南山依然如故",所说甚是,但从蒋礼鸿先生之说,注云:"凭不得,即凭得。'不'字无义。"似可商。廖本把"凭"释为侵扰、欺凌,云"只有一样不能侵扰",则也觉牵强,于文义不甚贴合。

今谓"凭不得"义为"比不得","凭"为"匹"(pǐ)的方言变读音。"匹"有相比义,先秦已来文献皆见,例如《庄子·逍遥游》:"而彭祖乃今以久特闻,众人匹之,不亦悲乎!"唐李白《登峨眉山》诗:"蜀国多仙山,峨眉邈难匹。"宋代诗词中有"匹似""匹如"一词,义即比如,好比。如徐铉《离歌辞》诗:"莫嫌春夜短,匹似楚襄王。"杨无咎《步蟾宫》词:"自身作坏匹如闲,更和却旁人带累。""匹如闲",义为如同等闲,也即不算什么,没关系。此义的"匹"字时或又写作"譬",例如柳永《锦堂春》词:"认得这疏狂意下,向人消譬如闲。""消譬如闲",犹

云全然若无其事,毫不在意。"匹",又作"疋",同音通用。例如《祖堂集》卷十一禾山和尚:"忽因古德光(先)贤,便有见处,岂不是疋上不足,比下有余。"(3.124—3.125)此例"疋"与"比"对举,益可证"疋"(匹)为比义。匹,《广韵》入声质韵譬吉切,今音 pǐ。北京话表示比较、相比的动词不说 bǐ(比)而说 pǐ,跟"匹"音正相合。陈刚《北京方言词典》著录了这个词,用"譬"字标示: pǐ 譬 prep. 比。|他~我高一头。(215页)譬,《广韵》去声寘韵,匹赐切,今音读 pì,跟上声 pǐ 音不合,故北京话"比"义的 pǐ 本字应为"匹"。但如上所举,唐宋文献中已有"匹、譬"混用之例,所以陈书以"譬"代"匹"也非偶然。下面再来说明比较义动词"匹"与"凭不得"的"凭"的关系。北京话比较义动词一般读 pǐ,但也听到有人读作 pǐng,这种读音比较土俗,多出自老年人或文化程度较低的人之口。笔者调查了本所总务科的郭力军同志,他说他父母就说 pǐng,他也听到别的老北京人这样说。如此说来,北京话表比较义的动词"匹"有两读: pǐ 和 pǐng。pǐ 符合古今语音变化规律,pǐng 虽不符合,但却合了阴阳对转的规律。类似的情况在山西文水方言中也有。《文水方言志》112 页语法例句 65 : 张三比李四高,可不敌李四胖。"比"字下注音为 [pʻiəŋ] 上声 423。另一处例句中干脆用同音字"品"字表示: 你的品不上嗯的,嗯的品不上他行的。(116 页)"品"字下注音同上,为 [pʻiəŋ] 上声 423。就是说文水方言中的比较义动词跟"品"的读音相同,都是 [pʻiəŋ](上声),所以方言志的作者用同音字"品"表示。我们说文水方言的比较义动词 [pʻiəŋ](上声)的本音应为 [pʻi](上声),其本字跟北京话一样应为"匹"。"凭不得"的"凭"本为并母字,浊音清化后读阳平调,其声、韵跟"匹"的变读音 [pʻiəŋ] 相同,只是声调有平、上之别。但是我们知道,上声的 [pʻiəŋ] 无字,所以《刘知远》只好选择了阳平调的"凭"字代表方言口语中"匹"[pʻi](上声)的变读音 [pʻiəŋ]。

邵荣芬(1963)考察了敦煌文献中-ŋ尾字跟阴声韵字代用的情况有四种,其中三种是梗摄-ŋ尾字与齐韵字混用:① 敬三等、霁代用(计、敬)② 清、齐代用(妻、清)③ 青、齐代用(泥、宁;体、听;第、定)。邵文还指出敦煌本《开蒙要训》里庚、清、青三韵字和齐韵字互注的有九对;敦煌曲子词《苏莫遮》以"令"字、"定"字和"帝"字押韵,这也是当时西北方音庚、清、青和齐韵相混的确证。陆游《老学庵笔记》卷六也记载了这一语音现象:"四方之音有讹者,则一韵尽讹。……秦人讹'青'字,则谓'青'为'妻',谓'经'为'稽'。"今陕西、山西等地方言中仍保存着这一语音特点,即梗摄-ŋ尾字读为阴声韵-i,因此我们也有理由推测《刘知远诸宫调》里的"凭不得"的"凭"字在当时口语中读如阴声韵-i,但不管"凭"是读阳声韵-ŋ,还是读阴声韵-i,其本字都应为"匹"。今北京话"匹"(pǐ)变读为 pǐng,是由阴转为阳,而上述西北方音庚、清、青韵转齐韵则是由阳转阴,正所谓阴阳对转也。

(2)散

五代史汉高祖者,……其先沙陀人也。父曰光琠,失阵而卒。后散家产,与弟知崇逐母趁熟于太原之地。(1.2,〔正宫·甘草子〕,3页)

"后散家产"的"散"字,凌、蓝、廖三本皆未出注。今谓:散,失也。"散家产"指失去家产,而不是把家产分发、处理的意思。这从下文"高祖本是豪家,奈散失财物,分离了兄弟母"(2.24〔南吕宫·应天长〕)可知。"散失财物"即丢失了财物。"散"作亡失解,由来甚久。《逸周书·文酌》:"留身散真。"孔晁注:"散,失也。"《国语·齐语》:"其畜散而无育。"韦昭注:"散谓亡失也。"宋苏轼《凫绎先生诗集·叙》:"自今以往,文章其日工,而道将散矣!"可见宋时"散"仍有亡失义。

"散"之此义与今不同，二书应出注。

（3）遣

> 无价荆山美玉，未遣卞和知。（1.3,〔仙吕调·六幺令〕,4页）

"遣"本为使役义动词，此例中"荆山美玉"为受事主语，"遣"转表被动。使役动词在一定的语境中转而表示被动，是古今汉语共有的特点。蓝本注"遣"为"使、教"，未中肯綮。

（4）饆饓

> 若言这人所为，做处只要便宜。掇坐善能饮醉酒，冲席（席）整顿喫饆饓。（1.5,〔仙吕调·胜葫芦〕,5页）

《汉语大字典》"饓"字条下引此例，云："音义未详。"廖本也未注"饆饓"。唯蓝本注云："饓，疑是糜字。饆糜，饓点。"注中引《玉篇·食部》为证："饆，古刀切，饆糜，饓饼也。"所释甚是。但是，"饓"何以借作"糜"，尚须从语音上加以说明。

糜，为止摄开口三等字，明母支韵，今音读 mí，如"糜烂"的"糜"。但是粮食作物"糜子"（黍之不黏者）则读 méi。"饓"字反映的应是"糜子"的"糜"（méi）的读音。"饓"是形声俗字，未见于字书。以"某"为声的形声字有"煤"，"煤"字从火某声，读如 méi；"饓"字从食某声也应读如 méi。"饆"的义符为"食"（也有从米作糕者），故"饆糜"的"糜"也用从"食"的形声字"饓"代替。

（5）前、前面

> 每番只是人前走踢行拳，凶顽无赖。天罚下此个年少，与村夫

降灾。(1.8,〔正官·文序子〕,8页)

九州安抚,三翁前面,捧盏跪劝香醪。(12.75,〔歇指调·永遇乐〕,157页)

"人前"与"三翁前面"的方位词"前、前面"不是表示具体的方位、方所,而是表示动作的对象,相当于格助词的作用。"人前"即向他人,对他人,"三翁前面"即朝三翁,向三翁。这种用法的"N前/前面"跟元明白话文献中的"N行"相仿。"N行"的"行"用如格助词的例子如:

床头金尽谁行借?(元·乔吉,山坡羊·冬日写怀曲;"谁行借"即向谁借)

嫂嫂母亲行更加十分孝。(元曲·替杀妻,二折〔滚绣球〕;嫂嫂对母亲更加孝顺)

我回去金国皇帝行奏知。(元朝秘史,134—966;向金国皇帝奏知)

拙文(1998)认为这种用法的"行"实为方位词"上"的轻读音变。用如格助词的方位词"前、前面、行(上)"出现在金元明白话资料中,这种用法应是汉语跟阿尔泰语接触的产物。

(6)野鼓

家麻遮嫩草,野鼓映苍苔。(1.9,〔歇指调·枕屏儿〕,9页)

"野鼓",廖本无注。蓝本注云:"未详。疑即鼓藻,浮游藻类之一。"

今谓"野鼓"当指野生的鼓子花。为多年生蔓花,叶互生,戟形,有长柄,夏季开淡红色花,漏斗状,似牵牛(喇叭花)而小,明李时珍《本草纲目·草七·旋花》:"其花不作瓣状如军中所吹鼓子,故有旋花、鼓子之名。一种千叶者,色似粉红牡丹,俗呼为缠枝牡丹。""野鼓映苍苔"是说淡红色的鼓子花与青绿色的苔藓相映照,显现出一种自然色调美。如把野鼓释作藻类则诗味索然而无。鼓子花,古人诗词中时有描写,如唐郑谷《长江县经贾岛墓》诗:"重来兼恐无寻处,落日风吹鼓子花。"宋辛弃疾《临江仙·簪花屡堕戏作》词:"鼓子花开春烂熳,荒园无限思量。"此二例中,鼓子花一在墓地,一在荒园,正为野花也,故可简称为"野鼓"。鼓子花为野花,又没有绚丽的色彩,故又被用来喻称容色不佳的妓女。明俞弁《山樵野语》卷十:"诗人以妓女无颜色者谓之鼓子花。"

(7)披牛廠

但见院后披牛廠,柴门向日开。(1.9,〔歇指调·枕屏儿〕9页)

蓝、廖二本释"牛廠"为牛屋、牛棚,是;然廖本未释"披"为何义,蓝本释"披"为"敞开",似可商。

今谓"披牛廠"为一词,指屋檐斜搭在侧墙边的无壁的牛棚。"披"字应取义于下垂,犹披风、披发之披,而不是敞开。《集韵》上声养韵:"廠,屋无壁也。"是"敞开"义取自于"披牛廠"的"廠"。明刘若愚《酌中志·大内规制纪略》:"宫后披檐,东曰思政轩,西曰养德轩。"所谓"披檐",指在正屋屋侧搭建的偏屋。清西周生《醒世姻缘传》第三十五回:"他把侯小槐的一堵界墙作了自己的,后面盖了五间披厦。"披厦,是指依墙而盖的屋,此处是有壁的;就披檐、披厦乃至披屋而言,可以有壁,也可以无壁。黄侃《蕲春语》云:"吾乡谓于正室旁依墙作屋,斜而下,其外更无壁者,曰披厦。"南方也叫"披屋、披房、披子",

那是有壁可住人的偏屋。例如《初刻拍案惊奇》卷十五："如今我们又增造许多披屋，装饰许多材料，值得多了。"《儒林外史》第三回写范进"家里住着一间草屋，一厦披子，门外是个茅草棚。正屋是母亲住着，妻子住在披房里。"总之，"披"是依墙斜搭在两侧的意思，"厫"才是通透无壁的意思。

（8）惵然、惵

　　瘦鳖上离了兹（慈）亲，惵然地两脚到您庄院。（1.11,〔商调·抛球乐〕,11页）

　　惵至沙陀小李，逢老丈语话因依。（1.12,〔正宫·锦缠道〕,12页）

　　蓝本释"惵然"为"无意间"。凌本谓两例中的"惵"都是"俄"字的借用，"惵然地"即忽然的。又举《天宝遗事诸宫调》〔般涉调·瑶台月〕"惵相逢行喜行惊，乍相见偏亲偏爱"句为证。

　　今按，"俄"与"惵"古今韵母和声调均不同，似难用借字解释。今以为"惵"乃"兀"之借用。"兀"本为高耸突出貌，故有"突兀"连用为词者，如杜甫《茅屋为秋风所破歌》"呜呼，何时眼前突兀见此屋"句。"兀"由指物体之突然貌，扩大而指情态、时间之突然，"兀然"就是"突然"的同义词。我们认为上举诸宫调中三例"惵"字都是"兀"的音借字。"惵然地"就是"兀然地"，亦即忽然地，不知不觉地。"惵至"即"兀至"，亦即忽至。"惵相逢"即"兀相逢"，亦即忽相逢。

（9）您

　　惵然地两脚到您庄院。（1.11,〔商调·抛球乐〕,11页）

　　此人发迹，定和您也做官寮。（1.18,〔仙吕调·六幺令〕,18页）

二例中的"您"字，蓝本均改作"你"，引《四声篇海》："您，尼锦切，你也，俗。"今谓蓝本不当改"您"为"你"。"您"固然有与"你"相当者，然二字音不同，且所指也有不相当者。即"您"字初造时实为"你+们"的合音，"你"字下加个"心"表示-m 收声，与"怎、恁"的造字心理相同。"您"字原本表示复数第二人称，后来也可用作单数第二人称，如上举二例中"您庄院"的"您"为单数领格用法，"和您也做官寮"的"您"，则指你们，为复数用法。"您"在《刘知远诸宫调》中凡十四例，其中八例表复数，六例表单数（其中四例为领格用法），现在蓝本统统改为"你"，使读者看不到原卷用字面貌，看不出"您"与"你"在意义和用法上的区别，而且除了上举二例出校外，余皆未出校，也没有统一的说明，易误读者。另外，原卷中的"您咱"（1.19〔商调·玉抱肚〕）蓝本径改为"你咱"，也未出校，均未为当。

（10）棘针裩

　　二子不贤，大者李洪义，小者洪信。二妇皆有外名，大者倒上树，小者棘针裩。（1.12，〔正宫·锦缠道〕，12页）

"棘针裩"是李洪信妻的外号，书中凡三见（另二处是2.32〔中吕调·木笪绥〕和2.34〔般涉调·哨遍·尾〕）。裩，蓝本径改为"棍"，未出校。廖本将"裩"改为"裈"，释曰："棘针裈，带棘针刺的裤裆，意谓此人随时使人坐立不安。"

今谓廖本以"裈"为"裩"之误，是。金刻本《刘知远诸宫调》中衤部字常写作礻，如"初、衫、被、袍、裙、褴"等字的偏旁皆作"礻"。"裈"为"褌"的异体，义为"亵衣"。在明代一些韵书、字书内，又注为"妇人内衣"，但实际上却不限于妇女，男女穿的内裤也可称裈裤（详见平山久雄1995）。廖本释"棘针裈"为"带棘针刺的裤裆"颇觉于事理不合，恐非是。若依蓝本，把"裩"校为"棍"，则棘针棍就是带棘针刺的棍子，用此形容李洪信之妻的狠毒倒是比较恰当的。蓝本没有说明"裩"何以应校改为"棍"，今试为说之。"裩"为"裩"字之误，上文已述；"裩"为"㡓、裈"的异体字，《广韵》为古浑切，《集韵》为公浑切，均读见母。"棍"字不见于《广韵》和《集韵》，直到《正字通》始著录此字，作古困切。但唐李绅《拜三川守诗序》中已见此字："里巷比多恶少，……或差肩追绕击大球，里言谓之打棍谙论，士庶苦之。"（"打棍"称无赖、恶人；"论"为球的隐语）此书是后时刻本，用字不一定反映唐时面貌。但不管怎么说"裩"与"棍"皆为见母字，只是声调有平去之别，故金刻本《刘知远》很可能是以"裩"代"棍"的。

"倒上树"，廖本释作"倒转身子上树，意谓此人尾巴翘上天，目中无人"恐不确切。实指头向下倒着爬树，形容干坏事的手段高而奇。

（11）与

> 更怎憐（禁）傍边两个妻，聒聒地向耳边唆送："快与凌持。"（1.20，〔般涉调·耍孩儿〕，20页）

"快与凌持"的"与"二书失注。"与"本为给予义动词，此处用如表示处置的介词，相当于"把"或"将"。"与"表处置，唐宋白话文献里习见。例如：

> 燕若入来，把棒撩脚，……更被唇口啜嚅，与你到头尿却。（变文集·燕子赋，249页；你（指燕子）如果纠缠不休，就把你的窝全都尿个精湿）
>
> 也拟与愁排遣，奈江山遮拦不断。（莫岑，水龙吟词）
>
> 譬如捉贼，"克己"便是开门赶出去，索性与他打杀了，便是一

头事了。(朱子语类,1118页)

现代汉语中也保存了这种用法,仅举二例。

　　老爷待要不接,又怕给他掉在地下惹出事来。(儿女英雄传,38回)
　　哎,东宝,你不是说你能扛二百斤么?怎么几个萝卜就给你治成这样?(王朔小说)

《刘知远》"快与凌持"句中"与"没有宾语,这点跟以上诸例不同。

(12) 生欢悦

　　陌然地见他豪杰,跳过颓垣,怎怎地健捷。欲偌草房去,洪义生欢悦。这汉合是死,雏冤都报彻。(2.25,〔中吕调·牧羊关〕,55页)

"生欢悦"的"生",蓝、廖二本都释为甚辞,犹"极、很"一类程度副词。恐非是。

生,用于人产生喜怒哀乐等感情活动的场合,《刘知远诸宫调》中多见。例如:

　　三娘内心喜悦也难舍,只愁李洪义与洪信生脾鳖。(1.17,〔黄钟宫·快活年〕,17页)|这壁四口儿心生狠劣(1.19,〔商调·玉抱肚·尾〕,20页)|洪信生嗔,洪义发恶(11.57,〔般涉调·沁园春〕,122页)|是他家骋穷性气,便生嗔恶。(12.61,〔仙吕调·整花冠〕,142页)

以上"生脾鳖、生狠劣、生嗔、生嗔恶"意思相近,为发脾气、发怒。"生"为动词。再看表示喜乐的:

> 一双老父母,解放眉头结。三翁也随顺,欢容生两颊。(1.17,〔黄钟宫·快活年〕,17页)

联系以上用例,"生欢悦"的"生"也应是动词而不是副词"甚"义。

六朝佛经中描述人产生某一感情、感觉活动时也是用"生",今以大正藏第三册《过去现在因果经》为例:

> 亦生随喜(621c)|又生踊跃(644c)|当生欢喜(636a)|恒生愁忧(633c)|深生随喜(631a—631b)|深生恐怖(630a)|深生奇特(628c)。

而当描写人的感情活动变化剧烈时,常用"心大x"的固定格式:心大欢喜(621b、624a)|心大苦恼(631b)|心大怖惧(632c)|心大悲绝(649c)|心大惊怪(650b)。这就是说,从历史上的表达常式来看,也没有充分的理由把"生欢悦"的"生"释作"甚"。而且《刘知远诸宫调》中也没有"生"作"甚"解的旁证。

用作甚辞的"生"始见于唐代,张相《诗词曲语辞汇释》卷二详列唐、宋、元各代用例。但从所举诸例来看,"生"作甚辞使用是有一定语义限制的,即只用于不如意的场合。如"生憎""生怕""生愁""生怯""生恨""生相遮""生隔断""生扭做"等,未见一例用于如意的场合。就以现代汉语来说,也只有"生怕""生恐""生把人气死"等说法。因此,从用法上我们也可以判定"生欢喜"的"生"不是甚辞。

(13)遮迭

脑后无眼怎遮迭（2.21,〔中吕调·牧羊关〕,56页）

蓝本释"迭"为"的",非是。"遮迭"为动补结构,廖本释作"来得及遮挡",应从。"迭"作"及"解,张相《诗词曲语辞汇释》引例甚多,今语"忙不迭"即忙不及之意。

(14)灾隅

洪义和洪信挟冤恨,把人凌辱。三翁常见后,免得灾隅。须有日中他机谋。（2.24,〔南吕宫·应天长〕,58页）

"灾隅",蓝本校作"灾瘑",云《集韵》隅、瘑二字同音（元俱切）,《博雅》释瘑为疣。

今谓此释可商。灾为灾祸、灾难,瘑为疮疣,二词义类相去较远,且未见此二词连用者。廖本从蒋说,校"隅"为"虞",是;然未加说明。今谓"隅、虞"同属《广韵》平声虞韵疑母遇俱切,二字古同音,今音亦同。"虞"有忧虑、忧患义,"灾虞"犹灾患,为同义复词。文献中也有其例,如《全唐诗》卷八五一载吴越僧《武肃王有旨石桥设斋会进一诗》之三："胜妙重重惟祷祝,永资军庶息灾虞。"据此知"灾隅"应为"灾虞"之误无疑。

此句另有一处二书皆失校缺注:"三翁常见后"的"常"应校改为"倘"。"倘"与假设语气词"后"前后呼应,此言:倘如三翁见到（我被二舅凌辱）的话,就能免掉灾祸。言下之意是三翁如未见,自己就免不了遭殃。"常"借作"倘",元曲中不乏其例,如佚名《千里独行》第二折："我常赢了他便好;若是输了呵,我便往徐衢里走。"秦简夫《剪发待

宾》第二折:"常存的青丝在,须有变钱时。"(此言如果有长发,就可以换钱)

(15)VP 处

"处"为处所、地方义,有时在VP(动词或动词短语)后不表处所而表时间,《刘知远诸宫调》中也有这种用法,例如:

斧举处唬杀刘郎(2.33,〔黄钟宫·快活年〕,67 页)
携手相别处,不忍两分离。(11.53,〔高平调·贺新郎〕,118 页)
枪举处,素光练,神锋轮起,冷光飘散,戟尖迎面。(12.68,〔越调·踏阵马〕,150 页)

以上各例的"处"均可释为"时"。时空通转是汉语日语等一些语言共有的规律,前人已有说,此不赘。值得注意的是"VP 处"中"处"字的以下语法意义:

堪伤处,便是荆山美玉,泥土里沉埋。(2.27,〔般涉调·沁园春〕,61 页)

蓝本注"便是"为"便似",是。

兄嫂由然在,往日凶顽不断却。伤心处,向庄中,常把我妻凌虐。(12.60,〔般涉调·耍孩儿〕,141 页)
虽得身荣,一事不全处,兄嫂堪恨如狼虎,把青丝剪了尽皆污(兀)。(12.73,〔仙吕调·醉落托〕,155 页)

"一事不全处"是指三娘头发被兄嫂剪去,"一个鬏髻撮不住",虽有金冠无法戴。"一事"义为一样，一种。

  （三娘）觑着洪义叱喝："据礼来不问分辨。交人难忘处，把俺夫妇薄贱。"（12.77，〔大石调·伊州令〕，158页）

"堪伤处""伤心处""不全处""难忘处"的"处"既不表示处所，也不表示时间，而是具有某种指代性，略相当于指代事物的"者"。这类句子有一个特点，即"VP处"后面的句子都是解释VP的具体内容的，"VP处"相当于"VP的是"。这种用法的"处"是由名词极度虚化而产生的。《水浒传》二十五回（郓哥）："这几时不见你，怎么吃得肥了？"（武大郎）："我只是这般模样，有什么吃得肥处？""有什么吃得肥处"犹言"有什么吃得肥的？""处"位于句尾，虚化程度更高，相当于语气助词，与《刘知远》用法稍异。

 （16）花驴

  那两个花驴养，著牛绳绑我在桑树上。（2.28，〔高平调·贺新郎〕，62页）

"花驴养"蓝本未注，廖本注为"詈辞，犹骂人畜生。"但廖本未释"花驴"之"花"应作何解。今谓"花"有风骚、浪荡义，可指人性乱，如称私生子为花生子。故"花驴养"不仅骂人是畜生，而且还骂人是杂种。

 （17）这懑 那底

  李洪义、李洪信，如狼虎；棘针裩、倒上树，曾想他劣缺名目，向这懑眉尖眼角上存住。（2.32，〔中吕调·木笪绥〕，66页）

廖本注"这懑"为这么；释"向这懑"句为"犹言在这么的眉眼下安身"，非是。蓝本注云："这懑，这些人，也即他们。"所释甚是。"懑"是当时复数词尾用字，用代词"这"加上复数词尾表示第三人称复数在同时期其他文献中也可见，如蓝本所举《挥麈录余话》卷二《王俊首岳侯状》即为其例。

《刘知远诸宫调》中"那底"共三见。吕叔湘（1985）指出其中一例指事：

> 那底甚般礼道？不成为新妻，便把旧妻忘了？（2.39,〔歇指调·永遇乐〕，73页；"那底"相当于直接称代的"那、那样"）

另外两例指人：

> 昨日打水处，见个小秃厮儿，身上一领布衫，似打鱼网，那底管是。（11.47,〔南吕宫·瑶台月〕，113页；"那底"相当于"那"，指小秃厮儿）

> 这翁翁闻说道："姓刘人，那底久后必荣显。"（1.16,〔南吕宫·应天长〕，16页；"那底"相当于"他"，代指刘知远）

吕叔湘先生指出："《元朝秘史》的直译译文中也常用'那的'代'他'，因为当时蒙古语里没有与'他'相当的专用名词。"不过，用远指代词作第三人称代词汉语古代已然，如"彼"用如"他"；现代晋方言以"那家""兀家"代指"他"是这种用法的延续。"那底久后必荣"句中的"那底"蓝本注作"那、那个"，仍未达一间；廖本注作"衬词，无义"，则据确诂尤远。

(18) 底死

　　莫忧拒（惧），待交我寻活路。嗔不肯，止不过将我打着皮肉。吾怕底死难熬他，挣揣不去，刀自抹，绳自系，觅个死处。(2.32，〔中吕调·木笪绥〕，66页）

蓝本在"止不过""吾怕底死"后逗断，廖本"挣揣不去"后为句号，"刀自抹"后未逗断，皆未为妥，今重新标点如上。

蓝本释"底"为"何，甚么"，误。廖本注"底死"为"抵死"，义为终究。甚是。今谓俗语有"抵死漫生"一词，义为拼死拼活，"抵死"犹到死，故有终究义。句中"怕"字恐不应作"害怕"解，而应释作假设连词"如果、倘若"。"莫忧拒（惧）"以下各句的意思是："别担心，兄嫂如果逼我改嫁，我不肯，他们发起怒来，只不过把我打一顿罢了。我如果死活也难熬兄嫂的折磨，挣扎不下去，就宁可去自尽。"

(19) 快片牛

　　胯大肫高快片牛，唇口粗，能饮村酒。(2.35,〔歇指调·耍三台〕,69页）

蓝本认"肫"为"臀"，是。肫为豚的异体，本指小猪，因与"臀"同音而借作"臀"。然蓝本在"唇"字处逗断，并把"快"误认为"决"，作"决片牛唇"，进而又把"决"释为"撅"（翘起），错谬尤甚。廖本标点正确，但释"快片牛"为："快片，谓耍嘴皮子。牛，北方土语，自高自大，盛气凌人。"也不对。

今谓"快片牛"之"片"应为"骗"的同音借字。"快骗牛"犹言善能骑牛。"快"作善能解，唐时多有其例。如寒山诗"快榜三翼舟，善乘千里马","快"与"善"对举互文。白居易《有感》诗:"马肥快行走,妓长能歌舞。"又以"快"与"能"互文。《张协状元》戏文:"小子快说梦,又会解梦",则以"快"与"会"对举,皆可证"快"有善、能、会之义。(详见张相书)再说"骗"。"骗"本指跃马而上的动作,《集韵》去声线韵:"𩥂,跃而乘马也,或书作骗。"唐杜佑《通典》云:"武举,制土木马于间间,教人习骗。"后来"骗"字此义的使用范围扩大,凡是抬腿摆胯而跃的动作都可以叫"骗",故骗马之外也可说骗牛,甚至翻墙而过的动作也可以说"骗"。元曲《任风子》二折〔滚绣球〕:"我骗上墙,腾的跳过去。"武术或舞蹈中甩腿腾跃的动作叫"骗腿"等,都是其例。从曲文内容来看,"胯大肫(臀)高"与"快片(骗)牛"正好相应。廖本把"胯大肫高"释为"臀大颧高",于义难通,不可取。

(20)似　也似

当时间,知远恶,忿气填胸,怎纳无明火。璧玉似牙嚼欲将破,两眼如镮,大叫如雷作。(11.56,〔般涉调·苏幕遮〕,121页)

一对眼睁圆,龙□(颜)尽变改,失却紫玉似颜色。(12.65,〔大石调·玉翼蝉〕,147页)

以上两例中"璧玉似牙""紫玉似颜色"的"似"二本皆未出注。今谓当出注。这种用法的"似"字始见于金元白话文献,"似"不是动词而是比拟助词,而且"NP似"做定语,修饰后边的名词,这种用法此前没有见到过,但在金元白话文献中多见,例如:

把山海似深恩掉在脑后。(董西厢,卷2,〔黄钟调·侍香金童·尾〕)

虎狼似恶公人，扑鲁推拥厅前跪。（魔合罗，四折〔叫声〕）

这种比拟结构"NP$_1$+似+NP$_2$"很容易跟"NP$_1$+似+NP$_2$"（NP$_1$：主语；似：谓语动词，NP$_2$：宾语）式主谓结构相混，比如：

（A）紫玉似颜色 | 虎狼似公人
（B）俺那里水似蓝（元曲·七里滩，四折〔挂玉钩〕）| 性命似水上浮沤（霍光鬼谏，三折〔滚绣球〕）

表面上A组与B组形式相同，"似"字前后都是名词性成分，实际上其深层结构不同。A组为（NP$_1$+似）+NP$_2$，B组为NP$_1$+（似+NP$_2$）。A组的"似"为助词，B组的"似"是动词。也许正是为了区别这两种"似"，A组的"似"前通常加上语助词"也"，作"也似"，《刘知远诸宫调》中有其例：

正熟睡，倾盆也似雨降。（2.31,〔正宫·锦缠道〕,65页）

廖本注此例"也似"为"插在短语或句子中间的衬词，无义"。不够确切，"也"是衬词，但"也似"实为比拟助词。此例中如不加"也"，作"倾盆似雨降"就会产生歧义，所以在金元白话文献中比拟助词"也似"远比"似"多见。而且"NP也似"不仅做定语，还可以做状语，例如：捣蒜也似阶前拜（《竹叶舟》）| 不把我人也似觑，可将我谜也似猜（《老生儿》）

拙文（1992）从比拟助词"似、也似"出现的时代及其句法位置和语法功能考察，认为它的出现可能受到蒙古语语法的影响，因为蒙古语的比拟表达方式是在名词或代词后面加上后置词metü（像,似），然后再接中心语（名词或动词），即（NP+metü）+中心语。

(21) 呆

对我曾说道俺娘乖,子母间别十二载,道你呆着人见他伴不采。(11.47,〔南吕宫·瑶台月·尾〕,113页)

这是刘知远对三娘转述其子说的话。"呆",廖本未出注;蓝本注曰:"呆,应是碍字。"所测度是,然未作说明。

今谓"呆"为"騃"的俗字。呆,原有两读,一音ái,如"呆板";一音dāi,如"痴呆"(《普通话异读词审音表》统读为dāi),ái音一读即源自"騃"。《广韵》上声骇韵:"騃,痴也,五骇切。"明代《字彙》注为"音厓",已读为平声。"呆"(騃)与"碍"只是声调不同,故被借作"碍"字。

(22) 被

只被夫妻恩重,跳离(篱)陌案,脚一似线儿牵。(2.30,〔仙吕调·胜葫芦〕,64页)

被你一生在村泊,不知国法事如何。有多少蹊跷处,不忍对你学。(11.51,〔般涉调·麻婆子〕,117页)

以上二例的"被"字句都是后一分句的原因,"被"字并不表示被动,可释为"因、因为",蓝、廖二本皆失注。

另有二处"被"字的用法也不同于通常的"被"字句,应予注意:

二人下马入庄,厅(听)得议论亲事,意欲不许,被三传并三翁先言:"刘郎异日奋发荣贵,和你改换门风。"(1.17,〔黄钟宫·快活年〕,18页)

"被"字句的谓语动词通常应是及物动词,跟"被"字句的受事主语有支配和被支配的关系。此例隐现的受事主语为"二人",而谓语动词"言"却与"二人"无支配关系。

恰才撞到牛栏圈,待朵闪应难朵闪,被一人抱住刘知远。(2.30,〔仙吕调·胜葫芦·尾〕,64页)

此例全句的主语"刘知远"没有出现,却在"被"字句中作为宾语出现。《敦煌变文集·祇园因由记》中已见到同样的用法:"彼被趁急,遂失脚走,被舍利弗化火遮之。"因而这种句式应与曲调押韵的需要无关。有关"被"字的特殊用法,蔡镜浩(1995)多言及,可参看。

(23)难断

洪义将食与,……知远接得,陡发心嗔怒:"厮欺厮负,难断畜生为做。"(11.55,〔仙吕调·相思会〕,120页)

"难断"蓝本注云:"断有极义,……难断即难极。这里用作反语,犹言难得,亏得。"今谓蓝注求之过深,"难断"就是难以断却、难以断除。刘知远发迹后微服回沙陀村探望李三娘,李洪义用破罐盛残羹剩粥给他吃,所以刘知远大怒,说他所作所为改不了畜生的本性。后来刘知远回到太原府衙告诉岳氏探亲经过时说:"兄嫂由然在,往日凶顽不断却。"也可证上文"难断"实为难以断却之义。

(24)未成忧

斗敌底知远,是遭危困未成忧;立著底三娘,敛定羞娥说不尽帕(怕)。(11.57,〔般涉调·沁园春〕,122页)

"是遭"句的"是"字应释为"虽",二本皆无注。"未成忧",蓝本注谓:"成,应是'曾'字。"非是。"未成"犹言算不上,不足。此言刘知远与洪义、洪信夫妇打斗,虽然身处困境但还不足为忧。

(25)来

　　忽观门吏,忙向阶前咨覆。走吏荒荒告道,言有机密公文,专来至本府。九州安抚,把来叫至将公文觑,三魂七魄俱无主。(12.64,〔仙吕调·绣带儿〕,146页)

廖本于"把来叫至将公文觑"的"来"后臆补一"人"字,是。"来人"即是递送机密公文的"走吏"。蓝本此处失校。

(26)怒恶　恶发

　　两个怒恶发不善,各施威勇,斗骋英彦,交马决战。(12.68,〔越调·踏阵马〕,150页)

蓝本于"怒"字后逗断,作"两个怒,恶发不善。"释"恶发"为发怒。廖本此句未断也未出注。今谓"怒恶"与"恶发"皆可为词,词义都是发怒,但从曲文的韵律节奏来看,应为"两个——怒恶——发不善",故不当于"怒"字后断。"怒恶"为发怒义,蓝本另一处(169页注〔八五〕)引有其例,如《董西厢》卷一:"那贼将闻斯语,心生怒恶。"《赵氏孤儿》:"将这小孩儿寻觅着,不邓邓生怒恶。"二例中的"生怒恶"义同"刘知远"上例的"发不善",当"怒恶"做动词用时与"恶发"是同义词。

(27)衙内却道是伊儿

　　(刘知远说)"恁子母说话整一日,直到了不辨个尊卑。你娇

儿便是刘衙内！"三娘怒喝："衙内却道是伊儿！想你穷神，怎做九州安抚使！"（11.49,〔仙吕调·绣带儿〕,115页）

蓝本云"却道"的"道"犹"倒"。若依蓝说，则此句应释为"衙内反倒是你儿子"，于文义虽勉强可通，但仍有扞格处。今谓"道"字不误，此句按正常语序应为"却道衙内是伊儿"。刘知远告诉三娘："你的儿子就是那个跟你说了一整天话的刘衙内。"三娘根本不相信，所以怒说："你却说那衙内是你的儿子！……"《刘知远诸宫调》有些句子的语序与通常不一般，例如：

牛七翁庄头卖务场，刘知远试端详。（1.4,〔仙吕调·胜葫芦〕,5页）

此句实为：刘知远试端详，牛七翁庄头卖务场。

莫想青凉伞儿打，休指望坐骑著鞍马。（2.37,〔黄钟宫·出队子〕,71页）
唐末龙蛇未辨，布衣下官家潜隐。（1.14,〔柳青娘〕,15页）

"青凉伞儿打"实为"打青凉伞儿"，"布衣下官家潜隐"实为"官家潜隐在布衣人中"之意。此类不同寻常的语序，有的可能为适应曲文押韵所致，如前例（1.4），有的可能反映了阿尔泰语（SOV型）对北方汉语的影响，如后例（2.23），是值得深入研究的课题。宋洪迈《夷坚丙志》卷十八《契丹诵诗》云："契丹小儿初读书，先以俗语颠倒其文句而习之，至有一字用两三字者。顷奉使金国时，接伴副使秘书少监王补每为余言以为笑。如'鸟宿池中树，僧敲月下门'两句，其读诗则曰：'月明里和尚门子打,水底里树上老鸦坐',大率如此。补,锦州人,亦一契丹也。"其中"和尚门子打"即是SOV句型的反映。"树上老鸦坐"是说老鸦蹲宿于树上,《刘知远诸宫调》"青凉伞儿打""布衣下官家潜隐"结构与此相仿。联系宋金时代的历史背景,《刘知远诸宫调》中的一些特殊语序很可能是汉语与阿尔泰语接触的反映。心存这一意识,会有助于我们扩大思路,正确解读一些按正常语序不易读懂的句子。

好书常读常新,读一遍有一遍的收获,此正读书之乐也。

参考文献

蔡镜浩　1995　《中古汉语的连词"被"》,《中国语文》第2期。
陈　刚　1985　《北京方言词典》,商务印书馆。
陈治文　1966　《〈刘知远诸宫调〉校读》,《中国语文》第3期。
渡部洋　1996　《刘知远诸宫调语汇索引》,《开篇》单刊NO.6,好文出版社(日)。
胡双宝　1990　《文水方言志》,语文出版社。
江蓝生　1998　《后置词"行"考辨》,《语文研究》第1期。
江蓝生　1992　《助词"似的"的语法意义及其来源》,《中国语文》第6期。
蒋礼鸿　1965　《读〈刘知远诸宫调〉》,《中国语文》第6期。
蓝立蓂　1989　《刘知远诸宫调校注》,巴蜀书社。
廖珣英　1993　《刘知远诸宫调校注》,中华书局。
凌景埏　谢伯阳　1988　《诸宫调两种》,齐鲁书社。
刘　坚　1964　《关于〈刘知远诸宫调〉残卷词语的校释》,《中国语文》第3期。
吕叔湘　1985　《近代汉语指代词》,学林出版社。
内田道夫　1964　《校注刘知远诸宫调》,《东北大学文学部研究年报》第14号(日)。
平山久雄　1995　《昆明为什么不读Gunmíng》,《开篇》VOL13,好文出版社(日)。
邵荣芬　1963　《敦煌俗文学中的别字异文和唐五代西北方音》,《中国语文》第3期。
香坂顺一　1996　《早期白话の语汇——〈刘知远〉と〈董西厢〉》,《中国语研究》第 38 号,白帝社(日)。

  星 逸 1964 《关于金刻〈刘知远诸宫调〉的校注》,《江海学刊》第 1 期。

  张星逸 1965 《补"关于金刻〈刘知远诸宫调〉的校注"》,《中国语文》第 5 期。

  郑振铎 1935 《刘知远传(诸宫调)》,《世界文库》第 2 册。

《文史》1999 年第 3 辑

禅问答的传意

一

禅宗是佛教中国化的最终产物,在历史上曾对我国及邻国(如日本、朝鲜等)的哲学、伦理、文学、艺术的发展产生过广泛而深刻的影响;在当今世界范围内,禅宗又以其东方文化的独特魅力,向西方文化渗透。作为人类的一种精神遗产,禅宗一直吸引人们去了解它、研究它,并从其中汲取有益的营养。

禅宗这一佛教宗派的名称,是唐代才出现的。它一方面保持着与原始印度佛教的血缘关系,另一方面又对原始佛教进行了最彻底的变革。禅宗分南北两宗,北宗神秀持渐悟说,南宗慧能持顿悟说,后世只盛行南宗顿悟说。禅宗对传统禅学从内容到方法都进行了大胆的变革。在内容上,禅宗提出自心自性即佛心佛性,佛性人人都有,人人都可以"即凡成圣"。在形式上,顿悟说革除了坐禅修行的方式,认为人的觉悟可以不靠坐禅和读经,甚至也不必采取出家当和尚的方式,心本身、平常心就是觉悟之源,"一念若悟,众生是佛"。禅宗在人性与佛性之间建立的直接等同关系,禅宗的顿悟方式,对探求解脱门径的芸芸众生产生了极大的吸引力,这正是禅宗得以盛行且长久地保持其生命力的主要原因。

禅宗的宗教观,禅宗的思维模式,集中地反映在历代编辑整理的禅宗语录之中(如五代的《祖堂集》、宋代的《景德传灯录》、《五灯会元》等)。语录是门徒对禅师口头说法的记录,可以说是以书面形态反映口头形态的佛教典籍。禅宗语录里记录了数以千计的祖师问答、对众说法和自我内省的故事(禅家称之为"公案"),字面上虽明白如话,但读起来却义理难通。究其根本,除了对禅宗的教义不甚了然之外,主要还在于对禅师的特殊思维方式、表达方式缺乏足够的了解。笔者在这方面知之甚少,因此本文只是结合禅宗教义对禅问答的传意特点进行的初步探索,我们相信,这种探索不仅对阅读禅宗语录会有一点帮助,而且通过对禅问答这一特定场合下,交际双方对语言的运用、理解和应对交流的特点的研究,可以进一步认识汉民族的思维方式和表达方式的特色。

二

禅问答包括问方与答方,问方一般是僧徒学人,答方是禅师。有时也有禅师之间或学人之间的问答。归纳起来,它在传意方面主要有以下五个特点。

(一)禅宗以"不立文字,直指人心"为宗旨,提倡直截了当认识自心的"顿悟",反对问佛问祖,反对在佛经词句、概念义理上纠缠不休。因此当僧徒问起这类问题时,禅师一般都不正面回答。不正面回答提问,是禅问答最显著的一个特点,具体表现在以下三方面。

(1)问东答西,暗含讽喻

在禅问答中,最常见的问题是"如何是祖师西来意?"(达摩祖师从印度来中国的意旨是什么)不同的禅师对这个问题的回答各不同,但没有一个是从正面加以解释的,大多是问东答西,答非所问。以下举三个例子:

《五灯会元》卷四台禅师："僧问：'如何是祖师西来意？'师曰：'昨夜栏中失却牛。'"

这里台禅师答非所问，实际是对提问僧的反讽。禅家讽刺不知自心是佛，反而到处求索的人是"骑牛觅牛，骑驴觅驴"。"昨夜栏中失却牛"正是暗讽提问僧失却了自心、本心。

《景德传灯录》卷九性空禅师："僧问：'如何是西来意？'师曰：'如人在千尺井中，不假寸绳出得此人，即答汝西来意。'"

性空禅师说等到不用绳子而让掉在深井里的人出来时再回答你。我们知道这个条件是无法满足的，这就暗示对方，祖师之意是无法用言语说出的，也就是说提这种问题毫无意义。

《景德传灯录》卷十四希迁禅师："问：'如何是西来意？'师曰：'问取露柱！'曰：'学人不会。'师曰：'我更不会！'"（"不会"即不懂、不领会）

希迁禅师让学人去问"露柱"（柱子），表面上很荒谬，实际上也是暗示学人祖意说不出，如同柱子不会说话一样。

以上几例中禅师的问东答西、"王顾左右而言他"，正是对提问僧的隐晦曲折的回答。至于提问僧是否能"会"，就要看他的悟性深浅了。

（2）针锋相对，反施一问

禅师不正面回答问题，往往就所问反施一问作为回答。例如：

《祖堂集》卷二僧璨禅师："（道信）来礼师，而问师曰：'如何是佛心？'师答：'汝今是什摩心？'对曰：'我今无心。'师曰：'汝既无心，佛岂有心耶？'又问：'唯愿和尚教某甲解脱法门。'师云：'谁人缚汝？'对曰：'无人缚。'师云：'既无人缚汝，即是解脱，何须更求解脱？'"

在这一段问答中，僧璨禅师不正面回答什么是佛心，如何得解脱，而是用一连串的反问步步紧逼，暗示道信：汝心即佛心，自在为解脱。

《景德传灯录》卷六慧海禅师："有行者问：'即心即佛，那个是佛？'师云：'汝疑那个不是佛？指出看。'无对。"

针锋相对，提出反问，答案就隐含在反问中。提问者被问得语塞，或许正是促其顿悟的契机。人称禅宗善用杀活之机，先是"打得念头死"，然后"救得法身活"。由此例可见一斑。

《景德传灯录》卷八普愿禅师："问：'父母未生时，鼻孔在什么处？'师云：'父母已生了，鼻孔在什么处？'"

佛家认为万物皆由因缘相对而产生，又因相互的作用而变化，没有独立不变的"自性"存在。即现象是存在的，而本质是空的。普愿禅师用反问的方式提示了"真空不空，妙有非有"这一教理，也就是说，不管父母有没有生下他，他的鼻孔在本质上都是空的。《五灯会元》卷三有慧藏禅师让西堂和尚抓虚空的故事。西堂用手在空中抓，慧藏说你不会抓，他揪住西堂的鼻子就拽，痛得西堂大叫，慧藏说这样抓虚空才是。这段公案也是说鼻子是虚空。

（3）以动作传意，不假言语

禅宗提倡自悟,用含而不露的方式启发僧徒,发展到极端,甚至连语言也变得多余。例如:

> 《祖堂集》卷三道林禅师:(一侍者来辞行)"师问:'汝去何处?'对曰:'向诸方学佛法去。'师曰:'或是佛法,我这里亦有小许。'侍者便问:'如何是这里佛法?'师抽一茎布毛示,侍者便悟。"

道林禅师从衣服上抽出一根纱絮提示学人:佛法就在各人身上。不假语言,却胜似语言,对方从禅师的动作中顿然开悟。再如:

> 《五灯会元》卷二慧安禅师:"坦然、怀让二僧来参问曰:'如何是祖师西来意?'师曰:'何不问自己意?'曰:'如何是自己意?'师曰:'当观密作用。'曰:'如何是密作用?'师以目开合示之。"

二僧在祖意和佛法概念上缠问不休,跟禅宗"不立文字、以心传心"的悟道方法相违,所以慧安禅师就用眨眼示法。此外,在禅问答中,有时禅师为了打破学人的执迷不悟,还采取当头棒喝的特殊施教方式,这些都是跟禅宗反对"寻言逐句"、主张自悟本心的精神相一致的。

(二)禅宗有其特殊的思维模式和思辨方法,大量使用违背常理的悖论是禅问答中常见的传意方式。

> 《五灯会元》卷三自满禅师:"问:'如何是无诤之句?'师曰:'喧天动地。'"

这里禅师用"喧天动地"来解释"无诤"是不合常理的。但是这种不符合逻辑的悖论正表达了禅宗无对立的思想,是合乎禅宗的思维逻辑的。

《五灯会元》卷二道钦禅师："僧问：'如何是道？'师曰：'山上有鲤鱼，海底有蓬尘。'"

山上不可能有鲤鱼，海底也不会有蓬尘，禅师用显然荒谬的语句作答，是反讽僧人的问题十分荒谬，无法回答，也没有必要回答。禅家说"无心是道"，佛法不可思议，开口即错，用心即乖。

　　《五灯会元》卷二破灶堕禅师："僧问：'如何是大阐提人？'师曰：'尊重礼拜。'曰：'如何是大精进人？'师曰：'毁辱嗔恚。'"

大阐提人，指心不向善、断绝一切善根的人；大精进人，指努力修善断恶、除污转净的人。这里禅师却说断绝善根的人尊重佛法，努力修善的人毁辱佛法，似乎是颠倒是非黑白，实际上这种悖论正体现了禅宗对传统的坐禅诵经、苦炼修行式的悟道方式的强烈否定。这种表面上不合常人逻辑的语言，会造成交际的激烈冲突，从而起到发人深省、促人解悟的作用。

　　（三）禅宗认为"行住坐卧、应机接物皆是道"（五祖道一语），因此禅师很注意抓住日常生活中的机会，从当时当地的情况出发，见机说法，而且善于用含有机锋的话语来验证对方悟道的程度，这也是禅问答传意中十分独特的一点。所谓机锋，本来指弓上的机牙和箭锋而言，禅家用来比喻敏捷而又充满思辨内容的话语。在禅问答中充满了这类机锋往来见机说法的精彩片段。

　　《祖堂集》卷二弘忍禅师："师乃问子：'何姓？'子答曰：'姓非常姓。'师曰：'是何姓？'子答：'是佛性。'师曰：'汝勿姓也？'子答曰：'某姓空故。'"

这段写的是道性禅师（禅宗四祖）有一次在路上遇到一个七岁的孩子（即文中的"子"），这个小孩就是后来成为禅宗五祖的弘忍禅师。孩子（弘忍）的答话用"性"换"姓"，利用谐音来应对，深得禅机玄理，所以道性禅师一眼认出此子乃是法器，"谓左右曰：'此子非凡。吾灭度二十年中，大作佛事。'"

《五灯会元》卷二道林禅师：（白居易出任杭州太守时，入山谒见栖居在树枝上的道林禅师）"问曰：'禅师住处甚危险！'师曰：'太守危险尤甚。'白曰：'弟子位镇江山，何险之有？'师曰：'薪火相交，识性不停，得非险乎？'"

道林禅师（世称鸟窠和尚）接过白居易的话头，把住处的危险改换成佛教意义上指众生尘缘未断、被烦恼欲念缠绕煎熬的危险，随机说法，十分机警。

《祖堂集》卷三慧忠禅师："肃宗帝问讯次，师不视帝。帝曰：'朕身一国天子，师何得殊无些子视朕？'师云：'皇帝见目前虚空摩？'帝曰：'见。'师曰：'还曾眨眼向陛下摩？'"

禅师用眼前事物、平常道理启示肃宗：人身犹如虚空。根据交际现场的情况随机示法，表现了禅师的机警与宗教的智慧。

《祖堂集》卷二慧能禅师：（讲经僧印宗有一天正在讲经，外面风雨大作）"见其幡动，法师问众：'风动也？幡动也？'一个云：'风动。'一个云：'幡动。'各自相争，就讲主证明。讲主断不得，却请行者断。行者云：'不是风动，不是幡动。'讲主云：'是什摩物

动？'行者云：'仁者自心动。'"（"仁者"是对对方的尊称）

"行者"就是后来成为禅宗创始人的六祖慧能。慧能说不是风动，也不是幡动，而是你们各位的心在动。《坛经》中说，离开了外界物相是禅，内心不散乱是定。只有离开了外界物相，才能做到自心不乱。众僧或言风动，或言幡动，都没有离开外界物相，所以慧能见机说法，说他们是"自心动"。

（四）元代方回《名僧诗话·序》说："北宗以树以镜譬心，而曰：'时时勤拂拭，不使惹尘埃。'南宗谓：'本来无一物，自不惹尘埃。'高矣！后之善为诗者，皆祖此意，谓之翻案法。"禅宗机锋往来的关键地方被称为"玄关"，冲破玄关必须亲证实悟。禅师用片言只语拨转对方的心机，使之恍然大悟的语句被称为"转语"。禅师们思辨敏捷，善下转语，擅作翻案文章，正如钱锺书先生所言："禅宗破壁斩关，宜其擅翻案。"（《谈艺录》）这是禅问答传意的又一特点。

《景德传灯录》卷五怀让禅师：（道一和尚"常日坐禅"，怀让禅师）"往问曰：'大德坐禅图甚么？'一曰：'图作佛。'师乃取一砖，于彼庵前石上磨。一曰：'师作甚么？'师曰：'磨作镜。'一曰：'磨砖岂得成镜耶？'师曰：'磨砖既不成镜，坐禅岂得成佛耶？'"

怀让禅师先采用十分荒谬的做法——磨砖作镜，引出道一的疑惑，接着以子之矛攻子之盾，破壁斩关，一举推倒了道一坐禅修持以图成佛的想法。

《景德传灯录》卷七智常禅师："江州刺史李渤问师曰：'教中所言"须弥纳芥子"，渤即不疑；"芥子纳须弥"莫是妄谭否？'师曰：'人传使君读万卷书籍，还是否？'李答：'然。'师曰：'摩顶至踵如椰子大，万卷书向何处著？'李俯首而已。"（须弥，佛教传说中的巨山。芥子，芥草之籽）

李渤不理解小小草籽怎么能容得下须弥大山。禅师不正面回答，先用类比提问，待对方上钩后，顺着对方的逻辑反施一问，从而推倒了对方所依据的基本前提，成功地驳倒对方，翻却此案。此所谓欲擒先纵之也。

《祖堂集》卷三慧忠禅师："师问璘供奉：'佛是什摩义？'对曰：'佛是觉义。'师曰：'佛还曾迷也无？'对曰：'不曾迷。'师曰：'既不曾迷，用觉作什摩？'无对。"

此例所用驳难方法与上例相似。禅问答中这些充满思辨异彩的精彩段落，是禅宗思维和表达方式的反映，它对于今人训练口才、提高演讲辩论说理的技能都极富启发和借鉴的价值。

（五）禅宗讲究"以心传心"的传道方式，佛法不可思议，禅机不可道破，但是又要通过语言使对方开悟，于是禅问答中运用了许多含蓄隐晦的讽喻和形象生动的类比。比如有人请如会禅师开堂讲法，如会说："待将物裹石头暖即得。"用石头裹不暖比喻佛法讲不出。(《景德传灯录》卷七）又如神赞禅师的业师"一日在窗下看经，蜂子投窗纸求出。师睹之曰：'世界如许广阔不肯出，钻他故纸，驴年去得！'"（同上卷九）用于纪年的十二生肖中没有驴，"驴年"表示不可能有的年月。这里神赞禅师用钻故纸讽喻那些只知死读经书而不能解悟的僧人。

在禅问答中讽喻和比拟是最基本的传意手段，几乎俯拾皆是。如用"镜花水月"比喻世界的虚幻不实；用"解铃还须系铃人"讽喻应自求本心的觉悟，不须他求；用"寰中天子，塞外将军"讽喻应以自我为主；用"压良为贱"讽喻舍弃自我，到处他求的信徒；用"万古长空，一朝风月"（万古长空不变，朝朝风月不同）讽喻每个人应立足目前；用"蒲华柳絮"比喻佛法大意平凡无奇；用"鹦鹉学舌"比喻人云亦云，并未真正悟解；用"漆桶底脱"比喻处于暗昧之中的众生，一旦智光透入顿然大悟的快感……。禅问答的讽喻有浓厚的生活气息，传达了人的真实的生活感受，在传意中达到了含而不露，点到为止的效果。

三

由上所述可以知道，禅问答是以佛教为话题，在一种特殊场合、特殊氛围下进行的特殊言语交际活动。由于问答双方对佛教和禅宗的背景知识程度不同，宗教信仰的动机、态度、方法有异，因此在传意过程中往往会产生冲突和障碍，传意的效果也因人而异。悟性差的僧徒学人，往往不能理解禅师的话语旨意，造成言语交际的中断或失败。悟性高的僧徒学人，能冲破障碍，得其玄旨，犹如漆桶底脱，豁然开朗，从而使传意达到最佳的效果。

如前所说，禅宗提倡"不立文字"，认为"任何语言或概念都会破坏禅体验的直接性和完整性；破坏悟所达到的人与世界、思维与存在、自性与佛性的直接同一。"（《禅宗与中国文学》）这样禅师自然不会正面回答和阐述学人提出的种种问题，必然采取我们在前面所介绍的各种传意方式。禅宗是对原始佛教的勇敢叛逆和彻底革新，因此禅问答中大量使用的反讽和悖论正是其反抗传统的思维方式的体现。禅宗反对对人性的束缚，主张人性自在、随心适意，反映在禅问答的语言风格上必然是通俗、淳朴、泼辣，不尚华饰。总之，我们可以说，禅问答的传意方式和语言风格都是跟禅的教旨、禅的思维模式、禅的精神和风貌协调一致的。

禅宗倡导的领悟方法是超概念、超逻辑的,只能凭借心求意解的感受和体验来实现。作为佛教中国化的禅宗的这一特点,究其根本,恐怕是跟中国人(主要是汉民族)的思维和表达方式相联系的。中国人含蓄、内在,反映在语言上就是汉语语法重意合,不重形式,语法框架简明,依赖语序但又不完全受语序的束缚,变例和歧义句多,表意形式灵活,有很丰富的隐性语法关系,跟重形式、有严格的形态标志的印欧语形成鲜明的对比。中国文化内在的人文性也跟西方的外在的人文性大相径庭。因此我们可以说,禅宗的重领悟与汉语语法的重意合,在本质上都跟汉民族的思维模式、文化传统有直接的因果关系。

参考文献

程祥徽　1995　《语言与沟通》,澳门基金出版社。
邵敬敏主编　1995　《文化语言学中国潮》,语文出版社。
谢思炜　1993　《禅宗与中国文学》,中国社会科学出版社。
袁　宾　1991　《中国禅宗语录大观》,百花洲文艺出版社。
中国佛教文化研究所　1993　《俗语佛源》,上海人民出版社。

引用书目

《祖堂集》:南唐·静、筠二禅师编著,中文出版社(日),1974。
《景德传灯录》:宋·道原编著,四部丛刊三编。
《五灯会元》:宋·普济编著,中华书局标点本,1984。

原载《语言与传意》,香港和平图书·海峰出版社 1996